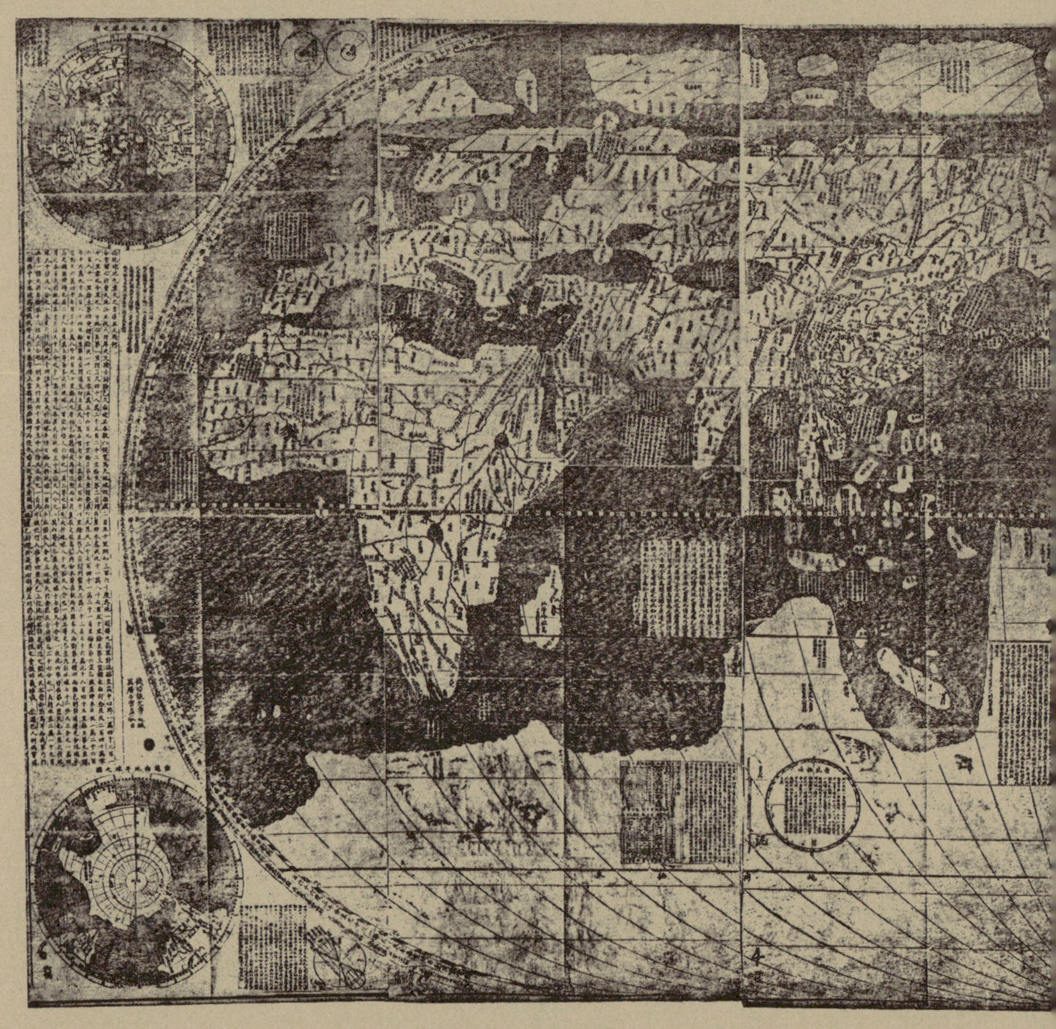

곤여만국전도(坤輿萬國全圖)

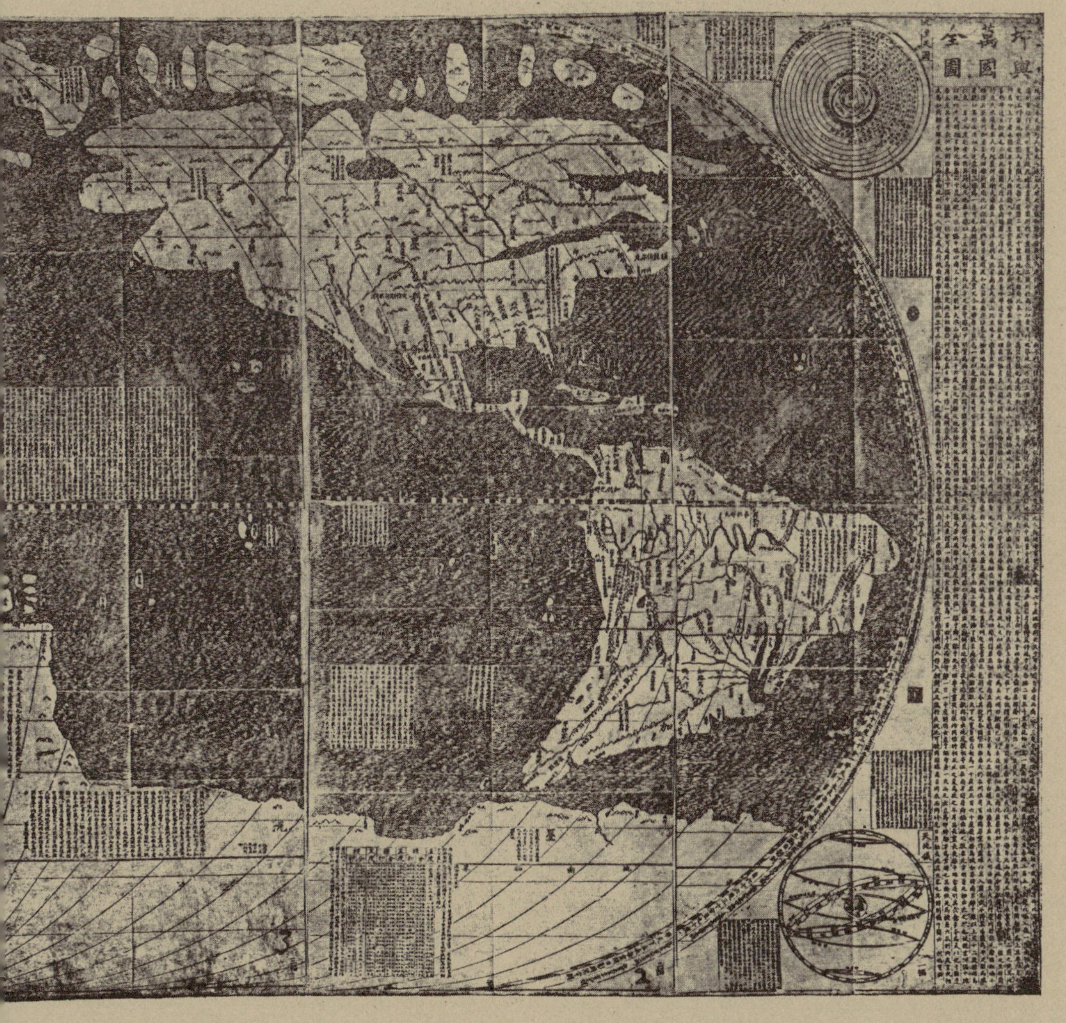

1602년 마테오 리치가 만든 「곤여만국전도」

출처: *Fonti Ricciane*, vol II

마테오 리치, 기억의 궁전

Jonathan D. Spence

The Memory Palace of Matteo Ricci

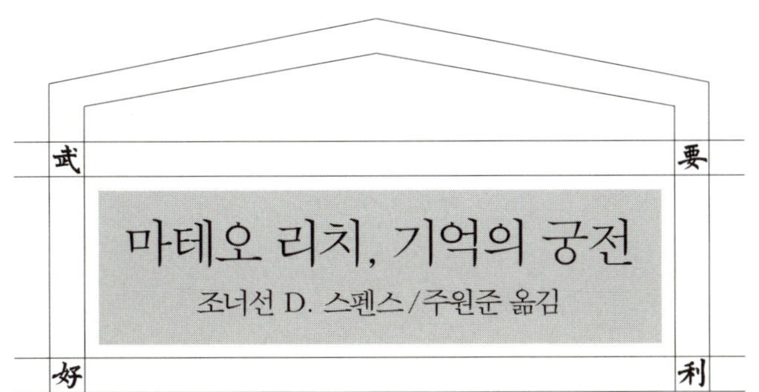

마테오 리치, 기억의 궁전

조너선 D. 스펜스 / 주원준 옮김

이산

마테오 리치, 기억의 궁전

1999년 8월 3일 초판 1쇄 발행
2013년 9월 30일 초판 4쇄 발행
지은이 조너선 D. 스펜스
옮긴이 주원준
펴낸이 강인황
도서출판 이산
서울시 마포구 양화로6길 57-18(서교동 399-11)
Tel : 334-2847/Fax : 334-2849
E-mail : yeesan@yeesan.co.kr
등록 1996년 8월 8일 제2-2233호

편집 문현숙·송복란
인쇄 한영문화사 / 제본 한영제책

ISBN 978-89-87608-11-2 03900
KDC 909(세계사), 912(중국사)

가격은 뒤표지에 있습니다.

www.yeesan.co.kr

헬렌에게

감사의 말

나는 이 책을 쓰는 동안 많은 분들의 도움을 받았다.

뭔가 질문거리를 갖고 수시로 예일 대학 역사학과 여러분들을 귀찮게 했지만, 그때마다 그들은 흔쾌히 내게 조언을 해주었다. 비록 그들의 이름을 일일이 밝히지는 못하지만, 내가 마음으로 그들 모두에게 감사하고 있다는 것을 헤아려 주시기 바란다. 그 마음은 이 책의 초고를 썼던 곳인 예일 대학의 휘트니 인문학연구소(Whitney Humanities Center)에 계신 분들께도 마찬가지다. 이곳의 모든 분들은 지도와 격려를 아끼지 않았다.

예일 대학의 다른 학과나 부서의 많은 분들도 애정어린 충고를 해주었다. 특히 때맞추어 소중한 지적을 해준 허버트 막스(Herbert Marks), 웨인 믹스(Wayne Meeks), 그리고 토머스 그린(Thomas Greene)에게 각별한 감사를 드린다. 리치의 그림 4장을 조사하는 데 도움을 주신 분들은 에그버트 하버캄프-베게만(Egbert Haverkamp-Begemann), 제니퍼 킬리안(Jennifer Kilian), 그리고 뉴욕 메트로폴리탄 미술관 판화사진부의 직원들이다. 이들의 도움 덕분에 나는 마침내 4장 중 2장의 원화(原畵)를 직접 볼 수 있었다. 레오 스타인버그(Leo Steinberg)는 해석과 관련해서 도움을 주었다. 또한 찰스 박서(Charles Boxer)는 잊을 수 없는 점심식사 자리에서 내가 고아와 마카오 여행일정을 잡는 데 유익한 얘기를 들려 주었다.

이 밖에 늘 나를 도와 준 예일 대학의 베이네케 귀중본 도서관(Beinecke Rare Book Library), 신학부 도서관(Divinity School Library), 미술 도서관(Art Library), 그리고 스털링 기념 도서관(Sterling Memorial Library)

직원에게도 감사의 말을 전하고 싶다. 희귀자료의 복사본을 제공해 준 버클리·시카고·코넬·하버드·케임브리지 대학 도서관의 여러분께도 감사를 드린다. 그리고 알도 아드베르시(Aldo Adversi)와 피에로 코라디니(Piero Corradini) 두 분을 비롯해 마체라타 시립도서관(Biblioteca Comunale)에서도 귀중한 문헌의 복사본을 제공해 주었다.

1983년 초 로스 가토스(Los Gatos)의 중국 예수회사(史) 연구소(China Jesuit History Project)에서 값진 일주일을 보내는 동안, 주임 사제인 예수회원 조셉 코스타(Joseph Costa) 신부와 역시 예수회원이며 도서관원인 캐롤 오설리번(Carrol O'Sullivan) 신부의 친절한 환대를 받았다. 또한 시카고 대학의 시어도어 포스(Theodore Foss)와 마이클 그레이스(Michael Grace) 수사를 비롯하여 조지 갠스(George Ganss), 크리스토퍼 스팔라틴(Christopher Spalatin), 피터 후(Peter Hu), 윌리엄 스폰(William Spohn) 등 여러 예수회 신부들도 내게 유익한 충고를 해주었다. 예수회원 에드워드 말라테스타(Edward Malatesta) 신부도 여러 차례에 걸쳐 정중한 충고를 해주었다.

포르투갈어·이탈리아어·라틴어·중국어를 영어로 번역하는 데 도움을 준 카를라 프레체로(Carla Freccero), 클라우디아 브로드스키(Claudia Brodsky), 청 페이카이(Cheng Peikai), 캉 레(K'ang Le), 천 뤄수이(Ch'en Jo-shui), 실비아 위(Sylvia Yü), 위 잉스(Yü Ying-shih)에게 특별히 감사 드린다. 알아보기 힘든 난삽한 원고를 판독하느라 애써 준 사람들은 한둘이 아니지만 가장 오랫동안 수고한 다음의 두 타이피스트에게 특별히 감사를 드린다. 카트린 반 더 바트(Katrin van der Vaart)는 첫번째 초고 때, 엘나 고드번(Elna Godburn)은 두번째 초고 때 고생을 많이 했다.

장 충호(Chang Ch'ung-ho) 여사는 특별히 이 책을 위해 리치가 기억용 이미지로 삼았던 한자 넉 자를 휘호해 주었다. 서예 솜씨와 감성을 발휘해 주신 여사에게 심심한 사의를 표한다. 이 책의 기초적인 구성을 짜고 초기 단계의 조사에 시간을 할애할 수 있었던 것은 존 사이먼 구겐하임 기념 연구기금(John Simon Gugenheim Memorial Fellowship) 덕분이다.

이 기금의 평의원 여러분께 감사를 드린다. 첫번째 초고를 읽어 준 마이클 쿡(Michael Cooke), 예수회의 말라테스타(Malatesta) 신부, 진 블룸(Jeanne Bloom), 그리고 두번째 초고를 읽어 준 해럴드 블룸(Harold Bloom), 로버트 피츠제럴드(Robert Fitzgerald), 한스 프라이(Hans Frei), 존 홀랜더(John Hollander) 모두에게 감사 드린다. 이전에 출간한 두 권의 책과 마찬가지로, 이번에도 엘리자베스 시프턴(Elisabeth Sifton)은 책이 나올 때까지 모든 과정에서 하나하나 세심한 신경을 써주었으며, 그녀 덕분에 나는 많은 힘을 얻었다. 그녀의 손을 거쳐 책이 나온다는 것은 내게 큰 행복이다.

●자료를 복사해서 사용할 수 있도록 허락해 주신 아래의 기관에 감사드린다.

o Columbia University Press: Selections from *Dictionary of Ming Biography*, L. C. Goodrich and C. Y. Fan, eds. Copyright © 1976 by Columbia University Press.

o Harvard University Press: Excerpts from *Institutio Oratoria*, by Quintilian, translated by H. E. Butler, vol. IV, 1936; *Ad Herennium*(Anon.), translated by Harry Caplan, 1968; *Epitome of Roman History*, by Lucius Annaeus Florus, translated by E. S. Forster, 1929.

o Loyola University Press: Excerpts from *The Spiritual Exercises*, by Ignatius of Loyola, translated by Louis J. Puhl, S.J., Loyola University Press, 1951.

o Penguin Books Ltd: Excerpts from Rabelais, *Gargantua & Pantagruel*, translated by J. M. Cohen(Penguin Classics 1955), p. 658. Copyright 1955 by J. M. Cohen.

o Random House, Inc.: From *The Aeneid*, by Virgil, translated by Robert Fitzgerald. Translation copyright © 1980, 1982, 1983 by Robert Fitzgerald.

o Universität Salzburg, Institut für Englische Sprache und Literatur: Excerpt from *The Vita Christi of Ludolph of Saxony*, by Charles Albert Conway, from *Analecta Cartusiana 34*(editor: Dr. James Hogg, University of Salzburg), 1976.

차례

○ 그림은 90, 174, 260, 296쪽에,
○ 붓글씨는 47, 131, 213, 295쪽에 있다.
○ 지도는 앞면지(「坤輿萬國全圖」)와 뒷면지(「山海輿地全圖」),
그리고 본문 14, 17쪽에 있다.

일러두기

1. 이 책은 Jonathan D. Spence, *The Memory Palace of Matteo Ricci*, Viking Penguin, New York, 1984의 완역이다.
2. 중국의 인명과 지명은 시대에 관계없이 한글맞춤법 외래어표기법에 따라 표기했으며, 한자는 처음 나올 때만 병기했다. 읽는 도중에라도 한자를 확인하고 싶은 독자는 '찾아보기'를 이용하기 바란다.
3. 원서에는 서양의 인명과 지명이 대부분 영어식으로 표기되어 있다. 그러나 이 책에서는 나라별로 구분하여 해당 언어의 원발음을 외래어 표기법에 따라 표기했다. 단, 교황과 가톨릭 성인의 경우에는 예외적으로 한국 가톨릭에서 사용하는 표기를 따랐다. 자주 등장하는 몇 가지 예를 표로 나타내면 다음과 같다.

영어명	가톨릭 표기	맞춤법 표기
Pius	비오	피우스
Sixtus	식스토	식스투스
Julius	율리오	율리우스
Paul	바울로(또는 바오로)	파울로
Gregory	그레고리오	그레고리우스
Francis	프란치스코	프란체스코
Xavier	사베리오	사비에르
Ignatius	이냐시오	이그나티우스

4. 본문에 번호가 붙은 주는 모두 지은이의 주다. 옮긴이 주는 따로 번호를 붙이지 않고, 간단한 설명은 본문 안에서 (—옮긴이)로 넣었으며, 2행 이상 되는 긴 것은 해당 부분에 *를 하고 각주로 처리했다. 단, 이때도 문장 끝에 '—옮긴이'라고 밝혔으며, 그것이 없는 것은 지은이의 각주이다. 또 지은이의 각주나 주에 옮긴이의 주를 덧붙일 때는 〔 〕를 표시하고 추가했다. 옮긴이 주는 일반 독자에게 생소한 가톨릭 용어에 대한 것이 많다. 이에 대한 전거로는 한국교회사 연구소,

『한국 가톨릭 대사전』(현재 6권까지 나왔으며, 계속 간행 중이다)과 허종진 편,『한국 가톨릭 용어 큰사전』(전3권), 한글학회 편,『우리말 큰사전』을 주로 사용했다. 리치와 동시대에 중국에서 활동했던 예수회원의 중국식 이름은 Louis Pfister, S.J., *Notices Biographiques et Bibliographiques sur les Jésuites de l'ancienne mission de Chine, 1552-1773. Variétés Sinologiques, 59. 2 vols. Shanghai, 1932,* pp. i-ii를 참고했다.

5. 원서에서 성서를 인용한 부분은『공동번역성서』의 해당 부분을 그대로 인용했다. 또 마테오 리치의『천주실의』와 이냐시오 데 로욜라의『영신수련』의 인용문도 각각 송영배·임금자·장정란·정양모·정인재·조광·최소자 옮김,『천주실의』(서울대학교 출판부, 1999)와 윤양석 옮김,『영신수련』(한국 천주교 중앙협의회, 1967)을 거의 그대로 인용했다.(단, 두 책의 경우에는 문맥에 따라 용어나 표기법을 약간 고쳤다.) 아울러 번역과정에서 이 책의 일본어판인 古田島洋介 譯,『マッテオ・リッチ 記憶の宮殿』(東京: 平凡社, 1995)을 참고했다.

6. 이 책을 번역하면서 많은 분들의 도움을 받았다. 라틴어와 이탈리어를 검토해 주신 서강대학교 철학과의 성염 교수님, 마테오 리치 관련 자료와 최근 중국의 연구성과를 알려주신 고려대학교 사학과의 조광 교수님, 포르투갈어와 스페인어를 검토해 주신 우리신학연구소의 김항섭 소장님, 지은이인 스펜스 교수에 대한 유익한 이야기를 들려주신 서강대학교 철학과의 스팔라틴(Christopher Spalatin, 지은이가 감사의 말과 5장 주 28번에서 언급한 바로 그 스팔라틴 신부이다) 교수님, 그리고 많은 격려를 해주신 한국예수회의 여러분 모두에게 진심으로 감사 드린다. 그러나 이 책에 잘못이 있다면 그것은 모두 옮긴이의 책임이며, 이분들과는 무관하다.

리치의 세계
아조레스 제도
카나리아 제도
사카테카스
베라크루즈
아카풀코
우앙카벨리카
포토시
브라질
태평양
대서양
안트베르펜
베네치아
피렌체
안코나
마체라타
코임브라
리스본
로마
세비야
알카자르퀴비르
알레포
호르무즈
고아
코친
말라카
수마트라
모잠비크
희망봉
인도양
베이징
나가사키
마카오
마닐라
몰루카 제도
태평양

마테오 리치 연표

1552년 10월 6일	이탈리아 교황령 마체라타에서 태어남.
1561년	마체라타의 예수회 학교에 입학함.
1568년	법률을 공부하기 위해 로마로 감.
1571년 8월 15일	예수회의 수련수사로서 로마의 성 안드레아 신학원에 입학함.
1572-1573년	피렌체의 예수회 대학에서 수학함.
1573년 9월-1577년 5월	로마의 예수회 대학에서 수학함.
1577년 여름	포르투갈 코임브라에 감. 포르투갈어를 배움.
1578년 3월	포르투갈 국왕 세바스티앙을 알현함.
〃 3월 24일	성 루이지호를 타고 리스본을 떠남.
〃 9월 13일	고아에 도착. 신학을 배우고, 라틴어와 그리스어를 가르침.
1580년	코친에 거주. 7월 말 사제로 서품을 받음.
1581년	고아로 돌아옴.
1582년 4월 26일	고아를 떠남.
〃 6월	말라카에 도착.
〃 8월 7일	마카오에 도착.
1583년 9월 10일	미켈레 루제리와 중국의 자오칭(肇慶)에 거처를 마련함.
1584년 10월	리치가 제작한 세계지도의 해적판이 자오칭에서 인쇄됨.
1589년 8월 3일	중국 관리의 미움을 사 자오칭에서 추방됨.
〃 8월 26일	사오저우(韶州)에 거처를 마련함.
1591년 12월	『사서』(四書)의 번역 초고를 집필하기 시작함.
1592년 7월	사오저우의 사제관이 공격을 당하고, 리치는 다리를 다침.
1594년 11월	예수회원의 복장을 승복에서 유학자의 옷으로 바꿈.

1595년 4월 18일	사오저우를 떠나 난징(南京)으로 감.
〃 5월 중순	배가 난파되어 동행한 바라다스(Barradas)가 익사함.
〃 6월 28일	난창(南昌)에 거처를 마련함.
〃 11월	『교우론』을 씀.
1596년 봄	『기법』 초고를 씀.
1597년 8월	중국 전교단의 책임자로 임명됨.
1598년 9월 7일-11월 5일	처음으로 베이징에 가지만, 거주허가를 받지 못함.
1599년 2월 6일	난징에 거처를 마련함.
1600년 11월	환관 마탕(馬堂)에게 십자고상을 압수당함.
1601년 1월 24일	다시 베이징에 들어감.
〃 2월	중국 황제를 위해 『서금곡의팔장』을 지음.
〃 5월 28일	베이징 거주허가를 받음.
1602년 8월	세계지도 개정판을 출판함.
1603년 가을-겨울	『천주실의』를 출판함.
1604년 8월 중순	다국어 대조 성서인 『플랑탱 성서』가 베이징에 도착함.
1606년 1월	지필묵 제작자인 청다웨(程大約)에게 그림 4장과 해설문을 넘겨 줌.
1607년 5월	유클리드의 『기하학원론』의 전반부 6권을 번역하여 출판함.
1608년 1월-2월	『기인십편』을 출판함.
〃 가을-겨울	『중국 그리스도교 전교사(傳敎史)』*를 집필하기 시작함.
1609년 9월 8일	베이징에서 최초로 성모회가 결성됨.
1610년 5월 11일	베이징에서 사망함.

* 마테오 리치의 이 마지막 저서는 아직 우리말로 번역이 되지 않았고, 또 제목도 정확하게 통일되어 쓰이지 않는 것 같다. 예컨대 현재 6권까지 간행된 『한국 가톨릭 대사전』의 마테오 리치 항에는 『예수회와 천주교의 중국 진출』로, 우리말 『천주실의』에는 『예수회에 의한 기독교의 중국 전교에 관하여』로 소개되어 있다. 두 제목은 서로 조금 다르긴 하지만 모두 이 책의 원제목 *Della entrata della Compagnia di Giesù e Christianità nella Cina*를 직역한 것이다. 그런데 스펜스는 『리치 원전』(*Fonti Ricciane*)이라는 제목으로 나온 예수회원 델리아(Pasquale M. D'Elia)의 주석본 *Storia dell'Introduzione del Cristianesimo in Cina*를 텍스트로 삼았고, 본문에서는 제목을 줄여서 *Historia*로 표기하고 있다. 따라서 옮긴이는 지은이가 사용한 텍스트 제목대로 『중국 그리스도교 전교사(傳敎史)』로 번역했으며, 이하 줄여서 『전교사』로 통일했다—옮긴이.

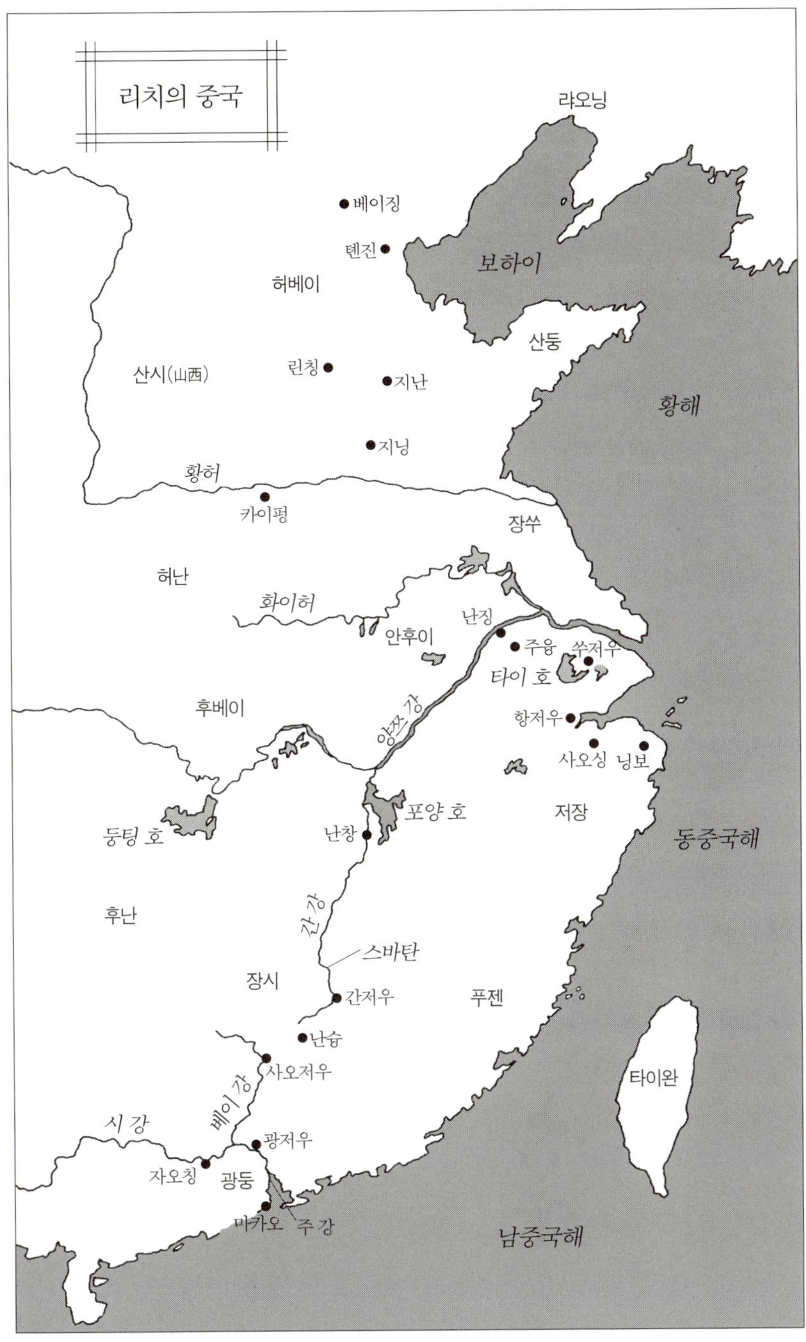
리치의 중국
라오닝
베이징
톈진
보하이
허베이
산둥
산시(山西)
린칭
지난
황해
지닝
황허
카이펑
장쑤
허난
화이허
난징
안후이
주융
쑤저우
타이 호
후베이
항저우
사오싱 닝보
둥팅 호
난창
포양 호
저장
동중국해
후난
스바탄
장시
간저우
푸젠
난슝
타이완
사오저우
시 강
베이 강
광저우
자오칭
광둥
마카오 주 강
남중국해

1장 궁전 짓기

1596년, 마테오 리치는 중국인에게 기억의 궁전 짓는 법을 가르쳤다. 궁전의 규모는 기억해 두고 싶다고 생각하는 대상의 양에 의해 결정된다. 모든 것을 다 기억하고 싶다면 크고 작은 다양한 건물이 수백 개나 달린 대궁전을 지을 수도 있을 것이다. 리치는 비록 단번에 웅장한 규모의 건축물을 지을 수는 없다는 단서를 붙이긴 했지만, "건물의 수는 많을수록 좋다"고 말했다. 사람에 따라서는 아담한 궁전을 지을 수도 있고, 사원이나 관청, 공공 숙소나 상인회의소 같은 조금 수수한 건물을 지을 수도 있다. 좀더 작은 규모에서 시작하고 싶다면 연회실이나 별채, 작업실 따위를 세울 수도 있다. 만약 남의 눈에 띄지 않는 장소를 원한다면 별채의 한쪽 구석이나 사원의 제단을 이용해도 좋고, 옷장이나 소파 같은 흔한 가구라도 무방하다.[1]

리치는 이 기억술의 요점을 설명할 때 이런 궁전이나 별채나 소파는 머릿속에 간직해 두어야 할 상상의 산물이지, 말 그대로 '실제' 물질로 지은 견고한 물체는 아니라고 말한다. 리치는 주로 다음 세 가지 가운데 하나를, 이런 기억을 설치할 장소로 삼으라고 제안한다. 첫째, 현실에서 끌어낸 장소. 곧 한번이라도 가 본 적이 있는 건물이나 직접 눈으로 본 적이 있어서 자신의 기억 속에서 되살려 낼 수 있는 물체 등에서 취한 장소이다. 둘째, 완전한 가공의 장소. 이것은 적당한 형태와 크기로 떠올린 상상력의 산물이다. 셋째, 현실과 가공이 반반씩 섞인 장소. 간략히 말해서 평소 잘 아는 건물의 뒷벽에 상상의 뒷문을 달아서 새 공간으로 가는 지름길을 낼 수도 있고, 건물 중앙에 상상의 계단을 내서 새로 만든 위층으로 올라갈 수도 있는 것이다.

왜 머릿속에 이런 건축물을 세우는 것일까? 그것은 인간 지식의 총체를 형성하고 있는 무수한 관념 하나하나에 보관할 장소를 설정하기 위해서이다. 리치의 기록에 따르면 우리가 기억하고 싶은 대상 각각에 대해 이미지(image)를 주어야 한다. 그리고 이런 이미지 하나하나에 공간을 할당해야 한다. 이미지가 고정되어 있지 않으면 기억력에 의해 이미지를 의식으로 불러내려고 해도 그럴 수 없게 된다는 것이다. 기억술은 이미지가 정해진 위치에 남아 있어야 하고, 이미지를 저장한 장소를 계속 기억하고 있어야만 제대로 작동할 수 있기 때문에 절대로 잊어버리지 않도록 잘 알고 있는 실제 장소를 이용하는 것이 가장 좋은 방법으로 보일 것이다. 그러나 리치는 그것이 잘못일 수 있다고 생각했다. 왜냐하면 현실의 장소에만 국한하면 장소의 수에서도, 그것에 대응해서 저장해 가는 이미지의 수에서도 한계가 생기게 마련이고, 따라서 기억을 일정량 이상으로 증대시킬 수 없기 때문이다. 그러므로 중국인은 가공의 장소를 창조한다든가, 가상의 공간과 현실의 공간을 혼합시킨다든가 하는 난제와 씨름해야 한다. 끊임없이 훈련을 반복하고 머릿속에 기억의 보관장소를 영원히 새겨 넣으려고 노력하면, 결국에는 가공의 장소도 "마치 현실세계가 되어 결코 지워지는 일은 없을 것이다."[2]

도대체 이런 기억술은 어떻게 해서 생겨났는가? 중국인이 이런 물음을 던질 가능성은 다분히 있었다. 리치는 이런 질문을 미리 예상하고, 서양에서 옛날부터 전해 내려오는 이야기를 간략히 소개하고 있다. 이 이야기에 따르면, 정확한 위치짓기를 통해서 기억을 훈련한다는 생각은 그리스의 시인 시모니데스(그는 중국어로 '시모니데스'와 가장 발음이 비슷한 시모니더〔西末泥德〕로 그 시인의 이름을 표기했다)에게서 시작되었다. 리치는 이렇게 설명한다.

먼 옛날, 서양에서 시모니더라는 귀족 시인이 친척과 친구와 함께 궁전에서 개최된 주연에 초대받았다. 그곳은 수많은 사람들로 북적거렸는데, 시모니더가 잠시 자리를 비우고 바깥으로 나간 사이 갑자기 불어닥친 강풍으로 큰 홀이 무너져 내렸다. 흥청대던 사람들은 모두 깔려 죽었고, 그들의 시체는 절단나고 서로 뒤섞여 가족들조차 알아볼 수 없었다. 그런데 시모니데스는 그의 친척과 친구들이 앉아 있던 순서를 정확히 생각해 내서, 한 사람 한 사람의 위치를 지적했기 때문에 어떤 시체가 누구인지를 확인할 수 있었다. 이 사건으로 기억술이 탄생했고 후세에 전해지게 된 것이다.[3]

사물의 순서를 기억하는 능력은 누구에게나 있다. 그래서 시모니데스 이후 이 능력을 응용하는 수단은 수세기에 걸쳐 하나의 체계로 만들어져 갔다. 이미 리치 시대에는 세속의 사항에 대해서도 종교에 관련된 문제에 대해서도 개인의 지식을 완벽하게 정리하는 방법으로까지 발전되어 있었다. 가톨릭 전교사였던 리치는 일단 중국인이 자신의 기억술의 위력에 놀라게 되면, 그런 놀라운 일을 가능케 한 그리스도교에도 관심을 갖게 될 것이 분명하다고 기대했다.

마테오 리치가 실제로 중국의 지식인을 상대로 자신의 기억술을 선보이기까지는 머나먼 길을 여행해야 했다. 이탈리아인 리치는 1552년 산중턱에 위치한 마체라타라는 마을에서 태어났다. 1571년 로마에서 예수회 수련수사가 되었으며, 신학·인문학·과학 등 다방면에 걸쳐 강도 높은 교육을 받고 인도와 마카오에서 5년간 수업을 쌓은 후, 1583년 전교사업을 위해 중국에 들어갔다. 중국어를 유창하게 할 수 있게 된 1595년에 그는 장시(江西) 성 동부의 행정과 상업 중심지로서 번창하던 난창(南昌)에서 살게 되었다.[4] 같은 해 말 리치는 자신의 언어재능에 새로운 자신감을 얻은 증거로서 중국어로 된 책 한 권을 썼다. 그 책은 그리스·로마 시대의 문인이나 교부들의 말을 발췌한 우정에 대한 잠언집 『교우론』(交友論)이었다. 리치는 이 원고를, 그 즈음 난창에 살고 있던 명 황실의 황자에게 선사했고, 황자도 자주 리치를 자신의 궁전에 초대해서 연회를 베풀었다.[5] 또한 때를 같이해서 리치는 그 지역의 중국 학자들과 기억에 대한 이론에 대해 토론하기 시작했고, 그들에게 기억술을 가르쳐 주었다.[6] 기억의 궁전에 대한 리치의 기술은 이듬해인 1596년에 중국어로 쓴 작은 책 『기법』(記法)에 보인다. 리치는 이 책을 장시 성 순무(巡撫) 루완가이(陸萬垓)와 그의 세

아들에게 선물했다.[7]

리치가 기억술을 가르치려고 했던 루완가이 가족은 중국 사회의 최상층 집안이었다. 루완가이는 지적이고 부유한 학자였으며, 명조의 관리로서 경험도 풍부했다. 그는 여러 시기에 멀리 중국의 서남부나 동부 연안지역 그리고 북부지방에서 관직을 두루 거쳤기 때문에 중국의 국가정세에 정통해 있었다. 또한 사법·재정·군사 등 중국 행정의 주요 분야들에서 매번 훌륭하게 직무를 수행했다. 이제 순무로서 경력의 정점에 도달한 그는 세 아들이 과거시험을 볼 수 있도록 준비시키고 있었다. 그 자신이 28년 전 우수한 성적으로 과거에 급제했고, 그 당시 사람들과 마찬가지로 그 역시 과거 급제가 중화제국에서 명예와 부를 얻는 가장 확실한 길이라는 것을 알고 있었다.[8] 따라서 리치는 루완가이의 세 아들에게 고도의 기억술을 가르쳐서 그들이 과거에 급제할 수 있는 가능성을 높이면, 과거에 합격하는 날에는 기억술을 가르친 보답으로 그들이 새롭게 얻은 사회적 위신을 이용하여 가톨릭 교회의 활동을 지원해 줄 것이라고 생각했음에 틀림없다.

그러나 결과적으로 순무의 자식들이 매우 뛰어난 성적으로 과거시험에 합격했던 것은 리치의 기억술 덕택이 아니라 오히려 중국의 전통적인 반복·암송학습을 열심히 했기 때문인 것으로 보인다. 그리고 아마도 당시 널리 행해지던 중국식 기억법이라고도 할 수 있는 암기용 시(詩)나 운(韻)을 맞춘 좋은 문구 등에 도움을 받았을 것이다.[9] 같은 해 리치가 예수회 총장 클라우디오 아콰비바에게 보낸 편지에 쓴 것처럼, 순무의 장남은 열심히 『기법』을 읽었지만, 한 친구에게 "이 책에 쓰어 있는 기억의 법칙은 그럴듯하긴 하지만, 실제로 사용하려면 굉장히 좋은 기억력이 있어야 한다네"[10] 라고 말했던 것이다. 이탈리아에 있는 친구에게 보낸 편지에서도 리치는 난창의 중국인이 "내 기억술의 정묘함에 대해서는 다들 감탄하지만, 정작 그것을 배우는 단계가 되면 모두가 내켜 하지 않는다네"라고 적고 있다.[11]

리치 자신은 기억의 궁전을 짓는 데 어떤 이상한 느낌을 받거나 특별히 어렵다는 생각은 하지 않았다. 그는 기억의 궁전 외에도 학교의 수업내용을 머릿속에 새기는 다양한 기억술을 배우면서 자랐기 때문이다. 더구나 이런 기억술은 리치가 예수회 설립 로마 대학에서 배운 수사학과 윤리학 수업의 기초과정에 들어 있었다. 아마 리치는 수사학자 치프리아노 소아레스의 저작을 읽고 기억의 궁전이라는 사고방식을 알았을 것이다. 소아레스가 지은 수사학과 문법학의 기초 교재인 『수사학』은 1570년대 예수회 학생들의 필독서였다.[12] 소아레스는 고전적 어법과 문장 구조의 기초를 설명하고, 비유·은유·환유·의성·대체용법·우의(寓意)·역설·과장 등의 예를 들고 나서 기억 배치법을 소개하고 있다. 소아레스에 따르면, 이 기억 배치법은 시모니데스에게서 비롯된 기억술로서 모든 웅변의 뿌리, 곧 '웅변의 보고' (thesáurus eloquéntïæ)라고 한다. 그는 이 기억술에 의해서 사물뿐 아니라 말을 어떻게 정리하고 또 이 기술을 어떻게 말의 '무한한 진보'에 이용할 수 있는지를 기록했다. 학생들은 극적인 다양한 이미지들을 창출하고, 그 이미지들을 배치하는 훈련을 해야 한다. 배치하기에 가장 좋은 장소로는 궁전 같은 건물이나 웅장한 성당 등이 제시되고 있다.[13]

그러나 이러한 모호한 설명으로는 기억술의 전모는 말할 것도 없고, 그 배후에 있는 원칙조차 확실히 할 수 없다. 리치는 기억 배치법을 다른 책에서 배웠다. 그 중 하나가 플리니우스의 『박물지』였다. 리치는 학생 때 이 책을 읽었다. 그리고 리치는 1596년에 쓴 『기법』에서 플리니우스가 과거의 위대한 기억술의 대가에 대해 쓴 구절을 중국어로 번역했다.[14] 이 밖에도 B.C. 1세기와 A.D. 1세기에 쓰인 책이 여러 권 있었다. 예컨대 『헤레니우스에게』라는 수사학에 대한 라틴어 책과 퀸틸리아누스의 저작이다. 퀸틸리아누스는 웅변술에 대한 입문서에서 기억에 대해서 쓰고 있다. 이런 책들에는 기억용 건축물을 어떻게 짓고 거기에 배치할 이미지를 어떻게 만들어 내는지에 대한 체계적인 설명이 실려 있다. 『헤레니우스에게』의 저자는 이렇게 말하고 있다.

그래서 우리는 기억 속에 가장 오래 남아 있을 만한 이미지들을 설정해야 한다. 이것은 실제로 가능하다. 만약 진짜로 착각할 만큼 아주 똑같게 이미지를 만들어 낸다면. 많지도 애매하지도 않고 뭔가를 호소하는 이미지들을 만든다면. 이미지를 특별히 아름답게 하거나 보기 드물 정도로 추하게 만든다면. 예컨대 일부 이미지에 왕관을 씌우거나 자색 가운을 입혀서 비슷한 이미지와 확실히 구별한다면. 또는 피로 물들었다든가 진흙으로 얼룩이 졌다든가 붉은 물감으로 더러워진 이미지를 불러들여서 그 이미지의 형태가 금방 눈에 띄도록 어떻게든 추악하게 한다면. 또 이미지를 추악하게 만드는 데는 우스꽝스러운 요소를 곁들여도 좋다. 왜냐하면 우스꽝스러운 요소가 가미되면 이미지들을 기억하기가 훨씬 쉬워질 것이기 때문이다.[15]

이 묘사는 특별한 설득력을 지니고 있었다. 중세기 동안 사람들은 『헤레니우스에게』의 저자가 존경해 마지않는 키케로라고 믿고 있었기 때문이다. 퀸틸리아누스 역시 선택한 이미지를 저장해 둘 장소에 대해서 구체적인 설명을 하고 있다.

말하자면 첫번째 생각은 앞뜰에 두고, 다음번 생각은 예컨대 거실에 둔다. 나머지는 적당한 순서로 안뜰의 빗물저수조 주위에 둔다든가, 침실이나 손님용 방뿐만 아니라 동상에 두어도 좋다. 이렇게 해두면 사물에 대한 기억을 되살릴 필요가 있을 때, 즉시 이 장소들을 순서대로 방문하여 저장해 놓은 다양한 기억을 끄집어낼 수 있을 것이다. 왜냐하면 각각의 장소를 보면 기억 하나하나가 구체적으로 되살아나기 때문이다. 그 결과 기억해야 할 사물의 수가 아무리 늘어나더라도 손에 손을 잡고 춤추는 사람들처럼 모두가 연결되어 있게 된다. 전후관계가 확실하기 때문에 잘못이 생길 여지는 없다. 다양한 장소를 미리 기억에 새겨 두는 작업말고는 번거로운 수고를 할 필요가 전혀 없는 것이다. 나는 집을 대상으로 기술했지만, 공공 건물이나 장거리 여행, 또는 도시의 성벽이나 그림과 관련지어서도 똑같이 할 수 있다. 또는 기억을 배치할 장소를 우리 자신의 육체에 상정해도 무방할 것이다.[16]

이런 설명에도 불구하고, 오늘날의 독자들에게 기억술은 난해하고 추상적으로 들릴 것이다. 그러나 여기서 약간 주제에서 벗어나 현대식의 구체적인 예를 들어 보면, 리치의 의도를 확실히 이해할 수 있을지 모른다. 리치는 적합한 장소에 배치된 이미지의 조합을 만들어 내고, 관념의 연합이나 어떤 특정한 기억법칙을 통해서 필요한 정보를 재빨리 순서대로 끄집어내 보임으로써 중국인이 자신의 기억이론에 관심을 갖도록 하려 했던 것이다. 예컨대 여기 구두시험을 앞둔 여대생이 있다고 가정해 보자. 그 학생은 의대생이며, 이번 시험범위는 뼈와 세포와 신경이다. 그의 머릿속에는 구(區)·도로·인도·집 들이 잘 배치된 큰 도시가 설계되어 있으며, 그 도시에 학교에서 배운 모든 지식을 담았다. 시험관 앞에서 그는 역사학·지질학·시학·화학·역학 구(區)에는 전혀 주의를 기울이지 않고, 온 정신을 '신체로(路)'의 3층짜리 '생리학 건물'에 집중한다. 이 건물의 각 방에는 그가 매일 밤 열심히 공부하면서 만들어 놓은, 서로 전혀 다른, 강력하고 쉽게 연상할 수 있는 이미지가 적절한 장소, 요컨대 벽 주위, 창문 사이, 의자 위, 침대 뒤, 탁자 위에 배치되어 있다. 그런데 시험관은 그에게 세 가지 질문을 던졌다. 그는 상지(上肢) 각 부분의 뼈이름과 세포의 감수분열(減數分裂) 단계, 그리고 두개골의 눈구멍(眼窩) 위를 흐르는 신경을 대답해야 한다. 그는 머릿속에서 2층 맨 윗계단에 있는 '상반신 뼈의 방'으로 뛰어간다. 그 방 문에서 세번째 위치에는 밝은 진홍빛 재킷을 입고 말을 타고 있는 캐나다 기마경관과 말의 껑거리끈에 묶여 있는 수갑 찬 미친 사람이 있다. 거기에서 지하실의 '세포 방'까지 이동하는 데는 1초도 안 걸린다. 그 방의 난로 옆에는 매우 크고 야만스러우며 무시무시한 아프리카 전사가 서 있다. 전사는 솥뚜껑만한 손으로 아프리카 소녀의 위팔을 움켜잡고 있는데 얼굴은 말로 형언할 수 없을 정도로 지루한 표정을 하고 있다. 그리고 이번에는 나는 듯이 옥상의 '두개골 방'으로 뛰어오른다. 그곳에는 프랑스 국기 같은 삼색 침대보에 관능적인 여인이 벌거벗고 누워서 작은 손으로 구겨진 100달러짜리 지폐를 수북하게 움켜쥐고 있다. 이제 세 가지 질문에 대한 그의 대답은 술술 나온다. 먼저 기마 경관과 그가 잡은 죄수의 이미지에서 "어떤 범죄자들은 캐나다 국립 기마 경찰대를 우습게 보았지"(Some Criminals Have Underestimated Royal Canadian Mounted Police)라는 문장을 떠올린다. 이 문장에서 각 단어의 첫 철자를 따서 정확히 어깨뼈(scapula)·빗장뼈(clavicle)·위팔뼈(humerus)·뒤아래팔뼈(ulna)·앞아래팔뼈(radius)·손목뼈(carpals)·손바닥뼈(metacarpals)·손가락뼈(phalanges)라고 답할 수 있다. 두번째 이미지에서는 "검은 처녀를 따라다니는 게으른 줄루족"(Lazy Zulu Pursuing Dark Damosels)이라는 문장을 연상하여 마찬가지로 세사기(leptotene)·접합기(zygotene)·태사기(pachytene)·복사기(diplotene)·이동기(diakinesis)라고 세포의 감수분열에 대해 답한다. 세번째 이미지인 "손님을 기다리며 벌거벗고 누워 있는 게으른 프랑스 매춘부"(Lazy French Tart Lying Naked In Anticipation)라는 문장에서 두개골의 눈구멍 위를 흐르는 신경의 명칭도 눈물샘신경(lacrimal)·앞이마신경(frontal)·활차신경(trochlear)·외측지신경(lateral)·코모양체신경(nasociliary)·내측지신경(internal)·외전신경(abducens)이라고 막힘 없이 대답할 수 있다.[17]

서구의 중세나 후기 르네상스 시대에는 같은 기억술을 이용한다 해도 기억의 대상이 달랐을 것이고, 그 이미지도 당시에 어울리는 것으로 설정되었을 것이다. A.D. 5세기의 철학자 마르티아누스 카펠라는 이렇게 썼다. 프시케(Psyche, 그리스 신화에 나오는 에로스의 아내—옮긴이)는 태어날 때 멋진 선물을 받았는데, 그 중에는 "눈이 휘둥그레질 정도로 바퀴가 빠르게 돌아가는 수레"(이 선물은 메르쿠리우스의 발상이었다)가 있었다. "비록 기억의 신이 수레에 금사슬을 묶어 끌어당겼지만, 프시케는 수레를 타고 놀라운 속도로 여행할 수 있었다." 이 금사슬은 기억의 연쇄를 의미하며 인간 영혼에 안정을 주는 지력과 상상력을 상징한다. 어떤 정체된 상태에 대한 은유가 아니다.[18] 카펠라가 "너무도 풍부한 어휘를 구사하고, 많은 양의 기억과 추억을 몸에 지니고" 기억을 다스리는 것으로 묘사한 수사학의 여신의 이미지는 그로부터 1천 년 이상 지난 리치 시대의 사람들에게도 여전히 강렬한 인상을 주었음에 틀림없다. 5세기에 묘사된 수사학의 여신의 모습은 다음과 같다.

> 늘씬하고 자신감 넘치는 여인, 눈부시게 아름다운 여인. 투구를 쓰고, 머리에는 당당한 왕실의 위엄이 감돌고 있다. 손에 든 공수 겸용 무기는 섬광과 같은 빛을 발한다. 그녀가 입고 있는 옷의 겨드랑이 아랫부분은 라틴풍의 로브(robe)가 어깨에서 흘러내리며 감싸고 있다. 이 로브는 갖가지 문장(紋章)들이 내는 빛으로 찬란하고, 모든 문장들의 생김새가 또렷이 보인다. 또한 가슴 아래에 두른 벨트는 여태껏 본 적이 없는 빛깔의 보석으로 장식되어 있다.

로브의 모든 장식—빛, 문장, 모양, 색깔, 보석—은 각각 수사적 장식기교와 관련되어 있으며, 여신의 모습을 머릿속에 새긴 학생들에게 영원히 잊지 못할 인상을 남겼을 것이다.[19] 한편 이 수사학의 여신의 현란한 모습에 비해서 우상숭배의 여신의 무시무시한 모습은 얼마나 대조적으로 묘사되었던가. 우상숭배의 여신의 모습은 역시 5세기에 신학자요 신화학자였던 풀겐티우스에 의해 묘사되었다. 뒤에 14세기의 수사(修士) 리데발은 당시의 감각에 맞게 그 모습을 어감 좋은 라틴어로 엮어 기억용 시구로 만들었다. 풀겐티우스는 우상숭배의 여신을 매춘부로 묘사했다. 그녀의 머리 위에서 울리는 나팔소리는 그녀가 몸을 더럽혔다는 것을 널리 알리기 위한 것이다. 우상숭배 이야기를 끄집어내야 할 때는 배치해 둔 장소에서 이 여자의 모습을 불러내면 곧바로 신학적 논의의 요점이 떠오른다. 우상숭배의 여신이 매춘부로 묘사된 것은 믿지 않는 자들이 하느님을 버리고 우상과 음행을 일삼고 있다고 보기 때문이다. 또 풀겐티우스에 의하면, 그녀가 장님이요 귀머거리인 이유는 아들을 잃은 주인의 슬픔을 위로하고자 노예들이 죽은 아들과 비슷한 형상을 만든 것이 우상의 시작이었기 때문이다. 여기에는 물론 그런 미신을 불식해야 할 참된 신앙에 눈을 감아 버리고 귀를 기울이지 않는다는 의미도 포함되어 있다.[20]

그런데 이런 이미지는 머릿속에 묘사한 기억의 궁전에 얼마나 저장할 수 있었을까? 또 실제로 몇 개나 저장할 수 있었을까? 1595년에 리치는 의미 없이 나열된 400~500자 정도의 한자(漢字)들을 죽 훑어보고 나서 그것을 역순으로 기억해 냈다고 기록하고 있다. 리치의 중국인 친구들도 리치가 중국의 고전 여러 권을 한번 훑어보기만 하고 외웠다고 증언했다.[21] 그러나 이런 묘기는 그렇게 놀랄 일이 아니다. 예를 들면 프란체스코 파니가롤라가 있다. 파니가롤라는 리치보다 나이가 많고, 로마나 마체라타에서 리치에게 기억술을 가르쳤을 가능성도 있으며, 그의 기억술에 대한 작은 필사본 소책자가 지금도 마체라타 도서관에 보관되어 있다. 피렌체에서 그를 알고 있던 사람들이 기록한 바에 의하면 그가 특정 위치에 저장한 10만 개의 기억 이미지를 마음대로 끄집어냈다고 한다.[22] 리치가 과거의 기억술 교본에 적혀 있는 내용을 그대로 순무 루완가이에게 말한 것처럼, 이미지를 저장해야 할 각 건물 내부에 설치된 장소의 순서와 배열을 어떻게 하는가가 기억술의 핵심이다.

기억을 배치할 장소가 모두 순서대로 정해지면, 당신은 문을 통해 걸어갈 수 있다. 오른쪽으로 돌아서 거기서부터 시작해 보라. 마치 처음부터 끝까지 쉬지 않고 붓글씨 연습을 하듯, 마치 물고기가 떼지어 헤엄치듯, 모든 것이 머릿속에 정렬되면 그 이미지 하나하나는 어떤 기억 대상도 꺼낼 준비를 갖추게 된다. 만일 당신이 매우 많은 〔이미지를〕 쓰려고 한다면, 건물을 수백 개나 수천 개로 늘리면 된다. 단지 몇 개의 이미지만을 원한다면 연회실을 하나 설치하고, 네 모퉁이에 이미지를 할당하는 것으로 족하다.[23]

프랜시스 예이츠는 중세와 르네상스의 기억이론에 대해서 박식하면서도 광범위한 연구를 행한 자신의 저서 『기억술』에서 "그리스도교의 영향을 받은 인위적인 기억술의 실태"를 탐구하면서도 "기억술과 관련된 논문은 언제나 법칙을 기술할 뿐 그 법칙의 구체적인 응용은 거의 보여주지 못한다. 요컨대 기억용 이미지의 체계를 마땅한 장소에 배치해서 보여주는 실례는 거의 찾아볼 수 없다"고 유감을 표시했다.[24] 마테오 리치가 중국어로 쓴 『기법』이 이런 빈 자리를 완전히 메워 주는 것은 아니지만, 서구의 전통적인 기억술이 지구 건너편에서 신봉될 가능성을 보여준 것은 확실하다.

더욱이 리치는 『기법』에서 하나하나의 이미지를 각각의 장소에 배치하고, 일관된 설명을 덧붙였다. 첫번째 이미지는 서로 싸우는 두 전사이고, 두번째 이미지는 서쪽에서 온 부족의 여인, 세번째는 수확하는 농부, 네번째는 아이를 안고 있는 하녀이다. 위의 인용문 끄트머리에서 기억용 이미지의 초보적인 배치방법에 대해서 자신이 설명한 대로 리치는 이 4개의 이미지를 연회실의 네 귀퉁이에 할당하기로 했다. 이 연회실은 몇 개의 기둥으로 떠받쳐져 있는 정사각형의 꽤 넓은 방이다. 나는 이 연회실이 특정한 기억의 궁전 안으로 들어가는 문이 아닐까 생각하고 있다. 순무 루완가이나 그 밖에 다른 『기법』을 읽는 기억술의 초심자도 이 초보적인 기억용 이미지 주위를 어슬렁거리다 보면, 머릿속에서 별 어려움 없이 리치의 뒤를 따라갈 것이다. 리치와 함께 문을 열고 연회실로 들어가 오른쪽으로 돌아서 네 귀퉁이에 둔 이미지를 하나하나 좇아서.[25]

그러나 이 기억술의 방법론에 익숙해졌다고 해서 반드시 새로운 더 큰 방들을 줄줄이 지을 것까지는 없다. 이미 설치되어 있는 방 안에 이미지를 더 많이 배치해서 내용을 증가시키는 방법을 택해도 된다. 단 여기서 한 가지 주의해야 할 점은 그 공간을 너무 어질러 놓아 그 안에 있는 모든 이미지를 쉽게 떠올릴 수 없으면 안된다는 것이다. 이것만 주의하면, 방 안에 여러 종류의 가구를 들여놓을 수도 있고, 금이나 옥으로 된 장식물을 비어 있는 탁자 위에 놓을 수도 있으며, 반짝이는 색으로 벽을 칠해도 상관없다.[26] 한편 리치가 기록한 것처럼 어떤 '그림'을 이용해서 이미지를 떠올릴 수도 있다. 이것은 A.D. 1세기에 퀸틸리아누스가 주장한 방법이며, 또한 1562년 루도비코 돌체가 그리스 로마 신화에 관심을 가진 학생들에게 티치아노(이탈리아 르네상스 시대의 대표적인 베네치아파 화가―옮긴이)의 여러 그림을 세부까지 기억하도록 하여 신화를 이해하는 한 방편으로 삼도록 했던 방법이기도 하다.[27] 리치는 생동감 넘치는 그림이 기억술에 미치는 효과를 잘 알고 있었다. 리치의 편지를 보면 그가 헤로니모 나달의 『복음서의 주해와 명상』 같은 종교 서적들을 의식하고 있었음을 확인할 수 있다. 그 책에는 목판화가 풍부하게 수록되어 있는데, 예수회는 그리스도의 생애 가운데 결정적인 대목을 독자들의 마음속에 선명하고도 생생하게 환기시키기 위해 이 책을 출판했던 것이다. 그뿐만이 아니다. 리치는 나달의 책을 중국에서도 간직하고 있었으며, 이탈리아에 있는 친구에게 보낸 편지에서 그 책은 대단히 귀중한 책이라고까지 쓰고 있다.[28]

연회실에 4개의 이미지를 배치한 것과 마찬가지로 리치는 성화(聖畵) 넉 점을 남겼다. 그는 그 그림들에 친필로 설명을 달았고, 그 가운데 석 점은 자신이 직접 주석을 붙였다. 첫번째 그림은 갈릴래아 바닷가의 그리스도와 베드로, 두번째는 엠마오로 가는 그리스도와 두 제자, 세번째는 주님의 천사 앞에서 눈이 멀어 버린 소돔의 남자들, 그리고 네번째는 아기 그리스도를 안고 있는 성모 마리아 그림이다. 이 그림들이 지금까지 전해질 수 있었던 것은 리치와 친분이 있었던 출판업자이자 지필묵 제작자였던 청다웨(程大約) 덕분이다. 청다웨는 베이징에 있는 친한 친구를 통해 1605년에 리치를 소개받았다. 그 당시 『정씨묵원』(程氏墨苑)이라는 중국 서화집을 출판하려 기획하고 있던 청다웨는 서양 그림과 직접 쓴 로마자(字)를 책에 담고 싶어서 리치에게 몇 가지 자료를 제공해 달라고 부탁했다. 리치는 청다웨에게, 서양 문화의 '1만분의 1'밖에 중국 지식인의 관심을 끌지 못할 것이라고 겸손하게 말했지만, 결국 그의 부탁을 받아들여 이듬해에 앞에서 말한 넉 점의 그림을 청다웨의 격조 높은 책 『정씨묵원』에 자신의 주석과 함께 수록하게 되었다.[29] 리치는 이 성화들이 중국인에게 그리스도의 생애의 주요 장면과 「창세기」에 등장하는 인류의 선조를 기록한 부분 등 성서의 극적인 장면들을 아주 선명하게 기억시켜 줄 수 있을 것이라고 확신했을 것이다. 또한 마치 기억용 이미지처럼 이 그림들을 일정한 순서로 배열해 두면, 저장하고 검색하는 기억의 궁전 자체의 메커니즘을 보강하는 데도 유용하게 쓰일 것이라고 생각했을 것이다.

리치가 이 기억술의 가치를 자신하고 있었음은 분명해 보이지만, 그가 동방으로 향하는 배를 탄 1578년 이전에 이미 유럽에서는 이런 기억술에 대한 비판이 일기 시작했다. 1530년대에 마술과 과학적 연금술에 관심을 갖고 있던 코르넬리우스 아그리파라는 사람은 『기술과 학문의 공허와 불확실함에 대하여』라는 책에서 기억술이 날조한 '기괴한 이미지'로 말미암아 인간의 자연스런 기억력이 둔화된다고 말했다. 그는 정보의 무수한 조각들을 무리하게 머리에 담아 넣으려는 시도는 종종 "풍부하고 확실한 기억보다는 광기와 광란을 낳는다"고 지적했다. 아그리파는 이처럼 기억술로 지식을 과시하는 행태는 일종의 유아적 노출증이라고 생각했다. 1569년에 나온 그의 작품의 영역본에서는 이런 혐오감이 더욱 심해진다. "독서에서 얻은 지식을 만인이 보는 앞에서 과시하는 형태는 오만한 사람이나 하는 짓이다. 마치 상인이 자기 집에는 아무 것도 없으면서 사람들 앞에서는 물건을 늘어놓고 팔고 있는 것과 같다."[30] 에라스무스나 멜란히톤 같은 종교사상가들은 이런 기억술을 수도승이 미신에 사로잡혀 있던 고대로 돌아가려는 시대착오적인 것으로 간주하고, 기억술의 실용성을 인정하지 않았다.[31] 역시 1530년대 인물인 라블레는 기억술을 조롱하고 신랄하게 비난하여 기억술에 대한 믿음을 깎아 내렸다. 그는 가르강튀아가 가정교사인 올로페르네한테서 당시에 가장 난해한 문법책을 기억하는 법을 배우고, 아울러 방브레에즈·스칼리와·클랍트라 같은 학자들의 시시콜콜한 학문적 주석들을 남김없이 소화했다고 기술했다. 하지만 결과는 심각했다. 확실히 가르강튀아는 배운 책을 "뒤에서부터 암송할" 경지에까지 오르고, "오븐에서 구워 낸 사람처럼 지식은 불어났지만", 막상 자신의 머리로 생각해서 대답해야 할 때면 "죽은 당나귀에서 방귀가 나오지 않는 것처럼 가르강튀아의 입에서는 한마디 말도 나오지 않았"던 것이다.[32] 16세기 말엽에 프랜시스 베이컨은 데이터를 조직하고 분석하는 자연적인 기억력에 매료되기는 했지만 인위적인 기억술에 대해서는 결정적인 비판을 가했다. 그는 기억훈련으로 얻을 수 있는 묘기가 얼핏보기에는 인상적이라고 인정하면서, 그것을 '놀라운 과시'라고 불렀다. 하지만 베이컨은 기억술이 근본적으로 '쓸모없는 것'이라고 결론지었다. "나는 수많은 이름이나 단어를 한번 듣고 외우는 것을 공중제비, 줄타기, 광대의 속임수 이상으로 보지 않는다. 전자는 머리로 하는 것이고 후자는 몸으로 하는 것일 뿐 어느 것이나 진기한 구경거리에 불과하다.[33]

그러나 리치 시대에 대부분의 가톨릭 신학자들은 이런 경멸적인 주장에 동의하지 않았다. 리치도 마찬가지였다. 그들은 기억술에 대한 고대의 핵심 텍스트인 『헤레니우스에게』가 사실은 키케로의 저작이 아니라는 것을 증명한 학문적 성과가 나와 있음에도 불구하고 기억술의 긍정적인 측면에만 초점을 맞추었다. 그리고 그들은 이 책을 계속해서 기본 교재에 포함시켰다.[34] 당시의 신학자들은 이전에도 그랬듯이 기억술은 단순한 수사학의 일종이라기보다는 윤리학에 속하는 것이라고 믿었다. 이런 신념을 불어넣은 사람이 바로 토마스 아퀴나스였다. 아퀴나스는 아리스토텔레스에 대한 주석에서 '붙잡기 힘든 영적인 것'이 영혼에서 사라져 버리는 것을 막기 위해 '유형의 상(像)', 곧 구체적인 형태를 갖춘 기억용 이미지의 역할이 얼마나 중요한지를 설명했던 것이다. 그런데 조금 아이러니컬한 것은 아퀴나스가 기억의 장소 배치법을 이용하는 것이 옳은지를 논의하면서, 키케로도 『헤레니우스에게』에서 "우리에게는 기억용 이미지에 대한 '염려'가 필요하다"고 말하고 있지 않는가라고 지적하며, 자신의 주장을 뒷받침했다. 아퀴나스는 이 구절을 우리는 기억용 이미지에 "애착을 가질" 필요가 있다는 뜻으로 해석했고, 그 결과 기억용 이미지를 기도나 성서에 응용할 수 있는 길을 열었던 것이다. 하지만 『헤레니우스에게』는 기억용 이미지를 끄집어내기 위해서는 '염려'(sollicitudo)가 아니라 '고독'(solitudo)이 필요하다고 말했다는 사실은 수세기 동안 주의를 끌지 못했다. 어쨌든 아퀴나스가 범한 오류—아마도 아퀴나스는 기억에 의지하여 이 구절을 인용했을 것이다—에 의해 그리스도교의 기억술 전통은 한층 강화되어 나갔다. 그리하여 기억술은 '영적 개념'을 정리하는 수단으로서 중요성을 갖게 되었다. 실제로 이런 해석방법은 널리 퍼져 있었다. 예컨대 기억술이 "천국과 지옥을 기억하는 데" 사용되는 것이라고 한다면 조토의 그림 도법이나 단테의 『신곡』 첫째권인 「지옥편」의 구성과 세부에 대해서도 많은 부분 설명이 가

능하다. 이런 류의 생각은 16세기에 출판된 많은 책들에서 흔하게 볼 수 있는 것이다.[35]

아퀴나스 시대부터 2세기 동안 신자들의 상상력을 불러일으켜서 그리스도 교도의 신앙을 심화하는 데 일조한 텍스트가 연이어 등장하여 하나의 전통을 형성하기에 이르렀다. 그 가운데 12세기에 오베르뉴의 기욤이 쓴 『신성 수사학』(*Rhetorica Divina*)과 같은 가장 중요한 텍스트들은 퀸틸리아누스의 영감으로 되돌아갔다.[36] 또한 14세기의 경건한 작가 작센의 루돌푸스는 훗날 이냐시오 데 로욜라를 매료시킨 저작을 남겼는데, 그의 말에는 보기 드문 강력한 힘이 있었다. 루돌푸스는 그의 그리스도교 독자들에게 그리스도가 십자가 처형을 당하는 장면을 상상하게 하고 나서 마치 그리스도에게 못질을 하듯이 독자들의 귀에다 대고 크고 세게 외쳤다. "결국 모든 신경과 혈관이 한껏 뒤틀리고, 매달리는 힘으로 인해 모든 뼈와 관절이 탈골되면서 그분은 십자가에 달려 계셨다. 크고 거친 못으로 그분의 손과 발은 만신창이가 되었다. 그 못은 그분의 피부와 살, 신경과 혈관, 그리고 뼈의 인대까지 뚫고 들어갔다."[37] "복음의 시대가 현재에 스며들게 하는" 이런 분위기에서 루돌푸스는 신앙인들에게 "경건한 호기심을 갖고, 자기의 길을 느끼면서, 결국 당신을 위해 돌아가신 구원자의 상처들을 하나씩 만져 보라"고 말했다. 루돌푸스가 참고했던 스웨덴의 비르기타에 따르면 상처의 수는 5,490개나 되었다고 한다.[38] 카르투지오회(1084년 브루노[St. Bruno, 1032~1101]가 창설한 수도회로 금욕을 철저히 지키는 등 독특한 회칙이 있었다—옮긴이) 수사였던 루돌푸스는 이 적극적인 상상력이 "걸을 때나 쉴 때나, 앉아 있을 때나 누워 있을 때나, 먹을 때나 마실 때나, 말할 때나 침묵할 때나, 혼자 있을 때나 여럿이 있을 때나" 늘 그리스도에게 미치도록 해야 한다고 주장했다.[39] 한편 15세기 중엽에 소녀들의 기도서를 쓴 사람은, 성서의 등장인물들에게—그리스도도 포함해서—친구나 아는 사람의 얼굴을 중첩시켜 보라고 권하는 방법으로 그들이 독자들의 기억 속에 깊이 새겨지도록 했다. 그는 소녀들에게 머릿속에서 상상한 예루살렘에 성서의 인물들을 배치하라고 하면서, "그러기 위해서는 자신이 잘 아는 도시를 하나 선택하라"고 말했다. 그렇게 하면 침실에 혼자 있을 때 소녀들은 "일화에서 일화로 천천히 움직임"으로써 성서 이야기를 추체험하면서 기도를 할 수 있을 것이라는 것이다.[40]

이렇게 기억을 생생하게 재구성하는 작업은 스페인의 군인이었다가 회심한 이냐시오 데 로욜라가 1540년에 설립된 예수회 회원들을 위해 만든 교육체계와 종교적 훈련의 기초적인 구성요소이기도 했다. 이냐시오는 8년 후인 1548년에 출판된 『영신수련』의 초기 필사본에서 자신의 논점들을 정리했다. 이냐시오는 자신의 후계자들이 모두 성서적 설화의 힘 안에서 살 수 있게 하려고, 그들의 오감(五感)을 모두 성서의 이야기에 적용시켜서 명상하는 법을 가르쳤다. 막 수련을 시작한 사람은 우선 시각을 활용해서 어떤 사건이 발생했던 물리적 조건들, 곧 이냐시오가 "상상의 눈으로 보는 장소"라고 부른 장면을 마음에 그리게 된다.[41] 이를테면, 그것들은 그리스도가 베다니아에서 예루살렘으로 수난받으러 가던 길, 최후의 만찬을 거행한 방, 베드로가 그리스도를 부인한 안뜰, 십자가에 못박히시고 그의 어머니 마리아가 기다리던 집 등이다.[42] 이냐시오는 이렇게 마음에 그린 장소에 청각을 가미하면 더욱 선명한 화상을 얻을 수 있다고 말한다. "땅 위의 사람들이 하는 말에 귀를 기울인다. 곧 그들이 어떻게 서로 말하는지, 어떻게 헛맹세하고, 어떻게 설득하는지를 들어 본다." 그리고 이것과 대조되는 삼위일체의 거룩한 세 위격(位格)이 하는 말씀, 곧 "인류의 구속사업을 이룩합시다"는 말씀을 들어야 한다. 시각과 청각의 활용에 성공했다면, 오감의 나머지 감각인 후각·미각·촉각을 기억활동 속에서 받아들여도 좋다. "얼마나 향기롭고 아름다운지를 즐기고, 맛본 것을 음미함으로써 성과를 거둔다. 〔또한〕 감촉함이니, 예컨대 항상 영신적 이익을 구하는 목적으로 그러한 인물들이 밟은 자리나 앉은 그대로를 포용하거나 입맞출 수도 있다."[43] 만일 오감이 다양한 과거를 그대로 기억나게 하고, 그것을 이른바 맥락을 갖춘 정보인 것처럼 현재로 불러들이게 되면, 기억·이성·의지라는 세 가지 기능은 명상으로 떠오른 것의 의미를 심화시키는 과제를 짊어지게 된다. 특히 죄의식처럼 평범한 분별력으로는 그 내용을 볼 수 없는 경우에는 이것이 적합하다. 여기서 이냐시오는 "상상력을 구사해서 죄의 관념을 마음속에 그리고 상상의 눈으로 본다. 내 영혼은 이 타락하기 쉬운 육체 안에 갇혀 있고, 육체와 영혼으로 이루어진 나라는 인간은 낯선 땅에서 사는 사람처럼 이 지상에서 짐승들에 둘러싸여 살아가도록 운명지어져 있다"고 말했다.(비록 이 구절이 분명히 전교사들을 위해서 쓴 것은 아니었지만, 영적 생활을 충실히 하기 위해 휴식기간을 얻고자 고심하면서 낯선 중국땅에서 생을 마감한 리치에게 영향을 미쳤을 것이다.) 이냐시오가 쓴 대로 이 세 가지 기능은 차례대로 활용해 갈 수 있는데, 선도적인 역할을 하는 것은 기억이다.

기억의 노력으로 나는 제1의 죄악, 곧 천사들의 죄에 대한 역사를 생각해 볼 것이요, 그 다음에는 이성을 활용하여 그 죄의 원인을 생각해 볼 것이요, 셋째로는 의지를 활용하여 그 모두를 잘 기억하고 알아듣기 위하여 노력할 것이다. 천사들의 죄 하나와 이렇게도 많은 나의 죄를 비교해 보고, 또 그들은 단 한 가지 죄로 지옥에 갔는데, 나는 그렇게도 많은 죄 때문에 얼마나 여러 번 갔어야 마땅했겠는지를 생각하고 스스로 부끄러워하고 두려움을 갖도록 노력할 것이다.

여기서 천사들의 죄악을 기억에 되살린다고 함은 은총 지위에 창조되었던 그들이 어찌하여 자기 자유를 창조주께 존경과 순종을 드리는 데 선용하기를 싫어하고 오만해져서, 은총 지위에서 죄악의 상태로 변하여 천상에서 지옥으로 떨어졌는가를 생각하는 것이다.

그 다음에는 나의 이성으로 더욱 상세하게 연구하고, 나아가 의지로서 나는 그것에 걸맞은 감정을 환기하고자 한다.[44]

영신수련을 하는 사람은 자신의 죄를 가장 일상적이고 친근한 위치에 두고서 그 죄를 성찰해야 한다. 다시 말해서 지금까지 살았던 집을 떠올리고, 타인과의 모든 인간적 관계를 생각하며, 자신이 지녔던 다양한 직무와 권한을 성찰한다는 뜻이다. 이것이 가능해지면, 천사들의 첫번째 죄를 성찰하는 것에서 나아가 그리스도와 그의 군대가 악마의 군대와 벌이는 대대

적인 영적 투쟁의 전경도 떠올리게 될 것이다.[45]

루돌푸스나 이냐시오가 독실한 그리스도교 신자들에게 실제로 체험하지 않은 과거의 이런 '기억'을 현재의 정신에 집어넣으라고 강력히 요구했던 배경에는 토마스 아퀴나스뿐만 아니라 리치가 태어나기 1,100년 전에 쓰인 아우구스티누스의 『고백』에서 받은 영향도 깔려 있다. 아우구스티누스는 이렇게 말하고 있다. "아마도 적절히 말한다면 '세 가지 때가 있다. 곧 과거의 일에 대한 현재, 현재의 일에 대한 현재, 그리고 미래의 일에 대한 현재가 그것이다.'"[46] 그러나 이냐시오의 동료 가톨릭인들은 이냐시오와 그의 추종자들이 신의 나라에 대해 특별한 통찰력을 호소하는 그들의 기도가 극단적으로 흐르는 것이 아닌가 하는 우려를 하고 있었다. 발렌시아(Valencia)의 주교는 『영신수련』이 '신비한 장사술'에 지나지 않으며, 당시에 횡행하던 광명파(Illuminist, 자연신을 받드는 공화주의의 비밀결사—옮긴이)의 영향 아래 쓰인 것이라고 불만을 토로했다.[47] 영신수련을 통해서 하느님과의 '직접' 교통이 가능하다고 주장하던 6명의 사제가 1548년에 종교재판소에 소환되었다. 재판관들은 "성령이 사도들에게 한번 내렸듯이 영신수련을 한 사람에게도 임할지 모른다"는 사제들의 말에 불안해했다.[48] 몇몇 도미니코 회원들은 1553년에 이냐시오가 '의심할 여지없는 이단자'라고 주장하기에 이르렀다. 또한 그들은 이냐시오의 사상이 어디까지나 신과의 직접 대화에서가 아니라 성서에서 도출된 것이라고 주장하도록 이냐시오의 친구인 나달(리치가 중국에 소개한 『복음서의 주해와 명상』의 저자)을 부추겼다.[49] 뒷날 리치가 중국에서 전교활동을 하는 동안 예수회의 총장이었던 클라우디오 아콰비바는 이런 논쟁의 전말을 잘 알고 있었기 때문에 이냐시오의 '오감의 응용'에 대한 견해를 가능한 한 부각시키지 않으려고, 그것은 더 복잡한 형식을 가진 성찰이나 기도와 비교도 되지 않는 '매우 안이한 방식'이라고 말했다.[50]

종교적 체험과 이른바 마술적 현상을 선을 긋듯이 정확하게 구분하기란 어려운 일이다. 최근 일부 학자들은 종교와 마술의 상호 연관성을 미사 자체의 말이나 축문, 미사에서 사용되는 전례음악이나 조명이나 포도주, 그리고 미사의 핵심을 이루는 변형에서 찾을 수 있지 않겠느냐고 주장한다.[51] 실제로 리치가 중국에서 체험한 것을 보면, 중국인은 일반적으로 그의 기억술이 마술의 힘으로 얻어진 것이라고 믿고 있었음을 알 수 있다. 1596년 10월 13일, 리치는 난창에서 로마에 있는 아콰비바 총장에게 편지를 썼다. 이 편지에서 그는 난창에서 거주와 가옥 구입허가를 받기 위해 힘든 타협 과정이 있었음을 간략히 기술한 후 자신의 집으로 무리지어 축하인사를 하러 온 중국의 저명한 지식인들을 묘사했다. 리치는 중국인이 그렇게 많이 그를 방문하러 온 동기를 세 가지로 추정하고 있다. 첫째는 예수회원이 수은(水銀)을 은(銀)으로 바꿀 수 있는 비술을 알고 있으리라는 확신, 둘째는 서양 수학을 배우려는 욕구, 셋째는 그의 기억술을 배우고자 하는 열망이다.[52] 리치가 살았던 유럽의 지적·종교적 생활상을 고려하면 충분히 납득이 가는 말이다. 당시 기억술은 수령학(數靈學, 출생 연월일의 수 따위가 사람의 운명에 미치는 신비한 영향 등을 연구하는 것—옮긴이)이나 연금술의 의혹스러운 반과학적인 세계와 결합되어 있었고, 기억술의 달인이라도 되면 자기의 운명을 마음대로 조작하는 힘—이 힘에는 전통적인 신앙의 힘이 반영되어 있다—을 지니고 있는 것으로 믿고 있었다. 여기서 우리가 염두에 두어야 할 것은 리치의 생애는 어떤 점에서 16세기 후반에 스페인과 포르투갈의 총구 아래에서 일어났던 '유럽 팽창'의 한 국면인 반종교개혁기의 전투적 가톨릭주의의 맥락 속에서 의미를 갖는다고 할 수 있지만, 다각적으로 검토해 보면 르네상스 이전의 중세를 지나 고대로 거슬러올라가야 할 만큼 오랜 맥락 속에서 이해해야 한다. 다시 말해서 그 옛날 그리스도교 사제들과 마술이나 연금술, 우주형상론이나 점성술을 생업으로 하는 '사이비 선생들'이 사람들에게 위안을 주는 일을 나누어 갖고 있던 시대였다는 맥락에서만 리치라는 인물을 이해할 수 있다는 이야기다.[53]

1545년부터 1563년까지 교황이 소집한 트리엔트 공의회에서 벌어진 지리하고 복잡한 토론은 가톨릭 교회의 지도층이 제시한 가장 어려운 몇 가지 문제에 답을 주었다. 교회 지도자들은 그들이 자각하고 있던 교회 내부의 부패와 적대하는 프로테스탄스측의 탐구적인 질문에 대해서 나름대로 대응방안을 제시하고 있다. 하지만 이 공의회의 '해결책'은 일부 사람들에게만 먹혀 들었을 뿐이다. 많은 사람들은 철두철미하게 자기류의 해석방식을 바꾸지 않고 있었다. 예컨대 이탈리아 북부의 한 제분업자는 하느님은 흙·물·불·공기라는 네 원소가 이미 존재하던 혼돈의 상태에서 나타났다고 주장했다. 그는 1584년 종교재판소에서 심문을 받을 때 "혼돈은 누가 움직이는가?"라는 질문에 "그것은 스스로 움직인다"고 대답했다.[54] 제분업자는 "내 마음은 고결하고 새로운 세계를 원한다"고 말한 다음 자신의 불안 가운데 태반은 타국이나 이민족을 마음에 그리는 데서 야기된 것이라고 설명하고, 이런 지식은 아프리카와 카타이(중국)를 여행한 존 만데빌의 여행기에서 얻었다고 말했다.[55] 16세기 사람들이 자력으로 사물의 존재의 미를 계속해서 탐구하고 있었던 것을 생각하면, 이 제분업자도 특이한 예라고는 말할 수 없을 것이다. 16세기에는 프로테스탄트든 개혁을 주장하던 가톨릭이든 관계없이 사람들에게 세계의 기원이나 우주개벽의 신비에 대한 궁극적 의문을 풀어 주는 데 성공하지 못했기 때문이다. 일상생활에서도 급격한 의기소침이나 인간과 동물의 돌연한 죽음, 소중한 물건의 분실이나 흉년 같은 당혹스러운 현상들에 대해서도 납득할 만한 설명을 하지 못했다.[56]

따라서 마술과 종교를 가르는 구분선은 더욱 모호해졌다. 위에서 언급한 제분업자는 자신의 사원소론(四元素論)을 더욱 발전시켜 하느님이 공기, 그리스도가 흙, 성령은 물이 되었고 불은 어디에서나 스스로 타오른다는 결론에 도달했다.[57] 그 당시 이 제분업자보다 가난했던 사람들은 강에 리코타 치즈로 만든 제방이 세워지고 라비올리(ravioli, 다진 고기 소를 넣어 만든 파스타의 일종—옮긴이)와 마르지판(marzipan, 아몬드·설탕·달걀을 이겨 만든 과자—옮긴이) 같은 맛있는 음식이 비오듯 떨어지는 세계를 꿈꾸었다.[58] 리치와 그의 동료 예수회원들은 사물에 대한 마술적 힘을 인정하지는 않았지만, 1578년 희망봉을 돌 때는 폭풍우치는 바다를 진정시키기 위해 로마의 부활절용 초로 만든 밀납 부적을 바다에 던졌고, 1601년 베이징 입성을 눈앞에 둔 시점에서도 성지(聖地)의 흙 한 줌과 그리스도가 매달려 돌아가신 십자가의 한 부분으로 만들어졌다고 믿고 있던 작은 십자가를 늘 지니고 다녔다.[59] 그리고 '종교개혁을 이룩했다는' 영국에서도 마술을 생업으로 하는 사람들이 너무나 많아서 엘리자베스 1세 시대의 어떤 마을에서는 몇몇 '사이비 선생'으로부터 16km 이상 떨어져 있는 집이 하나도 없을 정도였다.[60]

천체 관측에 관심이 많았던 당시 사람들은 행성의 운동, 달의 차고 기욺, 별의 출현을 주의 깊게 관찰하면서 추적 조사하고, 아울러 세밀히 분석함으로써 인간의 운명에 관계되는 의미를 찾아내려고 했다. 교육받은 사람은 경건한 가톨릭 교회의 신도들이었지만 그들의 머리 속에는 여전히 역사학자들이 말하는 '미지의 초자연적인 영향'이라는 대안적 체계를 수용할 여지가 남아 있었고, 그것은 신(新)플라톤주의적인 우주론 속에서 '고동치고' 있었다.[61] 이러한 신비를 용인하는 풍조가 있었기 때문에 두뇌의 기억술과 우주의 힘을 융합할 수 있는 사람에게 유별난 힘이 있다 하더라도 대수롭지도 않게 받아들였다. 또한 가난하고 교육받지 못한 사람이 상당히 높은 수준의 기억력을 지니고 있다 해도 역시 당연한 것으로 생각했다. 당시의 문화는 변함 없이 구두전승에 의존하는 바가 컸기 때문이다. 이를테면 1581년 이탈리아를 여행했던 몽테뉴는 피렌체 근처의 들판에서 여자친구를 옆에 두고 류트를 연주하며 아리오스토(1474~1533, 르네상스기를 대표하는 이탈리아의 시인. 대표작은 『광란의 오를란도』〔Orlando furioso〕—옮긴이)의 긴 시구를 암송하던 한 무리의 농부들을 묘사했다.[62] 그러나 다른 한편으로는 기억력이 너무 강하면, 마치 16세기 중반 프랑스 남부의 아르노 뒤 틸처럼 즉시 이웃들로부터 마술사로 의심받을 위험도 있었다.[63] 셰익스피어 극의 관객들에게는 기억을 어떻게 사용하고 어떻게 강화하는가 하는 논의가 진부한 이야기로밖에 들리지 않았을 것이다. 오필리아가 햄릿이 그녀의 아버지를 죽이고 난 후 오빠 레이어티스 앞을 걸으면서 "이게 로즈마리, 기억의 꽃이에요. 부탁이에요, 잊지 마세요"라고 울부짖었을 때 그녀는 그저 미친 것이 아니었다. 그녀는 레이어티스에게 그 당시 많은 기억술론의 지지를 받으며 널리 퍼져 있던 신앙에 호소해서 복수의 결심을 굳히도록 했

던 것이다. 그것은 로즈마리가 기억력을 높이는 약초라는 믿음이었다.[64]

리치가 아직 학생이었을 때, 그의 고향인 마체라타에서는 성직자가 흑마술을 했다는 이유로 고발된 사건이 여러 번 있었다. 지금의 우리는 그들이 저지른 행위를 자세히 알 수 없지만, 아마도 그것은 기억술을 남용한 것과 관련이 있을 것이다.[65] 16세기 내내 베네치아와 나폴리 같은 도시에서 '점성술을 주체로 한 기억술'이 특별한 관심거리가 되었고, 그것을 만든 열성적인 창시자들은 기억술을 그 도시뿐 아니라 외국, 그 중에서도 프랑스와 영국에 수출했다. 이런 기억술은 우주의 다양한 힘을 체계화해서 '기억의 극장', 다시 말해서 동심원을 몇 겹으로 그린 도표나 상상의 도시들을 만들어, 그 힘을 직접 끌어내서 사용할 수 있도록 고안되어 있었다. 이런 기술을 실제로 구사하는 사람은 위대한 힘을 감추고 있는 '태양의 마술사'로 불렸다. 1540년대 뛰어난 이탈리아 학자였던 카밀로가 발명한 '극장'은 다음과 같은 모습을 보여준다. 전면에는 작은 상자더미가 있고, 키케로의 모든 저작들이 어지럽게 여기저기 널려 있다. 저 멀리에는 "제1원인에서 시작되어 창조의 단계를 통해서 확장되는 우주"를 보여주기 위해 삼라만상의 이미지가 배열되어 있다. 이렇게 하면 무대를 내려다보는 극장 주인인 카밀로에게는 우주의 세부도, 그 전체도 한눈에 들어오게 된다. 이는 높은 언덕에서 숲을 내려다보는 사람이 최소한 개별 나무의 모습과 숲 전체의 모습을 이해할 수 있는 것과 마찬가지 이치이다. 카밀로가 설명하는 것처럼 "정점이라고도 할 수 있는 가장 높은 곳에 서 있으면 보관한 물건이나 말이나 행위를 필요할 때마다 금방 찾을 수 있을 뿐만 아니라 참된 지혜를 얻을 수도 있다."[66]

이런 지혜는 문학이나 무대에만 국한되는 것은 아니다. 르네상스 시대의 건축이론에도 그 건축물에도 수많은 흔적이 남아 있다. 르네상스 건축에서는 장중함이나 사랑 등의 관념을 표현하는 '비밀의 선'으로 내부의 각 공간을 완전히 분할함으로써 건물 전체에 의미를 부여했고, 또한 인간의 육체가 지닌 다양한 비율 그대로 돌을 재단하여 질서 잡힌 우주의 힘을 표현하기도 했다.[67] 그것은 르네상스 음악의 핵심을 이루는 요소이기도 했

다. 르네상스 음악에서는 음악을 이용한 기억술의 전통이 전승되었다. 우
선 기억할 내용을 압운시로 만든 다음 그 시를 선율에 맞추어서 기억으로
고정시키는 방법이다. 그 과정에서 진지한 이론가들은 음악의 두 가지 특
질, 요컨대 음율의 비법으로서의 신비한 성질과 과학으로서의 보편적인 성
질을 성(性)적인 힘이나 재생의 관념, 또는 국가들에 공통적으로 보이는
특정한 언어 표현에 결부시켜 생각하는 경우가 있었다. 당시 케플러는 행
성의 궤도에 대한 놀라운 발견을 하고, 루돌프(Rudolph) 황제의 궁전에서
연금술에 열중하는 한편 어떤 음악의 장3도 음정은 남성의 성적 만족을 표
현하고 단3도 음정은 여성의 수용성을 상징한다는 해석을 피력하고 있
다.[68] 한편 비첸티노는 새로 고안한 6단식 건반으로 된 쳄발로, 곧 아르키
쳄발로(archicembalo)에 대한 1555년의 논문에서 이 새로운 악기는 독일
어·프랑스어·스페인어·헝가리어·튀르크어의 발음을 재생할 수 있다고
썼다. "세계 모든 민족들의 언어에서 사용하는 억양과 음정은 전음(全音)
이나 반음(半音)뿐 아니라 사분음(四分音)이나 더 좁은 음정도 발성된다.
따라서 건반을 늘려서 쳄발로의 음정을 세분하면 세계 모든 민족들에게 편
리한 악기가 될 것이다."[69] 그 후 1582년에 리치는 한자를 처음 보고, 한자
가 지닌 믿기 어려울 정도의 잠재력에 놀라움을 감추지 못했다. 한자는 언
어에 붙은 발음의 차이를 초월한 보편적인 문자로서 이용할 수 있기 때문
이었다.[70]

　이상에 소개한 이미지와 사례는 본질적으로 서로 다른 성질을 갖고 있
긴 하지만, 기억과 기억의 직·간접적인 응용법에 대해서 기본적으로 얼마
만큼 다양한 사색이 이루어지고 있었는지를 아는 데는 도움이 충분히 되었
을 것이다. 대체로 반(反)종교개혁기에 이런 다양한 기억론이 공존하고 있
었다. 그리고 지금까지 거론한 이미지나 사례들처럼, 그 당시의 유럽인이
인간과 자연을 통제하는 힘을 기억술로 인식하고 있었던 이상, 리치가 그
위력에 대해서 무관심했으리라고는 믿기 어렵다. 리치는 자기가 아는 서양
의 과학지식과 신학상의 수양을 원용하면서 방법론화된 기억술을 이용하
여 중국인을 유교·불교·도교의 혼합체에서 떼어 내려고 했던 것이다.

리치의 『기법』에 남아 있는 네 가지 기억용 이미지는 그의 기억의 궁전에 보관된 수많은 이미지에 비하면 극히 일부분에 불과하다. 마찬가지로 『정씨묵원』에 실려 있는 성화 넉 점은 중국인을 개종시키려고 했던 그리스도교 전체에서 보면 어디까지나 가톨릭 도상학의 단편(斷片)일 뿐이다. 그렇지만 이러한 이미지와 그림이 현재까지 보존되어 온 것 자체가 경이로움인 이상, 또 그 이미지와 그림이 리치 스스로 신중하게 선택한 것인 이상, 이번에는 내가 그 8개의 유품을 갖고 기억의 궁전이 아닌 한 권의 책을 구성하는 길을 선택한 것이다. 리치는 1606년에 청다웨에게 "뭔가를 문자로 기록해 두면 직접 말해서는 수백 보도 미치지 못하는 자기의 소리가 수천 리 떨어진 곳까지 가게 할 수 있다"고 말했다. 이 말에 의심의 여지는 없다. 그리고 이렇게 우연히 남겨진 이미지와 그림을 통해서 우리는 리치의 과거에 발을 들여놓을 수 있다. 리치도 이 방법에 동의해 주리라. 리치 역시 청다웨에게 이렇게 말하고 있기 때문이다.

지금부터 100세대 후의 사람들은 아직 태어나지 않았기에 나는 그들이 어떤 사람들일지 알 수 없다. 그러나 책이라는 기록문화 덕분에 지금부터 1만 세대 후에 태어난 사람들조차 마치 그들이 우리와 동시대인인 것처럼 내 마음에 들어갈 수 있을 것이다. 이미 100세대 전에 살다 죽은 위인들 역시 그들이 남긴 책 덕분에, 시간상으로 한참 뒤에 태어난 우리가 마치 같은 시대에 살고 있는 것처럼 그들의 말을 듣고, 그들의 당당한 태도를 관찰하고, 그 시대의 질서와 혼돈을 이해할 수 있는 것처럼.[71]

후기 르네상스 인문주의자들에게 빛나는 로마 제국 시대의 사람들은 그 말을 듣고 태도를 관찰해 볼 만한 대상이었다. 기억에 대한 책을 쓴 퀸틸리아누스도 바로 로마 제국의 전성기 때 사람이었다. 리치의 네 가지 기억용 이미지가 격투를 벌이는 두 전사로 시작하고 4장의 성화가 갈릴래아 바다에서 시작한다는 사실은 퀸틸리아누스를 친근한 존재로 받아들이고 있음을 반영한 것인지도 모른다. 퀸틸리아누스는 창과 닻의 이미지를 통해 가장

먼저 기억이 가능한 것으로서 전쟁과 바다 두 가지를 들고 있기 때문이다.[72]

우리는 마테오 리치와 함께 여행하는 이상 그의 배경을 이루는 유럽의 과거와 리치의 눈에 비친 중국의 현재 사이의 연관성도 명심해 두어야 한다. 로마 시대의 기억술에 대한 저술 가운데 가장 유명한 『헤레니우스에게』에 따르면 수많은 이미지 중에 5개나 10개를 묶어서 어떤 표식을, 말하자면 도로표지판 같은 것을 설치해 두어야 한다는 것이다. 예컨대 숫자 5를 생각해 내기 위해 황금의 손을 배치한다든가, 숫자 10을 생각해 내기 위해 데키무스(Decimus, 라틴어로 열번째를 가리킨다―옮긴이)라는 이름의 친구를 세워 둔다든가 하는 식이다.[73] 예민한 언어감각의 소유자였던 리치는 어떤 번뜩임으로 이런 방식을 중국인에게 보여준 기억 이미지에 도입하고, 게다가 그리스도 교도로서 전심전력을 기울이고 있었던 중국인의 그리스도교로의 개종이라는 목표와 연결짓는 데 성공했다. 표의문자인 한자의 고유한 성질이 그 번뜩임을 초래했던 것이다. 황금의 손이나 데키무스라는 인물을 두는 대신 리치가 중국인에게 권했던 것은 기억을 고정시키는 위치가 10개가 될 때마다 간단히 한자 '十'을 기억용 이미지로 삽입해 가는 방식이었다.[74] 이 멋진 방식을 문득 생각하게 된 배경에는 원래 중국인이 '十'의 자형(字形)을 가리키는 '十字'라는 말을, 예를 들면 '십자가'(十字架, '十'이라는 문자의 형태로 조립한 나무)나 '십자로'(十字路)처럼 두 개의 선이 종횡으로 교차하는 물체나 장소를 나타내는 데 사용하고 있었다는 사실이 있다. 그래서 7세기에 처음 중국에 들어온 그리스도 교도, 곧 네스토리우스파 신도(景敎徒)는 '十字'를 그리스도의 십자가를 나타내는 단어로 사용했던 것이다. 그 후 13세기에 중국을 지배했던 몽골인이 이 용어를 공인하고, 16세기에 이르러 리치를 비롯한 예수회원들도 이 용어를 채택했다는 것이 역사적인 과정이다.[75] 이처럼 명대의 중국인은 마테오 리치의 안내로 기억의 궁전에 들어가 연회실을 거쳐서 그림 앞을 통과하고, 궁전의 좀더 깊숙한 곳으로 걸어가면서 십진법의 논리뿐만 아니라 십자가의 표식 자체가 지닌 부동의 상징성에 이끌리게 되었다.

 리치가 기억의 궁전에 맨 처음 세우기로 한 이미지는 전쟁을 뜻하는 한자인 '武'자였다. 이미지를 기억하기 쉽게 하기 위해 리치는 '武'자를 왼쪽 위에서 오른쪽 아래로 대각선을 그어 글자를 두 부분으로 나누었다. 나누어진 부분은 새로운 의미를 지니는 독립적인 글자가 되는데, 위쪽 글자는 창 과(戈)자가, 아래쪽 글자는 그칠 지(止)자가 된다. 한자를 이렇게 분할함으로써 리치는—일부러 그랬든 그렇지 않았든—거의 2천 년 동안 중국 학자들 사이에서 계속해서 받아들여지고 있던 하나의 전통적인 해석을 따른 것이다. 요컨대 전쟁을 뜻하는 '무'(武)자에는 희미하게나마 평화의 가능성이 담겨 있다는 해석이다.[1]

리치는 '戈'와 '止'라는 두 관념으로 구체적인 그림을 떠올리고, 나아가 둘을 조합해서 하나의 이미지로 정리했다. 곧 한 용감무쌍한 전사가 창을 들고 적을 향해 찌르려 하고, 또 한 명의 전사는 그 전사의 손목을 잡고 창을 쓰지 못하도록 안간힘을 다하고 있는 이미지다.

만약 이런 종류의 이미지가 인간의 기억에 진정한 도움을 주려면 어떻게 이미지를 만들고 위치를 잡고 빛을 비추어야 할까? 리치는 『기법』에서 그 방법을 중국인에게 설명하고 있다. 먼저 리치는 이미지를 만드는 규칙에 대해서 말한다. 이 이미지들은 반드시 생동감 있어야 하고 정적이어서는 안되며 풍부한 느낌을 불러일으켜야 한다. 또한 그 인물들은 사회적 지위나 그들이 하는 일이나 직위를 분명하게 보여주는 옷이나 제복을 입고 있어야 한다. 그리고 맞서고 있는 두 인물의 차이점은 과장되는 것이 좋고, 표정은 기쁨이나 고통을 드러내야 하며, 기억에 도움이 된다면 익살맞거나 우스꽝스러워도 괜찮다. 그리고 인물을 서로 떼어 놓아 뚜렷이 구별되도록 해야 한다.[2]

이어서 리치는 이미지를 배치할 장소에 대한 규칙을 훨씬 많이 세웠다. 이미지를 고정시킬 장소는 넓어야 하지만, 너무 많은 이미지를 집어넣어서 단 하나라도 어디에 두었는지 알지 못하게 되어서는 안된다. 행정관이 있는 관청이나 붐비는 시장 또는 학생들로 북적대는 학교는 모두 적합하지 않다. 또 눈부실 정도로 환하지는 않다 하더라도 골고루 빛이 들어와서 적당히 밝아야 한다. 비나 습기로 얼룩지면 안되므로 깨끗하고 건조한 장소를 골라야 한다. 이미지는 잘 보이도록 바닥이나 눈이 쉽게 닿는 높이에 놓아야지 기둥이나 지붕 위에 올려 놓아서는 안된다. 마음의 눈이 한 이미지에서 그 다음 이미지로 자연스럽게 옮겨 갈 수 있도록 이미지들은 서로 1m 이하로 가까이 있어서도 안되고 2m 이상으로 떨어져 있어서도 안된다. 이미지는 단단하게 고정시켜서 갑작스런 움직임에도 영향을 받지 않도록 해야지 불안정하게 두어서는 안된다. 이를테면 이미지를 도르래에 매달거나 수레 위에 놓아서는 안된다.[3]

이러한 규칙에 기초해서 리치는 기억의 궁전에 연회실을 만들었는데, 방위(方位)에 큰 의미를 두는 중국인의 전통을 존중하여 남향으로 세웠다. 리치는 문을 열고 방으로 들어가 곧 오른쪽으로 돌았다. 두 전사의 이미지를 세워 둔 곳은 바로 그 장소, 방의 동남쪽 모퉁이다. 일단 전사의 이미지가 고정되면, 리치는 당분간 그들을 잊을 것이다. 두 전사는 한쪽이 죽이려 하고, 다른 한 쪽이 그것을 막으려고 하면서 격투하는 상태로 언제까지나 거기에 그러고 있을 것이다. 리치가 그대로 놓아두는 한.

리치가 마체라타에서 보낸 유년시절은 전쟁과 폭력으로 얼룩졌다. 1550년대와 1560년대에 그가 학교 다니던 좁은 돌길은 알랄레오나(Alaleona)가(家)와 펠리카니(Pellicani)가의 젊은이들이 서로 어깨에 힘을 주고 활보하던 곳이었다. 1520년대 이래 양가는 오랫동안 서로 반목하고 있었다. 대낮에 칼에 찔려 죽는 자가 있는가 하면, 미사 도중에 칼에 맞아 죽는 자

도 있는 실정이었다. 양가는 복수를 대신해 주는 청부업자들을 고용하고 있었다. 예컨대 귀족들 중에는 복면을 하고 살인청부업을 하는 사람들이 있었다. 그들은 복수를 하고 난 다음에는 다른 도시로 도망가서 세인들의 기억에서 사라질 때까지 오랫동안 잠적했다. 더러는 도망간 도시에서 병사가 되어 전쟁에 가담하는 자도 있었다.[4]

리치가 세 살 때, 치미넬라(Ciminella)가 사람 셋이 권총으로 프란체스코 치압파르델리에게 소나기 같은 총탄을 퍼부은 살인사건을 계기로 이런 폭력사태는 새로운 국면을 맞이했다. 리치가 다섯 살 때는 베네딕토회의 어떤 수도승이 플로리아니(Floriani)가 사람 한 명을 죽였다. 그리고 그가 열한 살 때는 플로리아니 일족의 16세 된 소년이 어떤 청년이 자신의 귀를 깨문 데 대한 앙갚음으로 그 사람을 칼로 찔러 죽였다는 소문이 도시에 쫙 퍼졌다. 살인이나 폭력사건이 끊임없이 발생하는 가운데 리치가의 남자와 여자도 최소한 한 명씩 목숨을 잃었는데, 그들이 마테오 리치와 가까운 친척이었는지는 확인할 수 없다. 성직자들과 도시의 장로들이 이 폭력의 악순환을 끝내려고 애썼지만, 리치가 법학을 공부하러 마체라타를 떠나 로마로 간 1568년까지도 이런 살인은 일상적으로 일어나고 있었다.[5]

가난하고 촌스러운 동네인 마체라타의 성벽을 벗어나면 가난한 농민, 전쟁으로 파괴된 북부 도시에서 온 피난민, 이탈리아 땅에서 전투하고 있던 무수한 용병부대의 탈영병 등이 한데 모여서 산적을 이루어 거의 아무런 제재도 받지 않고 농촌지대를 이리저리 휘젓고 다녔다. 그래서 산적을 죽이거나 사로잡는 지방부대에게는 갖가지 특전이 주어졌다. 마체라타 시(市)의 기록을 보면, 심문실과 더불어 감옥을 늘리라는 요청이 증가했음을 알 수 있다. 심문실에서는 포로들에게서 더 많은 정보를 캐내기 위해 고문이 자행되었다.[6] 이런 지방행정부의 능력에는 한계가 있었기 때문에, 이 지역의 관할권을 지닌 교황 특사가 군대를 고용해서 농촌지대의 도적 소탕작전을 전개하고 호구조사를 하여 주민등록을 실시한 1568년 이후에야 겨우 기본적인 질서가 회복되었다.[7] (마체라타는 교황령을 이루는 중부 이탈리아 지역에 있었기에 바티칸에서 파견된 교황 특사와 마체라타 정부가 권력을 분점하고 있었다.) 그렇다고는 하지만 마체라타의 농촌지대를 여행하는 것은 여전히 위험했다. 사료에 의하면 놀랄 정도로 빠르게 로마로 소식을 전한 경우도 있긴 하지만, 일반적으로 로마와의 통신은 더디고 불확실했다.[8]

이러한 살벌한 상황을 더욱 암담하게 만든 것은 마체라타 콤무네(Commune, 중세 유럽의 최소 행정구—옮긴이)의 육군 장교들의 불법행위였다. 그들은 강도나 살인자를 숨겨 주고, 강탈한 물건을 은닉할 장소까지 제공해 주었다. 1554년에 산적 두목 프란체스코 데 비코의 예에서 볼 수 있듯이 산적들은 설령 은신처가 밝혀져서 체포되어 사형선고를 받는다 해도 버젓이 자유의 몸이 되거나 심지어는 나쁜 짓으로 얻은 금품을 도로 손에 넣는 일조차 있었다. 데 비코는, 자유민의 경우 본인 자신이나 자신의 친구가 산적을 죽이면 그 포상으로 죄를 사면해 주는 마체라타의 지방법을 악용했던 것이다. 마체라타의 역사가인 리베로 파치(Libero Paci)는 "데 비코는 다시 한번 존경받는 시민이 되어 그가 강탈한 열매로 장수를 누렸다"고 기술하고 있다. 실제로 데 비코는 리치가 유년시절을 보내고 있는 동안 마체라타에서 유복하게 살았고 리치가 중국에 도착한 지 1년이 지난 1584년에야 죽었다.[9]

마체라타는 교황령 행정의 중심도시였던 관계로 교황정치—외교정책이나 지방정책—로부터 결코 자유로울 수 없었다. 1555년, 마체라타는 전쟁에 대한 불안감에 휩싸여 있었다. 교황 바울로 4세와 권세를 자랑하던 콜론나(Colonna)가 사이의 분쟁이 마체라타에까지 파급될 조짐이 보였기 때문이다. 하지만 이듬해 훨씬 중대한 사태가 발생하자 이 분쟁은 언제 그랬냐는 듯이 잠잠해졌다. 바울로 4세가 나폴리 왕국에 있는 기지에서 이탈리아 남부를 지배하고 있던 스페인인과 계속 마찰을 빚는 바람에 스페인 장군 알바 공(公)이 교황령을 공격해 들어오는 사태가 발생했던 것이다. 바울로 교황은 마체라타에 전시 특별세를 부과했고, 시민들은 파종을 한참 뒤로 미루면서 도시 방어에 착수했다. 화승총 100정을 사서 병기고를 채우고, 각 지구의 시민군에게 창을 나누어 주고, 마체라타 근처 강가에 세워져 있는 낡은 제분소 탑을 요새로 바꾸고, 군사건축 전문가를 고용해서 도

시의 성채를 쌓을 주요 공사계획을 마무리했다.[10] 바울로 4세가 프랑스와
동맹을 맺고 스페인 군대에 반격을 가할 계책을 세움에 따라, 마체라타 시
민은 프랑스 군대에 보급할 물자를 준비하라는 명령을 받았을 뿐 아니라 프
랑스 군이 통과할 것으로 예상되는 도로를 보수하고 전선에 우마차용 가축
과 식량을 보내라는 지시도 받았다. 1557년 3월 기즈 공이 이끄는 1만 2천
명의 보병대와 6천 명의 기병대로 구성된 프랑스 군대는 중부 이탈리아에
도착했고 4월 초에는 마체라타에 머물게 되었다. 그러나 이때는 아무 일도
일어나지 않았다. 놀라운 사태는 5월에 발생했다. 기즈 공이 로마 동남쪽
에 있는 스페인의 전략요새 치비텔라(Civitella) 성(城) 공략에 실패하고
마체라타로 되돌아왔던 것이다. 사람들은 이제 알바 공이 이끄는 스페인
군대가 추격해 올 것이라고 생각했다. 그러나 12월이 되자 평화가 찾아왔
고, 마체라타는 펠리페 2세 휘하의 대장군 알바 공의 공격을 받지 않게 되
었다. 그로부터 20년 후, 네덜란드에서는 알바 공의 가혹한 군정에 대한
악평이 점점 심해졌다. 그것은 프랑스의 종교전쟁에서 기즈 공이 보여준
옹졸함과 불성실에 대한 악평에 필적할 정도였다.[11]

마체라타는 이렇게 당시 유럽 내부에서 발생한 전쟁의 소용돌이에 휘말
렸을 뿐 아니라 이슬람 세력, 곧 오스만 제국의 위협도 받고 있었다. 마체
라타의 상업경제는 동쪽으로는 아드리아 해의 항구 안코나를 통한 해상무
역과, 서쪽으로는 로마와의 거래에 전적으로 의존하고 있었다. 따라서 바
다의 생명선을 위협하는 튀르크의 공격에 늘 신경을 곤두세울 수밖에 없었
다. 1540년대에 마체라타 시민들은 자신들의 방위력을 강고하게 하는 한
편 안코나의 방위력을 강화하는 데도 자금을 제공했다. 리치가 태어나기
한 해 전인 1551년에는 또다시 튀르크가 해안선을 위협해 오자, 교황 특사
는 마체라타에서 18세에서 40세까지의 징병 가능한 사람들을 대상으로 완
벽한 명부를 작성하라고 명령했다. 성직자도 예외는 아니었다.[12] 이슬람
세력의 위협에 맞선 가톨릭측의 이러한 징병활동에는 일찍이 십자군이 불
러일으킨 종교적 열정을 상기시키는 면이 있다. 하지만 16세기 중엽에는
종교적 열정이 외교정책의 뒷전으로 밀려나는 경우가 적지 않았다. 프랑스

는 1544년에 신성 로마 제국의 카를 5세(카를로스 1세로서 스페인 왕을 겸했다)와 반목하자, 튀르크가 겨울 동안 툴롱(Toulon)항을 정박지로 사용할 수 있도록 즉시 허가했다. 이것은 튀르크 함대가 스페인에 압력을 가하도록 하기 위해서였다. 또한 1556년 알바 공이 로마와 교황령을 위협하자 교황 바울로 4세는 프랑스 왕에게 밀사를 보내 튀르크 함대를 부추겨서, 스페인이 지중해에 설치한 군수물자 수송선(輸送線)을 교란시켜 줄 것을 요청했다.[13]

마체라타 시민은 이런 혼란스러운 시대 상황 속에서 휘둘리고 있었다. 그것을 잘 보여주는 것이 1560년대 중반에 일어난 몇 가지 사건이다. 당시 오스만 제국은 군사정책을 바꾸고, 그에 따라 외교정책에도 변화가 생겼기 때문에 아드리아 해에서 튀르크의 위협은 새로운 국면을 맞고 있었다. 어떻게든 성벽을 재건하려고 했던 마체라타 시민들은, 안코나에 대한 자금제공의무를 면제받은 끝에 성벽 재건을 완성했다. 하지만 성벽은 축조했지만 방어효과는 미미했고, 오히려 안코나의 강력한 방위력이 마체라타의 생존에는 더 중요했다. 1566년 여름, 튀르크가 아드리아 해 연안의 가르가노(Gargano) 읍을 습격했다. 약간 남쪽으로 떨어져 있는 마을이 공격받았다고는 해도 위협이 현실화된 것은 확실했다. 마체라타는 4천의 보병과 기병으로 이루어진 긴급 파견부대의 주둔기지가 되었다. 이 도시에 5개밖에 안 되는 여관은 꽉 찼고, 잠자리를 얻지 못한 나머지 병사들은 수도원에서 묵을 수밖에 없었다. 수도원은 이 특별한 손님들 덕분에 경제적으로 이득을 보았다. 뿐만 아니라 마체라타 시민은 오스만 제국의 지배자 술레이만 1세의 군대에 대항해서 말타(Malta) 섬 방어전투에 참가하거나, 헝가리 땅에서 무기를 들기도 했다. 또한 마체라타 시민 가운데는, 교황이 주민등록부를 기준으로 무조건 100가구당 노 젓는 사람 4명씩을 징발하라고 명령하는 바람에 지중해 함대의 전함을 탄 사람이 있는가 하면, 각지의 전선에서 전투에 가담했다가 튀르크 군에게 사로잡혀 노예가 된 사람도 있었다. 다행스럽게도 운 좋은 사람은 가족들이 몸값을 지불해 준 덕분에 석방되는 일도 있었다.[14]

리치의 유년기에 해당하는 이 시기, 군사기술은 급속하게 발전했고, 이런 변화는 전법(戰法)에도 큰 변화를 가져왔다. 소형총이 개량되고 경량화된 결과 보병과 기병의 관계가 역전되고, 밀집보병방진(密集步兵方陣)이 전술적으로 우세해졌다. 밀집보병방진을 짠 머스켓 총병(머스켓총은 구식 보병총이며, 머스켓 총병은 탄알을 장전할 때 창병[槍兵]의 보호를 받았다)은 전통적인 방식으로 돌격해 들어오는 기병을 격퇴할 수 있게 되었다. 16세기 영국의 한 전술이론가는 이렇게 말했다. "예전에는 적과 맞붙어서 치고 받는 일이 드물지 않았지만, 오늘날의 전쟁에서는 좀처럼 보기 힘들다. 요즘에는 총이 등장하여, 전장에서 창병의 든든한 보호를 받으면서 총탄을 비 오듯이 퍼붓기 때문에, 용감하고도 꾀바른 총격전이 승리의 관건이 되었다. 그것이야말로 맞붙어서 치고 받고 하기 전에 최소의 지혜로 최상의 결과를 얻는 전술인 것이다."[15] 이처럼 서로 치고 받는 횟수는 준 반면, 밀도 높은 연습과 기술훈련이 필요하게 되었기 때문에 전쟁에 목숨을 건 직업군인이 시골뜨기 징집병에 비해 훨씬 보수를 많이 받았다. 스페인 정규군은 이런 전쟁에서 다른 나라의 군대보다 우세했지만, 다른 한편으로는 독일의 각 공국이나 스위스의 용병대가 네덜란드를 비롯하여 아프리카·이탈리아에서도 10여 개의 군대에서 중심적인 역할을 했다. 용병대는 오로지 돈을 위해 싸웠기 때문에 이들이 가는 지역의 농촌에서는 골칫거리가 되었다. 새로 재건된 마체라타 성벽의 성능을 처음 시험하게 된 것도 튀르크 군과 대적했을 때가 아니라 나폴리 왕국의 스페인 군에게 고용된 스위스의 용병 4,200명이 통과했던 1566년 봄의 일이었다. 그 스위스 용병대는 튀르크 군에 맞서 나폴리 왕국의 방어를 지원하러 갈 예정이었지만, 마체라타 시민은 그들이 지나가는 도중에 도시를 공격할지도 모른다는 두려움 때문에 성문을 굳게 닫아 버렸다. 마체라타의 이러한 반응을 보면, 동맹군이나 매한가지인 스위스 용병대도 적군인 튀르크 군만큼이나 공포의 대상이었던 것 같다.[16]

이렇게 여러 차례의 위험에 직면했던 마체라타 시민은 1550년대 후반에 군사건축가의 도움을 받아들였는데, 이것은 당시의 시대정신과 잘 부합하는 사건이었다. 대포의 사정거리가 길어지고 명중률도 높아지면서 포위전이 복잡해짐에 따라 새롭게 설계된 오각형의 성채가 구식 요새를 대체하게 되었다. 이 오각형 성채는 미끄러운 성벽으로 둘러싸고 5개의 모서리 각각에 사각형의 방어용 보루를 쌓은 것으로, 두 개의 방어축 사이에 총격전을 벌일 수 있도록 넓은 공간이 설치되어 있었다. 당시 이탈리아 군사건축가들은 유럽에서 가장 높은 명성을 얻고 있었고, 각지의 대도시는 우수한 인재를 스카웃하기 위해 앞을 다투었다. 우아하고 근대적인 오각형 성채는 방어용으로서뿐만 아니라, 도시의 위신을 체현하는 건축물로서도 대성당을 능가하게 되었다.[17] 이런 군사시장의 수요를 빤히 알고 있던 해당 건축가들이 몸값을 올리지 않을 리 없었다. 실제로 마체라타 시민은 그들이 선택한 피렌체의 군사건축 전문가 바스티아노(Bastiano)가 매년 고액의 연봉을 요구해서 무척 애를 먹었다.[18]

리치는 이런 시류를 익히 알고 있었고, 동시대인들처럼 전쟁을 과학적인 작전으로 생각한다는 점에서는 다를 바 없었다. 리치의 가장 빛나는 학문적 업적 가운데 하나인 『기하원본』(幾何原本)의 서문을 보면 그가 늘 전쟁에 대한 고찰을 게을리 하지 않았음을 알 수 있다. 『기하원본』은 유클리드의 『기하학원론』을 중국어로 번역한 책인데, 이 책 서문을 집필한 것은 중국에 거주한 지 20년이나 지난 1607년의 일이었다. 이 중요한 서문에는 리치의 전쟁론이라고도 볼 수 있는 긴 문장이 쓰여 있다. 리치에 따르면 수학적 정확성은 농부나 정치가나 의사나 상인보다 군대의 지휘관에게 훨씬 더 중요하다고 한다. 수학에 능숙하지 못하다면 지식과 용맹이 아무리 출중한 장군이라 하더라도 승리할 수 없다. 리치는 군대에 정밀한 수학이 필요한 주된 이유를 크게 세 가지로 요약했다.

유능한 장군은 첫째, 부대와 군마의 양식을 어느 정도 확보해야 되는지 예측하고, 행군의 거리, 휴식장소의 지형, 휴식 중에 있을지도 모를 적의 공격에 대한 대비 등 행군과정에 예상되는 모든 요소를 계산해야 한다. 둘째, 부대를 최상으로 배치할 방법을 선택한다. 곧 자신의 부대를 적게 보이기 위해 원형진(圓形陣)을 짤 것인지, 많게 보이기 위해 각형진(角形陣)을 짤 것인지, 적을 포위하기 위해 초승달형진을 짤 것인지, 적을 철저하게 무찌르기 위해 쐐기형진을 짤 것인지를 판단해야 한다. 셋째, 다양한 상황 변화 속에서 모든 무기가 발휘하는 공격효과와 방어효과를 점검하고, 개량방법을 하나하나 찾으면서 차츰 새로운 기술을 고안해 나가야 한다. 각국의 역사기록을 주의 깊게 읽어 본 사람이라면 누구나 새로운 무기를 개발한 사람만이 전투에서 승리를 얻는 방법이나 확실한 방어수단을 가질 수 있다는 사실을 알 것이다.[19]

위의 인용문만 보면 리치가 전쟁에 대한 결정론을 자신 있게 내세우고 있는 듯한 인상을 받는다. 그러나 실제 리치는 그렇게까지 전쟁을 낙관적으로 보지는 않았다. 유럽에서 새로운 군사기술의 발전—포르투갈인이나 스페인인이 극동에 신식 대포와 함포술을 들여온 이상 아시아에서도 비슷한 발전이 있었을 것이다—은 적과 직접 대치하지 않을 수 없다는 새로운 공포를 불러일으켰다. 리치는 앞에 인용한 『기하원본』 서문에서 새로운 군사기술의 발전을 상찬했지만, 새로운 군사기술 자체가 파괴적일 수밖에 없다고 비관적인 견해를 밝히고 있다. 그는 인류생활의 발전과정에 대한 철학적 대화 속에서 이런 관점을 전개했는데, 그 글은 처음에 그가 베이징에 도착한 때인 1601년에 썼다가 1608년에 다시 발표했던 것이다.

인류의 구성원은 서로를 멸망시킨다. 손발을 절단하고, 몸뚱이에서 팔다리를 잘라 낼 수 있는 살상도구를 만들어 내는 것이다. 운 좋게 살해당하지 않은 사람도 대부분은 동료에게 죽임을 당한다. 그럼에도 오늘날 사람들은 구식 전장에서는 전과가 만족스럽지 못하다고 끊임없이 새로운 기술을 고안해서는 적에게 입힐 손실을 증대시킬 것을 꿈꾸고 있다. 진실로 어느 시골이나 도시나 살인행위가 없어질 조짐은 전혀 보이지 않는다.[20]

이 구절을 읽으면, 리치가 1585년 스페인 군대가 안트베르펜(당시 유럽

제일의 무역항—옮긴이)항을 공격했던 무서운 순간을 어떤 기록에서 읽었으리라고 생각하지 않을 수 없다. 당시 방어군은 스페인 군대가 보급로를 차단하기 위해 스켈트 강(프랑스 북부에서 발원하여 벨기에를 거쳐 네덜란드의 북해로 흘러든다—옮긴이) 양안(兩岸)을 가로질러 다리처럼 펼쳐 놓은 선단을 소탕하려고, 군사고문인 이탈리아인 기술자 프레데리코 잠벨리가 고안한 새로운 기뢰(機雷)를 하류로 띄워 보냈다. 사실 그 '기뢰'는 70톤이나 되는 배인데, 배의 곳간을 벽돌로 에워싸고, 그 안에 화약과 염화암모니아 혼합물을 꽉 채운 다음, 그 위에 묘석과 대리석 조각, 쇠갈고리, 돌, 못을 차곡차곡 쌓은 것이었다. 폭발물과 비산물 위에는 무거운 석판을 얹어서 폭발 순간에 발생하는 엄청난 폭풍이 위로 치솟지 않고 옆으로 터져 나가도록 했다. 그리고 스페인 군대가 막 그 배를 제거하려고 작전을 펴는 순간 도화선의 불이 배 곳간에 도달하도록 치밀하게 계산되어 있었다. 폭발하는 순간, 사체는 산산조각 나서 날아가 버렸기 때문에 정확한 사상자 수는 알 수 없었지만, 단 한번의 폭발로 400~800명의 병사가 죽었다. 이는 전쟁사에 신기원을 여는 사건이었다.[21]

그러나 리치가 좀더 가까이에서 접한 전쟁은 전통적인 전법에 의한 것이었다. 훨씬 고도로 발전된 전투기술로 대체되어 가고 있긴 했지만 사실 리치 주변의 전쟁들은 중세적인 전쟁양식의 극치를 보여주고 있었다. 그 하나는 1571년에 코린트 만에서 벌어졌던 레판토 해전으로 스페인, 베네치아, 교황령으로 구성된 '신성동맹군'이 오스만 튀르크 군을 격퇴한 전쟁이다. 이 전투는 지중해의 무장 갤리(Galley, 보통 노로 움직이는 거대한 항해선—옮긴이) 선단 사이에서 일어났던 대규모 충돌 중에서 가장 결정적인 해전인 동시에 사실상 최후의 전투였다. 다른 하나는 1578년 북아프리카의 알카자르퀴비르 전투이다. 세바스티앙 왕이 지휘하는 포르투갈 군대는 사드(Saad) 조(朝) 모로코의 술탄이 이끄는 군대와 싸울 때 기병의 근거리 돌격에 이은 검과 단도를 이용한 접근전이라는 피비린내 나는 공격을 받고 어이없이 괴멸하고 말았다.

레판토 해전에서는 마체라타의 남자들도 갤리선을 타고 싸웠다. 마체라타의 사제들도 부대에서 사목활동을 했으며, 그들 중 한 명이 전투에서 부상을 당했다.[22] 하지만 리치는 전투와 전혀 무관했다. 1571년 10월에 그는 그곳에서 가톨릭 교도의 총사령관인 돈 후안이 튀르크 군에게 결정적인 승리를 거두었다는 소식을 들었을 때도 로마의 퀴리날레 언덕에 있는 성 안드레아 수련원에서 수련수사로서 생활하고 있었다. 그 대규모 해전에서 교황 비오 5세에 의해 소집된 신성동맹군은 208척의 갤리선을 거느리고, 후방에는 100척의 지원선을 두고 있었으며, 튀르크 군의 무장 갤리선은 약 250척이었다. 승패의 열쇠는 해상전략이나 장거리포의 화력보다도 선상에서 하루 종일 싸움을 벌인 병사들이었다. 돈 후안이 이끄는 신성동맹군은 총 8만 명의 병사, 선원, 갤리선 노예 가운데 적어도 2만 명의 희생자를 냈다. 한편 튀르크 군은 오스만의 사령관 알리 파샤(Ali Pasha)를 포함해서 3만 명이 사망했고, 8천 명 이상이 포로가 되었다고 한다.[23]

레판토에서의 승리는 튀르크에게 키프로스를 빼앗긴 직후의 일이며, 충분한 전과를 거두지도 못했다. 그러나 가톨릭 세력은 이 해전에서 승리함으로써 오스만 제국의 팽창정책에 큰 타격을 주었다고 기뻐하며 승리를 축하했다. 유럽의 거리를 가득 메운 승전 행진 대열 위엔 개선을 환영하는 아치가 세워지고, 여기저기서 종소리가 울려 퍼지고, 주요 성당에선 테 데움(Te Deum, "Te Deum laudamus~"로 시작되는 고대 라틴어 찬송으로 승전 등의 경사 때 불렀다—옮긴이)을 부르고, 자기 만족에 취한 문학이 속속 나타났다. 황제 카를 5세의 사생아인 돈 후안은 금세 전설적 인물로 추앙되어 시인들은 전투에서 보인 그의 영웅적인 행동을 시로 엮었다. 또한 영웅적이라기보다는 비장감에 가득 찬 시도 있었고, 돈 후안이 밀려오는 튀르크 함대를 목전에 두고도 결집한 갤리선 함대 사이를 지나가면서 무릎 꿇고 기도하는 병사들을 격려하는 광경을 묘사한 것도 있었다. 프란체스코 파니가롤라의 기억술에 대한 책에도 학생들에게 돈 후안의 두 가지 위대한 승리를 기억하게 하는 방법을 가르쳐 주는 짤막한 구절이 남아 있다. 그것은 익살스러운 말을 기억용 이미지로 만든 방법인데, 하나는 방금 이야기한 레판토에서의 승리, 다른 하나는 2년 전에 스페인에서 반란을 일으킨 개종한 이슬람 교도를 물리치고 얻은 승리이다.[24] 화가들 중에는 레판토에서의 승리를 묘사한답시고 남의 그림을 도용하는 자도 있었다. 이들은 실제 전투에서 이용된 전략이나 전법을 연구할 생각은 하지 않고, 제2차 포에니 전쟁도 막바지에 접어든 B.C. 202년, 로마 군이 카르타고 남서쪽에서 한니발을 물리친 광경을 묘사한 영웅적인 그림을 따 와서 제목을 바꾸고 세부에 약간 가필만 한 채 가뿐하게 한 장의 그림을 완성했던 것이다. 이런 류의 그림은 정교한 판화로 복제되어 16세기 말에는 일본에까지 전해졌지만, 이것을 본 세계 각지의 사람들은 틀림없이 당혹스러웠을 것이다. 고대 로마의 훈장이 달린 짧은 투니카(tunica, 고대 지중해 연안 국가들의 남녀가 입던 기본 의복—옮긴이)를 입은 병사들—그 가운데 두세 명은 스페인풍의 주름진 칼라가 달린 옷을 입거나 머스켓총을 들고 있다—이 이교도가 타고 있는 코끼리를 습격하는 그림이나 도안이었으니까 말이다.[25]

이슬람 세력을 격퇴하길 학수 고대했던 반(反)종교개혁기의 로마 사람들이 레판토 해전을 포에니 전쟁에 비교해서 생각했던 것은 확실하다. 1571년 8월 리치가 로마에서 수련사로서 예수회에 입회할 때 그의 짐 속에는 A.D. 2세기의 학자 루키우스 플로루스가 고대 로마사를 요약한 역사책이 들어 있었는데, 이 사실은 오랫동안 잊혀졌던 한 기록원의 꼼꼼한 일처리 덕분에 알려지게 되었다. 플로루스가 한니발과 스키피오의 대결을 기록한 부분은 돈 후안과 알리 파샤의 전투를 떠올리게 하기에 충분했던 것이다.

로마 제국의 전(全) 역사를 통틀어서 전무후무한 불세출의 두 대장군, 곧 이탈리아를 정복한 한니발과 스페인을 정복한 스키피오가 각기 군대를 이끌고 당당한 대결을 벌였을 때보다 더 중요한 때는 없었다. 처음에는 양자 간의 평화회담이 열렸고, 그들은 한동안 서로 상대의 역량에 감탄하며 이렇다 할 행동을 취하지 않았다. 그러나 평화에 대한 어떤 합의에도 도달하지 못하자 마침내 전투신호가 울렸다. 양측이 인정하듯이, 이 전투만큼 군대를 훌륭히 배치하고, 마지막까지 그토록 집요하게 승패를 다투었던 적은 없었다. 스키피오도 한니발도 서로 상대편 군대의 훌륭함을 인정했다. 하지만 한니발이 패하여 아프리카는 로마 제국의 전리품이 되었고, 얼마 지나지 않아 전세계가 아프리카와 똑같은 운명을 걷게 되었다.[26]

1571년 12월 4일 화창한 일요일, 교황이 파견한 레판토 함대의 제독 마르칸토니오 콜론나는 고향 로마로 돌아갔다. 그는 교황 비오 5세가 하사한 백마를 타고, 금으로 짠 투니카를 입었으며 짐승의 털로 줄무늬를 넣은 검은 비단 외투를 걸치고, 금빛 양모(羊毛) 훈장을 단 검은 벨벳 모자를 썼는데, 그 모자에는 진주 걸쇠에 매단 흰 깃털이 길게 드리워져 있었다.[27] 비록 리치는 학업에 매진하느라 승전의 명예에 빛나는 이 훌륭한 인물을 직접 보지는 못했지만, 영웅의 금의환향에 즈음하여 일제히 울려 퍼지는 축포와 나팔소리는 들었을 것이고, 개선문에 새롭게 새겨진 콘스탄티누스 대제나 티투스 황제의 명문(銘文)을 보았을 것이다. 또한 리치가 기도를 올리던 교회들에는 스키피오의 승리를 묘사한 대형 태피스트리가 장식되어 있었다. 리치는 자신이 알고 있던 제2차 포에니 전쟁에 얽힌 많은 유명한 이야기를 직접 눈으로 확인했을 것이다. 그 밖에도 아마 기쁨에 들뜬 로마 시민들이 길거리에 만들어 놓은 무표정한 로마 병사의 조각상을 보았을 것이다. 이 조각상은 오른손에 검을 쥐고 왼손에 피가 흐르는 튀르크인의 머리를 들고 있는 정교한 조각상이었다. 한편 성모 마리아를 '승리의 여신'으로서 환호하며 맞이하는 세태와 성모의 영예를 찬양하는 그림이 제작되는 세태에 리치는 익숙했을 것이다. 그런 그림에는 오스만 제국의 상징인 초승달 위에 서 있는 성모 마리아의 모습이 묘사되어 있었다.[28]

하지만 리치의 마음을 더 흔들리게 한 것은 아마도 알카자르퀴비르 전투에서 포르투갈 군대의 패배와 포르투갈 국왕 세바스티앙의 사망일 것이다. 세바스티앙은 즉위 초부터 인도와 동양으로 가는 예수회 전교사들을 지원해 왔다. 그는 전교사들의 여행경비를 제공했고 매년 리스본에서 고아로 가는 포르투갈 배에 통풍이 잘 되는 전교사용 객실을 마련하라고 지시했으며, 심지어 포도주와 흰 밀가루까지 주었다. 덕분에 여행 중인 예수회 전교사들은 바싹 마른 비스킷 외에 롤빵도 먹을 수 있었다.[29] 세바스티앙은 사려 깊은 청년으로 신앙심이 깊었으며, 고용한 예수회원 고해사제들로부터 깊은 영향을 받고 있었다. 고해사제는 북아프리카의 이슬람 세력을 몰아내겠다는 왕의 소원을 실현시키기 위해 노력했다. 금발에 푸른 눈을 가진 세바스티앙은 약간 기형인 자신의 신체를 지나치게 의식한 나머지 시종에게조차 벌거벗은 몸을 절대 보여주지 않았다. 그는 스파르타식 단련법 그대로 끊임없이 펜싱과 마상 창(槍)시합을 하고 말을 타고 오랫동안 달리거나 사냥을 하면서 육체를 단련했다.[30] 리치는 1578년 3월, 리스본 근교에 있는 왕의 겨울궁전에서 세바스티앙을 알현했다. 당시 24세였던 왕이 고아를 향해 떠나는 예수회원들을 접견하는 자리에서였다. 리치는 젊은 국왕의 우아함과 애정어린 태도에 매혹되어 이후 동료 전교사들에게 왕을 만났던 일을 종종 이야기했다.[31]

세바스티앙은 전교사들의 용맹을 칭찬하며 그들의 출항을 전송하는 한편, 아프리카에서 대규모 군사작전을 전개하기 위해 계획을 세우고 있었다. 브라질, 인도 등지에서 새로운 식민지를 획득하는 데 전념했던 아버지 주앙 3세의 외교정책을 바꾸어 모로코를 포르투갈 지배 아래 두려고 했던 것이다. 미온적인 스페인의 지지, 훈련된 병사의 부족, 국가 재정의 취약, 구체적인 전투계획의 부재, 그리고 고참 군사고문들의 경고에도 불구하고 세바스티앙은 1578년 6월, 사육제 같은 소란스러운 분위기 속에서 800여 척의 함선을 이끌고 리스본을 출발, 그 해 7월 아프리카의 서북쪽 해안인 아르질라에 상륙했다. 세바스티앙이 군사행동을 일으키는 데 시간을 지체했기 때문에 모로코의 국왕 압드 알 말릭은 수적으로 포르투갈 군대를 훨씬 능가하는 기병과 화승총병으로 이루어진 강력한 군대를 징집할 수 있는 여유를 가질 수 있었다. 또한 세바스티앙과 달리 압드 알 말릭은 모로코의 지형을 매우 잘 알고 있었고 작렬하는 사막의 태양 아래서 싸우는 데 필요한 장비도 갖추고 있었다. 그에 비해 세바스티앙의 갑옷과 투구는 햇빛에 너무 뜨겁게 달구어졌고 갑옷의 판 사이에 물을 넣어서 겨우 몸을 식히는 형편이었다. 하물며 이런 사치를 부릴 수 없었던 포르투갈 병사들의 고통은 어떠했겠는가? 가히 끔찍했을 것이다.[32] 더구나 포르투갈 군대는 기민하게 움직이지 못했다. 세바스티앙이 꼭 가져가야 한다던 거대한 국왕용 마차, 크게 나누어서 운반해야 하는 호화로운 귀족용 대형 텐트, 여러 개의 이동식 예배소, 그리고 수천 명의 원정 수행자를 떠안고 있었기 때문이다. 수행자들 중에는 교황 특사와 수석 주교 두 명, 사제 수백 명, 그리고 수많은 음악가, 흑인 노예, 매춘부 등도 포함되어 있었다. 이런 거추장스러운 주변인물들을 모두 합하면 1만 명이나 그 이상이었을 것이다. 실제 싸움에 임하는 정규 병사 한 명에 쓸모없는 사람 한 명이 나란히 행군할 정도로 많은 수였다.[33]

그 후 1578년 8월 4일, 알카자르퀴비르에서 일어난 일련의 전투만큼 반(反)종교개혁운동이 전쟁과 밀접하게 관련되어 있음을 단적으로 보여주는 사건도 없을 것 같다. 제정신으로는 생각할 수 없는 파멸적인 전투였다. 수천명의 포르투갈인 귀족과 징집병이 죽었고, 그들 편에 섰던 왈론인(Walloon, 벨기에 남부에 사는 켈트계(系) 민족—옮긴이), 독일인, 네덜란드인, 영국인 용병도 운명을 같이했다. 말을 타고 이슬람 군 대열로 돌격을 거듭했던 세바스티앙 왕도 결국 목숨을 잃었다. 그러나 전장의 혼란 속에서 왕이 죽는 것을 본 사람은 없다. 가신들이 본 것은 옷이 벗겨지고 상처투성이가 된 그의 시체뿐이었다. 한편 모로코 왕 압드 알 말릭도 전투가 시작되기 전부터 중병을 앓다가 사기를 잃은 부대를 독려하기 위해 자신의 말에 오르려다 죽고 말았다. 더욱이 모로코의 전왕(前王)인 알 무타왁키(al-Mutawakkil)마저도 전투를 피해 달아나던 도중에 익사했다. 세바스티앙은 알 무타왁키의 왕위를 지켜 준다는 명분으로 출정했지만. 전쟁에서 살아 남은 사람들 가운데 어떤 사람은 이렇게 쓰고 있다. "시체가 살아 있는 사람 위로 겹겹이 쌓였고, 살아 있는 사람이 시체 위로 겹겹이 쌓여 있는 형상이었다. 모든 시체는 갈갈이 찢기고, 그리스도 교도와 무어인이 서로 상대방의 손을 붙잡고 울면서 죽어 갔다. 대포 위에 쓰러져 있는 자가 있는가 하면, 사지와 내장을 질질 끌고 다니는 자도 있었다. 말에 깔린 시체가 있는가 하면, 토막난 시체가 말 위에 축 늘어져 있기도 했다. 하지만 실제 상황은 이런 묘사로는 다 표현할 수 없을 만큼 처참했다. 나는 있는 그대로 쓸 수가 없다. 내가 목격한 광경을 머리에 떠올리면 슬픔이 복받쳐서 아무 것도 쓸 수가 없기 때문이다." 포르투갈의 대군 가운데 죽거나 포로가 되는 것을 면하여 간신히 근해에 정박 중인 함대로 도망쳐 나온 사람은 100명 정도에 지나지 않았다.[34]

그 해 말, 특명을 받은 두 척의 배가 리스본을 출발해서 고아와 동아시아 지역의 포르투갈령에 세바스티앙의 부음을 전했다. 왕은 독신으로 죽었기 때문에 왕위 계승자가 없었다. 그것은 스페인 국왕 펠리페 2세를 비롯한 유력자가 포르투갈 왕위의 유력한 계승자가 된다는 것을 의미하는 동시에 이제 포르투갈 제국의 앞날은 불투명해졌음을 뜻한다. 고아에 부음이 전해진 것은 1579년 5월의 일이었다. 고아의 예수회원들은 왕의 전사를 추모하는 장엄미사에 참여했다. 미사는 웅장하고 화려한데다 진심으로 애도하는 마음이 우러났기 때문에, 이런 류의 다른 미사에 참석한 적이 있었던 사람들이 카를 5세, 페르디난트 1세, 막시밀리안 2세 등의 죽음을 추모하는 미사에도 전혀 뒤지지 않는다고 생각할 정도였다.[35] 왕의 부음을 접했을 때 리치가 무슨 생각을 했는지는 기록에 남아 있지 않다. 그러나 리치가 직접 만든 세계지도(1584년경 중국에서 만들어졌다)의 아프리카 북서부, 그러니까 세바스티앙이 목숨을 잃은 전쟁터 남쪽에 펼쳐져 있는 아틀라스 산맥 부근에 적어 넣은 묘비명과 흡사한 문장에서 그의 감정을 엿볼 수 있다. "정상을 볼 수는 없지만, 현지인은 그것을 하늘의 기둥이라고 부른다. 그런데 이상하게도 여기서는 잠을 자도 꿈을 꾸지 않는다."[36] 그렇지만 죽은 세바스티앙 왕에 대한 리치의 경의를 한층 확실히 엿볼 수 있는 것은 1580년대 초, 그가 자신의 세례명인 마테오의 첫음절인 '마'를 나타낼 한자를 찾을 때, '마'로 발음되는 수많은 한자 가운데 왕(王)과 말(馬)을 뜻하는, 아주 단순하고 분명한 글자를 조합한 '瑪'자를 선택한 것일지도 모른다.

여러 예수회원들이 1579년에 기록했듯이 세바스티앙 왕의 죽음으로 유럽인의 위신이 떨어질 위험이 있었다. 바로 이 무렵 유럽인들은 인도 북부와 서부를 다스리던 이슬람 세력에 대항해서 자신들의 식민지 방위체제를 강화하려 하고 있었다.[37] 당시 고아에 기지를 둔 비교적 소수의 포르투갈 선원과 군인들은 페르시아 만 호르무즈 해협에서 실론 섬에 이르는 연안과 항로 방위라는 막중한 임무를 맡고 있었다. 게다가 늘 이슬람 세력의 위협을 받으면서 홀수(吃水, 배의 아랫부분이 물에 잠기는 깊이. 끽수[喫水]―옮긴이) 깊은 범선의 인도 입항을 거의 반년 동안 불가능하게 하는 몬순기후와도 싸워야 했다.

고아가 한 이탈리아 상인의 눈에 비친 것처럼 이 당시 피사(Pisa) 정도의 크기였고, 유사시에 사람들이 도망치는 피난처였으며, 국제적인 무역시장이었고, 매춘이 성행하던 곳이었다. 리치와 같은 시대를 살았던 어떤 사람은 고아에 도착한 직후 간단명료하게 이렇게 쓰고 있다.

여기 고아는 상인이 부댓자루 가득 상품을 채우는 곳이다. 인도 중앙부에 위치하고 있어서 남과 북에서 모든 물품을 이리로 보낸다. 여기에는 유대인, 개종 유대인(Gentiles), 무어인, 페르시아인, 아라비아인, 베네치아인(튀르크를 경유하여 육로로 왔다), 튀르크인, 이탈리아인도 있다. 군인에게 이 도시는 최고다. 매일 군대가 편제되고, 육로와 해로를 통해서 각지로 나가고, 모든 군대가 이곳에 기지를 두고 있기 때문이다. 게으름뱅이나 쾌락을 쫓는 사람에게도 고아는 즐거운 곳이다. 누구나 만족한다고는 할 수 없어도 다른 땅보다 즐거움이 많은 것은 확실하다.[38]

리치도 이 도시를 극구 칭찬했다. "인도에는 양질의 직물, 금, 은, 향신료, 향기 좋은 근채류, 향, 약재, 공작석(孔雀石) 등 세계 최고의 상품이 있다. 그래서 동서 각지의 상인들이 사시사철 여기에서 거래를 한다." 처음부터 리치는 지극히 상식적인 내용만을 적고 있을 뿐 고아가 아편 거래의 세계적 중심시장이기도 했다는 사실에 대해서는 언급하지 않았다. 고아에서 매매되는 아편의 규모는 상당했다. 당시 한 상인은 인도산 아편 60포를 구하는 데 보통 2,100두카트(ducats)를 투자한다고 아무렇지도 않게 쓰고 있을 정도다. 이렇게 엄청난 규모로 이루어지는 아편거래야말로 고아 주민이 게을러터지게 된 원인인 동시에 포르투갈에 번영을 가져다 준 한 요인일지도 모른다. 왜냐하면 대규모 위탁판매에 대해서는 철저히 세금이 부과되었기 때문이다.[39] 리치는 고아의 인도인에게서 '유약한' 면을 발견했다고 적었지만, 고아 또는 훨씬 남쪽의 코친에서 로마의 친구에게 보낸 편지로서 현존하는 것 중 아주 초기에 속하는 편지를 보면, 인도인이 발전된 유럽식 교육을 소화할 능력이 없다고 말한 사람들을 반박하면서도 인도인에 대해서는 거의 호감이나 흥미를 보이지 않았다.[40] 따라서 리치는 아시아 동남지역에 파견된, 한 대단한 예수회원이 인도에 대해서 품었던 부정적인 감정을 그대로 이어받고 있었던 것이다. 그 대단한 예수회원은 1574년 고아에 도착한 알레산드로 발리냐노이다.

발리냐노는 발군의 재능과 열정을 지닌 인물이었다. 리치는 다른 인종에 대한 그의 시각과 전교방법에 대한 견해로부터 아주 많은 영향을 받았다. 발리냐노는 1539년 남 이탈리아 아브루치 주의 키에티(Chieti)라는 마을의 부유한 가정에서 태어났다. 그의 부모는 키에티의 주교였던 조반니 피에트로 카라파와 가까운 사이였는데, 그 주교는 뒤에 교황 바울로 4세가 된 인물이다. 바울로 교황은 발리냐노가 법학 학위를 취득한 열여덟 살 때 그를 대수도원장에 임명했고, 2년 후인 스물 살 때는 키에티에 있는 주교좌 성당의 수도참사회원에 앉혔다. 1559년 바울로 교황이 세상을 떠나자 발리냐노는 졸지에 후원자를 잃었다. 키가 6척 장신에다, 1577년에는 인도의 동서해안 사이를 걸어서 횡단할 만큼 강건했던 발리냐노는 젊은 혈기 탓에 큰일을 저지르고 말았다. 어떤 사람의 얼굴에 칼로 상처를 입힌 죄로 고소를 당했다가 격론 끝에 베네치아의 감옥에 투옥되어 1년 이상을 보낸 것이다. 그러나 웬일인지 1566년에 이르러서는 성격도 바뀌고, 예수회에 입회해서 로마 대학의 학생이 되었다. 여기에서 발리냐노는 클라비우스에게 수학을 배웠으며, 물리학·철학·신학도 공부했다. 1571년 수련원장으로 임명되었고, 그 해 가을 젊은 마테오 리치가 치른 1학년 시험을 감독하기도 했다.[41] 그 후 1년간 마체라타 신학원의 원장을 맡았으며, 1573년 예수회 총장인 에베라르드 메르쿠리안에게 소환되어 인도양 동쪽의 예수회 전교단을 순시하라는 명령을 받았다. 이 임무는 당시 예수회 기구의 입장에서 보면, 35세의 발리냐노가 희망봉에서 일본에 이르는 지역의 모든 예수회 전교사들에 대해 총장에 필적하는 권한을 지니게 되었다는 것을 의미했다.[42]

발리냐노의 사명은 아시아에 진출한 전교사들에게 영적 열의를 다시 불어넣고, 임시 인력을 투입해서 전교사들이 충분한 휴식을 취하여 다시 새로운 마음가짐으로 전교활동에 임하게 하고, 인도의 갠지스 강 북부, 몰루카 제도, 말라카, 일본에 각각 별도의 전교기지를 설치해야 하는가라는 난제를 처리하는 것 등 세 가지였다. 그는 출발 전부터 일본에 매우 호의적이었다. 메르쿠리안 총장에게 보낸 편지에서는 일본인이 "재능 있고 신뢰할 만한 민족입니다. 또 악습에도 물들지 않았습니다. 생활은 소박하고 폭식을 하지 않습니다. 세례를 받으면 영적인 가치에 눈을 뜰 것입니다"[43]라고 기술하고 있다. 어쩌면 그는 인도인에 대해서도 좋은 인상을 지니고 있었을지 모른다. 그러나 그것이 사실이라 해도 고아에서 첫해를 보내고 난 1575년 말에는 인도인에 대한 애정의 편린조차 완전히 잃어버리고 말았다고 해도 맞을 것 같다. 그 해의 보고서에서 발리냐노는 인도의 미래를 아주 절망적으로 묘사했다. 행정기구가 제대로 움직이지 않아서 예수회원들도 문관이나 무관의 고백성사 듣기를 주저한다. 병사는 봉급이 적어 허덕이고, 성채에는 변변한 무기도 없다. 함대는 낡고 재판제도는 비열할 정도로 불공정하다고.[44]

이처럼 발리냐노는 인도인에 대해서 냉담한 평가를 내리고 있다. 그렇긴 하지만 다른 한편으로 예수회원들의 언어학습제도를 충실히 정비하고, 상 투메(São Tomé, 아프리카 기니 만에 있는 섬—옮긴이)에서 강론할 때는 그 지역의 토속어부터 배워야 한다고 명령했다. 그럼에도 실제로 많은 전교사들이 인도어 습득에 소극적인 태도를 보였던 것 같다. 섣불리 인도어를 배웠다가는 포르투갈 식민지 근무에서 벗어나지 못하고 영원히 인도의 가난한 시골에 처박히거나, 더욱 매력적이고 희망 찬 일본으로 가는 길이 영영 막혀 버릴지도 모르기 때문이었다. 그래서 발리냐노도 바세인에서는 예

수회원들이 통역을 통해 전교하는 것을 승인하지 않을 수 없었다.[45]

리치가 고아에 도착하기 1년 전인 1577년, 발리냐노는 말라카로 가는 길에 쓰기 시작해서 말라카에 도착해서 완성한 편지에서 인도 현지의 상황에 대해 상세한 평가를 내리고 있다. 인도에서 더위, 질병, 악습, 무기력한 모습을 목격한 발리냐노는 인도의 민족들이 '야수들'과 별다를 것 없는 아프리카의 민족들과 매한가지라고 생각하게 되었다. 또한 "인도의 민족들에게 공통된 특징은 (나는 지금 중국이나 일본의 이른바 티없이 깨끗한 민족에 대해서 말하고 있는 것이 아니다) 분별과 재능이 없다는 것이다. 아리스토텔레스의 말처럼 이들은 명령하기보다는 봉사하기 위해서 태어난 자들이다"[46] 라고도 쓰고 있다. 그러나 불과 2년 뒤인 1579년, 발리냐노는 극동에서 보내온 예수회원의 보고서가 틀렸다는 것을 깨닫고 일본인도 믿을 수 없다고 생각하기 시작했다. 그 전에는 일본인을 '티없이 깨끗하고' '소박하고 신심 깊은 민족'이라고 칭송했지만 이제 그는 일본인이야말로 "찾아보기 힘들 만큼 위선에 가득 찬 불성실한 민족"이라고 생각하게 되었던 것이다. 미래 동아시아에서의 전교를 한층 가속화할 방도를 찾는 가운데 발리냐노는 자신이 "불확실한 상황에 근심스러워하고, 어찌해야 좋을지 모르는 상태에 빠졌다"는 것을 자각했다.[47] 잔인·위엄·악행·위선이 뒤섞인 일본인의 성격은 너무도 복잡해서 정확한 분석을 포기했다. 그들은 개종한 뒤에도 신앙에 '미온적'인 태도를 취한다. 어쩌면 "이런 그리스도 교도가 늘어날 바에는 그리스도 교도가 없는 편이 더 나을 것이다!" 또한 발리냐노는 반종교개혁의 지도자로서 그리스도교에 대한 어설픈 지식이 위험한 사태를 초래할 우려가 있다고 지적한다. 왜냐하면 일본인 가운데 많은 사람들이 '나무아미타불'을 외우기만 하면 구원받을 수 있다는 믿음을 가지고 있는 이상 "일본인의 신앙관은 루터파 신봉자들의 그것과 꼭 닮았다"는 맥 빠지는 사실에 직면할 수밖에 없기 때문이다. 이처럼 미온적인 신자들을 미숙한 사제가 지도하게 되면 프로테스탄트 쪽 교의에 힘을 실어 주는 빌미를 제공할 가능성이 있다는 것은 불을 보듯 뻔했다.[48]

발리냐노는 일본의 현실에서 환멸을 느낌에 따라, 1577년에서 1578년까지 10개월 동안 마카오에서 중국인들과 지낸 시간을 되돌아보았다. 발리냐노가 남긴 글에서는 일련의 반복되는 현상을 간파할 수 있다. 1570년대 중반에는 인도에 대한 환멸 때문에 일본이야말로 이상적인 땅이라고 생각했다. 1570년대 말이 되면 일본의 현실에 대해 점점 낙담하게 되면서 이번에는 중국에서 희망을 찾았던 것이다. 물론 이것도 중국의 현실을 제대로 알지 못한 데서 기인한 환상에 불과했지만. 발리냐노는 예수회의 신임 총장인 클라우디오 아콰비바에게 보낸 보고서에서 중국인은 학문을 좋아하고 복장이 산뜻하고 식생활습관이 수준 높고 공공 장소에서는 무기 휴대를 금지하며, 여성들은 수줍음이 많고 훌륭한 정치가 이루어지고 있다고 지적하고, 그 특징 하나하나에 대해서 일본인이 얼마나 열등한지를 적었다. 하지만 아콰비바는 다소 신랄한 반론을 폈다. 일본에서 트란실바니아나 폴란드에서도 겪어 보지 못한 좌절을 맛보고 있다고 우기는 사람이 있지만, 이 나라들이 똑같이 이질적인 땅인 것만은 분명하다고. 그러면서도 그는 발리냐노가 말하는 중국 전교의 가능성에 대해서는 강한 인상을 받았는지 많은 예수회원—그들 중 한 명이 바로 마테오 리치였다—을 마카오로 데리고 가 중국에서의 전교활동을 준비하라고 발리냐노를 격려했다.[49]

리치는 일본에 가 본 적은 없지만, 일본에 대해서 쓴 약간의 글에는 발리냐노의 일본관이 그대로 반영되어 있다. 일본이란 섬나라 전체를 개괄해서 말하길 일본인은 "무력을 떠받들고" "문(文)보다는 무(武)를 좋아한다"는 것이다.[50] 중국에 처음 도착했을 때 리치는 다른 민족과 중국인을 단순하게 비교하면서 중국인의 생활양식을 소개하려는 경향이 강했다. 광저우(廣州)에서 멀지 않은 자오칭(肇慶)에 거처를 정하고 1년이 지난 1583년, 리치는 마닐라 주재 스페인 국왕 대표부 앞으로 보낸 편지에서 중국 남자에 대해서 쓰고 있다. 그 내용을 보면, 리치는 일본인과의 비교뿐만 아니라 유년시절을 보냈던 마체라타의 거친 남자들과의 비교까지도 염두에 두면서 중국 남자들의 기질을 묘사하려 했던 것 같다.

진실을 말씀드리자면, 각하께 중국인에 대해서 꼭 쓰고 싶은 것은 중국

남자들이 전투에 적합한 사람이라고 말해서는 안된다는 것입니다. 외관상
으로도 내면적으로도 중국 남성은 꼭 여성 같기 때문입니다. 이(齒)를 드
러내 보이면 자기를 낮춘다는 뜻이며, 그들을 복종시킨 사람은 누구나 그
들의 목에 발 하나를 올려놓을 수 있습니다. 남자들은 매일 두 시간이나
머리를 다듬고 세심하게 몸치장을 하는데, 이 시간을 마음껏 즐깁니다. 그
들에게 도망은 부끄러운 행위가 아니며, 명예 훼손이나 모욕도 수치스럽
게 생각하지 않습니다. 그런 점에서 우리와는 전혀 다릅니다. 오히려 그들
은 여성처럼 화를 내는데, 서로 머리 끄덩이를 잡고 싸우다가 제풀에 지치
면 다시 친구가 됩니다. 서로 상처를 입히거나 죽이는 일은 거의 없습니
다. 그러고 싶어도 그들에겐 그럴 무기가 없습니다. 왜냐하면 병사가 적기
도 하거니와 그들 대부분은 집에 칼 한 자루도 없기 때문입니다. 결국 한
사람에게서 느끼는 공포나 많은 군중에게서 느끼는 공포나 별 차이가 없
습니다. 사실 그들은 성채를 많이 가지고 있고 도시도 도적의 침입에 대비
해 성벽을 둘렀지만, 기하학적 법칙에 맞게 건설된 성벽이 아니어서 방탄
용 벽도 해자도 없습니다.[51]

위의 편지에서 당시 유럽인의 보편적 중국관과 리치의 개인적 견해를
구별하기란 어렵다. 그의 견해 가운데 몇 가지, 이를테면 중국 남성들이 머
리 손질에 공을 들인다든지 머리 끄덩이를 잡고 싸우는 성향이 있다든지
하는 것들은 중국에 대한 가장 오래된 보고서, 곧 이탈리아의 상인 갈레오
테 페레이라가 1565년 베네치아에서 출판한 책이나 도미니코회 탁발승 가
스파르 다 크루스가 1569년에 포르투갈에서 출판한 책에 이미 기록되어
있다. 리치는 이 가운데 하나 또는 두 권 모두를 동아시아로 출발하기 전에
읽었을 가능성이 많다.[52] 또한 리치는 자신의 글을 읽는 사람의 비위를 맞
춰 주려고 했는지도 모른다. 왜냐하면 스페인 사람은 중국의 군사 능력에
각별한 관심을 보이고 있었기 때문이다. 단시일 내에 멕시코와 페루의 광
대한 땅을 손에 넣은 정복자들의 후손이라 자처하는 사람들 사이에서, 그
리고 전교사들 사이에서 어느 정도의 기간과 인원이 있으면 중국을 정복할

수 있는지에 대한 논의가 고조되고 있었다. 특히 멕시코와 필리핀에서는 프란치스코회, 도미니코회, 예수회 등 모든 수도회의 성직자들 사이에서 중국 공격의 정당성에 대한 활발한 논의가 벌어졌다. 중국은 외국인 전교사들에 대해 타협하지 않았고, 물론 외국과의 무역을 위한 개항도 거부했으며, 그리스도 교도가 된 중국인이 관리에게 박해를 받는 일도 적지 않았다. 이런 정황을 감안해서 중국에 대한 공격을 '정의의 전쟁'으로 간주할 수 있는지도 논의의 대상이 되었다.[53]

그러나 리치는 중국인이 전쟁에 대해 결연한 태도를 보이지 않는다는 사실을 발견하고도 당황하지 않고, 그 이후 물리적 폭력에 대한 중국인의 역설적인 태도를 평생토록 주의 깊게 관찰했다. 리치가 1608년에서 1610년 사이에 쓴 『중국 그리스도교 전교사(傳敎史)』(이하 『전교사』로 줄임)란 책에는 정부고관의 수행자나 훈련장에 가는 병사 외에는 중국인은 거의 무기를 갖고 다니지 않으며, 특별히 위험한 곳을 여행하는 사람도 비수를 지니는 정도였다고 상찬하는 문장이 있다. 리치의 이 말은 장년기에 목격한 중국의 상황을, 폭력사건이 빈발했던 유년기의 마체라타의 상황과 비교하면서 논평을 하고 있는 것으로 보인다. "우리 사이에서는 무장한 남자를 보는 것을 좋은 일로 생각하고 있지만, 중국인은 불길한 것으로 여긴다. 중국인은 그런 불길한 것을 보는 것을 두려워한다. 그래서 그들에겐 우리에게 일상적으로 일어나는 내분이나 폭동이 전혀 없다. 우리라면 어떤 모욕을 당하면 무기를 휘두르고 살인도 서슴지 않는 복수를 하겠지만, 이곳의 중국인은 타인에게 해를 입히지 않고 그저 도망가는 사람에게 최고의 명예를 부여한다.[54]

하지만 중국의 정규군에는 리치가 납득할 수 없는 점이 적지 않았다. 분명히 그는 중국군의 훌륭함을 눈여겨보기도 했다. "각 지역, 특히 해안과 국경 부근의 부대장들은 밤낮으로 수많은 병사에게 순찰을 시키고 성벽과 성문과 항구와 요새를 지키고, 마치 전시상태처럼 일사불란하게 훈련에 임한다." 일반적으로 관리는 자기의 출신 성(省)에서 근무하는 것이 금지되어 있는데, 그것은 독직(瀆職)과 부당한 영향력 행사를 방지하기 위한 것이다. 하지만 군 장교는 예외였다. 군 장교는 자신의 고향을 지키기 위해서 매우 용감무쌍하게 싸운다고 생각되었던 것이다.[55] 간저우(贛州)는 중국 동남부의 주요 4성(四省, 江西·福建·廣東·湖廣 省을 말한다)의 산적떼를 진압하기 위해 설치된 특별구역의 수비대가 주둔하는 고장이었다. 1595년 봄, 리치는 가끔씩 수행하던 정부 고관과 함께 간저우를 방문했다가 그 고관을 위한 화려한 환영식을 보고 경탄했다. "환영식은 정말 장관이었다. 제복을 입은 3천 명 이상의 병사가 깃발과 무기를 들고 간저우에서 십리나 떨어진 곳까지 마중을 나왔던 것이다. 그 중에는 총병대가 배치되어 있어서 고관이 지나가면 때맞추어 화승총이나 머스켓총을 발사했다. 강의 양쪽에 군데군데 짙푸른 나무들 사이에서 총성이 울려 퍼지는 소리는 대단히 멋있었다."[56] 1598년 여름 리치는 그에 못지 않은 광경을 또 보았다. 톈진(天津) 부근의 강과 운하에 군수품 보급선과 전함으로 구성된 대규모 함대가 정박해 있었던 것이다.[57] 그러나 화려한 위용을 과시하는 데만 중점을 두고 실제 전투에 대한 배려가 부족한 측면도 적지 않았다. 이를테면 리치는 중국인은 말 조련법에 어두웠기 때문에 거세한 말만을 사용하는 경향이 있고, 거세한 말은 쇠편자를 박지 않아서 돌길을 달릴 수 없으며 적의 진격 소리가 들리면 도망쳐 버린다고 기술하고 있다.[58] 또한 리치는 중국인이 무턱대고 화약을 마구 써버리는 이유를 이해할 수 없었다. 리치가 보기에 중국인은 화약의 사용처를 잘못 알고 있다고밖에 생각할 수 없었던 것이다.

별로 많지 않은 화승총이나 사석포(射石砲)나 대포에는 그다지 화약을 사용하지 않으면서 매년 축제 때마다 벌이는 불꽃놀이에는 화약을 쏟아붓는다. 그 불꽃놀이 광경은 너무나 화려해서, 우리는 정말 경탄하지 않을 수 없었다. 하늘에 꽃과 과일과 전투장면이 수놓이는데, 그 하나하나가 조작된 불꽃으로 만들어진다. 어느 해(1599) 내가 난징에서 계산해 보니까, 중국인이 한 달 동안 계속되는 설 기간에 써 버린 초석(哨石)과 화약의 양은 우리가 전쟁을 2~3년 동안 계속하는 데 드는 양을 능가할 정도였다.[59]

유럽의 군사적 힘에 감명을 받았던 리치가 이제는 중국군의 위용에도 감탄을 표하게 되었다. 그런 리치에게 하나의 근본적인 사실, 곧 중국의 우수한 문관들이 무관이나 병사를 멸시하는 것처럼 보인다는 사실은 도저히 이해할 수 없었다. 리치가 기록한 바에 따르면 군대는 항상 감시당하고 문관의 지배 아래 있으며 군인의 봉록도 문관이 나누어 주었다고 한다. 과거(科擧)제도에서도 무과시험은 원래 문과시험과 동등한 것이었지만 실제로는 문과시험의 그늘을 벗어나지 못했고, 출세를 원하는 젊은이들의 관심을 끌지 못했다.[60] "우리 사이에서는 가장 고귀하고 용감한 사람이 군인이 되는 반면, 중국에서는 가장 야비하고 저질스러운 사람이 군대에 들어간다." 리치는 이런 사람들은 애국심이나 국왕에 대한 충성심이나 명예욕 때문이 아니라 단지 그들 자신과 가족을 먹여 살리기 위해서 군인이 된다고 말한다. 군인을 그저 하나의 직업으로 보는 이상 군인에 대한 존경심을 기대하기 어렵고, 그들이 인부나 노새몰이꾼 또는 하인처럼 '천한 일'을 하게 되는 것도 당연하다. 그 결과 "진취적인 정신을 가진 젊은이라면 무관이 아닌 문관을 택한다"는 것이다.[61]

이런 글을 쓴 것으로 보아 리치는 그가 중국 땅을 밟기 20년 전 중국 동남부에서 발생했던 도적떼와 해적을 무찌른 중국군의 눈부신 활약상을 알지 못했던 것 같다. 그리고 리치를 그토록 감탄하게 만든 간저우 주둔군의 충실함과 화려함은 바로 그 성공의 유산이요 상징이었다. 리치가 중국에서 맨 처음 거처를 정했던 자오칭은 1570년대에 해구의 공격을 받아 수백명이 희생당했고, 그가 도착하기 1년 전인 1582년에는 비교적 소규모이기는 했지만 산적떼가 수로를 통해 자오칭을 습격했다가 지역민들에게 격퇴당한 사건도 있었다.[62] 그러나 이런 사건들은 1550년대와 1560년대에 중국인과 일본인이 연합한 대규모 해구의 습격으로 발생한 피해사건에 비하면 작은 소란에 불과했다. 이 해구집단은 1550년대에서 1560년대에 걸쳐서 중국을 황폐화시키고 종종 내륙 깊숙한 곳까지 침투를 감행했다. 그 당시 왜구(倭寇)가 입힌 피해는 대서양에서 프로테스탄트 해적이 스페인 선박을 유린한 것이나 지중해에서 이슬람 함대가 베네치아 선박의 통상로를 파괴한 것에 버금가는 엄청난 것이었다.[63] 이 침략을 물리치라는 임무를 부여받은 중국의 장군들은 중국 서남부의 원주민들인 타이족과 먀오족(苗族), 시골의 농부, 석방된 죄수, 환속한 승려, 그리고 소금 밀매업자들로 이루어진 혼성부대를 잘 훈련시켜 규율 있는 군대로 만들었다. 장군들은 이 혼성부대를 이끌고 겨우겨우 농촌지역의 질서를 회복하고, 해구의 침입경로가 되는 항만이나 하천을 봉쇄하며 해적의 근거지를 하나씩 소탕해 나갔다.[64] 한편 새로운 방식의 군사회계와 전시 과세를 도입해서 늘어나는 전쟁비용을 보충했다. 당시 유럽과 미찬가지로 중국에서도 진비가 급격히 늘어나는 추세에 있었다. 화기의 조달, 요새 건설공사, 물자 수송수단의 확보에 많은 비용이 들어가고, 병사의 과반수에 고정 급여를 지불해야 했으며, 은괴(銀塊) 유통량의 증가로 중국은 악성 인플레이션에 빠져 있었기 때문이다.[65] 또한 해적 토벌의 임무를 맡은 장군들은 부대를 훈련하는 새로운 기술, 기병을 저지하는 새로운 방어전략, 여러 개의 날이 복잡하게 달린 창 같은 신무기들을 고안했다. 뿐만 아니라 사격술이나 암호, 정보 수집체계까지도 개선했다. 만약 치지광(戚繼光) 같은 명석한 장군들이 높은 지위에 올라 이 정보 수집체계를 널리 시행했다면 명의 정치조직에도 새로운 질서가 형성되었을지 모른다.[66]

그러나 치지광을 비롯한 다수의 장군들이 누명을 쓰거나 감옥에 갇히거나 심지어 사형에 처해지는 것을 본 리치는 중국에서는 군대가 존경받거나 주목받지 못하고, 문관들이 파벌 싸움이나 간교한 계책으로 무관의 성공 기회를 빼앗고 있고, 무관이라도 문관에 버금가는 학문이 없으면 사정은 나아지지 않는다고 느낄 수밖에 없었다. 급사중(給士中) 자리에 있던 한 문관은 지극히 자연스럽게 치(戚) 장군이 "군인이 되기 위해 글 공부는 포기했지만, 글의 구성만은 완전히 이해한다"[67]고 말하고 있다. 이 말에는 군인이 늘상 촌뜨기 무식쟁이로 취급당하는 현실이 반영되어 있다. 그러나 리치가 계속 주목했던 것은 은연중에 이루어지는 이런 멸시가 아니라 군인다운 생활과는 정반대로 군인들이 문관에게 얻어맞는 모욕을 당하고도 그것을 감수할 수밖에 없는 충격적인 현실이었다. 문관은 군인에 대해 최종적인 지배권을 갖고 있었기에, 군인에게 사사로이 태형(笞刑)을 가했던 것이다. 발리냐노는 일본인은 칼로 사람을 죽이는 데서 만족감을 얻는 반면, 중국인은 사람을 때리고 나서 흐르는 피를 보는 것을 좋아한다고 쓰고 있다.[68] 하지만 이 점에 대해서 리치는 발리냐노를 능가하는 상세한 분석을 하고 있다. 리치에 따르면 중국 관리가 태형을 통해 얻는 도덕적 효과는 유럽의 학교에서 선생이 학생에게 매질을 해서 얻는 도덕적 효과와 같다는 것이다. 이 비교가 초점을 비껴 간 것은 아니다. 다만 그가 이 비교를 몇 번씩이나 반복하고 있기 때문에 그의 글을 읽고 있으면 매를 두려워하는 유럽의 아이들과 태형에 희생되는 중국의 어른이 동일인물이 아닌가 하는 착각에 빠진다.[69]

특정 개인에 대한 육체적 폭력을 과시하게 되면, 상호 존중을 위한 마지막 허식마저 완전히 허물어지고 만다. 앞에서 언급한 갈레오테와 가스파르는 자신의 책에서 중국인의 태형과정을 적나라하게 묘사하고 있는데, 리치의 묘사에는 그 이상으로 생생하고, 태형장면 묘사는 놀라울 만큼 치밀해서 종이 위에서 막대기로 때리는 소리가 들려 오는 듯한 느낌이 들 정도다.

태형을 당하는 사람은 많은 사람들이 지켜 보는 가운데 바닥에 큰 대(大)자로 엎드린 채 넓적다리 뒤쪽을 맞는다. 이때 비할 바 없이 단단한 나무 막대기를 사용하는데, 두께는 손가락 정도이고 폭은 네 손가락을 나란히 편 정도이며 길이는 양팔을 최대한 펼쳤을 때 정도다. 형리(刑吏)는 두 손으로 막대기를 쥐고 있는 힘을 다해서 열 대요, 스무 대요, 서른 대요 외치며 때린다. 인정사정 보지 않고 때리기 때문에 대개는 한 대만 맞으면 살갗이 터지고 계속 맞으면 살점이 갈기갈기 찢겨 나간다. 이 형벌을 받고 나면 죽는 이들도 적잖다.[70]

이런 형벌이 많든 적든 관리의 기분에 따라 군인이나 일반인에게 가해진다는 사실—어떤 지현(知縣)은 이런 식으로 20명인가 30명을 죽였는데도 가벼운 문책만 받았다—이 리치로 하여금 중국이란 나라를 비판하게 만든 중요한 원인인 것 같다. "이 불쌍한 신민은 수치스럽고 잔인한 형벌을 당할까 봐, 그 벌로 인해 죽을까 봐 두려운 나머지 가진 것 전부를 바쳐서라도 관리의 손아귀에서 벗어나려 한다." 그 결과 중국인은 항상 억울하게 벌을 당하지 않을까 하는 두려움 속에서 살게 되며, 그래서 리치는 "중국에서는 자기 재산이 자기 게 아니다"라고 쓰고 있다.[71] 리치는 자신의 말이 설득력이 있다는 것과 그런 말을 적은 이유를 잘 알고 있었다. 1584년 리치는 자오칭에서 성난 관리의 명령으로 직접 그런 형벌을 받기 직전까지 갔던 일이 있었기 때문에 언젠가 자기도 똑같이 당할지도 모른다는 공포가 머리에서 결코 떠나지 않았던 것이다. 그 밖에도 중국 관리가 리치를 태형이 집행되는 현장에 참석시킨 적이 있었다. 리치는 중국에 도착해서 여러 해 동안 함께 지낸 미켈레 루제리와 함께 80대나 두들겨 맞은 죄인을 간호했다. 두 사람의 간호에도 불구하고 그 남자는 한 달 뒤에 세상을 떠났다.[72]

그러나 리치에게 그보다 더 큰 슬픔을 안겨 준 것은 프란체스코 마르티네스의 부고였을 것이다. 마르티네스는 1606년 광저우에서 죽었다. 리치는 그의 죽음을 비록 직접 보지는 못했지만, 『전교사』에서 이 슬픈 사건을 비통한 어조로 기록하고 있다. 프란체스코 마르티네스는 마카오에서 태어난 황밍사오(黃明沙)라는 중국인 청년의 세례명으로, 그는 예수회 학교에서 교육을 받고, 1590년 사오저우(韶州)에서 리치를 도우며 수련기간을 보냈고, 이듬해 예수회에 입회했다. 이 청년의 포르투갈어 이름은 결코 별 생각없이 선택한 것이 아니라 리치가 알고 있던 한 예수회 전교사의 이름을 그대로 따온 것이다. 그 전교사는 모잠비크와 고아 사이의 바다에서 비극적으로 죽은 인물인데, 리치는 1581년 그의 죽음을 애도한 적이 있었다. 중국인 마르티네스는 교회에서 오랫동안 충실히 일했다. 그는 서양인 전교사들에게 중국어를 가르쳤을 뿐 아니라 임종을 맞은 알메이다 신부를 간호했고, 연금술사이자 학자였던 취루쿠이(瞿汝夔)가 최종적으로 개종을 결심하는 데 큰 영향을 끼쳤다.[73] 마르티네스는 광저우에서 그곳 중국인 신자들과 성주간(聖周間, 가톨릭 전례력에 따르면 부활절을 맞기 이전의 일주일간—옮긴이) 행사를 마친 후 광저우 당국에 체포되었다. 그의 죄는 마카오에서 포르투갈인에게 고용되어 첩자로 파견되었다는 혐의였다. 마르티네스는 횃불이 이글거리며 밤을 훤히 밝혀 주는 가운데, 함께 살던 소년 복사(服事)와 하인과 함께 적의에 가득 찬 구경꾼들이 늘어선 길을 따라 연행되어 결국 투옥되었다고 리치는 당시의 광경을 전하고 있다. 유죄의 증거는 긴 머리 사이로 삭발례(tonsura, 가톨릭에서 평신도가 수도자나 성직자로 입문하는 의미로 거행되는 예—옮긴이)를 한 흔적과 짐 속에서 발견된 포르투갈식 상·하의였다. 한 중국인 복사는 고문을 견디다 못해 마르티네스가 총과 화약을 사서 폭동을 선동할 계획이었다고 자백했다. 이 증언으로 마르티네스의 죄는 기정 사실이 되고 말았다. 마르티네스는 먼저 양다리에 고문을 당하고, 다음에는 이틀 동안 발가벗겨져 무지막지한 막대로 두들겨 맞았다. 그의 자백을 강요하기 위해서였다. 그리고 어떤 음식물도, 단 한 방울의 물도 주지 않았다. 결국 그는 3월 31일 숨을 거두었다.[74]

리치는 마르티네스의 사망시각이 오후 3시이며, 당시 33세였다고 기록했다. 가톨릭 신자라면 이 시각과 나이를 듣는 순간, 33세의 그리스도가 오후 3시에 십자가에 매달리셨다는 「마르코 복음서」 15장 25절의 기록을 떠올릴 것이다. 리치는 여기서 약간의 실수를 저질렀다. 마르티네스가 죽었을 때의 실제 나이는 38세였기 때문이다. 하지만 리치는 성서의 기록을 지나치게 의식한 나머지 자신도 모르게 마르티네스의 죽음을 그리스도의 죽음과 중첩시켰을 것이다.[75] 이냐시오 데 로욜라는 『영신수련』에서 모든 예수회원들에게 기억행위로 성서의 문자를 의식 깊숙한 곳에 옮겨 놓도록 요구하고 있었다. 몇 가지 훈련을 통해 신자들은 과거로 돌아가 그리스도의 생애와 고난의 현장에 동참하게 된다. 이런 훈련에 익숙해지면 병사들이 그리스도를 심문하면서 때리는 것을 보면서 고통을 함께하고, 그리스도의 애처로운 나신을 보며 굴욕감을 느끼고, 조소에 치를 떨고, 수난이 일어난 겨울의 추위를 느끼며, 그리스도가 다시 몸에 걸친 얇은 옷에 피가 번지는 모습도 선명히 떠올리게 된다. 이런 훈련을 부과한 이냐시오 데 로욜라가 자신을 명상하기 위한 근거로 삼았던 것은 작센의 루돌푸스의 저작이었다. 루돌푸스는 신자들에게 "그분이 하느님이심에 대해서 잠시만 눈을 감으시오. 그래서 그분을 단지 인간으로 생각하시오"라고 말했다. 예배자들로 하여금 하느님의 외아들을 통해서 그런 고난을 견디며 하느님의 뜻에 담긴 신비에 더욱 가까워지도록 했던 것이다. 루돌푸스에 의하면 그리스도에게 가해진 폭형을 빠짐없이 직시해야 하며 매질을 당하는 그리스도의 고통과 굴욕도 대충 지나쳐서는 안된다고 한다. "병사들은 계속해서 때리고 또 때린다. 몇 번이고 계속해서 폭행을 가한 것이다. 일격을 가한 후에 다시 일격을 가하고, 상처 위에 다시 상처를 입히고 그 위에 다시 상처를 내서 피가 철철 흐른다. 때리던 병사는 물론이고 구경꾼들 모두 진저리칠 때까지 이런 상황은 계속된다."[76]

중국에 있었던 전교사들은 왜 군중이 자꾸 밀어닥치는지 잘 알고 있었다. 군중들은 밤이나 낮이나 전교사의 집 주변을 배회하고 문 앞에 서성이며 엿보는데, 단순한 호기심에서 그러는 경우도 있지만 대부분은 조롱하거나 적대감을 드러내기 위해서였다.[77] 서양인도 그리스도교로 개종한 중국인도 중국에서는 기피당하고 있었다. 국가간의 대규모 충돌뿐 아니라 돈 몇 푼 때문에 벌어지는 사소한 분쟁으로도 생명이 위태로울 가능성이 있었다. 1587년 일본의 간바쿠(關白, 일본 헤이안 시대 이후 천황을 보좌하여 정무를 집행하던 직책—옮긴이)였던 도요토미 히데요시(豊臣秀吉)가 조선을 정복한 후에 중국 황제를 파멸시키겠다고 선언했다. 따라서 중국에 사는 모든 외국인이 중국 관료의 의심을 사게 된 것은 놀랄 일이 아니었다. 특히 가톨릭 신부들은 특별히 경계대상이 되었는데, 그 이유는 히데요시가 파견한 정예부대에는 그리스도교로 개종한 장군 고니시 유키나가(小西行長)가 이끄는 1만 5천 명 이상의 일본인 그리스도 교도가 있었기 때문이다. 고니시 유키나가는 1592년 그리고 1597년과 1598년에 조선에서 대규모 전투를 치렀다.[78] 그 사이 중국은 전쟁에 대한 경계를 게을리 하지 않았고, 황제는 칙령을 발표하여 외국인을 강도 높게 비난했다. 리치는 그가 가는 모든 도시에서 그의 방문에 신경을 곤두세우고 있다는 것을 깨달았다. 그에게 선뜻 잠자리를 내주는 사람도 없었고, 곤경에 처해 있다는 그의 진정서를 전달해 주는 사람도 없었다.[79]

전쟁의 공포는 17세기에 들어서도 사라지지 않았다. 리치는 1606년에 프란체스코 마르티네스가 죽음을 맞게 된 주된 이유는, 마카오의 말썽꾼들이 예수회원·포르투갈인·네덜란드인·일본인이 연합해서 마카오를 중국 침략의 발판으로 삼으려 한다는 소문을 냈기 때문이라고 적었다. 이 말썽꾼들은 침략에 앞서 마카오의 중국인이 모두 살해당할 우려도 있다고 경고했다. 그래서 그런지는 몰라도 1606년 많은 중국인이 마카오를 떠났다. 오늘날의 관점에서 보면 서양의 종교들과 국가들이 위험에 처하여 동맹군을 결성한다는 것은 있을 수 없는 이야기다. 그러나 실제로는 1603년 필리핀에서 중국인의 대학살사건이 일어났다. 그 해 10월 스페인 당국은 외교정책에 대한 환관의 간섭과 통화문제에 대해 오랜 논의를 거듭한 끝에 마닐라에서 급증하고 있던 중국인이 폭동을 일으키지 않을까 지레 겁을 먹고 잔인한 선제공격을 가했고, 그 결과 거의 2만 명에 달하는 중국인 이민자와 상인이 살해되었다.[80]

마닐라에서 수만 명의 중국인이 실제로 살해된 이상, 마카오의 중국인이 서양인은 무슨 짓을 할지 모른다고 두려워한 것은 당연하며, 따라서 그것을 피해망상으로 보아서도 안된다. 게다가 서양인 중에는 고의적으로 그런 공포에 편승하는 자가 있었기 때문에 더욱 위기감이 증폭했다. 마카오의 중국인에게 예수회의 활동을 경계하라고 부르짖었던 자는 아우구스티누스회 수사인 미켈레 도스 산토스였던 것 같다. 원래 예수회원이었던 도스 산토스는 나중에 수도회를 바꾸고 나서 출세했는데, 마카오의 선임 주교가 사망한 후 교구의 행정을 맡게 되었다. 그는 마카오의 중국인들에게 선임자인 예수회원들이 군사적 의도를 갖고 있다는 소문을 퍼뜨렸던 것이다. 도스 산토스가 이런 근거 없는 주장을 했던 배경에는 예수회와 다른 수도회간의 여러 해에 걸친 복잡한 갈등이 깔려 있다. 16세기 말과 17세기 초에 예수회원들이 눈부신 활약을 보였다고는 해도, 중국 전교에 선구적인 역할을 한 것이 아우구스티누스회·도미니코회·프란치스코회 등의 전교사였다는 사실을 간과할 수는 없다. 다만 이 수도회들은 서로 반목하는 일이 잦았다. 리치는 『천주실의』(天主實義)에서 아시시의 프란치스코와 그의 추종자들을 성인으로 칭송했지만, 다른 곳에서는 프란치스코회의 전교전략이 경솔하다고 생각했는지 아무런 경의도 표하지 않았다. 프란치스코 회원들은 가난한 사람들을 대상으로 한 설교에 너무 치중함으로써 중국인을 자극했고, 그 결과 엉뚱하게 예수회원이 중국인의 격한 반감을 사게 되었기 때문이다. 아마도 리치는 프란치스코회를 적대시했던 것 같다.[81] 또 리치의 아우구스티누스 회원에 대한 감정은 도스 산토스가 야기한 다툼에 대해 이야기하는 문장에서 살펴볼 수 있다. 『전교사』에 따르면 거기에는 복잡한 경위가 있었다. 도스 산토스는 예수회원에 대해서 적개심을 불태우며, 적어도 두 번에 걸쳐서 예수회원과 공개 장소에서 논쟁을 벌였다. 그 중 하나는 일본에서 마카오로 불법적으로 수송된 상당량의 은(銀)을 몰수한 그의 결정에 관한 것이고, 또 하나는 마카오의 사제 가운데 한 명이 성직자의 신분을 남용하게 된 사건에 대한 것이었다. 논쟁의 결과 마카오의 서양인은 두 파로 나뉘어 칼과 총을 들고 노상에서 서로 싸우기에 이르렀다. 리치는 이 사건을 "이교도에게도 새 신자에게도 얼굴을 들 수 없을 만큼 수치스러운 사건"이라고 했다.[82] 중국 당국자는 도스 산토스가 예수회원을 고발한 이면에 두 번에 걸친 논쟁이 있었다는 것을 전혀 몰랐기 때문에 그 고발을 액면 그대로 받아들일 수밖에 없었다. 마카오에 사는 수백 명의 중국인이 국경을 넘어 탈출하자 광저우의 군대는 임전태세를 갖추었다. 성벽을 따라 무질서하게 세워진 빈민들의 집은 총격전을 벌이기 용이하게 모두 철거되었고 마카오에 대한 식료품 판매도 포르투갈 상인들의 교역도 전면 금지되었다.[83]

중국 당국이 어떤 외국인이 적이고 어떤 외국인이 친구인지를 정확히 가려내지 못한 것은 어쩌면 당연한 일이다. 한 중국 고관이 예수회원인 라자로 카타네오에게 "그래서, 당신들이 이제 중국의 왕이 되었소?"라고 조롱조의 말을 했을 때, 그 말에는 어떤 빈정댐이 내포되어 있었을 것이다.[84] 여기서 도스 산토스가 예수회원과 나란히 비난의 대상으로 삼았던 세 국민, 곧 네덜란드인·일본인·포르투갈인을 살펴보자. 프로테스탄트 교도인 네덜란드인은 가톨릭 교도인 포르투갈인의 적이었다. 네덜란드인은 동아시아에서 포르투갈의 독점권을 깨뜨리고 향신료 교역을 독차지하려고 했기에 그 공급량을 제한하고 높은 가격을 유지하기로 결정했다. 동시에 그들은 동남아시아와 평후(澎湖) 제도에 거주하는 중국인에게 계획적인 폭행을 가했다. 그것은 스페인인이나 포르투갈인이 저지른 폭력만큼 잔혹한 것이었다.[85] 한편 일본은 히데요시 사후 조선문제를 둘러싸고 중국과 화해한 뒤 머지않아 그들의 지배지역에서 그리스도교를 박멸하려는 움직임도 보이고 있었다. 1597년에는 나가사키(長崎)에서 일본인과 서양인이 포함된 26명의 그리스도 교도를 십자가형에 처한 사건이 일어났다. 이 냉혹한 형벌은 본보기로서 큰 효과를 거두었다. 처형된 시체가 몇 달 동안이나 십자가에 매달린 채 구경거리가 되었기 때문에 번창하던 나가사키항을 방문하는 사람들의 뇌리에 지울 수 없는 기억을 남겼다. 그 후 10년 동안 이 순교 장면은 직물을 장식하는 도안으로서도 가장 인기 있는 모티프가 되었다.[86] 그러나 다른 한편으로 왜구들이 중국 연안을 장기간에 걸쳐서 습격하고 있었기에 광저우의 중국인은 변함 없이 "해와 달이 빛을 잃지 않는 한 중국인과 일본인은 불구대천의 원수요 같은 물을 마실 수 없다"(이 말은 광저우의 한 비석에 새겨진 것이다)는 적대감을 갖고 있었다.[87] 게다가 고향에서 박해를 피해 도망쳤거나 예수회원들이 마카오에서 교육을 시키기 위해 데려온 일본인 그리스도 교도들은 마카오 근처의 한 섬에서 불법적이지만 꿋꿋이 살고 있었다. 중국측이 내쫓으려고 하자 이 일본인 그리스도 교도들은 자신의 '자산'을 지키기 위한 방어행동을 취했다.[88]

포르투갈인으로 말머리를 옮겨 보자. 중국인은 예수회원이 포르투갈인의 수중에 있다고 생각했다. 리치는 1593년에 이 사실을 체험했다. 당시 그는 사오저우에 있었는데, 그곳의 중국인 몇몇이 당국에 고발장을 제출했다. 그 내용인즉 이렇다. 리치를 비롯한 신부들은 "마카오에서 와서는 중국법을 어기고 외국과 대규모 상거래를 하고 있다. 그들은 이곳 사오저우에 성채 같은 집을 짓고, 역시 마카오에서 온 40명 이상의 사람을 숨겨 주고 있다."[89] 이처럼 중국인이 사오저우에 신축한 작은 집조차 성채가 아닐까 하고 의심했다면, 10년 후 예수회원들이 은(銀) 700냥을 들여 돌로 지은 큰 성당이 중국인의 눈에는 어떻게 비쳤을지 상상하기 어렵지 않다. 그 성당은 마카오에 처음 지었던 성당이 화재로 소실되었기 때문에 근처 언덕에 신축한 것이었다. 여전히 법률상 마카오에 대한 관할권을 갖고 있던 근처 샹산(香山) 현의 관리는 이 건설을 방해하려고 했다. 리치가 분석했듯이 그들이 건설을 못하도록 방해한 이유는 "성당을 가장한 요새가 아닐까 하는 두려움 때문이거나 건축허가를 해주기 전에 더 많은 스쿠도*를 얻어내려는 속셈 때문"일 것이다.[90] 리치의 표현대로 '호화로운' 이 성당은 너비가 50m, 길이가 25m 되는 넓이이며, 15m의 원기둥들과 3열로 이루어신 본당 중앙부를 갖춘 규모였다. 이 건물은 종교 구조물이 분명했지만 중국인의 눈에는 똑같이 호화로운 예수회 신학원 건물과 구별이 되지 않았다. 예수회 신학원은 부유한 포르투갈인들이 네덜란드 범선을 발견하는 순간 은판(銀板)과 가족을 숨기기 위해 사용하던 장소였다.[91] 게다가 1604년 포르투갈인은 가능성이 높아지고 있던 네덜란드인의 습격에 대비해 중국의 금령을 무시하고 방벽과 요새까지 만들었다. 리치는 중국측의 경계심을 누그러뜨리기 위해서 이것을 '하찮은 방벽과 요새 같은 것'이라고 불렀지만.[92]

리치는 말년에 자신의 경험을 통해서 중국인이 일을 할 때 갖는 동기와 태도에 대해서 확신에 찬 말을 할 정도로 중국을 깊이 이해하게 되었다. 이미 못 본 지 30년이나 된 스승 파비오 데 파비에게 이런 편지를 썼다.

이토록 거대한 군대를 보유한 대국이 훨씬 작은 나라들을 오랫동안 두려워하고 있었다는 것은 우리로서는 정말 믿기 어려운 일입니다. 그들은 매년 큰 재난을 두려워하면서도 이웃 나라들로부터 자기 나라를 지키기

---

* 리치는 자신의 저작에서 두카트와 스쿠도를 동의어로 쓰고 있다. 1두카트는 대략 은 29g, 약 은 1온스였고, 테일(tael)이라는 중국의 은 단위에 상당한다. 줄리오(giulio)는 1/10두카트, 바이오코(baiocco)와 볼리니노(bolignino)는 각각 1/100두카트이다. 1570년대 유럽에서 금과 은의 기본 교환비율은 대략 1:11이었다. 이 시기의 통화와 교환비율에 대한 자세한 내용은 Jean Delumeau, *Vie économique et sociale de Rome dans la seconde moitié XVIe siècle*, 2/657-65를 참고하라.〔서양에서는 중국의 옛 형량단위에 대해 일반적으로 테일(tael)이라는 용어를 사용한다. 이것은 일종의 평량(平量)으로 보통은 은 1온스와 같은 양이다. 지은이 역시 명대의 은의 양을 말할 때 테일이나 온스를 쓰고 있다. 중국에서는 테일을 '량(兩)이라고 한다. 이 책에서는 독자들의 이해를 쉽게 하기 위해 테일과 온스 모두 '냥'으로 번역했다. 나머지 서양의 화폐단위는 모두 원어대로 했다.〕

위해서 별 노력을 기울이지 않습니다. 그들은 무력에 호소한다든가, 사기술을 써서 우호적인 태도를 가장하지도 않습니다. 중국인은 다른 어떤 나라에 대해서도 절대 신뢰하지 않습니다. 따라서 고국으로 두번 다시 돌아가지 않겠다는 조건을 수락하지 않는 한 어떤 외국인도 자기 나라에 들어와 살지 못하게 합니다. 우리의 경우도 마찬가지지요.[93]

이처럼 리치는 전교사로서 중국에 뼈를 묻을 작정이었다. 리치에게 남은 길은 그저 되어 가는 형편을 지켜 보면서 예수회의 창립자 이냐시오 데 로욜라의 저작에서 모든 위안을 찾는 것이었다. 이냐시오는 『영신수련』의 보유(補遺)에서 악마가 사람을 습격하는 방법을 군사용어를 이용한 은유로 묘사했다. 이냐시오는 그리스도의 적은 "자기가 원하는 지점을 점령하고 약탈하는 지도자처럼 행동한다. 군대의 사령관이나 지도자라면 진을 치고 적군의 힘과 방비상태를 탐색해서 가장 약한 부분을 공격할 것이다"고 적었다.[94] 리치는 트리엔트 공의회에서 확인한 새로운 신학상의 공식 견해가 사람들의 정신적 지주가 되고, 그러한 공격에 대한 '방비'를 제공한다고 생각했을지도 모른다. 그러나 이냐시오는 그 적이 "여인처럼 행동한다"고 하면서 확실하게 제압한다면 고분고분해지지만, 만일 남자가 흔들리기 시작하면 "'분노와 복수심과 사나움'으로 가득 차게 된다"고 쓰고 있다. 만일 "겁을 먹고 유혹을 뿌리칠 용기를 조금이라도 잃으면, 인류의 적은 지상의 어떤 맹수보다도 사나워져서 비열한 수법으로 사악한 계획을 실행에 옮길 것이다."[95]

이러한 영적인 내면의 전투는 완전 무장하고 참가하는 대규모 포위전보다도 더 고독하고 장기적일 수밖에 없었다. 우리는 단지 그토록 자주 중국인들이 적으로 보일 때마다 리치가 영적 소모전을 치르느라고 대단한 인내심을 필요로 했으리라 추측할 수 있을 뿐이다. 리치는 다음과 같은 일들에 대해서 말하고 있다. 한번은 그가 정식 여행허가서를 지니고 있지 않다고, 배에 타고 있던 중국인 승객들과 선원들이 그의 짐을 다짜고짜 강변으로 내던져 버린 일이 있다. 리치는 이때 물끄러미 바라만 보고 있었다.[96] 또 한

번은 자오칭에서 리치가 사는 집의 지붕 위로 투석질이 끊이지 않고 계속된 적이 있었다. 근처에 있던 아주 높은 탑 위에서 학생들이 돌을 던졌던 것이다.[97] 또 중국인 무리가 악기소리를 반주삼아 승리의 환호성을 지르면서 리치가 살던 집의 대문과 창, 가구를 박살내고 새로 만든 정원 울타리를 무너뜨린 일도 있다. 리치는 깊은 실의에 빠졌다.[98] 이냐시오의 말대로 악마가 이런 작은 차별을 통해서 '극도의 악의'를 보여주는 것일까? 만일 그렇다면, 앞장서서 악마의 도전에 응하는 자신의 몸을 공동체 전체 속에 두고 생각해야 했을 것이다. 이미 토마스 아퀴나스가 『영성생활의 완성에 대하여』에서 예리한 감각을 발휘하고 적확한 은유를 써서 이렇게 논하고 있다. "올바른 이성에 의하면 공동체가 공유하는 선은 개인의 선에 우선한다. 그 결과 사지 하나하나가 자연의 본성에 따라 육체 전체의 선을 유지하는 쪽으로 향하게 되는 것이다. 예컨대 사람은 타인의 주먹이 날아오면 자신의 생명 전체를 유지하는 심장이나 머리를 보호하기 위해 손을 뻗어 막는다."[99]

실제로 자연적 본능이 어떤 하나의 목표를 향하고 누구나 그것을 공통의 목표로 인정한다고 하면, 이것은 지극히 당연한 이야기다. 하지만 그 목표를 인정하려 하지 않는 사람이 있으면 분열과 불확실성이 생기고, 목표를 향해 인도하려고 하는 사람에게 피로를 가중시키게 된다. 리치 역시 세련된 말로 엮은 『전교사』에서는 절망을 암시하는 단어로 고상한 분위기를 깨뜨리는 일은 하지 않는다고 했지만 가족이나 스승이나 친구에게 보낸 편지에서는 분명히 절망의 소리를 쓰고 있었다. 줄리오 풀리가티에게 리치는 중국을 '불모의 땅'(questa sterilita)이라고 했으며, 다른 친구들에겐 중국을 '바위 같은 땅'(questa rocca) 또는 '아득히 먼 사막'(un deserto si lontano), 중국인을 '멀리 떨어진 민족'(questa remotissima gente)이라고 부르며, 중국인 사이에 있으면 '버려졌다'는 느낌이 들고 '방출됐다'는 생각에 사로잡힌다고 말하고 있다. 또한 동생인 오라치오에게는 중국인이 새하얘진 자신의 머리를 보고 "아직 나이도 많지 않은데 너무 늙어 보인다"며 놀란다고 편지를 썼다. 그리고 이렇게 덧붙였다. "중국인은 내가 백

발이 된 원인이 다름 아닌 자기네들 때문이라는 것을 모르고 있다."[100] 한 편 1595년 8월, 마카오에 있던 포르투갈인 장상(長上, '~보다 상위에 있는 자'란 뜻으로 교황·추기경·주교·사제 등을 일컫는 '교회의 장상'과 각 수도회의 회칙에서 규정하는 '수도회 장상' 두 종류가 있음—옮긴이) 두아르테 데 산데 에게 보낸 편지에서 리치는 하느님이 12년간 고난과 굴욕을 주기 위해 자 신을 선택했다는 것을 알게 되었다고 적었다.[101]

지금까지 본 리치의 말과 이미지는 성서적인 뉘앙스를 풍기고 있음이 분명하다. 리치와 서신 교환을 했던 사람들도 모두 그런 뉘앙스를 감지했 을 것이다. 작센의 루돌푸스는 '고향과 단절된' 사막이나 황무지에서 생활 한 그리스도 교도에 대해서 누차 언급하고 있다. 그는 묵상에 가장 적합한 주제로서 신약성서에서 탈출과 물러남을 보여주는 중요한 세 가지 예— 성가족(聖家族)의 이집트행, 세례자 요한의 사막행, 그리스도의 광야행— 를 들고, 사색에 유효한 요소를 남김없이 활용해서 그 의미를 탐구해야 한 다고 말했다. 그리스도의 '참으로 자상하고 젊은 어머니'와 '아주 나이든 요셉'은 "어둡고, 덤불로 덮여 있고, 인적 없는, 수목이 무성한 길이나 한없 이 긴 길"을 빠져 나가면서 고난을 용감하게 감내했다고 한다.[102] 리치와 동시대의 그리스도 교도도 루돌푸스에게 뒤지지 않는다. 잔 피에트로 마페 이도 똑같은 글을 남기고 있다. 마페이는 1560년대 로마 대학에서 수사학 을 가르치고, 당시 유럽의 항해생활의 중심지에서 살고자 리스본으로 옮겨 인도의 포르투갈인에 대한 역사를 집필하기 시작했다. 그는 이 방대한 역 사서의 서문 초고를, 서신을 교환하는 사이였던 리치에게 보냈다. 이 서문 에서 마페이는 '척박한 덤불과 황폐해진 삼림' 속에서 길을 잃은 전교사를 묘사했다.[103] 리치는 마페이를 극찬하고 있었기 때문에, 자신과 비슷한 예 를 드는 데 대해서 전혀 개의치 않았다. 리치는 아콰비바 총장에게 보낸 편 지에서 대담하게도 바울로가 고린토인에게 고백한 유명한 탄식을 인용해 서 자신이 중국에서 경험한 고난을 이야기했다. "종종 여행 중에 강물의 위험, 강도의 위험, 동포로부터의 위험, 이방인으로부터의 위험, 도시에서 의 위험, 황야에서의 위험, 바다에서의 위험, 사이비 교우들로부터의 위험을 겪었습니다."[104]

편지와 『전교사』 양쪽에 중복해서 나타나는 기록을 종합하면, 어떤 특정한 사건에 대한 상세한 상황을 알 수 있다. 그것은 연이어 발생한 소송 소동 가운데 하나에 불과하고 시간으로 치면 불과 몇 분 사이에 일어난 일이었지만, 리치가 중국 생활에서 체험한 폭력이 어떤 것인지를 확실히 보여주는 사건이다. 1592년 7월의 어느날 자정쯤, 중국 젊은이들이 예수회원의 사제관을 습격하기로 계획을 세웠다. 이들은 사오저우 교외에서 도박에 열중하던 무리로 시가(市街)와 예수회원이 살고 있던 서쪽 농촌지대를 잇는 선교(船橋, 배를 나란히 이어서 만든 다리) 부근에 모여들었다. 그 근처의 절에 사는 승려들이 습격을 교사한 것 같은데, 그 근거는 승려들이 그들에게 미리 준비해 둔 조잡한 무기를 제공했기 때문이다. 그러나 승려에게만 이 일의 책임을 지울 수는 없었다. 사오저우 일대에는 1589년에 큰 가뭄이 들고 '요술을 부리는 자'(妖賊)가 이끄는 산적떼가 출몰했으며, 유언비어가 나돌고 민심이 흉흉해졌다. 이런 상황에서 사람들이 예수회원들 때문에 그런 흉조(凶兆)가 닥쳤다고 생각하는 것도 무리가 아니었다.[105] 그 젊은이들은 다리를 건너와 리치의 집 담장 밖에 모여들었다. 그리고는 담장 너머 정원으로 밧줄을 던졌다. 몇몇이 밧줄을 타고 담을 넘어 정원으로 들어가 안에서 대문을 열고 약 20명쯤을 끌어들였다. 대부분이 몽둥이를 들었고, 불을 붙이지 않은 횃불을 든 자가 있는가 하면 손도끼를 든 자도 있었다. 웅성대는 소리에 무슨 일인가 하고 리치의 하인들 가운데 두 명이 아래층으로 내려갔지만, 어둠 속에서 조심스럽게 걷다가 무리 속으로 들어가는 바람에 심한 부상을 당했다. 프란체스코 데 페트리스 신부는 그들을 도우려고 황급히 달려갔다가 머리에 상처를 입었다. 리치가 방에서 나오자 침입자들은 횃불에 불을 밝혔다. 아마도 집안을 자세히 살펴보고 약탈할 작정이었을 것이다. 리치는 불빛 속에서 침입자들이 바깥문을 통해서 밀어닥치는 모습을 보았다. 하인과 페트리스 신부가 무슨 일인지 보러 나갈 때 문이 반쯤 열려 있었던 것이다. 리치는 그 집에 사는 사람들을 집 안쪽 문으로 불러들이고 그 문을 닫으려고 했지만, 밀려들어온 침입자들은 막대기를 문틈으로 쑤셔 넣었다. 리치는 고함을 지르며 무리를 밀어젖히고 침입을 저지하려 했지만 그것도 잠시, 손에 도끼 한 방을 맞고 말았다. 그래서 리치는 집 사람들에게 각자 방으로 돌아가서 방문을 걸어 잠그라고 지시했다. 한 하인이 지붕 위로 올라가 무리의 머리 위로 기와를 집어 던지기 시작했다. 리치는 자기 방으로 들어가 문을 걸어 잠그고는 도움을 청하기 위해 창문을 넘어 정원으로 뛰어내렸다. 하지만 그만 발목이 접질려서 땅바닥에 쓰러진 채 꼼짝도 못하게 되었다. 그래도 그는 도와 달라고 큰소리로 외쳤다. 무리는 기와를 맞아 다친데다 리치의 소리를 듣고는 리치가 길까지 나가서 도움을 청하고 있는 줄 알고 뿔뿔이 도망쳤다. 그들은 황급히 서두르는 바람에 아무 것도 훔치지 못하고, 그 중 한 사람이 정원에 모자를 떨어뜨리고 갔다.[106]

뒷날 이 모자는 중요한 역할을 하게 되었다. 습격을 선동한 젊은이 중 한 명을 적발하는 결정적인 단서가 되었던 것이다. 그러면 리치는 어떻게 되었을까? 손의 상처는 빨리 나았지만 발목은 완전히 회복되지 않았다. 그는 마카오에 있는 포르투갈 의사들이 혹시 도움이 될까 하여 특별히 찾아가기도 했지만, 의사는 더 나빠질 수도 있으니까 수술은 일체 하지 않는 편이 좋겠다고 말했다. 그 후 리치는 남은 인생 18년 동안 먼길을 갈 때면 늘 통증이 도져서 다리를 절뚝거릴 수밖에 없었다.[107]

3장 첫번째 그림 : 파도에 빠진 사도

Antonius valetx sculpsit
excudit.

 리치가 『정씨묵원』에 실을 삽화로 청다웨에게 보낸 그림 한
점은 갈릴래아 호수에 빠져 허우적대는 사도 베드로를 묘사
한 것이었다. 리치는 「마태오 복음서」 14장에 등장하는 한 구
절을 마음속에 떠올렸을 것이다. 그 구절은 그리스도가 빵 5개와 물고기
두 마리로 군중을 배불리 먹이고 나서 혼자 기도하기 위해 산으로 오르면
서 제자들을 재촉하여 먼저 배로 호수를 건너도록 했을 때 일어난 일을 기
록하고 있다.

날이 이미 저물었는데도 거기에 혼자 계셨다. 그 동안에 배는 육지에서
멀리 떨어져 있었는데 역풍을 만나 풍랑에 시달리고 있었다.

새벽 4시쯤 되어 예수께서 물 위를 걸어서 제자들에게 오셨다.

예수께서 물 위를 걸어오시는 것을 본 제자들은 겁에 질려 엉겁결에
"유령이다!" 하고 소리를 질렀다. 예수께서 제자들을 향하여 "나다, 안심
하여라. 겁낼 것 없다" 하고 말씀하셨다.

베드로가 예수께 "주님이십니까? 그러시다면 저더러 물 위로 걸어오라
고 하십시오" 하고 소리쳤다. 예수께서 "오너라" 하시자 베드로는 배에서
내려 물 위를 밟고 그에게로 걸어갔다. 그러다가 거센 바람을 보자 그만
무서운 생각이 들어 물에 빠져 들게 되었다. 그는 "주님, 살려 주십시오!"
하고 비명을 질렀다. 예수께서 곧 손을 내밀어 그를 붙잡으시며 "왜 의심
을 품었느냐? 그렇게도 믿음이 약하냐?" 하고 말씀하셨다. 그리고 함께
배에 오르시자 바람이 그쳤다. 배 안에 있던 사람들이 그 앞에 엎드려 절
하며 "주님은 참으로 하느님의 아들이십니다" 하고 말했다.[1]

당시에는 아직 중국어로 번역된 성서가 없었기 때문에 리치는 허용되는 범위 안에서 이 이야기를 자유롭게 고쳐 쓸 수 있었다. 많은 중국인이 성서를 번역해 보라고 리치에게 권했지만 리치는 맡은 일이 너무 바쁘다는 것, 번역이 너무 어렵다는 것, 번역을 시작하기 전에 교황의 승인을 얻어야 된다는 것 따위의 핑계를 들어 계속 사양했다.[2] 그러나 청다웨가 책에 들어갈 그림마다 중국어 해설을 넣고 싶다고 하자, 리치는 성서에서 앞의 인용문에 해당되는 대목을 뽑아서 다듬고, 중국인의 도덕관과 운명관에 가장 잘 호소할 수 있도록 자신의 해설을 덧붙였다.(베드로의 이름은 피에트로, 베드로, 페트루스 등의 발음과 가장 가까운 '보둬둬'〔伯多落〕로 정했다.) 이 해설문에는 「믿는다면 너는 바다 위도 걷겠지만, 일단 의심하면 가라앉아 버리리라」는 제목이 붙어 있다.

천주께서 이 땅에 태어나셨다. 당신의 가르침을 온 세상에 알리시고자 인간의 형상을 취하신 그분은 우선 거룩한 열두 제자들에게 가르침을 베푸셨다. 그들 중 첫 제자는 '보둬둬'(伯多落)이다. 하루는 보둬둬가 배를 타고 나가서 저 멀리 호숫가에 서 계신 천주의 모습을 보고 이렇게 외쳤다. "만일 당신이 주님이시면 내가 물에 빠지지 않고 물 위를 걷도록 해보십시오." 그러자 주님은 그렇게 하도록 명하셨다. 하지만 그가 물 위를 걷기 시작하자 역풍이 불어 파도가 일었고, 그의 마음엔 의심이 가득 찼다. 그러자 그는 가라앉기 시작했다. 천주께서 그에게 친히 팔을 뻗어 이렇게 말씀하셨다. "네 믿음이 참으로 작구나. 왜 의심했느냐?"

도(道)에 대해 강한 믿음을 지닌 사람은 마치 단단한 바위를 걷듯이 출렁이는 물 위를 걸을 수 있다. 그러나 그가 다시 의심을 품기 시작하면 물은 다시 출렁이는 본래의 모습으로 되돌아갈 것이다. 그렇다면 어떻게 그는 의연하게 있을 수 있을까? 군자(君子)가 하늘의 계명을 따르면, 불도 그를 태우지 못하고 칼도 그를 찌르지 못하며 물도 그를 삼키지 못한다. 바람이나 파도를 걱정하겠는가? 보둬둬가 의심을 보였던 것은 우리를 믿게 하기 위해서였다. 어떤 사람이 의심을 품는 것은 그 뒤에 오는 수많은 사람들의 의심을 푸는 데 유용하다. 만약 보뒤뤄가 의심하는 듯한 행동을 하지 않았다면, 우리의 믿음은 근거를 잃어버렸을 것이다. 그러므로 우리는 보뒤뤄의 신앙에 감사함과 동시에 의심에도 감사해야 한다.[3]

위 글의 두번째 단락은 온전히 리치의 창작이다. 여기서 리치가 말한 '군자'는, 중국 사상의 전통에 비추어 보면 유가(儒家)에서 설명하는 군자라기보다는 오히려 도(道)를 깊이 명상함으로써 물에 빠지지도 않고 불에 타지도 않는 경지에 이른 도가(道家)의 진인(眞人)과 비슷하다. 그러나 이런 해석은 첫번째 단락과 복음서의 기록 사이에 존재하는 차이점을 설명하지 못한다. 리치가 중국어로 설명한 그리스도는 '호숫가에 서' 있었고, 베드로에게 '팔을 뻗어' 말했다. 하지만 「마태오 복음서」의 그리스도는 '물 위를 걸어' 왔고, 가라앉는 베드로를 '붙잡으시며' 말했다. 교리상의 미묘한 차이로 전쟁도 불사하던 세계에서라면 이것은 해석상의 중요한 의미를 갖는 사건이지만, 리치에게 이것은 해석의 문제가 아니라 필요의 문제였다. 왜냐하면 이 그림을 기억술을 위해서 사용하려면 시각적으로 정확한 것을 보여주어야 했기 때문이다. 청다웨가 책을 출판하기 위해서 리치에게 그림을 부탁했을 때, 리치가 거기에 가장 적합하다고 생각한 그림을 갖고 있었다면 그는 이렇게 가필을 하지 않아도 되었을 것이다. 그것은 헤로니모 나달의 『복음서화전』(福音書畵傳)에 수록되었던 그림이다. 리치는 나달의 책을 끔찍이 아껴서 중국에서도 몇 년이나 지니고 다녔다. 1605년 5월, 아콰비바 총장의 보좌관이었던 알바레스에게 보낸 편지에서 리치는 이렇게 썼다. "이 책은 심지어 성서보다도 유용할 때가 있습니다. 대화 도중에 글만으로는 분명하게 보여줄 수 없었던 것을 그들의 눈 앞에 바로 보여줄 수 있기 때문입니다."[4] 리치가 나달의 책을 갖고 있었다면, 그 안에서 해당 장면을 묘사한 그림을 청다웨에게 건네 주었을 것이다. 그것은 나달의 책에서 마흔네번째로 등장하는 그림이었다. 그림을 보면 당황한 사도들이 등장하고, 그들 중 몇몇은 노를 젓거나 감긴 돛을 잡아당기고 있고, 다른 몇몇은 밀려오는 큰 파도와 유령이라고 믿었던 그리스도의 모습을 보고 공포에 질려 두 손을 높이 올리거나 소리를 지르고 있다. 배 가장자리에 있던 베드로는 겉옷을 무릎쯤에서 졸라맨 채 물을 향해서 한 발짝 발을 내딛는다. 그리고 다음 장면에서 베드로는 당황한 표정으로 물 속으로 가라앉고 있다. 그림에서 눈길을 끄는 것은 흔들림 없는 발걸음으로 파도 사이를 걷는 그리스도의 모습이다. 그리스도는 왼손으로 천천히 베드로의 오른쪽 손목을 잡고, 오른손은 강복(降福)을 하듯이 쭉 펴서 높이 쳐들고 있다.[5]

그런데 불행하게도 청다웨가 리치에게 그림을 요청하러 왔을 때, 리치는 나달의 책을 갖고 있지 않았다. 리치는 그 책을 예수회 동료인 엠마누엘 디아스에게 빌려 주었던 것이다. 디아스는 그 책을 난창으로 가져 가서 전교활동에 활용하고 있었다. 이때 리치는 디아스와 일종의 거래를 하고 있었다. 나달의 책을 남쪽으로 가는 디아스에게 빌려 주는 대신, 베이징에 머무는 동안 (중국에 방금 도착한) 8권으로 된 눈부신 다국어 대조 성서 『플랑탱 성서』를 갖고 있기로 했던 것이다. 그는 이 결정을 곧 후회했고 유럽으로 편지를 띄워서 나달의 책을 몇 권 보내 달라고 요청했지만, 책은 아직 도착하지 않았다.[6]

청다웨의 요청을 받은 리치는 그냥 지나치기에는 너무도 아까운 기회라고 생각하여 다른 그림을 조금 손질해서 대신하기로 했다. 리치는 베이징의 사제관에 그리스도의 수난을 묘사한 안토니 비릭스의 목판화를 한 질 두고 있었다. 그것은 21장으로 이루어진 연작으로 비릭스는 나달의 책의 판화도 제작했던 인물이었다. 그런데 연작 목판화는 그리스도의 예루살렘 입성에서 시작해서 그리스도의 승천으로 끝이 난다. 여기에는 물 위를 걷는 이야기 같은, 그리스도의 생애에서 예루살렘 입성 이전의 사건은 포함되어 있지 않았다. 그런데 리치는 그리스도가 부활한 후, 갈릴래아 호수에서 고기 잡는 제자들에게 나타난 것을 묘사한 열아홉번째 목판화를 눈여겨 보았다. 복음서에서 이 이야기는 「요한 복음서」 21장에 나온다. 그리스도를 먼저 알아본 사람은 요한이지만, 물 속에 뛰어들어 물가에 계신 그리스도에게 가려고 한 사람은 항상 성격이 급한 베드로(옷을 벗고 일했기 때문에 우선 옷을 입고)였다. 비릭스의 이 목판화를 보면 파도가 상당히 작고, 사도들도 거친 밤바다에서 공포에 떨고 있다기보다는 오히려 그물을 치며 열심히 일하고 있는 것으로 보인다. 그러나 적어도 베드로는 물 속에 있고 그리스도는 그를 향해 팔을 뻗고 있다. 리치는 이렇게 생각했다. 만약 「마태오복음서」의 원문을 고쳐 써서 그리스도가 물 위에 있는 것이 아니라 호숫가에 서 있는 것으로 하면 나머지는 상상력으로 보충할 수 있다. 그리스도가 내미는 손도 베드로를 잡으려 한다기보다 베드로를 향해서 팔을 뻗고 있는 정도로 볼 수 있을 것이다라고. 또한 비릭스의 판화는 그리스도의 손과 발에 있는 성흔(聖痕)과 오른쪽 옆구리에 로마 병사가 창으로 찌른 상처를 보여주지만, 그 부분에 대해서는 대책이 신속하게 강구되었다. 리치는 판화를 복제한 중국인 직공에게 그 구멍과 상처를 완전히 가려 버리게 했던 것이다. 손발에 난 구멍과 옆구리에 난 상처를 그대로 두면, 그리스도가 십자가형에 처해졌던 것을 미리 알아차리게 되기 때문이다.[7]

그래서 리치는 자신의 의도와 맞지 않는 이 그림이 제 역할을 할 수 있도록 복음서를 약간 수정했던 것이다. 글과 그림이 함께 있으면 서로 상승효과를 주게 된다. 청다웨는 표면에 그림과 글을 넣은 비싼 먹을 만들어서 부유한 문인에게 팔았다. 또한 그는 삽화가 들어간 책을 인쇄해서 글자만을 인쇄한 책보다 많은 이익을 올리기도 했다. 하지만 그림만 있는 경우에는 이성과 의지가 적용되기 전에 기억만을 통해서 중국인의 신앙을 환기시킬 필요가 있었기 때문에 그림에 큰 역할이 부여되었다. 시각적 이미지에 의해 거기에 존재하지 않는 글을 떠올려야 하므로 그림의 세부 하나하나가 이야기를 말하는 것이다. 배고픈 자들이 먹을 것을 찾아 나선 도시가 있다. 그리스도가 기도하러 들어간 산도 있다. 승선한 사람들 전원이 일하고 있는 고기잡이 배도 있다. 아니 한 사람을 제외한 전원이라고 해야 옳을 것이다. 베드로 한 사람은 예외이다. 베드로는 비교적 안전한 배를 떠나서 무거운 옷을 입은 채 파도 사이에서 바둥거리고, 호숫가에 서 있는 그리스도의 평온한 모습을 불안한 눈빛으로 꼼짝 않고 올려다보고 있다.

리치가 살던 당시 세계는 물로 나뉘어 있는 동시에 물로 연결되어 있었다. 1578년 그가 포르투갈에서 배를 타고 인도로 떠났을 때, 이미 콜럼버스, 바스코 다 가마, 마젤란 등이 활약한 초기의 대항해시대는 70년이나 지난 과거였고, 세비야에서 베리크루스로, 아카풀코에서 마닐라로, 그리고 리스본에서 고아나 마카오로 가는 새 항로가 세계교통의 일부가 되었다. 그러나 바다에 대한 지식은 여전히 불확실했고, 대부분의 바다는 미지의 상태였다. 1602년 리치는 베이징에서 세계지도 개정판을 만들면서 최신 지리상의 발견을 받아들이고 가장 우수한 지도 제작기술을 이용했다. 하지만 이때조차 남반구의 절반 아래쪽을 거대한 아대륙(亞大陸)으로 묘사했다. 희망봉이나 마젤란 해협에서 불과 몇 km만 남하하면, 배는 황량하고 사람이 살지 않는 해안가의 암초에 부딪쳐서 산산조각 나 버릴 거라고 생각했다. 사실 리치는 자신의 글 속에서 '희망봉'이라는 당시의 낙천적인 신조어(新造語)를 한번도 사용하지 않았다. 그 대신 그는 훨씬 실질적이고 정확한 '폭풍곶'이란 표현을 선호했다.[8]

리치의 시대에는 이전부터 내려오는 관습과 경험에 따라 인도나 극동으로 가는 항해에 대해서 어떤 공통된 절차를 밟아야 했다. 1494년 토르데시야스(Tordesillas)에서 내린 교황의 결정에 따라, 세계는 명목상 크게 두 지역으로 분할되어 각 지역이 양대 가톨릭 국가인 스페인과 포르투갈의 제해권 아래 들어가 있었다. 서쪽으로 돌면서 라틴아메리카와 태평양, 필리핀으로 항해하는 자는 스페인 배로 여행을 해야 했고, 동쪽으로 돌면서 인도, 몰루카 제도의 향료섬, 마카오, 일본으로 항해하는 자는 포르투갈 배를 타야 했다.(당시 영국·네덜란드·프랑스의 해군은 이 두 국가의 독점적 체제에 도전을 시작하긴 했지만, 근본적으로 이 두 국가체제를 무너뜨리기에는 역부족이었다.) 바람을 잘 받아 순조롭게 항해하기 위해서 고아행 배는(부활절 이전에 떠나기만 하면 안전하게 항해할 수 있었지만) 3월에 리스본을 떠나는 것이 가장 좋은 방법이었다. 처음에는 정남으로 항로를 잡아 아프리카 연안을 남하한 다음 서남쪽으로 방향을 바꾸어 브라질 근해를 통과하고, 남위 30°에 이르면 동쪽으로 항해하면서 트리스탄 다 쿠냐 제도와 희망봉을 통과하면, 남서계절풍을 받아 9월경 고아에 도착할 수 있었다. 만약 1년 안에 귀국하고 싶다면, 성탄절까지는 고아를 출발해서 북동계절풍을 타고 이듬해 5월 전에 희망봉을 돌아야 했다.[9]

출항 날짜는 계절풍이나 각 항구에서 우세한 무역풍의 상태에 따라 자연히 결정되었기 때문에, 여정마다 적당한 달을 기다렸다가 출발하게 되며, 어느 항구에서나 장기간 정박하지 않을 수 없었다. '무장상선'이라 불렸던 고물이 높은 포르투갈 배 중에 가장 성능이 우수한 것은 2천 톤에 달하고 28문의 대포를 설치할 수 있었다. 대부분의 배는 보통 400톤 정도에 약 20문의 대포를 갖추고 선원은 120명 정도였다. 배는 코친과 고아의 조선소에서 건조되는 경우가 많았는데, 이는 16세기 후반 남유럽에 건조용 목재가 상당히 부족했기 때문에 조금이라도 그것을 보완하기 위해서였다.[10] 그러나 배 크기가 달라진 것말고는 16세기 초의 대항해 시대 이후 조선기술에는 이렇다 할 발전이 없었다. 대형화된 포르투갈의 무장상선은 기존의 배보다 되레 항해할 때 내성이 떨어졌다. 과학이 항해술과 밀접하게 결부되기에는 아직 거리가 있었고, 코페르니쿠스가 천체 탐구를 통해서 달성한 성과도 항해술에는 적용되지 않았다. 바다에서 시간을 제대로 측정하기가 어려웠고, 자석 나침반도 종종 맞지 않았다. 위도는 정확히 측량할 수 있었지만, 경도의 경우에는 추측의 수준을 간신히 벗어나는 정도였다.[11] 16세기 말, 대담한 이탈리아 상인 중에는 프란체스코 카를레티처럼 자신의 경험에 비추어 지구를 한 바퀴 도는 통상로를 개척할 꿈을 꾼 사람도 있었다. 하지만 그 카를레티도 세비야에서 멕시코와 나가사키를 거쳐 네덜란드의 젤란트에 이르는 여행에 8년(1594~1602)이 걸렸다. 그리고 8년이 걸렸다는 사실에 놀라는 사람은 거의 없었다.[12]

중국에 머무르던 예수회원들은 항해의 위험을 잘 알고 있었기에 유럽으로 보내는 편지는 2통을 작성해서 각기 다른 경로로 발송했다. 한 통은 마닐라에서 출발해서 멕시코를 경유하는 스페인의 갤리언선(Galleon船, 16세기부터 주로 스페인이 외국 무역에 사용했던 전형적인 돛배―옮긴이)을, 다른 한 통은 마카오에서 출발하여 고아를 경유하는 포르투갈의 무장상선에 맡겼다. 리치의 장상이던 발리냐노는 마카오에서 로마로 보낸 편지 한 통이 배달되는 데 무려 17년이나 걸려 깜짝 놀란 적이 있기도 하지만,[13] 리치는 편지를 보내고 답장을 받는 데 보통 6~7년 정도 걸렸다. 이 정도의 긴 시간이 걸리다 보니 편지를 처음 썼을 때의 상황은 완전히 변해 버린다. 뿐만 아니라 1594년 사오저우에서 친구에게 보낸 편지에 쓴 대로 "편지 수취인이 저세상으로 가 버린 일도 있네. 이따금 이미 죽은 사람에게 이곳의 상황에 대해서 그토록 자주 긴 편지를 썼다는 사실을 생각하면, 나는 더 이상 무엇을 쓸 힘도 정신도 빠져 버린다네."[14] 그 중에서도 리치 아버지의 경우만큼 리치의 마음을 아프게 한 것은 없었을 것이다. 리치의 아버지 조반니 바티스타 리치는 마체라타에서 약국을 운영하는 부자였다. 리치가 1593년 아버지에게 편지를 써 보낼 때, 그는 5년 전 리스본을 출발하자마자 부모님이 보낸 한 통의 편지를 받은 이후 아무런 소식도 듣지 못한 상황이었기에 이렇게 적었다. "만일 번거롭게 해드리는 것이 아니라면, 가족들이 어떻게 지내는지 아버님과 어머님은 건강하신지 알려 주시면 제게 큰 힘이 될 것입니다."[15] 그런데 3년 후 리치는 이탈리아에 있는 친한 친구에게서 아버지가 돌아가셨다는 소식을 들었다. 그리고 그는 몇 차례 장엄미사를 드리며 아버지를 추모했다.[16] 하지만 그 후 1605년에는 상황이 정반대가 되었다. 아버지가 살아 계시다는 소식을 접했던 것이다. 이때 리치는 그의 가족에게 따뜻한 애정이 담긴 유일한 (적어도 지금까지 전해 오는 것으로는 유일한) 편지를 썼다. 그 편지에서 그는 중국에서 가장 중요한 성과를 요약하고 이런 말로 끝을 맺었다. "아버님이 이 편지를 지상에서 받아 보실지 하늘에서 받아 보실지 저는 알 수 없습니다. 그렇더라도 저는 부모님께 이 편지를 꼭 부치고 싶었습니다."[17] 하지만 이 편지가 마체라타에 도착했을 때, 그의 아버지 조반니 바티스타 리치는 이미 죽은 다음이었고, 부친의 죽음을 알리는 (이번에는 정확한) 부음이 리치에게 닿았을 때는 마테오

리치 역시 숨을 거둔 뒤였다.[18]

마테오 리치가 막연히 품었던 두려움은 괜한 것이 아니었다. 리치가 살던 시대에 동양에서 해난사고는 빈번하게 일어났다. 게다가 그것은 암초나 높은 파도, 갑작스런 태풍 때문만은 아니었다. 사무처리상 또는 조선소에서 건조 기일을 맞추지 못해 출항이 지연되는 일이 비일비재했고, 예상치 못한 역풍이나 악천후를 만날지도 모른다는 사실을 뻔히 알면서도 출항하지 않을 수 없는 때도 많았다. 포르투갈의 항해술은 대단히 훌륭했고, 높은 명성을 얻고 있었다. 하지만 선원의 훈련이 부족하다거나 자질이 부족한 경우도 적지 않았다. 기록에 의하면 어떤 선장이 채용한 (시골에서 모집해서 갓 데려온) 선원은 배의 어느 쪽이 좌현이고 어느 쪽이 우현인지도 모르고 있었다. 선장은 배의 한 편에 마늘을 매달고 다른 쪽에는 양파를 매달아서 구별해 주었다. 한 역사가가 정리한 새 선원의 명단에는 "재단사, 구두 수선공, 종복(從僕), 농부, 일자무식의 소년"이 포함되어 있었다. 한편 상급 선원 중에도 경험이 부족한 상류계급의 인물들이 많았다.[19] 식량과 물은 출항할 때부터 부족하게 공급된데다가 금방 상했으며, 밀항자나 승객 명단에 없는 사람이나 편법으로 승선한 사람 때문에 식량과 물의 부족사태는 더욱 심각해졌다. 어떨 때는 인도로 가는 매춘부나 상급 선원들의 정부(情婦)도 타고 있었다.[20] 더구나 전염병도 자주 발생하여 눈깜짝할 사이에 배 안에 퍼졌다. 특히 매년 국외로 떠나는 2천~3천 명 정도의 포르투갈 빈민들 사이에서 발생하는 일이 많았다. 어떤 여행에서는 기후가 꽤 좋았는데도 불구하고 승선한 인원의 절반이 병에 걸려 죽었다. 갑판 아래로 내려간 선원들은 폐기물에서 나는 끔찍한 악취 때문에 이따금 토하거나 졸도하기도 했다. 대부분의 승객들은 악취가 엄청 심했기 때문에 공동화장실을 사용하지 않으려 했다. 게다가 공동화장실은 날림으로 형편없이 지어서 배의 좌우측에 불안정하게 매달려 있었다. 흔들거리는 화장실에서 용무를 본다는 것은 바다가 잔잔할 때도 무서운 일일텐데, 하물며 폭풍 속에서 어떠했겠는가? 도저히 이용이 불가능했을 것이다.

그런데 해난사고를 일으키는 가장 큰 원인은 터무니없는 과적(過積)이었다. 항해 횟수가 적을 수밖에 없는 이상 이익을 올리려면 짐을 많이 실어야만 했고, 항해가 순조롭게 진행된다면 막대한 이익을 챙길 수도 있었다. 엄청난 양의 물건들이 갑판 위에 아무렇게나 여기저기 쌓여서 흔들거리고 있었다. 게다가 선원이나 가난한 승객들은 돈을 받고 자기의 선실을 상품 창고로 내주고는 날씨가 좋든 나쁘든 관계없이 갑판 위에 쌓아 놓은 물건들 사이에서 잠을 자는 바람에 혼란을 더욱 가중시켰다.[21] 악조건은 이것만이 아니었다. 제때에 벌목해서 건조시킨 목재를 사용하지 않은 선박이 허다했고 유지 관리도 엉망이었다. 그 결과 누수방지용 뱃밥이나 못이 야무지지 못한 목재에서 떨어져 버리고, 등나무 지팡이로 한번 내리꽂기만 해도 중요한 용골(龍骨)이 갈라지는 경우도 있었다. 이는 어떤 포르투갈 배의 점잔 빼는 고급 선원이 난파를 당하여 자기의 짐 대부분을 잃고서도 의기 양양해하는 것과 마찬가지였다. 또한 어떤 배는 다른 배들과 고물과 이물에 감아 놓은 밧줄을 서로 캡스턴(capstan, 닻 따위의 무거운 물건을 감아 올리는 장치―옮긴이)에 연결하고 조여서 여러 척이 한덩어리가 되어 무서운 바다를 항해하기도 했다.[22] 리치의 『전교사』에 따르면, 1587년 적대적인 중국 관리가 예수회원들을 중국에서 추방하려고 하자 리치는 그 관리에게 눈물로써 자비를 구하며 "중국과 우리 조국 사이에 있는 모든 바다"를 다시 건너갈 "방법이 없다"고 말했다.[23] 1578년 9월에 무사히 고아의 해변에 리치와 함께 상륙했던 리치의 친구 니콜라스 스피놀라는 로마에 있는 그의 장상에게 이런 편지를 썼다. "인도에 가고 싶어하는 사람들은 목숨에 연연해서는 안되며 언제라도 죽을 각오가 되어 있어야만 합니다. 끝까지 우리 주님을 믿고, 나아가 고난을 바라고 오감(五感)을 극복할 결심이 필요합니다. 왜냐하면 여기서는 경험으로 자신을 아는 것이지 이론적인 성찰로 아는 것이 아니기 때문입니다."[24]

사략선(私掠船, 전시에 적선[敵船]을 공격하거나 나포할 수 있는 허가를 받은 민간 무장선―옮긴이)도 항해에 위험천만한 존재였다. 그 위험성은 결코 다른 것보다 못하지 않았다. 1578년 3월 24일에 리치를 비롯한 예수회원들을 태우고 리스본항을 출발한 함대를 프랑스 무장선들(아마도 네덜란드

프로테스탄트 선단과 동맹한 위그노 선단일 것이다)이 며칠 동안 뒤쫓고 있었다. 그 무장선들은 선단에서 낙오한 작은 상선(商船)들을 약탈하려 했다. 상선의 목적지는 대개 브라질이었는데, 카나리아 제도(諸島)까지는 인도로 가는 세 척의 대형 무장상선과 동행하고 있었다. 무장상선의 선장들은 대포를 꺼내 두도록 명령했다. 한편 예수회원들은 (배멀미로 대단히 고통스러워했지만) 갑판에 서서 십자가를 부여잡고 선원들에게 교전을 독려할 참이었다. 이렇게 전투태세를 갖춘 세 척의 무장상선과 포탄을 주고받고 싶지 않았던지 결국 프랑스 선단은 자기들은 프랑스 배가 아니라 항로를 이탈한 플랑드르 곡물선이라고 그럴듯한 거짓말을 둘러대고 도망쳤다.[25]

이런 행운이 따르지 않은 배도 적잖았다. 16세기 말까지는 프랑스말고도 영국과 네덜란드의 사략선이 출현했고, 아바나와 모잠비크, 마카오까지 행동범위를 넓혀서 대담한 기습공격을 감행했다. 이러한 습격에 대해서, 특히 포르투갈인은 종종 다수의 사상자를 내면서도 믿기지 않을 만큼 용감하게 싸워 적을 격퇴했다. 프로테스탄트인이나 일본인에게 뭔가를 그냥 주기보다는 차라리 대다수 승객과 선원이나 모든 짐을 무장상선과 함께 바다 밑에 가라앉도록 내버려 두기도 했다.[26] 하지만 기동성이 뛰어나고 중무장한 사략선이 이따금 큰 승리를 거두는 것도 어쩔 수 없는 사실이었다. 두 가지 예를 들면, 1587년 영국인은 아카풀코항에 정박 중인 스페인의 거대한 보물선인 성 안나(St. Ana)호를 포획했고, 1603년에는 네덜란드인이 몇 주 간격으로 말라카와 마카오에 있던 포르투갈 무장상선을 빼앗았다. 이 두 건의 약탈로 얻은 이익은 전자가 50만 크라운이고 후자가 350만 길더로 추정되고 있다.[27]

16세기 선박 조종업무에 대해서는 뱃길안내인에게 과중한 책임을 지우는 것이 관례였다. 스페인과 포르투갈 선박의 경우, 국왕의 규정에 따라 배의 항로에 대한 책임은 오직 뱃길안내인에게 있었다. 따라서 뱃길안내인은 바람, 해류, 어군의 움직임, 새의 이동 등에 대한 모든 경험적 지식을 갖추고, 간단한 지도를 들고, 만일 이전에 그 항로를 여행한 자가 있다면 그의 경험담을 듣고 나침반·천체관측기·상한의(象限儀)를 사용해서 1천 명 이상의 승객과 선원들이 타고 있는 1천 톤이나 그 이상 나가는 배를 책임졌다.[28] 당시 기록에서 볼 수 있듯이 뱃길안내인들은 자신이 맡은 항해에서 뭔가 장애가 발생하면 일체의 책임을 졌기 때문에 세인의 조롱거리가 되었다. 교육받은 가톨릭 성직자라면 누구나 한번은 읽었을 토마스 아퀴나스의 네 가지 인과관계에 대한 유명한 분석을 보면 이렇게 쓰여 있다. "동일한 사물이 정반대의 결과를 낳는 원인이 되는 것도 불가능하지 않다. 이를테면, 뱃길안내인은 선박을 구하거나 침몰시키는 원인일 수 있다. 그러나 구할 경우에는 뱃길안내인의 존재(存在)가 원인이며, 침몰하는 경우에는 그의 부재(不在)가 원인이다."[29] 하지만 이 글은 원거리 항해가 출현하기 이전인 13세기의 글이므로, 이것을 읽은 리치와 동시대의 사람들은 세번째 원인을 추가해서 아퀴나스의 글을 수정했으리라. 곧 뱃길안내인이 있기 때문에 배가 침몰할 수도 있다고. 온후한 영국인 예수회원이었던 토머스 스티븐스는 일반적으로 타인의 기술(技術)에 대해 감사하는 마음을 지니고 있었고, 1579년에 무사히 고아에 도착한 것에도 사의를 표했다. 하지만 폭풍으로 악명 높은 희망봉을 돌 때 겪었던 한 번의 재앙 때문에 그는 뱃길안내인을 비난하지 않을 수 없었다.

희망봉에서 우리는 폭풍을 보지 못했다. 단지 커다란 파도가 밀려왔을 뿐이었다. 하지만 우리의 뱃길안내인은 그것을 간과한 책임을 져야 한다. 대개 항해자들은 뭍이 보이지 않도록 거리를 유지하며 배를 몰고, 바다 밑바닥과 닿지 않도록 살피면서 안전하고 확실한 해로로 가려고 애쓰지만, 그 사람은 바람을 유리하게 이용하려고 뭍 가까이로 배를 대었다. 그때 바람의 방향이 갑자기 남쪽으로 바뀌면서 산더미만한 파도가 일어 배를 흔들어 대는 바람에 배는 육지 근처까지 밀려갔다. 우리는 수심이 26m도 안 되는 카포 다스 아굴리아스(Capo das Agulias) 곶에서 불과 10km 정도 떨어진 지점까지 흘러갔고, 거기서 완전히 혼란에 빠졌다. 배 밑에는 거대한 암초가 있었는데, 너무도 뾰족하고 예리해서 도저히 닻을 내려 배를 정지시킬 수가 없었다. 가까운 육지의 해안도 지형이 너무 나빠서 상륙하기에는 무리였다. 게다가 그 물에는 맹수와 야만인이 가득 차 있어 이방인은 모두 죽일지도 몰랐다. 우리에겐 하느님과 양심 외에는 희망이나 위안이 없었다.[30]

자신의 본분에 충실히 스티븐스는 뱃길안내인이 아니라 하느님이 배를 구해 주고 그 여행이 무사히 끝날 수 있도록 해주었다고 감사를 드렸다.

스티븐스보다 훨씬 극적인 체험을 한 여행자들도 많이 있었다. 16세기 후반에는 해난사고의 재앙에서 간신히 살아 돌아온 사람들의 이야기가 늘 인기를 끌어, 대형 참사가 일어나면 그때마다 팜플렛이나 책으로 출판되었다. 코임브라 신학교에 있었던 리치와 예수회원들은 1577년부터 1578년까지 10개월 동안 고아로 가는 선단이 모집되길 기다렸다. 이때 그들은 1565년 리스본에서 출판된 성 바울로호의 운명에 대한 이야기를 읽으며 뱃길안내인의 역할에 대해 자세히 알게 되었다. 성 바울로호는 1560년 4월 말, 고아를 향해 리스본을 출발했다. 배의 정원은 500명. 일반 선원이 100명, 여성이 33명, 12세 이하의 소년이 30명, 예수회 신부가 2명이 있었고, 그 밖에 고급 선원, 다양한 남성 승객, 그리고 다양한 노예가 타고 있었다. 안전을 생각한다면, 출항 날짜가 너무 늦었는데, 이 점은 선원이나 승객도 타인의 경험을 들어 알고 있었을 것이다. 약을 사고 파는 대상(大商)이었던 앙리크 디아스는 약이 가득 든 가방을 들고 승선했다. 디아스의 말에 따르면, 인도에서 건조된 성 바울로호는 "아주 튼튼해서 거센 바람이 불어도 끄떡없는 단단한 바위 같은 배였지만 돛을 비스듬히 펴자 속도가 떨어졌고, 키를 잡고 조종하기가 너무나 힘들었다"고 한다.[31] 무엇보다 미친 듯한 폭풍이 덮치고 이어서 "인도 항해에 초보자였던" 뱃길안내인이 방향을 잘못 잡은 것이 화근이 되어, 성 바울로호는 아프리카의 기니 해안 근해에서 두 달 동안 필사적으로 지그재그 항법을 시도했지만 바람을 받지 못해 결국 멈춰 서고 말았다. 선원과 승객들은 일시적인 정신착란에 빠지고 사타구니에 종기가 생기는 등 건강이 나빠졌다. 디아스가 갖고 있던 약을 금방 다 써버리고 나서는 약으로 고통을 덜 수도 없어서 사혈(瀉血) 외에는 다른 치료 방법이 없었다. 끊임없이 내리는 비에 돛과 밧줄 따위는 썩어 버렸고, 500명의 승객 가운데 350명이 일시에 앓아누웠다.[32]

악몽 같은 4개월이 지난 후, 7월 말에 가서야 성 바울로호는 겨우 적도를 지나 브라질의 살바도르에 도착하여 수리를 받았다. 그러나 브라질의 금광맥을 찾아 나선 남자가 100명이나 배에서 내렸기 때문에 더욱 수가 줄어들었다. 폭풍이 몰아치는 사나운 바다를 어설픈 상태로 나가서는 마다가스카르 섬으로 가는 항로가 어딘지를 두고 "선장, 뱃길안내인, 선주(船主) 사이에 고성이 오고 가고, 항해술을 잘 아는 다른 사람들도 가세하여 격론을 벌였다." 하지만 결국 성 바울로호는 인도에서 완전히 벗어나 1561년 1월 수마트라 해안에 처박히고 말았다. 선기(船旗)와 성유물(聖遺物)을 갑판에 펼쳐놓고 그 앞에 모두 꿇어앉아 기도를 드리며 하느님께 마지막으로 간절한 호소를 해보기도 했지만 허사였다.[33] 이 여행에서 살아 남은 몇몇 사람들은 안전한 장소를 찾아 고아로 향했고, 필사적인 고된 여행 끝에 겨우 고아에 도착하여 그곳에 정착했다. 1578년 리치가 인도에 도착했을 때 생존자들은 각기 새로운 인생을 개척하고 있었다. 프란치스코 파이쉬는 1585년 중국과 일본을 잇는 항로의 선단 사령관으로 임명되었다.(그는 1601년에도 고아의 회계 총감사관으로 살고 있었다.) 안토니오 다 폰세카는 결혼해서 가족을 부양했지만, 나중에 아내가 사망하자 예수회에 입회했다. 또 난파 당시 배에서 급사노릇을 하던 어린 소년이었던 프란치스코 페르난데스는 성장하여 고아의 경매시장에서 큰소리로 외치며 물건을 파는 장사꾼이 되었다. 바싹 마른 신사 페로 바르보사는 고아 성당의 성당 안내인이 되었는데, 너무도 가난해서 매일 그 도시의 수도회나 부유한 가정에 가서 적선을 구하고 있었다.[34]

현존하는 리치의 글 중에는 1578년 고아 여행과 관련된 기록이 전혀 없다. 그래서 우리는 항해술에 대한 리치의 견해를 분명히 알 수 없다. 다만 리치가 품고 있던 긍정적 견해와 부정적 견해를 암시하는 문장은 남아 있으므로 그것을 살펴보자. 우선 긍정적인 견해를 보면, 리치는 한문으로 쓴 신학책인 『천주실의』에서, 얼핏 인위적인 것으로 보이지 않는 현상의 배후에 어떤 사람의 기술이 숨겨져 있는 예로서 (궁술가, 지구의 제작자, 건축가, 인쇄업자와 함께) 뱃길안내인을 들고 있다. 그러나 이것은 단지 리치가 토마스 아퀴나스의 저작을 열심히 읽은 결과에 불과할지도 모른다. 리치는 멀리서 배를 바라보는 사람에게는 보이지 않는 뱃길안내인에 의해 배가 거친 바다를 항해하는 모습을, 형체를 볼 수 없는 하느님이 인간의 운명을 좌우하는 것에 대한 비유로서 이용했다.[35] 또한 리치가 탄 인도행 선단은 적도를 두 번 통과했는데, 그때마다 이루어진 측량관측이 훗날 리치에게 유용했던 것도 확실하다. 리치는 자신이 만든 세계지도에 첨가한 중국어 설명서에 이렇게 적었다. "서양에서 중국으로 오는 도중 적도에 다다랐을 때, 나는 북극과 남극이 동일한 수평선상에 위치하며 똑같은 높이에 있다는 것을 몸으로 깨달았다."[36] 이어서 부정적인 견해를 보자. 다른 사람들의 견해에 따르면, 리치가 탔던 성 루이지호는 모잠비크항 입구에서 좌초됐는데, 이미 많은 물을 뒤집어썼기 때문에 더 치명적인 파손을 감수하고 얕은 물까지 와서 좌초했는지도 모른다. 이 사건은 상당히 충격적이었음에 틀림없다. 그때까지 여러 차례의 위험을 떨쳐 내고, 겨우 모잠비크항에 도착했을 때 이런 일이 벌어졌기 때문이다.[37] 『천주실의』에는 확실히 이때 리치가 체험한 심정을 그대로 반영하고 있는 것으로 보이는 구절이 있다. 거기서 리치는 16세기 사람들의 삶을 이렇게 묘사했다. "마치 큰 바다 가운데서 풍랑을 만나 배가 부숴져 침몰되는데, 사람들이 파도 속에서 떠밀려 다니고, 바다 한 귀퉁이에서 떴다 가라앉았다 하지만, 서로가 자신의 어려움에만 급급하여 서로 돌보려고 하지 않는 것과 같습니다. 어떤 이는 부숴진 널빤지를 잡고 있거나, 썩은 돛대를 타고 있거나, 부숴진 바구니를 끌어안고 있거나, 손에 닥치는 대로 꼭 쥐고서 버리지 않은 채 서로 잇달아서 죽어가고 있습니다."[38]

당시 사람들은 선원들과 마찬가지로 부침이 극심한 인생을 살았다. 그리고 배를 조종하는 일이 얼마나 어렵고, 선원생활이 얼마나 위험한지 잘 알면서도 뱃길안내인을 조롱했던 것이다. 세르반테스와 셰익스피어는 이 점을 잘 보여준다. 세르반테스가 묘사했듯이 돈 키호테는 조각배를 타고 작은 강을 내려갈 때, 대양을 가로지르고 있다고 착각하여 산초 판사에게 "너는 천체와 지구를 구성하고 있는 지표인 분지경선(分至經線), 적도, 경도·위도, 황도대(黃道帶), 황도, 극지, 하지나 동지, 춘분이나 추분, 행성, 황도십이궁(黃道十二宮), 방위 측정도 모르느냐"며 그의 무식함을 꾸짖었다.[39] 돈 키호테는 측정기구를 하나도 가지고 있지 않아서 여행한 거리를 정확히 측정할 수 없게 되자, 대략 3,200km는 왔을 거라고 멋대로 추정하고 만족해 했다.(산초의 추정으로는 단지 5m밖에 안됐지만.) 이어서 돈 키호테는 이렇게 말한다.

"만일 내가 지금 천문 관측기를 갖고 있어서 그것으로 북극성의 높이를 잰다면, 우리가 항해한 거리를 너에게 가르쳐 줄 수 있겠는데. 하지만 뭐랄까, 남극과 북극 양극을 같은 거리로 이등분하는 주야평분선(晝夜平分線)을 이미 통과했거나, 이제 곧 통과하게 될 게다."

"그런데 나리가 말씀하시는 그 무슨 거시기선인가에 도착하려면 얼마나 더 가야 합니까?" 하고 산초가 물었다.

"아직 멀었어" 하고 돈 키호테가 대답했다. "가장 훌륭한 우주학자로 이름난 프톨레마이오스에 따르면 이 지구에 있는 땅과 물의 360°를 반 넘어 항해하는 것이 되지."

"정말 기가 막힙니다" 하고 산초가 말했다. "그래 나리는 톨민가 뭔가 하는 우라질 놈의 헛소리를 증거로 내세워서 나리가 한 말을 증명하겠다 그 말씀이시군요."[40]

한편 셰익스피어의 묘사는 세르반테스보다 명확하고 비유적이다. 『맥베스』의 첫머리에서 한 마녀가 어떤 여자에 대해서 말하는 장면이 있다. 그 여자의 남편은 "타이거(Tiger)호 선장으로 알레포로 가고 있다"고 한다. 이 대사를 듣는 17세기 전반의 청중들은 대다수가 영국 상인 랄프 피치의 운명을 떠올렸을 것이다. 그는 타이거호를 타고 지중해 동부의 상업도시 알레포로 갔다가 그 후 1583년에 호르무즈에서 첩자로 체포되어 다른 배로 고아의 악명 높은 잔혹한 감옥으로 이송되었다. 이 이야기는 1599년에 출판된 하클류트의 『항해』(*Voyages*) 2권에 나오며, 지리에 대해서 상세한 설명이 첨가되어 있다.[41] 이어서 마녀는 풍향을 마음대로 바꾸면 선원들은 정확한 방위를 몰라 침로(針路)를 잘못 맞출 거라고 말한다. 그것은 인도행 배를 타고 여행해 본 사람이라면 누구나 인정하지 않을 수 없는 사실이었다. 마녀는 대사 마지막에 몹시 곤경에 빠진 선원의 모습을 다음과 같이 냉혹하게 말하고 있다.

> 마녀 1 ……
>
>> 밤이나 낮이나 잠이
>>
>> 그놈 눈꺼풀 끝에 얼씬거리지도 못하게 해서
>>
>> 살아 있어도 죽은 거나 진배없게 해야지.
>>
>> 일곱 밤 일곱 낮의, 아홉 배의 또 아홉 배까지
>>
>> 육체는 시들어서 말라 비틀어지게 하고
>>
>> 배를 침몰시키지는 않더라도
>>
>> 폭풍으로 마음껏 뒤흔들어 줘야지
>>
>> 애, 이것 좀 봐!
>
> 마녀 2 어디, 어디!
>
> 마녀 1 뱃길안내인의 엄지손가락이야,
>
>> 귀국길에 난파당한.[42]

세익스피어가 청중에게 맥베스를 용감하면서도 고뇌하는 뱃길안내인에 견주어 소개했던 것은 당시의 여행기에서 착상을 얻었기 때문인지도 모른다. 이것은 기묘하지만 아주 불가능한 생각은 아니다. 그런 뱃길안내인은 맥베스와 마찬가지로 거의 구원의 손길을 보내지 않는 모호한 하늘 아래서 직업상 중대한 결단을 내려야 했던 것이다. 그리고 완고한 자존심 때문에 절망적인 행동에 나서서 자신과 자신이 책임진 것 전부를 파멸시켜 버린 것이다. 반(反)종교개혁기의 유럽은 이런 이야기들을 열망하고 있었다. 그런 이야기는 실생활 속에서 얼마든지 쏟아져 나왔다. 1581년 리치는 잔 피에트로 마페이의 역사책을 처음 읽고 감동했는데, 마페이도 포르투갈인의 해난사고 체험기를 탐독하고 있었다. 그뿐인가, 동인도 지역에 대한 포괄적인 역사서 집필을 진행하는 중에 리치와 여행을 함께 한 예수회원 일행의 체험을 내용에 포함시키고 있다.[43]

1578년 초, 리치는 성 그레고리오호, 복되신 예수(Boun Jesus)호, 성 루이지호, 이렇게 세 척으로 이루어진 작은 선단과 함께 리스본을 떠나 고아로 향했다. 14명의 예수회원들은 네댓 명씩 나누어 배에 올랐다. 리치는 미켈레 루제리를 비롯한 다른 세 명과 함께 성 루이지호에 배정되었다. 이 배는 기선(旗船)이었고 선단의 지휘관이 통솔했는데, 만약 그렇지 않았다면 도무지 타고 싶지 않은 배였다. 2년 전, 성 루이지호는 날씨가 좋았는데도 악몽 같은 항해를 한 적이 있었다. 꽉 들어찬 1,140명의 승객 가운데 500명 가량이 위생불량과 초만원 때문에 발생한 열병과 다른 질병으로 사망했다. 고아에 도착한 뒤에 사망한 사람 수를 더하면 사망자 수는 그보다 훨씬 많았을 것이다.[44] 하지만 운 좋게도 리치와 그의 동료들은 세바스티앙 왕이 적절한 지시를 내렸던 시기에 여행을 했다. 세바스티앙 왕은 무장 상선을 조종하기 힘들 정도로 대형화해서는 안되며, 질병이 퍼지는 것을 방지하기 위해서 사람을 너무 많이 태워서도 안된다고 명령했던 것이다. 이런 현명한 지시 덕분에 (비록 이후의 왕들은 이 명령을 망각했지만) 리치 일행은 생명을 보존할 수 있었는지 모른다.[45] 하지만 언제나 그랬듯이 공간 확보에는 상당한 비용이 들었다. 3월 23일 밤 예수회원들이 승선했을 때, 세 척의 배에 타고 있던 선원과 병사 가운데 다수가 이미 화물 둘 곳을 찾는 상인이나 여분의 방을 찾는 부유한 승객에게 자신들의 선실을 내주고 돈을 챙기고 있었다.[46]

이 항해에 대한 리치의 기록은 남아 있지 않다. 하지만 다행히도 복되신 예수호와 성 그레고리오호에 승선했던 동료 여행자들의 기록은 남아 있다. 그 덕에 우리는 복되신 예수호에 탔던 신부들이 얼마나 지독한 조건을 참고 견뎌야 했는지 알 수 있다. 신부들은 위 갑판에 거친 판자를 대어 날림으로 만든 작은 선실을 배정받았는데, 4명이 함께 자면 손발을 겨우 뻗을 수 있는 넓이밖에 안되었고, 부대시설이라야 보잘것없는 저장용 찬장이 하나 있을 뿐이었다. 신부들은 그 안에 물, 기름, 식초, 포도주, 치즈, 선원용 비스킷 따위의 식료품을 넣어 두었다. 그것에 견주면 성 그레고리오호에 승선한 신부들은 사정이 좋은 편이었다. 그들은 키 위쪽에 튀어 나온 고물에 있는 선실을 배정받았기 때문이다. 선실에는 세 개의 창 외에 화장실 대용으로 사용되는 구멍이 하나 있었다. 그 구멍으로 바다를 직접 볼 수 있었고 세찬 파도소리도 들렸다.[47]

세 사람의 기록이 공통적으로 말하는 바에 따르면, 3월 24일 새벽, 세 척의 배는 순풍을 받으며 조선소의 소음을 뒤로 한 채 바다로 나아갔다. 당시 포르투갈은 북아프리카 해안을 공격하려는 세바스티앙 왕의 계획을 실현하기 위해 대함대를 건조하고 있었다. 최종적으로는 합계 800척 이상의 대함대를 편성하게 되었다.[48] 여러 척의 유람선이 세 척의 배 주위를 달리면서 출항을 전송했다. 항구에서는 인도로 향하는 선단의 뱃길안내인과 선장을 수호하는 교회인 '그리스도의 성흔 교회'의 타종소리가 울려 퍼졌다.[49]

이 고아행 항해야말로 리치가 교회의 일원으로서 처음 세상에 나와 일한 현장이었다. 항해는 6개월 동안 적도를 두 번 지났다. 하지만 당시 리치는 신품성사(神品聖事, 부제〔副祭〕로서 신부 될 사람이 주교로부터 받는 성사―옮긴이)를 받지 않았기 때문에 예수회원들이 남긴 여행기록에서 '리치 수사'라 불리고 '신학생'으로 처리되어 있었다.[50] 출항 이후 반년 동안 배가 생활의 소우주였다. 항해 중에 리치 일행은 갖가지 위험에 처했고, 그때까지 알지 못했던 인간관계를 체험했고, 물질적 결핍에 의한 부자유를 맛보았다. 소박한 예배를 드리기도 했고, 사람들 앞에서 기도를 올리기도 했다. 로마의 예수회 신학교에서 받은 훈련 덕분에 리치의 육체는 물질적인 곤궁을 견딜 준비가 되어 있었다. 그러나 복되신 예수호에 타고 있던 예수회 동료 전교사 니콜라스 스피놀라가 기록했듯이, 적도 바로 밑의 폭염과 불편하기 짝이 없는 악조건들 때문에 모든 사람들의 생활양식은 급변했다. 잠자리 문제도 그 중 하나였다. "판자 위에 조그만 매트리스를 깔고 팔다리를 뻗고 밤새도록 땀을 비오듯 흘리며 지독한 악취와 이나 빈대로 골머리를 앓을 수밖에 없었기" 때문이다. 끊임없이 몰려오는 열기와 습기 때문에 모든 물건이 썩거나 악취를 풍겼다. 책의 잉크는 색이 바래고, 금속으로 된 나이프나 스푼은 녹이 슬고, 의복은 양모가 썩어 냄새가 났다. 식수도 더러워졌고 음식 맛도 변했다. 게다가 잇몸이 부어 올라 이빨과 턱이 참을 수 없을 정도로 아팠고 머리는 두통으로 지끈거렸다.[51]

선원들은 거칠었다. 예수회 신부들은 최악의 행동이 발생하지 않도록 요란한 주먹다짐이 벌어지면 중재에 나섰다. 특히 더운 여름밤에는 짜증난 일행들 사이에서 험악한 기운이 감돌고 싸움이 빈발했다. 또 신부들은 교묘한 벌금제도를 만들어서 선원들이 욕설을 삼가하도록 애썼다. 징수한 벌금은 모아 두었다가 뒷날 전원의 합의 아래 누구에게나 은혜로운 뭔가 신앙적인 목적에 사용하도록 했다. 선원들이 자기의 죄를 고백하려고 신부가 있는 곳으로 가기만 하면 새로운 문제가 생겼다. 신부들이 남이 들어서는 안되는 고해를 듣기 위해 아무리 사람이 없는 곳을 찾아도 찾을 수 없는 경우가 허다했기 때문이다. 배는 비좁고 혼잡해서 선실이든 칸막이 벽이든 모두 엿듣는 귀가 있는 듯했다.[52] 그런데 신부의 활동이 쓸데없는 참견이 되는 일도 있었다. 다분히 신부들 때문에 선원들은 점점 더 지겨워졌을 것이다. 신부들은 부지런히 카드와 주사위를 찾아내서는 바다 속에 던져 버리고 많은 책을 저속하다고 단정짓고 악착스레 압수했기 때문이다. 그 책들은 비속한 말이 난무하고 간간이 그림이 들어 있는 것이 많았지만, 원래 그런 류의 책이 뱃사람에겐 선상생활의 일부분이라는 사실을 신부들은 이해하지 못했던 것이다.[53]

남아 있던 소일거리로 가장 인기가 있었던 것은 상어잡이였던 것 같다. 어떤 선원들은 흔하게 볼 수 있는 날치를 헝겊으로 아주 그럴듯하게 만드는 빼어난 재간을 갖고 있었다. 그들은 그 모형날치를 긴 닭털 두 개로 치장하고 그 안에 쇠로 된 묵직한 갈고리를 넣어서, 파도에 닿을듯 말듯하게 매달아 놓고 상어가 뛰어올라 미끼를 덥석 물길 기다렸다.[54] 또한 튼튼한 밧줄 끝에 아무렇게나 만든 미끼를 매단 갈고리로 상어를 잡아 올리는 선원도 있었다. 잡은 상어는 두 눈을 파내고 목을 딴 다음 도로 바다에 던진다. 그러면 지루함을 달래기 위해 배의 난간에 늘어서 있던 사람들이 희생당한 상어에게 다른 상어떼가 달려들어 게걸스럽게 먹어 치우는 광경을 구경하다 일제히 환성을 올린다. 진수성찬에 참여했던 상어떼는 더 이상 먹을 것이 없어지면 배 주위를 헤엄쳐 도는데, 이번에는 그 상어들이 죽을 운명에 처하게 된다. 상어 낚시에 너무 열중한 나머지 선원 네 명이 바다에 빠진 일도 있었다. 뱃전에 내밀어 둔 널빤지에 서 있다가 거대한 상어가 갑자기 널빤지에 부딪히는 바람에 그 충격으로 바다에 떨어졌던 것이다. 다행히 그들은 상어에게 잡아 먹히기 전에 구조되었다.[55]

예수회원들은 각자가 탄 배에서 그룹을 지어 헌신적으로 신앙의례를 행했다. 해가 뜨면 한 시간씩 기도를 드리고, 8일마다 한 번씩 고백성사를 보고, 『영신수련』과 야코포네 다 토디의 경건한 시(詩)들을 읽었다. 또한 비좁은 선실에서 죄를 회개하는 고행을 하고, 이냐시오 데 로욜라가 영적 생활의 발전에 매우 중요하다고 가르친 '양심성찰'[56]을 하루에 두 번씩 수행했다. 또 하루에 적어도 한 번은 호칭기도*를 올리고, 밤이면 어둠 속에서 선원들이 무릎을 꿇은 가운데 성무일도†를 2부 성가로 불렀다.[57] 성인 축일이면 신부들은 제의(祭衣)를 차려 입고 복사들은 성유물과 성체(聖體)와 촛대를 들고 배를 도는 행진을 했다.[58] 성체대축일(聖體大祝日, Corpus Domini, 1578년 5월 29일)에는 선원 17명이 갖가지 의상을 걸치고 경건한 신앙인과 유혹을 시도하는 악마들 사이의 싸움을 2시간에 걸쳐서 실연했다. 악마가 유혹했던 인물은 포르투갈 태생의 성인 파도바의 안토니오였다. 선원들은 안토니오의 구제를 구하는 기도에 열심히 부응했다.[59] 하지만 항해 중에 성인 축일을 축하하는 행사가 이것저것 자질구레하게 개최되었기 때문에 불만의 소리가 나기도 했다. 리치가 탄 배가 역풍을 만나 모잠비크항에서 꼼짝 못하자 여행자들 사이에 고아로 갈 수 있는 적절한 시기를 놓치지나 않을까 하는 우려가 확산되었다. 게다가 8월 12일 특별히 성녀

---

* 천사들과 성인들의 이름을 부르며 인간을 위하여 하느님께 전구하여 주기를 비는 기도문—옮긴이.
† 하루의 온 과정이 하느님께 대한 찬미로 성화되도록 짜여진 교회의 기도서—옮긴이.

게라시나의 두부(頭部)를 앞세운 장엄한 행진을 벌였음에도 불구하고 풍향을 바꿀 수 없었다. 그러자 배에 탄 사람들 가운데 많은 이들은 하느님께서 바다에서 '성모승천대축일'(8월 15일)을 지내게 하실 리 없다고 스스로 위로했다. 그러나 '성모영보대축일'(3월 25일)과 '복되신 성모방문축일'(7월 2일) 때도 바다에서 봉헌했거니와 다가올 '성모탄생축일'(9월 14일) 때도 고아 도착을 목전에 두고 있다고는 해도 역시 선상에 있을 것이 뻔했다.[60]

맑고 화창한 날이면 예수회원들은 따로 할 일이 있었다. 리스본을 떠날 때 세바스티앙 왕은 예수회원들에게 약초와 채소를 선물로 주었다. 예수회원들은 그 약초를 솥에 넣고 뭉근한 불에 푹 삶아서 배에서 병이 난 사람들에게 나눠 주었다.[61] 뭔가에 씌인 것처럼 원인을 알 수 없는 병에 걸리는 선원도 있었기 때문에 평상시의 기도의식이 끝난 후에 구마(驅魔)를 위한 기도에 더 힘을 쏟는 경우도 있었다.[62] 그러나 바람이 잦아들어 배가 멈춰 버리면, 새롭게 행렬을 이루어 장엄하게 갑판을 돌았다. 특히 위험성이 많은 적도지대에서 꼼짝 못하게 되었을 때는 동정 순교자의 두부나 보니파시오 (Bonifacius, 일찍이 1만 1천 명의 동정 소년·소녀들로 이루어진 군대를 이끌고 싸웠던 인물)의 두부 같은 비장의 성유물을 앞세워 행진하고, 무릎을 꿇은 선원들 옆을 지나갔다. 경건한 손으로 부여잡은 촛대에선 촛불이 깜빡이고, 갑판에 설치한 제단에서는 찬미가를 불렀다. 제단에는 성모와 그리스도를 그린 성화가 장식되어 있었다. 신부들은 바람이 불어 배가 앞으로 나아가게 해달라고 직설적으로 기도를 올렸다. 또한 기도뿐만 아니라 모잠비크 섬에서 도미니코회 회원들이 운영하던 작은 교회의 '벨루아르테 (Beluarte)의 성모' 제단의 램프에 불을 붙이는 데 사용할 기름을 마련하기 위해서, 선원들이 받을 보수나 배급된 기름의 일정분을 헌사하도록 선원 한 사람 한 사람을 열심히 설득하여 약속을 받아내기도 했다.[63] 한편 희망봉 근처의 해역처럼 바다가 사나워 높은 파도가 갑판을 휩쓸고, 시시각각 어둠이 깊어 가는 가운데 거친 파도에 시달리는 일도 있었다. 그러면 신부들은 끊임없이 고백성사를 보아 주었고(이런 상황에서 저지른 죄가 동료 선원들에게 알려지는 수치 따위는 문제가 되지 않았다), 파도가 잠잠해지도록 밀납으로 된 조그만 하느님의 어린양을 바다에 던졌다. 그렇다고는 하지만 신부들은 신부들대로 피로나 메스꺼움과 싸우고 있었다. 리치와 함께 여행했던 예수회원인 프란체스코 파시오에 따르면, 이런 장기간의 여행에서 일어날 수 있는 불가피한 상황을 극복하기 위한 방책으로서, 배 한 척에 적어도 4명의 사제가 승선하여 절망적인 사태에 빠졌을 때 번갈아 성직을 수행할 수 있도록 했다고 한다.[64]

더구나 파시오는 고아에 도착하고 나서 1578년 10월에 쓴 편지에서, 문득 생각난 듯이 모잠비크에 정박해 있는 동안 '300∼400명의 흑인'이 자신이 탄 성 그레고리오호에 실렸다고 말하고 있다.[65] 아마 리치가 탄 성 루이지호에는 그 이상의 흑인이 탔을 것이다. "팔려 가는 노예의 수는 엄청났으며, 그 중에는 이슬람 교도도 그리스도 교도도 있었다. 그들은 양쪽의 전투에서 서로 포로가 된 흑인들"로서 아프리카 본토에서 모잠비크까지 배로 수송되어, 현지 포르투갈인들에 의해 인도로 팔려 나갔다. 이런 동아프리카의 노예 매매는 카리브 해와 페루, 브라질의 광산과 플랜테이션 농장에 필요물자를 공급하는 서아프리카의 해상수송량에 맞먹는 규모였다. 인도양을 가로질러 항해 중일 때 노예들을 개종시키는 것은 예수회원들에게 기쁨이 충만한 일이었다. 대다수 노예들은 친구의 죽음을 목격하게 되면 그리스도교로 개종했다. 예언자 마호메트의 이름에 침을 뱉는 데 동의하면, 이슬람 교도 노예에게도 세례를 주는 경우가 많았다. 또 죽기 직전에 사죄경을 듣는 노예도 있었을 것이다. 모잠비크에서 고아까지는 한 달이면 갈 수 있고, 신선한 물과 식량을 충분히 싣고 있었기 때문에 당시로서는 이상적인 조건인 것처럼 생각되지만, 실제로는 성 그레고리오호에서만도 18명의 노예들이 죽었다. 반면 백인 승객의 경우에는 리스본에서 고아까지 전 여정을 통해 500명 중 사망자는 불과 3명이었다. 배에서 심부름하는 소년과 선원 한 명이 바다에 떨어져서 익사했고, 열이 있음에도 불구하고 리스본에서 부득부득 승선한 선원 한 명이 끝내 열이 내리지 않아 그대로 목숨을 잃었다.[66]

리치는 고아와 말라카를 거쳐 마지막으로 마카오에 이르는 계속된 여행에서 포르투갈의 해외식민지를 차례로 밟게 되는데, 그 첫번째 땅이 모잠비크였다. 모잠비크는 토지가 메말라서 별로 방문하고 싶은 생각이 들지 않는 섬이었다. 하지만 모잠비크는 승객·신부·선원 들이 카나리아 제도를 본 지 무려 4개월 만에 보는 육지였기에, 예상보다 상륙하는 데 시간이 지체되자 많은 사람들이 절망할 지경이었다. 모잠비크 섬은 신선한 물이 없었고 따라서 작물도 자라지 않았기 때문에 필요한 모든 것을 아프리카 본토에서 실어 와야 했다. 그러나 여기에서도 포도주나 마른 비스킷은 구할 수 있었으며, 병에 담은 과일, 쌀, 밀도 비축되어 있었다. 닭고기와 항해 중에 먹어 본 것 중에 가장 맛있는 멧돼지 고기도 있었다. 아마 이것만으로도 엄청난 기쁨이었을 것이다. 게다가 걷는 힘을 잃어버린 다리를 마음껏 뻗고 활보할 수 있었다. 또한 대포로 무장한 성채 안에 있는 성당에서 예배를 드리며 심신을 새롭게 하고, 조용히 기도하거나 그 섬의 대표적 건물이었던 큰 병원에서 성직을 수행할 기회를 얻기도 했다.[67] 그러나 모잠비크에서 맛본 기쁨도 고아에 도착했을 때의 기쁨에 견주면 아무 것도 아니었다. 성 그레고리오호에 타고 있던 한 신부가 기록했듯이 배에서 몇 달을 지낸 후, 마침내 고아에 도착하자 위험하기 짝이 없는 해안의 곶이 안개 속에서 희미하게 보이기만 해도 승객 전원이 갑판에 뛰어올라 흥분으로 몸을 떨면서 '땅이다! 땅이다!' 하고 외쳐 댔다. 이것은 바로 무상의 기쁨이었다. 이 기쁨에 견줄 수 있는 것은 "우리 영혼이 천국에 갔을 때 느낄 기쁨" 뿐이었으니까.[68] 다른 신부의 기록에 의하면, 고아의 약간 높은 산들은 겨울 비에 짙은 녹색으로 씻기고, 그 산기슭에는 야자나무와 우아한 집들이 늘어서 있는데, "인간이 상상할 수 있는 최고의 신선함이 모든 점에서 정교하게 묘사된 한 장의 태피스트리라고밖에 달리 할 말이 없을 정도였다."[69] 다섯 달 반 동안 소금기 섞인 물을 그나마도 절약해서 사용하고 있었던 처지에서, 온몸을 구석구석 씻고 옷을 모조리 세탁할 수 있는 기쁨은 얼마나 컸을까? 고아의 예수회 신학원에 있는 샘과 분수에서 솟아나오는 차가운 물 속을 마음껏 철벅철벅거리며 걷는 기쁨은 도저히 말로 표현할 수 없는 것이었다.[70]

리치는 그 뒤에도 1582년에 고아에서 말라카로, 그리고 말라카에서 마카오로 긴 여행을 했지만, 리스본에서 고아까지 갔던 여행만큼 극적이지는 않았다. 비록 마카오 가까이에 왔을 무렵 병에 걸려 가족에게 편지로 알릴 만큼 병세가 악화된 적도 있었지만 말이다.[71] (이 1582년에 무역을 위해 나가사키로 갔던 포르투갈 무장상선이 난파했다. 리치의 마카오 도착 직후, 여러 명의 생존자가 마카오로 돌아와 미개척지였던 타이완에 표류하여 몇 주 동안 경험했던 비참한 체험을 이야기했다.[72]) 약 20년 후 리치는 중국에서 고아 도착 때의 환희와 비슷한 기쁨을 두 번 맛보았다. 첫번째는 1595년, 마침내 중국 당국이 사오저우에서 난창으로 북상하는 여행을 허가했을 때였다. 그로서는 몇 안되는 마체라타의 가족에게 보낸 편지에서 동생에게 말한 것처럼 오랜 만에 얼음과 눈이 펼쳐진 광경을 보면서 고향에 대한 향수에 사로잡혔던 것이다.[73] 두번째는 1598년 여름의 일이었다. 리치는 허가를 얻어 양쯔 강변에 위치한 중국 제2의 도시 난징을 향하여 여행길에 올랐다. 대망의 난징행이 실현되었던 것이다. 그러나 리치가 배로 난징에 도착한 7월 초에는 조선에서 막 정유재란이 발발했다. 중국 조정이 수상해 보이는 외국인은 모두 체포하라는 명령을 내렸기 때문에 감히 누구도 리치를 자기 집에 초대하거나 숙박시키지 않았다. 리치도 덮개 달린 가마를 타고 짧은 여행을 하는 것 외에는 감히 육로로 긴 여행을 할 엄두를 내지 못했다. 마음대로 돌아다니지 못하게 된 리치는 중국 중부의 작열하는 태양 아래 떠 있는 비좁고 갑갑한 배 안에서 여름을 보내야 했다. 『전교사』에서 "기분이 최악이었다. 배가 작은데다가 변변한 시설이 거의 없었기 때문"이라고 적고 있다.[74] 그러나 군사적 긴장이 사라지자 곧바로 부유한 중국 관리인 자오커화이(趙可懷)의 초대를 받아, 난징에서 가마로 하루 거리인 주용(句容)에 있는 그의 집에서 한 열흘간 머물렀다. 리치는 훗날 그 집에서 느낀 기쁨을 서정적인 어조로 묘사했다. 그가 묵었던 방은 여러 채의 건물이 늘어선 저택 안에서 가장 높은 곳에 있었는데, "멋지게 만들어졌고, 세간살이나 벽의 그림도 더할 나위 없었다. 문은 세 개 있었는데, 하나는 남쪽을 향했고 다른 두 개는 동쪽과 서쪽으로 나 있었다. 문을 나서면 정교하게 만든 난간과 지붕이 있는 통로가 있고, 그 너머에는 녹음이 우거진 넓은 정원이 있었다." 자오커화이는 이 아름다운 방에 리치가 며칠간 사용할 제단을 특별히 만들어 주었다. 중국의 신들에게 어울리는 그런 제단이기는 했지만, 덕분에 리치는 그 위에 그리스도를 그린 트립틱(triptych, 제단의 배후를 장식하는 3단으로 된 일종의 병풍 같은 그림―옮긴이)을 둘 수 있었다. 뚜껑이 달린 상자에 넣어서 가지고 다니던 것이었다. 그리고 그 그림 옆에 향을 피워 놓고 "하루 종일 방에서 두문불출하며 성무일도를 바치고 하느님께 자신을 의탁했다."[75]

이런 체험에서 얻은 강렬한 인상은 리치의 생애에서 가장 의미 깊은 꿈―적어도 그의 편지와 『전교사』에 기록할 만한 가치가 있다고 느낀 단 하나의 꿈―과 뭔가 관계가 있었는지도 모른다. 리치는 이 꿈을 난징과 난창 사이를 배로 여행하고 있을 때 꾸었다.(앞에서 말했듯이 난징은 열기, 난창은 얼음이라는 극단적인 두 가지 인상을 리치에게 주었다.) 리치가 탄 배는 난창에 가까워지자 포양(鄱陽) 호에서 불어오는 강한 바람 때문에 좀처럼 전진할 수 없었다. 그때 그는 왜 자신의 전교는 어려움에만 직면하는 걸까 하고 곰곰 생각하다가 깜박 잠이 들었다. 그 후 이때 꾸었던 꿈을 리치는 마체라타 출신의 어릴 적 친구 지롤라모 코스타에게 보낸 편지에서 이렇게 묘사했다.

이곳에 도착하고 나서 며칠 후에 꾸었던 꿈 하나를 자네에게 꼭 이야기해 주고 싶네. 난 내 시도가 슬픈 결과로 끝나고, 또 여행의 피로도 있어서 그랬는지 울적한 기분이 되어 잠시 서 있었네. 그때 누군지 알 수 없는 한 남자를 만난 것 같은 느낌이 들었네. 남자는 내게 "나라를 두루 다니며 옛날부터 전해 오는 관습을 파괴하고 하느님의 법으로 바꾸려 하는 자가 바로 자네인가?"라고 묻더군. 난 이 남자가 내 속마음을 그토록 깊이 꿰뚫어 보고 있는 데 놀라서 이렇게 반문했네. "당신은 악마요? 아니면 하느님이십니까?" "악마가 아니라 하느님이다"라는 대답이 들려 왔네. 나는 그분의 발 앞에 엎드려 울면서 "주님, 그렇게까지 잘 아시면서 왜 여지껏 제게 도움을 주시지 않으십니까?"라고 여쭈었네. 하느님은 이렇게 대답하셨지. "저 도시로 가거라.(이때 내 귀에는 '저 도시'가 베이징을 가리키는 것으로 들렸네.) 그리하면 너를 도우리라." 나는 믿음이 충만해진 기분으로 그 도시로 들어갔고, 아무런 어려움 없이 그곳을 지나갔네. 이것이 내가 꾼 꿈이라네.[76]

"저 도시로 가거라"는 하느님의 지시에는 다마스쿠스로 가는 길에 일어난 바울로의 신비체험이나 1537년 라 스토르타(La Storta)의 경당(chapel)에서 이냐시오 데 로욜라가 목격한 구세주 그리스도의 환영이 반영되어 있는 것 같다. 물론 리치는 이런 사실을 잘 알고 있었을 것이다.[77] 리치의 기록에 의하면, 그는 눈에 눈물을 머금은 채 잠에서 깨어나 배에 타고 있던 유일한 동반자에게 꿈의 내용을 상세히 이야기해 주었다고 한다. 그 동반자는 리치의 중국어 교사이자 친구였던 중밍런(鍾鳴仁)이다. 그는 그리스도교로 개종한 중국인으로 예수회 지원자이며, 세례명은 세바스티안이라고 했다. 웬일인지 불운이 끊이지 않았던 난징 여행에 동행하고, 귀로에도 리치와 함께 하고 있었다.[78]

중국에 대한 리치의 지식 대부분은 강과 호수와 운하를 통해서 여행했을 때 얻은 것이다. 리치는 일찍부터 중국인이 해로로 멀리 나가지 않았던 것을 알고 있었다. 바다로 여행하는 것은 물론 해안가에 사는 것조차 위험하기 짝이 없었기 때문이다. 리치의 말대로 "일본인이 두세 척의 배를 타고 중국 해안에 상륙하여 내륙까지 쳐들어와 마을과 도시를 습격하고 송두리째 약탈하고는 집들을 불살랐다. 저항하는 사람은 한 사람도 없었다."[79] 그러나 리치도 1550년대라면 몰라도, 이러한 공포가 그로부터 50년이 지난 뒤까지 중국인이 바다를 싫어한 원인이라고는 도저히 믿을 수 없었다. 그는 이렇게 말했다 "우리에게는 놀랄 수밖에 없는 일이지만 바다로 건너는 편이 거리도 더 짧고 더 편리한데, 중국인은 바다를 무서워하고 해적을 두려워한 나머지 상품의 해상수송을 꺼린다. 국왕에게 그것을 주청한 사람도 몇 명인가 있었고, 옛날에는 해로로 물자를 수송했었는데도 말이다."

해상수송을 싫어하는 반면 중국인은 내륙수로를 충실히 하는 데 힘을 쏟았다. 이것은 리치가 유럽에서 경험하지 못한 현상이었다. 중국은 육지생활자의 수와 수상생활자의 수가 같다는 서양인의 통념을 지적하고 나서 리치는 조심스럽게 덧붙였다. "그것은 사실이 아니다. 하지만 강으로 여행한 경험밖에 없는 사람에게는 그렇게 보일 수도 있다."[80]

리치는 늘 유럽식 전략적 사고를 잃지 않았으며, 나중에라도 유용할 것으로 생각되면 자질구레한 사실에도 방심하지 않고 주의를 기울였다. 심지어 말년에 쓴 『전교사』에서도 양쯔 강이 포양 호로 흘러 드는 현상을 빈틈없이 관찰하고, 물살이 빨라 익사할 위험은 있지만 "갤리선이나 뒤편에 돛을 단 배로도 바다에서 이 유역까지 거슬러올 수 있을 것으로 생각된다"고 적었다.[81] 리치를 비롯한 예수회원들은 강이나 운하를 여행할 때 사소한 일에도 대단히 주의 깊게 관찰했다. 그 때문에 그들의 기록은, 외국인을 혐오하는 중국인들이 끊임없이 경고했던 것처럼 침략을 도모하는 적군의 군사자료로 사용될 가능성도 있었다.[82] 하지만 리치는 배 자체의 호화스러움이나 화려한 선상생활에 눈길을 빼앗긴 적이 훨씬 많았다. 로마에서 신학교를 함께 다닌 친구 줄리오 풀리가티에게 보낸 편지에서 리치는 이탈리아인도 알기 쉽게 설명을 해주고 있다. 중국의 강은 포 강(Po River, 이탈리아 북부의 강)보다 폭이 넓고, 어떤 배는 대단히 큰 데, 중앙의 선실은 천장이 높고 10개 이상의 창이 있고, 그림이나 장식품도 갖춰져 있으며, 여러 개의 탁자와 의자가 있고, 크기는 로마 대학의 경당 정도라고 한다. 이런 배에는 휴게실, 침실, 심지어 부엌과 의무실도 있다. "만약 그대로 육지에 세워져 있다면 훌륭한 저택이라고 생각될 것이다." 이름 높은 환관 마탕(馬堂)이 베이징과 쑤저우(蘇州)를 연결하는 대운하(大運河)를 여행하기 위해 특별히 건조한 배는 훨씬 호화스러웠다. 옻칠을 한 목조 부분은 금색칠을 하고, 창에는 격자로 세공한 차양이 달려 있었다.[83]

대운하는 중국 동부의 대동맥이라고 할 수 있는 수로이다. 이 대운하에 떼지어 있는 배들의 광경은 거의 상상을 초월할 정도였다. 운하의 수위를 조절하기 위해서 거대한 수문을 여닫는 날이면, 며칠 전부터 기다린 배들이 수면을 완전히 뒤덮고 있었다. 이따금 특권을 가진 귀족의 배나 환관이 탄배가 질주해 오면 황급히 흩어지는 배들도 있었고, 갑자기 수문이 열리는 바람에 많은 물이 넘쳐 들어와 전복되는 배들도 있었다. 양쪽 강가에는 수많은 쿨리들이 땀을 흘리면서 짐을 실은 배를 끌어당기고 있었는데도 불구하고, 수천 명의 쿨리들이 일거리를 얻기 위해 대기하고 있었다.[84] 빈곤과 사치가 뭔가를 예언하는 것처럼 뒤섞여 있었다. 리치는 운하를 따라서 늘어서 있는 커다란 얼음창고를 보았다. 얼음창고는 남부에서 장기간에 걸쳐 베이징으로 수송되는 과일이나 생선의 신선도를 유지하기 위한 시설이다. 리치는 또 1천 명 이상의 쿨리가 하나의 무리를 이루어 비싼 목재로 짠 뗏목을 끌어당기고 있는 광경도 목격했다. 좀처럼 구하기 힘든 목재는 하나에 3천 두카트나 한다고 했다. 이 거대한 뗏목은 하루에 8~10km 정도를 끌고 가기가 벅찰 정도로 무거웠다. 그 목재는 얼마전 화재로 소실된 궁전의 일부 건물을 재건하는 데 쓰일 것이고, 만력제(萬曆帝)의 능묘를 건설하는 데도 사용될 예정이었다.[85] 당시의 중국인도 쿨리들이 가혹한 노동으로 고통받고 있다는 것을 인정하지 않을 수 없었다. 예컨대 이 무렵 어떤 사람은 변변한 옷도 걸치지 못하고 뜨거운 뙤약볕 아래서 매일매일 운하에서 하역 작업을 하는 쿨리의 "등짝이 생선 비늘처럼 갈라졌다"고 기록했다.[86]

만력제의 치세는 1573년에서 1620년까지 긴 기간에 걸쳐 있고, 리치가 중국에서 활동한 기간은 고스란히 그 속에 포함된다. 그러나 만력제가 행정사무와 정치 같은 세상사에 관여하는 것을 싫어했기 때문에, 황제와 관료를 중개하는 역할을 하던 환관이 비정상적일 만큼 큰 권력을 손에 넣게 되었다.[87] 리치는 이익이 많은 대운하의 수송권을 환관이 쥐고 있음을 금방 알아차리고 가능한 한 환관들과 함께 여행했다. 영향력이 센 환관이라면 자신의 배가 지나가는 시간에 맞추어 수문을 차례로 열게 했기 때문에 여정을 빨리할 수 있었다. 보통은 수문 하나를 통과하려면 엄청난 통행료를 물고도 경우에 따라서는 네댓새를 기다려야 할 때도 있었다. 리치는 동료 예수회원들과 함께 과일을 가득 싣고 수도로 올라가는 운반선에 탄 어떤 환관한테서 선실을 빌렸을 때의 정황을 자세히 이야기하고 있다. 예수회원들은 흥정을 벌여 난징에서 베이징까지의 요금을 16두카트로 하고, 난징에서 출발할 때 반을 지불하고, 나머지 반은 베이징에 도착해서 지불하기로 했다. 그런데 환관이 성을 내면서 자신에게 별도로 8두카트를 바치지 않으면 리치 일행과 그들의 짐을 배 밖으로 던져 버리겠다고 으름장을 놓았다. 하지만 예수회원들이 공들여 협상을 한 결과, 그들은 베이징에 도착하기 전에 나머지 돈을 내는 것으로 환관을 간신히 달랠 수 있었다.[88] 올라오는 길에서 겪은 경험에 넌더리가 난 리치는 돌아가는 길에는 심을 부리고 난징으로 내려가는 작은 배를 이용했다. 여비로 쓸 현금이 부족했기 때문에 비용을 줄일 생각이었다. 값은 확실히 쌌지만, 배 자체가 너무 낡고 뱃사공도 쿨리를 고용할 여유가 없어서 여정을 재촉할 수가 없었다. 그 결과 배는 하루에 불과 몇 리밖에 가지 못했고, 급기야 북부의 린칭(臨淸)에서 강물이 얼어붙어 멈춰 서고 말았다. 꼼짝도 하지 못한 채 몇 주일이 지나자, 리치는 동료들과 짐을 배에 남겨 두고서 혼자 남쪽으로 향했다. 도중에 여행용 일류 손수레를 타고 운하를 따라 난 길로 쑤저우(蘇州)까지 경쾌하게 달려갔다. 이것은 리치가 처음 이용한 교통수단이었지만 아주 빠르고 편리했다.[89]

리치도 잘 알고 있었던 대로 중국의 거대한 강은 위험으로 가득 차 있었다. 리치는 로마에서 학창시절을 보내는 동안 몇 번인가 큰 홍수를 경험한 적이 있다. 티베르(Tiber) 강이 몇 년에 걸쳐 범람하는 바람에 집과 농토가 황폐해졌다. 그래서 곡물가격이 두 배로 뛰었고 거리에는 폭동이 일어났다.[90] 그러나 중국에 온 지 꼭 3년 만인 1586년, 리치는 그보다 훨씬 무지막지한 홍수를 목격했다. 시(西) 강이 범람하여 그가 살던 자오칭 일대를 삼켜 버린 것이다. 그 피해의 규모는 같은 해에 일어났던 지진보다 훨씬 심각했다. 중국의 지방지(地方志)들의 기록에 따르면, 90개 마을이 피해를 입었는데 2만 1,759채의 가옥이 파손되었고, 경작지로 쳐서 4만ha분의 곡물을 잃었으며 31명이 익사했다.[91]

뒷날 리치는 황허(黃河)에 대해서 "이 강은 홍수나 물줄기의 빈번한 변화에 의해서 유역 일대에 심각한 피해를 초래한다. 그 때문에 관리들은 각종 미신으로 가득 찬 의식을 행하고, 흡사 살아 있는 신령을 대하듯이 황허에 희생물을 바친다"고 쓰고 있다.[92] 리치는 '각종 미신에 가득 찬 의식'에 대해서는 전혀 언급하지 않았지만, 그가 말년에 불교서적들을 탐독한 사실로 미루어 볼 때, 중국인이 말하는 인간과 물에 대한 수많은 종교적 일화들을 무척 잘 알고 있었을 것이다.

15세기 초 명의 해군은 환관 정허(鄭和)를 제독으로 해서 해양 원정을 나갔다. 그 빛나는 항해시대의 대미를 장식한 것은 바다에 빠져서도 관음보살에 대한 깊은 신앙 때문에 기적적으로 구출된 선원들의 이야기였다.[93] 그 외에도 훨씬 감동적인 이야기가 전해 오고 있다. 경건한 불교신자이자 과일장사 선지환(沈濟寰)의 사건도 그 한 예일 것이다. 이야기인즉 1593년 겨울, 선지환은 배에 감귤류를 가득 싣고 타이(太) 호를 건너가고 있을 때 갑자기 폭풍우를 만났다. 주위가 캄캄해지고 집채만한 파도가 호수에서 용솟음쳤다. 노는 모두 떠내려가고 배는 가라앉기 시작했다. 선지환은 큰 소리로 도움을 청했다. 그때 호숫가에서 구경하고 있던 사람들이 놀랄 일이 벌어졌다. 금빛이 나는 두 사람이 선지환의 배를 파도 사이에서 들어 올려 선지환과 짐을 안전한 장소로 옮겨 주었던 것이다. 금빛 인물은 선지환의 깊은 신앙심에 감동하여 나타난 수호신이었다. 선지환의 깊은 신앙심은 유명해서 늘 『금강경』 필사본을 곁에 두고 매일 아침 일 나가기 전에 『금강경』(金剛經)을 낭송했다. 이 사건 이후 선지환은 타이 호 부근에서 '과일장사 불교도 선(沈)'으로 알려지게 되었다.[94] 이 일대에는 리치의 친구도 많이 살고 있었다. 그로부터 5년 후 이 타이 호 호숫가를 리치는 앞에서 말한 일류 손수레를 타고 여행 도중에 지나갔던 것이다.

더욱 감동적인 것은 승려 둥지(洞吉)의 이야기다. 선지환의 사건보다 조금 먼저 일어난 사건이었다. 봄에 눈 녹은 물로 강이 불어나서 헤엄을 칠 줄 몰랐던 둥지는 몸져누운 친구의 병문안을 가지 못할 상황이었다. 하지만 그는 용감무쌍하게도 부처님께 모든 것을 맡겼다. 그는 옷으로 불경을 둘둘 말아서 그것을 머리에 이고 급류에 발을 내디뎠다. 그러자 마치 몇cm 정도 깊이밖에 안되는 물을 걷듯이 쉽게 강을 건너 무사히 맞은편 강변에 도착할 수 있었다. 하지만 그가 강변에 올라서 보니 옷으로 둘둘 말았던 불경이 온데간데 없었다. 어쨌든 그는 서둘러 병든 친구의 집으로 가서 불경을 잃어버린 것을 탄식하고 있는데, 놀랍게도 옷에 싸인 경전이 그 집 탁자 위에 놓여 있었다. 너무나 기뻐 옷을 펴 보니, 옷은 마치 폭풍우 속에 있었던 것처럼 젖었지만, 그 안에 있던 불경에선 광채가 나고 얼룩 한 점도 없었다.[95]

리치 역시 둥지와 마찬가지로 없어진 줄 알았던 성전(聖典)을 되찾고 기뻐한 경험이 있다. 중국에서 전교하던 몇 년 동안, 리치는 화려한 『플랑탱 성서』가 한 질 있었으면 하고 간절히 바랐다. 리치가 처음으로 『플랑탱 성서』 실물을 본 것은, 이 책이 이슬람 황제 악바르에게 보내는 선물로 인도에 운반되어 왔을 때인 1580년이었다.[96] 악바르 황제를 그리스도교로 개종시키기를 바라는 염원이 담긴 선물이었다. 『플랑탱 성서』 전8권은 성서이기 때문에 중요했을 뿐 아니라, 여러 언어로 학술적 주석을 면밀하게 달았다는 점에서도 소중했다. 그러나 그보다도 8권이나 되는 분량, 각권의 묵직한 중량감, 양질의 종이, 우아한 가죽 장정, 그리고 8권 각각이 처음부터 끝까지 활자로 인쇄되어 있다는 점 등이 이 책의 가치를 높여 준 큰 이유였다. 그리스도교로 개종한 사람들은 그들이 이용할 그리스도교 관련 서적이 형편없이 빈약하다는 불평을 거듭 표명하고 있었다. 중국인 학자 중에는 그리스도교의 지혜란 단지 몇 쪽의 문서에 수록해 버리면 다일 것이라며 비웃는 사람도 있었다. 개종자들이 그런 멸시를 반박할 방법을 예수회원들에게 질문해 오는 일이 많았다. 이런 사태를 보다 못해 일부 예수회 신부들은 전례용 책을 인쇄한 일도 있다. 역시 라틴어로 된 것이지만 본문에는 음역 한자가 첨가되어 있었다. 신부들의 중국어 실력이 아직 번역할 정도는 못되었지만, 적어도 음역할 수는 있었다. 물론 중국인은 이 책을 이해할 수 없었다. 그러나 중국인 개종자들은 진일보한 것으로 크게 환영했다. 그런 류의 책이 있음으로 해서 그리스도교의 주장이 다소나마 무게를 더하게 되었기 때문이다.[97]

그런 점에서 『플랑탱 성서』만 있다면 모든 불만을 단숨에 해소할 수 있었을 것이다. 두툼한 폴리오판(책의 판형 중 가장 큰 것으로, 일반적으로 전지를 한 번 접은 2절판을 뜻함―옮긴이)으로 된 이 성서는 그리스어·라틴어·히브리어·칼데아어로 인쇄되었으며, 삽화는 네덜란드와 그 주변지역의 거장들이 제작한 화려한 동판화를 사용했다. 한마디로 반(反)종교개혁 세력의 진출과 의지와 신앙의 정점을 보여주는 책이다. 이 성서는 1568년에서 1572년까지 안트베르펜에서 크리스토프 플랑탱(Christophe Plantin)이 스페인의 펠리페 2세와의 계약 아래 제작했고, 이 계획이 진행되는 동안 왕은 2만 플로린(florins) 이상의 금액을 지출했다. 또한 제작기간 내내 플랑탱의 인쇄기 10대와 그가 거느린 숙련공 중 30명 이상이 오로지 이 일에만 매달렸다. 이 사업에는 종류가 다른 활자를 고심해서 만들고, 로마나 종교재판소의 성서교리 전문가한테 자구(字句)에 대한 허가를 받고, 수개국어에 통달한 교정자를 고용해야 했으며, 동시에 숙련된 솜씨를 가진 제본기술자, 채색기술자, 괘선(罫線) 만드는 직인 등을 확보해야 했다. 왕실에 바칠 최고급 장정본 13질의 양피지를 만들기 위해 8천 마리분의 양가죽을 사용해야 했고, 나머지 1,200부를 인쇄하기 위해 양질의 종이 190만 장이 필요했다.[98]

드디어 1603년 후반, 값비싼 『플랑탱 성서』 한 질이 마카오에 도착했는데, 이것은 산타 세베리나 추기경이 중국 전교단에 기증한 것이었다. 이듬해인 1604년 2월 가스파르 페레이라 신부가 다른 식량·선물과 함께 그 성서를 베이징으로 가져가라는 명령을 받았다. 4월 페레이라는 난징에 도착했고, 8월 초에 베이징 부근에 닿았다.[99] 그런데 리치가 아콰비바 총장의 보좌관인 알바레스에게 보낸 편지에 썼듯이 여기에서 신부들은 '난파'를 당하고 말았다. 페레이라가 도착했을 때는 마침 큰비가 내려 중국 북부의 모든 강의 수위가 높았을 때였다. 바이허(白河)도 범람하여 베이징 주변의 수백 가구를 쓸어 버렸고, 수천에 이르는 가정이 궁핍한 생활에 빠지게 되었다. 페레이라가 탄 수송선은 그 바이허의 사나운 물줄기에 휘말려 산산조각이 나고, 짐도 급류에 휩쓸렸다. 70두카트어치의 미사용 포도주는 순식간에 가라앉아 다시는 떠오르지 않았다. 성화나 성유물을 실은 상자를 비롯한 종교적인 물품들은 물살에 모조리 떠내려갔다. 그 중에서도 가장 비통했던 일은, 저 『플랑탱 성서』가 지구를 반 바퀴나 돌고 여행의 최종 목적지를 바로 코앞에 두고서 불어난 강물에 빠져 버린 것이었다.[100]

그러나 『플랑탱 성서』는 물 속에 가라앉지 않았다. 8권 모두 나무로 만든 짐상자에 실려 떠다니고 있을 때, 근처를 지나던 배에 있던 중국인이 건져올렸던 것이다. 마카오에서부터 리치와 많은 위기를 함께 넘긴 중국인 예수회원 세바스티안 페르난데스 수사는 뱃사공들이 상자를 열어 여러 활자로 인쇄된 책을 뒤적거리며 머리를 갸웃갸웃하고 있는 것을 보았다. 이해할 수 없는 문자에 실망한 뱃사공들의 마음이 바뀌면 큰일인지라 페르난데스는 재빨리 흥정을 벌여 한 움큼의 동전을 쥐어 주고 성서를 샀다. 그 금액을 당시의 이탈리아 통화와 중국 통화의 교환비율로 환산하면 3/10두카트, 곧 3줄리오에 해당한다. 리치가 알바레스에게 말했듯이 이 『플랑탱 성서』는 당시 적어도 300두카트의 가치가 있었기 때문에 "불과 3줄리오로 되산 것은 하느님의 뜻"이었다. 본래 가격의 거의 1천분의 1이다. 성서는 파손되지도 않았다. 리치에 따르면 "약간 젖었을" 뿐이다. 금박은 원래대로였고 제본상태도 양호했다.[101] 리치는 효과를 극대화하기 위해 베이징에서 열린 성모승천대축일 아침 미사 후에 그곳에 모인 베이징의 신자들에게 『플랑탱 성서』 8권을 처음 공개했다. 그러자 바라던 대로 효과가 나타났다. "아름다운 인쇄와 책의 위엄으로 〔회중은〕 감탄을 연발했고, 비록 쓰여 있는 문자를 읽지는 못하더라도 신자들은 그 안에 적힌 아름다운 교리를 마음에 그릴 수 있었다."[102]

강가에 살다 보면 홍수와 그 홍수로 인한 죽음은 다반사였다. 예수회원들은 그런 위험을 잘 알고 있었다. 리치가 중국에서 맨 처음 지은 자오칭의 집도 침수된 적이 있다. 또한 홍수가 원인이 되어 중국인에게 습격당한 일도 있었다. 혈기 왕성한 마을 사람들이 강물이 넘치는 것을 방지하기 위해 제방 보수용 자재를 구하러 예수회원의 집을 습격하는 바람에 돌이킬 수 없는 사태가 발생했다.[103] 리치는 편지에서 종종 홍수의 공포에 대해서 언급하고 "온 중국을 아름답고 비옥하게 만드는 강이 동시에 이토록 심각한 피해를 가져오는" 역설적인 사실에 대해서도 거듭 적고 있다. 그는 또한 아쾌비바 총장에게 보낸 편지에서 밝혔듯이 격렬한 폭풍우에 이어 발생한 홍수가 가져온 참상을 목격하기도 했다. "수많은 집이 무너지거나 형체도 없이 사라졌고 가재도구는 떠내려가고 많은 사람들이 집 안이나 범람한 강 속에서 익사합니다."[104] 그런데 여기서 한 가지 궁금증이 인다. 앞에서 언급했듯이 리치는 무사히 되찾은 『플랑탱 성서』 곁에서 신자들과 함께 기도를 올렸다. 바로 그때 과연 그가 책값으로 지불한 3줄리오가 사실은 자연재해가 일어났을 때 열 살 된 소년을 사고 파는 시세이기도 하다는 것을 한 순간이라도 마음에 떠올렸을까. 리치는 그 시세를 알고 있었을 것이다. 왜냐하면 일찍이 대운하에서 만난 친절한 환관이 바로 3줄리오를 주고 산 소년을 리치에게 선물했던 적이 있기 때문이다.[105]

자연경관의 아름다움과 수상교통의 편리함, 그리고 광폭함과 죽음에 맞먹는 잔혹함 같은 강의 대립적인 측면이 동시에 밀어닥친 적도 있다. 리치는 1605년 베이징에서 지롤라모 코스타에게 보낸 편지에서 "이 대립은 늘 존재하고 미래에도 결코 없어지지 않을 것이네. 그런데 이 바람을 받아 성 베드로의 배는 앞으로 나아간다네"[106]라고 적고 있다. 1595년 봄, 당시 사오저우에서 활동하고 있던 리치는 어떤 고위 장교로부터 방문해 달라는 초청을 받았다. 그 장교는 조선에 파병될 군대의 병참과 관련해서 베이징으로 임명장을 받으러 가는 길에 사오저우에 들렀던 것이다. 이 인물은 리치가 기록한 '시에러우'(Scielou)라는 이름으로 알려졌을 뿐 한자 이름은 알 수 없다. 시에러우에게는 스무 살 난 병든 아들이 있었다. 진작 리치의 과학적 기술에 대한 자자한 칭송을 듣고 있었던 시에러우는 리치에게 의사로서 자신의 아들을 치료해 달라고 부탁했다. 리치는 잠시 환담하고 나서 치료의 지식을 제공하는 대가로 베이징으로 가는 통행허가를 받고 싶다고 요청했다. 시에러우는 이 거래에 응하여 필요한 허가증을 내주었다. 이 젊은이가 병에 걸린 원인은 과거시험에 낙방해서 생긴 '비탄과 부끄러움'이라고 기술되어 있다. 리치는 젊은이의 평상심을 회복시켜 다시 과거시험을 치르게 해서 이번에는 급제시키고자, 서양의 기억술을 전수할 생각을 했을 것이다. 왜냐하면 사실 리치는 의학 지식이 거의 없었기 때문이다. 치료가 성공할 가능성도 없는데, 의사의 역할을 사서 한다면 리치 자신의 생명이 위험해질 수도 있었다.[107]

시에러우는 비싼 가재도구를 가득 실은 선단을 이끌고 북쪽으로 출발하고, 리치에게 가능한 한 빨리 뒤따라오라고 당부했다. 배에는 가족과 부인들, 하인과 호위병이 함께 타고 있었다. 리치는 사오저우의 위험한 자연환경이나 적대적인 주변 사람들로부터 도망칠 절호의 기회가 왔다고 기뻐하며, 5년 동안 살았던 사오저우의 살림살이를 한나절 만에 후딱 정리했다. 사오저우에서의 전교활동은 자기보다 나이 어린 동료인 카타네오—그는 중국에 온 지 얼마 안되었고 중국어도 거의 할 줄 몰랐다—와 예수회에 입회한 지 제법 오래된 중국인 수사 두 명에게 맡겼다. 리치는 젊은 중국인 수련수사 두 명과 가장 신뢰하는 하인 두 명을 데리고 북쪽으로 가는 배를 탔다. 그러나 리치 일행은 속력을 올렸음에도 불구하고 시에러우의 배를 따라잡을 수 없었다. 시에러우 정도의 신분이면 거대한 선단을 상류로 끌어당기는 노동자를 돈을 주지 않고도 얼마든지 동원할 수 있었기 때문이다.[108]

리치는 광둥 성 북부의 난슝(南雄)에 도착할 때까지도 시에러우의 배를 따라잡지 못했다. 그는 3년 전 이곳을 방문하여 부유한 중국 상인을 몇 명 개종시킨 적이 있었다. 남쪽으로 흐르는 베이(北) 강을 거슬러올라온 배도 난슝 이상은 갈 수 없었다. 선원과 승객은 여기에서 하선하여 메이링(梅嶺) 산 중턱을 따라 가파른 계단을 올라 정상을 넘어서, 항해할 간(贛) 강의 선착장까지 짐을 날라야 했다. 간 강은 북쪽으로 흘러 중국 중심부까지 통하는 강이다. 수많은 여행객과 상인이 서로 밀치며 좁은 돌길을 걸어갔다. 하지만 여러 명의 중국인 개종자가 다가와서 짐 운반을 거들어 주었기 때문에 리치는 가마를 타고 인파 속을 헤쳐 나갈 수 있었다. 도중에 목격했던 여관과 상점, 한 무리의 감시병은 10년 후까지 또렷이 기억에 남았다. 정상에 오르자 등 뒤 남쪽으로는 광둥 성이 펼쳐져 있고, 북쪽으로는 아직 가 보지 못한 장시 성의 장대한 풍경이 눈에 들어왔다. 강가의 난안(南安) 마을에 도착하자 리치는 다행히 배를 바꿔 타는 수고를 하지 않아도 되었다. 시에러우가 그를 위해 배 한 척을 대기시켜 놓았기 때문이다. 리치와 시에러우는 간저우를 향해 하류로 내려가는 긴 뱃길여행을 시작했다. 화창한 날이면 시에러우는 리치를 자신의 배로 초대해서 과학이나 종교에 대해서 이야기를 나누었다. 시에러우의 아들 문제는 뒤로 미루고 화제에 올리지 않았다. 간저우에 들어서자 리치가 족히 3천 명은 된다고 어림한 의장대가 십리나 되는 강둑에 늘어서서 화승총과 머스켓총으로 예포를 쏘며 두 사람을 성대하게 맞이했다. 이곳에서 리치는 자신이 탈 배와 선원을 따로 빌렸다. 그것은 앞으로 있을 위험에 대비하기 위한 시에러우의 배려였다. 리치의 앞길에는 바위투성이의 좁은 계곡 사이에 비교적 큰 두 강이 합류하는 지점이 있는데, 여기에는 언제나 돌풍, 급류, 소용돌이가 기다리고 있었다. 이곳 중국인들은 이 여울을 '스바탄'(十八灘)이라고 불렀다.[109]

제일 먼저 사고를 당한 것은 시에러우의 부인과 아이들이 타고 있던 배였다. 그 배는 암초에 부딪혀 가라앉기 시작했지만 중대한 사태가 벌어지지는 않았다. 사고가 일어난 곳이 얕은 여울이었고 배가 높게 건조되었기 때문에 배 밑바닥이 강바닥에 닿아 침몰을 면했던 것이다. 가족들은 간신히 배 위로 올라왔다. 바로 뒤에서 항해하고 있던 리치와 그의 선원들이 비교적 수월하게 시에러우의 가족들을 구출했다. 하지만 리치는 이 관대한 행동으로 인해 자기의 배를 잃어버렸다. 왜냐하면 시에러우가 부인들에게 사람들이 보는 대낮에는 배를 갈아타지 못하도록 했기 때문이다. 부인들은 밤까지 기다리라는 명령을 받고, 어둠이 내린 다음 사람들의 눈에 띄지 않게 배를 옮겨 탔다. 그래서 리치는 시에러우로부터 화물선 가운데 한 척에 잠자리를 얻어, 그 화물선을 타고 여행을 계속했다.[110]

리치 주위에는 이제 젊은 중국인 수련수사 한 명 외에는 모두 시에러우가 고용한 선원들뿐이었다. 이 수련수사는 개종한 중국인 가정 출신으로 마카오에 있는 예수회 학교를 다닌 후 1592년 사오저우로 보내져 리치와 함께 전교사업에 종사했다. 그는 언제나 포르투갈 이름인 주앙 바라다스라고 불렸고, 리치는 그를 아끼고 신뢰했다. 리치는 그의 행복에 대해서 개인적으로 책임이 있다고 생각했던 것 같다.[111] 그 직후에 일어난 몇 분간의 극심한 고민은 그 해 8월 마카오의 장상인 두아르테 데 산데에게 보낸 편지에 급하게 날려 쓴 필치로 적혀 있다.

우리는 텐추탄(天柱灘)이라는 곳에 다다랐습니다. 큰 산과 접한 그곳은 매우 험한 급류가 흐르고 수심도 무척 깊어 물소리가 마치 천둥처럼 쩌렁 쩌렁 울려서 지도 모르게 물이 잠잠해지라고 열심히 기도하기 시작했습니다.〔장시 성의〕 강에 있는 배들은 돛대가 높고 용골(龍骨)이 없어서 격류에 휘말리면 아주 쉽게 전복될 우려가 있다고 생각했기 때문입니다. 하지만 뱃길안내인이나 뱃사람들은 제가 아무리 애원을 해도 아랑곳하지 않았습니다. 그들은 경솔하게도 돛을 전부 달고 배를 급류 쪽으로 몰았습니다. 순간, 우리 배가 전복되어 빙글빙글 돌았고, 시에러우의 짐을 실은 화물선 두 척도 뒤집어졌습니다. 그래서 함께 타고 있던 주앙 바라다스와 저는 강바닥까지 가라앉고 말았던 것입니다. 그러나 하느님이 저를 도우셔서 저는 우리 배에 매달린 몇 개의 밧줄을 잡을 수 있었습니다. 하느님의 섭리로 저는 그 밧줄이 양손 사이에 있음을 느끼고, 그것을 타고 우리 배의 지주(支柱)까지 겨우 당도했던 것입니다. 그리고 제 문방구 상자와 침대가 물에 떠다니는 것을 보고 손을 뻗어 붙잡아서 끌어당겨 놓았습니다. 그 후 선원 몇 명이 헤엄쳐 와서 뱃전으로 올라갔고, 그들은 제가 기어오를 수 있게 도와 주었습니다. 그러나 강바닥에 가라앉은 주앙 바라다스는 급류에 휩쓸려 버렸는지 두번 다시 모습을 보이지 않았습니다.[112]

시에러우는 짐을 잃어버려 낙담했고, 리치는 친구를 잃어 절망했다. 하지만 두 사람은 곧바로 선원들에게 강을 수색시켰다. 물 속에 잠수했던 사람들이 물에 흠뻑 젖은 물건들을 많이 찾아내서 시에러우의 확인을 받았지만 바라다스의 시체는 흔적도 찾지 못했다. 시에러우는 리치에게 "장례를 치를 수 있도록" 필요한 돈을 주었다. 하지만 시체가 없는 상태에서는 할 일도 거의 없었기 때문에 결국 그 돈은 실질적으로 예수회원들에게 주는 보상금이 되었다.[113] 좀더 하류로 내려왔을 때 또다시 강풍을 만나 여러 척의 배가 파손당하자, 시에러우는 뱃길여행이 불길하다고 생각할 수밖에 없었고, 그래서 육로로 바꾸어 여행을 계속하기로 결정했다. 리치도 여행을 포기할까 하고 심각하게 고민했으나, 마지막 순간에 생각을 고쳐 먹고 난징까지 시에러우의 부하 여러 명과 함께 여행을 계속했다. 그들은 난징에서 주인 시에러우의 일을 거들 예정이었다. 바라다스를 잃은 정신적 충격과 함께 리치의 기분을 지배했던 것은 일종의 경악감이었다. 아콰비바 총장에게 보낸 편지에서 썼듯이 리치는 "그렇게 많은 바다를 돌아다녔지만 단 한번도 난파당하지 않았는데, 하느님께서 나를 강에서 난파시키시리라고는" 생각지도 못했던 것이다.[114]

 리치가 기억용 이미지를 만들어 내기 위해 선택한 두번째 한자는 '要'자였다.[1] 이 글자는 쓰기는 쉽지만 번역하기는 어렵다. '…을 바라다' '…이 필요하다' '…은 중요하다' '반드시 해야 한다' 등 다양한 의미를 나타낼 수 있다. 따라서 읽는 사람은 늘 문맥에 따라 판단해야 한다. 1584년에 루제리와 리치가 십계명을 처음 번역한 『조전천주십계』(祖傳天主十戒)에서는 첫번째 계율 "너희는 나 이외에 다른 신을 섬기지 못한다"의 첫 글자로 명령·의무의 뜻을 나타내는 '要'를 사용했다.[2] 또한 1605년경에 리치는 (고아의 종교재판관의 허가를 받아) 가톨릭 신앙의 기초적인 기도문과 교리를 모은 『천주교요』(天主敎要)라는 책을 펴냈다. 이 책 제목에서는 '要'가 '요점'의 뜻으로 사용되고 있다.[3]

이런 다양한 뜻을 지닌 '要'를 독자가 기억용 이미지로 떠올리게 하기 위해 리치는 이 글자를 아래위 둘로 나누었다. 분할된 두 부분은 각각 독립된 글자가 된다. 위는 '西', 아래는 '女'. 리치는 기억용 이미지로서 단지 '서양의 여성'을 만들어 낸 것은 아니다. 왜냐하면 거기서는 자신이 원하는 연상을 유도할 수 없기 때문이다. 리치가 의도했던 내용은 아주 복잡했다. 리치가 이 이미지에 덧붙인 설명으로는 두 개의 서로 다른 해석이 가능하다.

리치는 '要'의 이미지를 '서하회회녀'(西夏回回女)라고 설명했다. 이 글에 대한 첫번째 해석은 '서하의 이슬람 교도 여성'이다. 대부분의 중국인이 제일 먼저 이 해석을 머리에 떠올렸을 것이다. 리치는 기억술의 선배들에게서 배운 대로 발음과 관념을 결합하여 말의 유희를 받아들임으로써 이 이미지를 구성했다. 곧 '要'의 위쪽 절반 '西'는 '서쪽'이라는 뜻이며 중국어로는 '시'로 발음되고, 서하(西夏, 11~13세기에 중국의 서역에서 번영했던 왕조)의 첫글자와 같다. '要'의 아래쪽 절반인 '女'는 '계집'이라는 뜻이다. 일찍이 서하(西夏) 왕조가 차지하고 있던 지역은 현재 중국의 이슬람 교도, 곧 후이후이족(回回族) 대부분이 사는 지역이었다. 적어도 한 가지 해석으로는, 옛날 그들은 중앙아시아를 가로질러 뻗어 있는 긴 대상로(隊商路)를 따라 그곳에 들어왔다. 리치는 이국적인 용모의 여성을 마음속에 그리고 있었을 것이다. 그것은 중국의 서쪽 변경지역에 퍼져 있는 유목민의 세계를 연상시키는 여성이었다고도 생각할 수 있다. 원색적인 옷을 입고 펠트 부츠를 신고, 저 거친 땅의 여성들에게서 흔히 볼 수 있듯이 머리를 땋아 내리고 있었을 것이다.

그러나 '要'의 이미지에는 훨씬 복잡한 두번째 해석을 불러일으키는 힘이 있었다. 리치가 쓴 '西夏回回女'라는 글은 '북서부의 후이후이 여성'으로도 해석될 수 있는 여지가 있었다. 이 해석에 따르면 서하는 단지 하나의 지역을 막연히 나타내는 말에 지나지 않으며, 후이후이(回回)도 꼭 이슬람 교도만을 가리키는 것만은 아니게 된다. 리치는 중국인 학자들과의 대화나 자신의 연구와 관찰을 통해 중국에 산재해 있는 유대교 공동체에서 생활하는 유대인이나 엄연히 중국에 존재하는 네스토리우스파의 후예들도 후이후이라는 이름으로 불리는 것을 잘 알고 있었다. 명대 중국에서 유대인들은 "뼈의 힘줄을 먹지 않는 후이후이"(排筋回回)로, 네스토리우스파는 '십자가 후이후이'(十字回回)로 구별되었다.[4] 따라서 리치에게 '후이후이' 여성이란 원래 '要'자에 포함되어 있는 신앙이나 의무의 요점이라는 관념을 한층 명확히 의식하게 해주는 것이었다. '후이후이' 여성은 리치의 머리에 이런 생각을 떠오르게 했다. 곧 중국에는 유교·도교·불교의 3교체제(三教體制)가 뿌리를 내리고 있다. 반면에 이슬람교·그리스도교·유대교의 3교 체제에도 관용적인 태도를 보인다. 하지만 이 세 종교가 각기 전혀 다른 종교라고는 생각하지 않는다. 그렇다면 여기에 어떤 기본적인 진실이 존재하는 것은 아닐까? 왜냐하면 이슬람교·그리스도교·유대교는 하나같이 유일신을 받아들이라고 주장하기 때문이다.

리치가 세운 기억의 궁전의 연회실 동남쪽 모퉁이에는 싸우는 두 전사의 모습이 고정되어 있다. 리치는 '要'에서 만들어 낸 후이후이 여성을 데리고 가 동북쪽 모퉁이에 세웠다. 여자는 두 전사로부터 그다지 멀리 떨어져 있지 않아서 눈에 띄지 않을 염려는 없으며, 그렇다고 전사들과 시각적인 혼동을 일으킬 만큼 가까이 있지도 않다. 리치가 어떻게 하지 않는 한 여자는 언제까지나 그곳에 서 있을 것이다. 기억의 궁전에 가득 찬 부드러운 빛 속에서 조용히 미동도 하지 않은 채.

자오칭에 머물고 있던 1584년, 리치는 각국의 이름을 한자로 음역해서 표기한 한 장의 세계지도(『산해여지전도』[山海輿地全圖])를 만들어서 예수회원들이 살던 집에 걸어 두었다. 자오칭은 번성하던 큰 도시였고—한 서양인 방문자에 의하면 세비야 크기의 세 배였다—리치를 찾아온 그 지방의 부유한 사람들은 중국이 지구의 어디에 있는지를 보고 무척 놀라며 흥미로워했다. 그들 가운데 한 사람이 리치의 허락도 받지 않고 그 지도를 복사해서 목판인쇄로 복제품을 만들었다. 그런데 그 복제품이 잘 팔려 나가 상당한 평판을 얻자 리치는 더 충실하고 정확한 지도를 만들기로 했다. 이 첫 지도는 너무 서둘러 제작했기 때문이다.[5] 1584년 이후 리치는 꾸준히 수정 작업을 했고, 1602년에 작업을 완료하여 인쇄에 들어가게 되었다. 그는 새로운 발견에 기초한 최신 정보를 받아들여 여러 부분을 공들여 다듬었고, 지도의 성과를 보고 감탄한 그 지역의 학자들이 리치의 지식을 칭송한 글도 덧붙였다. 리치는 작지만 선명한 한자로 여러 나라에 대한 짤막한 설명을 달아 놓아서, 이 설명문만 읽으면 그가 그 자리에 없더라도 호기심 많은 중국인들은 서양 문명을 이해할 수 있었다. 1602년판 지도(『곤여만국전도』[坤輿萬國全圖])에서, 리치는 이탈리아의 서해안, 곧 이탈리아 반도와 시칠리아 섬 사이에 이렇게 적어 놓았다. 이 지역은 교황의 땅이며, "교황님은 종교적 서약에 따라 독신이시고, 로마에 살며 가톨릭 신앙에 전심전력을 다하신다. 로마 제국 내에 있는 모든 유럽인은 그분을 경례한다."[6] 그리고 유럽 서부 연안의 대서양 인접 부분에는 아래와 같이 적혀 있다.

이곳에는 30개 이상의 왕국이 있는데, 모두 옛 왕들의 행정을 계승하고 있다. 미신은 허용되지 않으며, 모든 사람들은 지고하신 주재자 천주(天主)의 종교를 믿는다. 이곳에는 세 종류의 사람들이 권위를 지닌다. 가장 높은 자는 종교로 그들을 지배하는 사람들이고, 그 다음은 세속의 사건을 재판하는 사람들이며, 끝으로는 군대에 복무하는 사람들이다. 이 나라들에는 곡물·금속·과일·포도주가 모두 구비되어 있다. 그들은 천문학과 철학을 연구하며 오륜(五倫)을 믿는다. 왕들과 백성들은 활력에 차 있고 부유하게 살고 있다. 사계절 내내 타국과 왕래하고, 여행자나 상인들은 세계의 모든 나라들을 찾아 다닌다.[7]

리치는 지중해 동쪽 끝에 위치한 팔레스타인에 대해서는 '천주께서 태어나신 성지'라고 썼다. 그러나 콘스탄티노플·메디나·메카는 지명만 적어 넣고 아무런 설명도 달지 않았다. 카스피 해 바로 남쪽, 페르시아 동북부의 좁은 공간은 후이후이의 땅이라고 되어 있지만 역시 아무런 설명이 없다.[8]

물론, 리치가 설명을 덧붙이지 않았던 까닭은 신중한 배려에 의해서이다. 만일 중국인이 자신이 말한 종교가 발생한 서양 세계에 신앙적으로 깊은 균열이 있다는 것을 알게 되면, 아무리 설명을 해도 매력을 느끼지 못할 것 같아 경계했던 것이다. 리치는 가톨릭이 유럽에서 비난을 면치 못하고 있는 사실을 잘 알고 있었다. 끊임없이 종교적인 논란이 벌어지는 세태 속에서 자라났기 때문이다. 특히 리치가 수련수사이던 1570년대 로마에서는 가톨릭 교회의 전투적인 자세가 강론을 통해서 쉴새없이 세인의 이목을 집중시키고 있었다. 이런 강론은 큰 성당뿐 아니라(당시 큰 성당에는 교황궁 설교자[the pope's private preacher]였던 톨레도 신부, 예수회의 베네딕토 신부, 프란치스코회의 파니카렐라, 카푸친회의 루푸스 등이 있었는데, 이들은 모두 달변이었고 따르는 무리도 있었다), 거리와 시장, 광장, 여름철에 인파로 북적대는 공원, 포도원 등에 고용된 다른 도시에서 온 무리 속에서도 행해지고 있었다. 예수회원들 중에는 성가대원을 이끌고 거리와 시골을 돌아다니며 '즐거운 노래'를 이용하여 노동자들에게 교양을 불어넣고, '그런 노래로 노동자들을 위로하는' 사람도 있었다. 또한 사창가의 매춘부들 사이에서, 소문난 고리대금업자의 집 앞에서 강론하는 사람도 있었다. 특히 예수회원들은 이런 거리 전교에 적극적이었다. 어떤 목격자에 의하면, 예수회원들은 시장의 상품진열대나 창가의 베란다에 서서 청중들을 바라보며, 말로 군중을 감동시켰으며, 신자들이 집에 돌아가서 스스로 욕망을 극복할 수 있도록 매듭 달린 채찍을 거저 나누어 주었다.[9]

성 베드로 대성당에서 예수회원들은 로마 시민을 비롯한 이탈리아인의 고해뿐 아니라 로마를 찾은 많은 순례자들의 고해도 들어야 했다. 예수회에서는 2개 국어를 말하는 고해사제가 교대로 고해를 듣는 체제를 짰다. 여기에 포함된 예수회원은 누구나 이탈리아어뿐 아니라 영어·폴란드어·프랑스어·스페인어·플랑드르어 중 하나를 유창하게 말했다. 이런 제2외국어는 고해소 위에 게시해 두었고, 사제는 성무용 하얀 막대기를 들고 고해소에 앉아 있었다. 만일 순례자가 자신의 고백을 이해할 사제를 찾지 못하면, 교황청 부근의 고해소로 가서 요청하면 되었다. 그곳에는 언제나 예수회 사제 12명이 대기하고 있었다. 그리스어·시리아어·아라비아어 전문가가 필요하면, 예수회원들은 밥티스타 로마노 신부에게 도움을 청했다. 로마노 신부는 유대교에서 개종한 지 얼마 되지는 않았지만 그리스도교에 대한 신앙과 언어능력은 놀라웠다. 1590년대가 되면 예수회는 27개 언어에 각기 대응할 수 있는 사제들을 배출했다.[10]

이런 다국어를 다루는 분위기는 외국어 서적들로 인해 더욱 고조되었다. 1570년대 후반 로마에 있던 모든 예수회 대학의 도서관은 충실한 장서를 자랑하고 있었다. 영국에서 망명한 가톨릭 신자 그레고리 마틴은 "모든 학부에는 최고의 서적들로 빼곡했다"고 기록하고, 예수회는 외국어용 활자까지 갖고 있다고 놀라움을 표했다.[11] 이런 문화자산을 더욱 충실히 보완해 주었던 것이 유명한 바티칸 도서관이다. 바티칸 도서관은 일주일에 사흘(월요일·수요일·금요일) 동안 일반인들에게 개방되었고, 겨울에는 불을 피워 실내를 따뜻하게 유지했다. 몽테뉴는 1581년 3월에 이곳을 방문했다가 도서열람제도가 관용적인 데 대해 기뻐했고, 더 나아가 장서를 보고는 놀라움을 금치 못했다. 파피루스에 쓰인 고문서나 그리스어 필사본과 뒤섞여서 베르길리우스·세네카·플루타르코스의 희귀본, 토마스 아퀴나스의 필사원고, 헨리 8세가 루터를 논박한 자필 문서 등이 있었기 때문이다. 게다가 "중국에서 온 책 한 권은 예사롭지 않았다. 우리가 쓰는 종이보다 훨씬 얇고 뒤가 비치는 종이로 되어 있다. 잉크가 속까지 스며들기 때문에 한 면에만 문자를 적어 종이를 반으로 접어 철했다."[12]

어느 곳에서나 전교의 열정이 퍼져 있었고, 전교를 영적 십자군으로 간주하는 옛 사고방식이 거듭 강조되고 있었다. 이냐시오 데 로욜라가 직접 기초하고 교황 율리오 3세가 1550년에 공인한 『예수회 회헌(會憲) 초안』 (*prima summa*)에는 예수회원의 서원(誓願, votum, 가톨릭 교회에서 하느님에게 더욱 선하고 훌륭하게 살겠다고 약속하는 행위―옮긴이)이 다음과 같이 적혀 있다. "그리하여 우리는 그리스도의 대리자의 명령과 그분의 권한 아래 귀속되어 모든 성직자들에게 공통된 임무뿐만 아니라 서원의 연대로 묶임으로써 영혼들의 진보와 신앙의 전파에 대하여 성하께서 명하시는 것이면 무엇이든 어떤 구실이나 핑계를 대지 않고 즉각 수행하며, 튀르크인들에게나 신세계에나 루터파들에게나 비신자들에게나 신자들에게나 성하께서 우리를 파견하시는 곳이라면 어디든지 가지 않으면 안된다." 이런 열정은 아콰비바 총장도 결코 이냐시오에 뒤지지 않았다.[13] 예수회원들의 마음에 이 서원이 어떤 영향을 끼치고 있었는지를 잘 알고 있던 그레고리 마틴은 1577년에서 1578년까지 로마의 예수회원들 사이의 분위기를 다음과 같이 묘사했다. 당시 리치는 로마에서 자신의 임무를 지시받기 위해 준비를 하고 있었다.

상황이 위급해지면, 하느님께서는 그들 가운데 몇몇을 죽게 내버려 두시지만, 더 많은 수의 사람들에게 자비를 내리실 것이다. 그분께서 보존해 주신 남은 자들은 그분의 자비로운 권능과 그분께서 그들의 선한 의지를 받아들이셨음을 드러낼 것이고, 또한 그분께서는 당신의 일을 더욱 오래 행하실 것이므로 당신의 종들을 돌보실 것이다. 자비와 열정은 부족함이 없이 더욱더 늘어나서(그 열매는 비교할 수 없을 정도로 풍족하리라), 이런 진술한 영성과 열정적인 성정(性情)을 지닌 수많은 사람들이 지금처럼 다른 세계로 보내지길 고대하고 있다. 곧 두 인도(동인도 제국과 서인도 제국을 가리킴—옮긴이)의 야만적인 이교도들에게 들어가 신앙으로 그들을 개종시키려고 한다. 다만 그런 일은 여러 면에서 매우 위험하고 (일반적으로 생각하듯이) 성과를 거둘 가능성이 적기 때문에 매우 선한 사람도 결국 비틀거리고 말 것이다.[14]

이 당시 리치는 무슨 생각을 하고 있었을까? 물론 리치의 인생 자체가 이 문제의 해답이다. 하지만 그것을 제외하면 이 문제에 대해서 리치 자신이 남긴 단서는 단 하나밖에 없다. 훗날 리치가 난창에서 당시 이탈리아에 머물고 있던 학창시절 친구 줄리오 풀리가티에게 1596년 10월 12일에 보낸 편지이다. 이 편지에서 리치는 두 사람이 인도 전교단에 참가하고, '야생의 숲'을 여행하는 '강한 군대'의 일원이 되길 꿈꾸었던 과거를 회상했다. 그러나 리치는 이탈리아에서의 신앙생활은 중국에서만큼이나 극적이라고 말하면서 풀리가티를 안심시켰다. 왜냐하면 "순교자가 되기 위해 칼에 찔릴 필요도 없고, 순례자가 되기 위해 먼 여행길에 나설 필요도 없기" 때문이다.[15]

당시 세계에서 예수회원들만큼 해외 전교를 위해 충실한 교육을 받은 사람들은 없었을 것이다. 신학, 고전문학, 수학, 자연과학에 대한 엄격한 교과과정에 더하여 '논쟁'의 방법론에 대한 훈련도 실시되었다. 보통 일요일 저녁식사 후에 열리는 이 '논쟁'은 두 가지 방식으로 이루어졌다. 하나는 한 학생이 주어진 신학상의 논점을 제시하고, 동료 학생들의 날카로운 반론에 대해서 자신의 주장을 옹호하는 방식이다. 반론하는 쪽 학생에게는 반론을 다듬을 수 있도록 24시간을 주었다. 또 하나는 선생이 이교도의 입장에서 의견을 개진하고, 학생들에게 그들 자신의 능력으로 이 '악마의 변호자'를 논박하는 방식이다. 이런 류의 수업은 자칫 형식화되어 버릴 위험을 안고 있었지만, 엄격한 지도 아래 진행하면 어린 학생들에게 논점을 세우고 자신의 신앙을 분석하고 기억술을 다듬을 수 있는, 훌륭한 교육의 장이 될 수 있었다. 여기서 말하는 기억술은 원래 법학이나 수사학에서 사용하던 퀸틸리아누스와 키케로의 방법론을 신학에 응용해서 체계화한 것이었다.[16]

이런 논쟁에는 실제 종교계에서 발생한 투쟁의 상징적 중요성을 강조하기 위해 고안된 인상적인 연출기법도 동원되었다. 교황의 경당에서 특별한 의식이 열렸을 때는, 그날 전례독서에서 사용한 복음서와 사도의 서간을 라틴어와 그리스어로 낭독했다. 그것은 라틴어나 그리스어를 쓰는 청중 모두가 가톨릭 교회에 속해 있으며, 교황이 그들 모두의 수장이라는 것을 상기시키기 위해서였다. 그러나 그리스어로 읽을 때에는 그리스 교회의 지위가 낮음을 보여주기 위해 조명이 흐릿해지고 의식도 행하지 않았으며 라틴어로 낭송할 때 비로소 충만한 영광을 표현하기 위해 다시 조명이 밝아졌다. 예수회 신학교에서는 하루에 두 번 식사시간에 성서를 읽게 되어 있었지만 항상 라틴어 성서가 중심이었다. 그리스어 성서는 히브리어 성서와 마찬가지로 이단의 주장을 타파하기 위해 주석이 필요할 때만 라틴어 성서에 덧붙이는 형태로 논의의 대상이 되었다.[17]

다만 이런 다양한 수단에는 그 나름의 창의성과 상징적인 무게가 있다고는 할 수 있어도, 결과적으로 적의 교의를 정식으로 훈련하는 것으로는 될 수 없었다. 오래 전, 13세기 후반의 정신(廷臣)이자 학자인 라몬 룰은 여러 종교가 혼재해 있던 마요르카 섬에서의 생활체험을 응용해 보인 적이 있다. 마요르카 섬에서는 결국 승리를 거둔 가톨릭 교도가 다수의 유대 교도와 이슬람 교도를 포함한 주민을 지배하고 있었다. 룰은 교회가 외국어 습득을 중시하고 적대적인 종교를 대표하는 저명한 인물과의 공개토론을 진지하게 고려해야 한다고 주장했다. 그렇게 하면 적대하는 종교와도 유리하게 싸울 수 있다는 것이었다. 나아가 룰은 자신의 저작들을 이교도의 언어로 번역할 것을 제안하며 이렇게 말했다. "타타르인 밑으로 가서 가르침을 설명하고, 그리스도교의 우수성을 보여주어야 한다. 그리고 파리에는 우리의 문자와 말을 익히고 지식을 얻어 모국으로 돌아가는 타타르인이 있어야 한다."[18] 초기의 중요 저작인 『이방인과 세 현자(賢者)의 책』에서 룰은 긴 '대화'를 기술했다. 한 이방인이 첫번째는 유대 교도에게, 다음에는 그리스도 교도에게, 마지막으로는 이슬람 교도에게 창조주인 하느님, 예언자인 모세, 구세주, 부활, 천국과 지옥의 의미, 마호메트와 『코란』 등을 묻는 구성이다. 룰은 이방인이 3교 가운데 최종적으로 어느 종교를 선택하는지는 독자의 판단에 맡겼다. 이 책은 유대 교도, 그리스도 교도, 이슬람 교도 세 사람이 무례한 말을 해서 상대방에게 생각지 않은 불쾌감을 주었을지도 모른다고 하면서 서로 사과하는 장면으로 끝을 맺는다.[19] 그러나 나중에 룰이 이슬람교에 대한 극단적인 적의를 드러낸 결과, 참된 관용적인 사고방식은 급속히 사라져 버렸다. 한편, 바로 13세기의 이런 시기에 맞추어 중앙아시아의 몽골 제국에서 환대받던 프란치스코회 전교사들이 불교에 대한 첫 보고서를 갖고 귀국했다. 이 보고서에는 불교의 기도, 명상, 경전, 고승 등에 대한 기초적인 지식이 포함되어 있었고, 그 내용이 여러 면에서 상당히 정확했다. 그러나 이 정보들은 유럽인의 관심을 거의 끌지 못했고, 유럽의 각 종교학파가 그 후 지속적으로 상세한 정보를 찾았다는 흔적은 전혀 보이지 않는다.[20]

다만 유대교·그리스도교·이슬람교 3교가 병립한다는 사고방식을 더욱 강력히 주장한 사람은 14세기 중반의 조반니 보카치오이다. 보카치오는 이런 사고에 기초해서 『데카메론』의 첫머리에 한 이야기를 썼다. 그것은 어떤 기지 넘치는 유대인과 관련된 이야기다. 이 유대인은 돈을 탐낸 술탄 살라디노로부터 질문을 받는다. 살라디노는 함정에 걸려 경솔한 대답을 하면 그것을 빌미로 돈을 뺏으려고, 세 종교 가운데 '진정으로 참된 종교'가 무엇이냐고 유대인에게 물었다. 유대인은 세 개의 반지 우화로 함정을 살짝 피해 갔다. 죽어 가고 있던 한 부자가 조상 대대로 내려오는 전통에 따라 가장 마음에 드는 아들에게 가장의 자리를 물려주고, 그 증거로서 가보인 반지를 주고 싶다고 생각했다. 그러나 이 아버지는 세 아들을 똑같이 사랑했고, 그들의 재능도 비슷하다고 생각하고 있었다. 그래서 그는 몰래 그 반지의 복제품 두 개를 만들어서 세 아들에게 하나씩 주었다. 아버지가 죽은 다음에야 세 아들은 자신들이 모두 반지를 갖고 있음을 알고, 부득이 살림살이와 유산 전체를 나누어 갖기로 했다. 보카치오는 유대인의 입을 통해 "결국 어느 아들이 그 아버지의 진정한 상속자인지 결정을 보지 못했습니다. 그리고 지금까지도 여전히 그런 상태에 있는 것입니다"라고 말했다. "아버지이신 신이 세 백성에게 내려주신 종교, 곧 폐하께서 제게 물으신 그 세 종교에 대해서도 같은 말씀을 드릴 수 있을 것이라고 생각합니다. 세 백성은 제각기 자신들이 신의 유산을 상속한 후계자라고 생각하며, 진정한 신의 율법을 갖고 있고, 신의 계율을 지킨다고 믿고 있습니다. 그러나 반지의 경우와 마찬가지로 어느 종교가 참다운 것이냐 하는 문제는 아직도 해결되지 않은 상태에 있는 것입니다."[21]

16세기 중반 엄격한 반(反)종교개혁의 분위기에도 불구하고, 이슬람교를 인정하는 이런 태도는 그 당시 이탈리아에서 널리 퍼져 있었던 것 같다. 리치가 중국에 입국한 지 1년 뒤인 1584년에 종교재판소에서 최초로 조사받은 제분업자 메노키오는 성령이 "이단자에게도 튀르크인에게도 유대인에게도" 내려왔다고 믿었으며, "하느님은 그들 모두에게도 애정을 갖고 있고, 그들 모두 똑같이 구원된다"고 생각했다.[22] 메노키오가 낙원을 묘사한 것이나 그의 다른 믿음을 볼 때, 그가 『코란』을 읽었거나 적어도 『코란』에 대해 이야기를 나눈 적이 있었을 가능성이 있다. 왜냐하면 이미 1547년에는 『코란』의 이탈리아어 번역본이 유포되기 시작했기 때문이다.[23]

라몬 룰의 생각 가운데 일부—특히 기억술, 마술, 사물을 체계화하는 기술을 조합시켜 자연계의 힘을 우리 것으로 하고 체계화하기 위한 '술'(術)—는 16세기 프랑스와 이탈리아에서 상당히 유행했다. 하지만 인도어·중국어·일본어는 말할 것도 없고 아라비아어 교육조차 여전히 제대로 이루어지지 않았다. 리치도 학교에서 이런 언어를 배울 기회가 없었을 것이다.[24] 1550년대 후반, 유년기를 보낸 마체라타에서 경험한 오스만 제국의 위협을 제외하면, 리치가 이슬람교 세력을 가까이서 체험한 것은 틀림없이 1578년 고아에 도착한 때였을 것이다. 1510년에 아폰수 데 알부케르케가 비자푸르 왕국의 술탄에게서 고아를 빼앗은 이후 고아는 포르투갈 영지가 되었다. 이런 과거에 비추어 보면 고아가 종교·군사·무역의 중심지로서 번영하고 있었다는 사실은 별로 놀랄 일이 아니다. 고아는 왕의 임명을 받아 포르투갈의 인도 점령을 관장하는 총독이 머무르는 곳이었고, 도시의 행정은 포르투갈인 귀족, 행정관, 직인 조합의 지도자들로 구성된 시의회가 담당했다. 시의회는 고아의 방위에 신경을 쓰고, 경제생활을 감독하고, 공공사업을 관리하며, 식량가격을 결정했다. 그 관할 아래에 있는 사람들로는 3천~4천 명의 포르투갈인과 각국에서 온 다수의 가톨릭 성직자, 그리고 약 1만 명에 달하는 인도인 거주자가 있었다. 또한 고아의 성벽 바깥에 사는 인도인들도 시의회의 지배를 받았다. 그들은 30개 이상의 공동체를 이루어 거주하고 있었다.[25] 고아는 동양에서 포르투갈 최대의 요새였지만, 견고한 요새는 아니었으며 무기와 생활물자의 보급이 어려웠고, 모잠비크나 호르무즈 등 포르투갈의 주요 동방진출기지와의 연락이 이따금 두절되었다.

고아 섬이나 인접한 살세테(Salsette) 일대에 사는 힌두 교도가 억압받고 있었기 때문에 이슬람 세력의 힘은 훨씬 강해 보였던 것 같다. 힌두 교도들은 지배자인 그리스도 교도에게 복종해야 했다. 힌두교 사원은 완전히 파괴되었고, 그들의 의식이나 제사도 상당수 금지되었다. 저항하는 브라만들에겐 재산을 몰수하고 갤리선에서 노역을 시키라는 선고가 내렸다. 그 밖에도 규정을 만들어 비그리스도 교도가 직인 조합의 장이 되는 것을 금지했고, 또한 많은 비그리스도 교도들은 조선소로 끌려가 한푼도 받지 못한 채 포르투갈 배에서 노동해야 했다.[26] 거의 모든 힌두 교도의 고아(孤兒)들은 복잡한 법률상의 절차를 거쳐 고아에 있는 성 바울로 학원으로 보내져서 "그들이 스스로 자신의 종교를 선택할 수 있는 나이가 될 때까지" 예수회 신부 밑에서 양육되었다. 장래에 그리스도교로 개종하도록 종교교육을 시키기 위해서였음은 충분히 예상할 수 있다.[27] 리치가 고아에 머물 때 쓴 기록에는, 고아의 학원에 있던 어린이들의 모습이 기쁨으로 가득 차 있었다고 적혀 있다. 5세에서 16세까지의 아이들은 다리에 방울을 달고 성당의 제단 앞에서 춤을 추고, 그것이 끝나면 열을 지어 소규모 '어린이 군대'를 만들고 성당 앞 광장에서 이쪽에서 저쪽으로, 저쪽에서 이쪽으로 분열행진하면서, 진짜 머스켓총을 하늘로 발사하며 하느님께 기쁜 경례를 올렸다. 소년들은 무리를 지어 예수회원들이 가르쳐 준 성가를 부르며 길거리를 뛰어다녔다. 그들 가운데는 리스본에서 배로 데려온 고아(孤兒) 성가대원들도 섞여 있었다. 리치를 비롯하여 방금 도착한 예수회원들이 목격한 바에 따르면, 가까운 전교 학교에서 400명의 현지 어린이들이 남녀별로 줄지어 모여서 처음에는 현지어로, 다음에는 포르투갈어로 「주의 기도」·「성모송」·「십계명」을 입 맞추어 외우고, 사제들이 신호를 하자 아이들이 일제히 전에 믿던 신들의 이름을 말하며 땅바닥에 침을 뱉었다고 한다.[28]

힌두 교도들의 이런 복종과는 달리 이슬람 세력은 점점 커지고 있었다. 16세기 중반, 인도의 이슬람 군주들은 최후의 힌두교 제국인 데칸 고원의 비자야나가르 왕국의 힘을 서서히 약화시켰고, 고아와 국경이 접해 있는 비자푸르의 술탄은 포르투갈인 사회에 늘 위협적인 존재였다. 어떤 기록에 의하면, 이슬람 배들이 출현하면 그리스도교 사제들은 상륙해서 몸을 숨겨야 했다. 또 다른 기록에 의하면, 이슬람교의 세관관리는 여행하고 있는 사제들에게 규정 외의 관세를 요구하고, 지불을 거부하면 사제와 그 복사에게 폭행을 가했다.[29] 종종 이슬람교로 개종한 포르투갈인들이 고아 근처에서 공격을 주도하기도 했다. 1570~1571년에 비자푸르의 술탄이 고아를 점령했을 때는 수많은 사람이 죽었고, 일찍이 건강하고 아름다웠던 고아는 시체에 의해 오염되어 두번 다시 예전의 모습을 되찾지 못했다. 리치와 함께 여행했던 파시오는 이렇게 썼다. "그때부터 여기는 그리 건강한 땅이 아니었다. 분명 여기서 살해당한 수많은 무어인의 시체 때문에 공기가 썩었음에 틀림없다."[30]

그러나 이런 위험은 인도 북부에서 서서히 팽창하고 있던 거대한 무굴 제국의 위협에 비하면 아무 것도 아니었다. 리치는 당시 무굴 제국을 다스리던 악바르에 대해 떠돌던 풍문을 듣고, 악바르는 "70개의 왕국을 지배하고, 30만 명의 기병을 전투에 동원하는 권력을 지녔으며, 2만 마리의 코끼리를 보유하고 있었다"고 썼다. 또한 현존하는 리치의 편지 가운데 가장 오래된 것—1580년에 코임브라의 친구에게 보낸 것—에서 그는 악바르가 이슬람교를 거부하고 아마도 그리스도교로 개종할지 모른다는 예상이 알려졌을 때의 흥분을 이야기했다.[31] 리치가 이런 근거 없는 낙관론을 갖게 되었던 것은 악바르가 몇몇 포르투갈 사제와 고문을 호의적으로 영접하고, 1579년에 조신(朝臣) 사이드 압둘라 칸을 외교사절로 고아로 파견했기 때문이다. 사이드 압둘라 칸은 악바르의 서한을 지니고 있었는데, 그 내용은 수도 파테푸르 시크리 시로 두 명의 가톨릭 전교사와 '중요한 법률서와 복음서'를 보내 달라는 것이었다. 그렇게 하면 사절들과 그리스도교에 대해서 논의할 수 있다는 것이었다. 이것은 한 예수회원이 기록했듯이 "무어인이 '지력에 관한 한 그리스도 교도는 야만적인 금수와 같다'고 거리낌 없이 말하는 현실을 고려하면" 희망적인 일이었다.[32] 악바르는 자신의 성의를 표시하고 전교사들이 편하게 여행할 수 있도록 노새 두 마리를 보냈다. 리치는 고아의 총독 이하 정치·군사·종교상의 유력인사들이 압둘라 칸 사절 일행을 음악을 연주하며 환영하는 화려한 장면을 묘사했다. 압둘라 칸은 예수회 학교, 도서관, 약국, 교회, 식당을 방문하고, 성모 성화에 경의를 표하고, 교회 성가대의 노래에 귀를 기울이고, 16명 이상의 예수회 신부들이 그의 방문기념으로 마련한 신학 토론회에 참가했다. 그때마다 리치는 흥분을 억누를 수 없었다. 리치는 사제 3명이 악바르에게 줄 선물로 막 도착한 8권짜리 다국어 대조 『플랑탱 성서』를 갖고 출발하는 모습을 적으면서 "우리는 모든 인도인의 개종을 바랄 뿐이네"라고 말했다. 다만 어떤 예감이 들었는지 그는 이렇게 덧붙였다. "'이것은 이슬람 교도이다'라고 말할 때에는 악마가 갖가지 어려움을 초래하여 우리의 앞길을 가로막을 가능성도 포함해서 말하고 있는 것이네. 지금까지 악마는 우리 계획을 방해해 왔으니까."[33]

악바르는 그 다국어 대조 성서에 약간은 흥미를 보이며 책장을 넘겼고 (예수회원들의 설명에 따르면 각 권마다 입을 맞추었다), 가톨릭 사제들을 초청해서 고위 이슬람교 성직자와 종교에 대해 장시간의 토론을 하게 했으며, 자기 아들에게 포르투갈어를 가르치겠다고 약속하고, 미사의 전례를 참관하기도 했다. 그러나 악바르는 그리스도교에 대해 그 이상의 관심을 보이지 않았다.[34] 파테푸르 시크리에서 전교사들이 목격한 바에 따르면, 악바르는 사절을 접견할 때 멍한 표정을 하고, 사절이 조금 자세한 이야기를 하면 무슨 말인지 못 알아듣는 것 같았다. 악바르는 "아편에 빠져서 아편 껍질, 사향열매, 육두구, 대마 같은 것을 섞어 만든 음료를 애용했기 때문이다. 그래서 그는 감각이 마비되고, 엔디미온(Endymion, 그리스 신화에서 한없이 잠에 빠져 불로불사의 젊음과 아름다움을 유지하게 된 젊은이—옮긴이)의 잠에 빠진 것은 아닌가 하고 오해할 정도였다."[35] 이런 다양한 보고를 종합하여 마침내 리치는, 악바르가 진심으로 개종을 바란 적은 한번도 없으며, 예수회원을 수도로 초대한 것도 다른 동기가 있어서라고 결론을 내렸다. 그 동기란 "이슬람교 이외의 종교에 대해서 무언가 새로운 지식을 얻고 싶은 단순한 호기심 때문이거나, 그렇지 않으면 무언가 정치적 목적이 있어서 그것을 달성하기 위해서는 포르투갈인의 도움을 얻는 것이 상책이라고 생각했기 때문이라네."[36]

예수회원들은 "악바르는 망상에서 깨어나 마호메트가 틀렸음을 알고, 그의 가르침이 새빨간 거짓말이라는 것을 마음속으로부터 깨달았다"는 자신들의 희망적 관측이 오판이었다는 것을 알았다. 반면 일부 예수회원들은 적어도 "악바르가 유대 교도들의 강력한 적"이라는 사실에서 위안을 찾고 희망을 버리지 않았다.[37] 실제로 유대교에 대한 악바르의 태도는 당시 고아에 있던 종교재판소의 방침과 일치했다. 그러나 리치는 종교재판소가 개종유대인 이른바 '새 그리스도인'이라고 불린 유대인을 적대시하는 것은 옳지 않다고 속으로 걱정하고 있었다. 그들은 어쩔 수 없이 그리스도교로 개종한 유대계 가정 출신이었다. 1497년, 유대인은 포르투갈에서 추방되었고, 그 후 여러 해에 걸쳐 유대계 가정의 강제 개종이 행해졌던 것이다. 리치는 대담하게도 1581년 아콰비바 총장에게 보낸 첫번째 편지에서 개종유대인에 대한 종교재판소의 공격에 대해 우려의 뜻을 표명하고 있다.[38]

때마침 리치가 고아에 체재하고 있던 1578년에서 1582년에 걸쳐서 종교재판소는 유대 교도나 원래 유대 교도였던 사람들이 초래할 위협에 확실히 신경을 곤두세우고 있었다. 흥미로운 것은 이 시기에 종교재판소가 유대인에 대해 신경질적이 될 만한 까닭이 있었다는 사실이다. 아마도 그 전후의 어느 시기를 보아도 종교재판소가 그토록 정당한 이유를 내세워 유대교도에게 눈을 부라린 적은 없었을 것이다. 그도 그럴 것이 1578년 알카자르퀴비르 전투에서 세바스티앙 왕이 패한 후, 유대 교도에 대한 공포감이 급속히 다시 부상했기 때문이다. 세바스티앙 왕이 후사 없이 전사하고, 포르투갈의 장래가 불투명해지자 포르투갈은 물론 포르투갈의 해외 영지도 유대 교도에 대해서 극도로 신경질적인 태도를 드러냈다. 모로코의 유대인은 세바스티앙 왕이 승리하면 그들 모두를 그리스도교로 개종시킬까 봐 두려워했으므로 그의 전사 소식을 듣자 노골적으로 기뻐했고, 이후 세바스티앙의 사망일을 제2의 부림절(Purim)*로 정하여 축제일로 삼았다. 하지만 이러한 유대인의 태도에 응대하기라도 하듯 전쟁이 끝난 직후부터 포르투갈에서는 세바스티앙 왕이 죽지 않았다든가(사실 그가 죽는 것을 본 사람은 없었다) 유럽으로 탈출했다는 소문이 퍼지기 시작했다. 그리고 왕의 이름을 사칭하는 자가 등장하고 '세바스티앙주의'(Sebastianismo)라 불리는 세바스티앙 숭배 신앙이 생겨났다. 사람들은 언젠가 세바스티앙 왕이 귀국해서 백성들에게 자유를 되돌려 줄 것이라고 믿었던 것이다. 한편 세바스티앙주의는 언제부터인가 하나의 사상과 융합하고 있었다. 그것은 이보다 한 세기 전, '예언자'라는 이름으로 알려진 곤살로 아네스의 저술에서 비롯된 사상이었는데, 그 사상은 세바스티앙 숭배와는 별개였지만 은밀하고 위험한 사상이라는 점에서는 같았다. 아네스는 포르투갈의 제화(製靴) 직인으로, 16세기 전반에 새로운 구세주의 도래를 예언하는 공상적인 팜플렛을 썼다. 아네스는 애매하면서도 대담한 말로, '감추어진 자'(Encoberto)에 대해서 말하고 있다. 이 '감추어진 자'는 포르투갈 지배 아래에서 이상향이라고도 할 수 있는 세계제국을 건설할 왕자라고 했다. 아네스의 사상은 개종 유대인 사이에서 절대적인 인기를 얻었다. 그래서 1541년 종교재

---

*B.C. 5세기경에 페르시아 통치자들의 손에 죽을 위기에 처해 있던 유대인들이 목숨을 구한 사건을 기념하는 유대인들의 축제일—옮긴이.

판소는 아네스의 팜플렛을 발매금지시켰다. 아네스도 재판에 회부시켜 그의 주장이 잘못되었다는 것을 스스로 인정하게 했다.[39]

1580년, 스페인이 포르투갈을 병합했을 때, 아네스의 저작은 세바스티앙주의를 신봉하는 애국적 포르투갈인의 분노를 부추기는 역할을 했다. 이전부터 개종했던 유대인이든, 새로 개종한 유대인이든 모두 아네스 사상의 영향으로 스페인의 지배에 대한 반감이 심화된 것은 사실이다. 그래서 1581년 종교재판소는 또다시 아네스의 저작을 금서로 규정하는 명령을 발표했다. 이 세바스티앙의 그림자에 더하여 인기 있는 돈 안토니오도 펠리페 2세의 포르투갈 왕위 계승을 위협하는 막강한 인물이었다. 안토니오는 어떤 포르투갈 왕자와 비올란테 고메스라는 개종한 유대인 여성 사이에서 태어났다. 1581년 돈 안토니오는 스페인 군의 압박을 견디다 못해 포르투갈에서 탈출했지만, 스페인에 적대적인 나라들로부터 도의상의 지지를 얻고 일정하게 군사적인 후원도 받았다. 그 덕분에 비록 돈 안토니오를 돕기 위해 파견된 프랑스의 소함대가 패배를 당하긴 했지만(프랑스는 돈 안토니오가 포르투갈 왕국을 재건하면 브라질을 주겠다고 약속하고 그를 지원했다), 그는 1582년이 되어서도 아조레스 제도에서 저항을 계속하고 있었다. 하지만 1583년 여름 아조레스 제도가 스페인 수중에 들어감으로써, 해양제국을 이끄는 펠리페 2세는 잠재적 위협이었던 돈 안토니오 세력을 일소하는 데 성공했다.[40]

리치는 유럽에 사는 유대인의 고통을 무척 잘 알고 있었을 것이다. 그는 그들의 고통을 일찍부터 보았다. 그가 여덟 살 때, 마체라타에서는 고리대금업을 하는 유대인에게 맹렬한 공격을 가한 일이 있었다. 그가 12세 때인 1564년에는 많은 시민들이 마체라타의 도살장을 운영하는 유대인에게 사순절 기간에 특별허가가 없는 한 고기를 팔지 못하게 하기도 했다.[41] 한편 안코나는 한때 스페인과 포르투갈에서 추방당한 유대인들의 피난처였다. 리치는 이곳 유대인의 활동에 대해서도 어느 정도는 알고 있었을 것이다. 왜냐하면 종교재판소가 안코나의 유대인을 박해하자 중동지역의 유대인이 안코나와의 무역을 거부했고, 불안해진 안코나의 가톨릭교도가 종교재판소의 의사록을 마체라타로 옮기려는 소동이 있었기 때문이다.[42] 그러나 개종정책의 대표자로서든 개종정책의 적으로서든 유대인이 사람들의 눈길을 끌었던 곳은 무엇보다 교황이 사는 로마였다. 리치가 로마에서 수련기간을 보냈을 때, 로마의 유대인은 1555년에 제정된 엄격한 법률 아래에서 살고 있었다. 이 법률에 의해 유대인들은 갑갑한 유대인 거주지역에서 살아야 했고, 밤이나 수난주간에는 인구가 조밀한 유대인 거주지역에서 바깥으로 나가는 것이 금지되었다. 매주 토요일 오후 2시가 되면 유대인들은 '성삼회'(聖三會) 성당에서 열리는 강론에 참석해야 했다. 남자들은 강론대 앞 의자에 앉고, 여자들은 눈에 띄지 않는 2층 발코니에 모여 있게 했다. 그러면 교회에 모인 로마 시민과 로마를 찾은 순례자들이 유대인 주위를 무리지어 에워싸고 호기심어린 눈으로 빤히 쳐다보았다. 개종하려는 유대인(세례청원자라고 불렀다)은 흰 옷을 입고, 새로 세례받은 유대인(신개종자라고 부른다)은 검은 옷을 걸치고 그리스도인들 사이에 앉았다. 유대인에게 강론을 폈던 사람은 예수회 신부 파세비노(때때로 카푸친회의 루푸스 수사나 프란치스코 마리아 신부가 담당하는 경우도 있었다)와 개종한 유대인(대개 안드레아라는 이름의 유대인이 담당했다)이다. 그들은 구세주나 바빌론 포로기에 대한 설명을 하고, 솔로몬의 영광이 지니는 참된 의미를 강론했다. 강론에 인용된 구약성서의 구절은 유대인들이 그날 아침 유대교 회당에서 전혀 다른 해석으로 들었던 것이었다. 1578년 이후 세례를 받은 유대인은 새로 설립된 히브리 신학교 입학이 허가되어 모국어인 이탈리아어 외에도 라틴어와 히브리어를 배웠다. 히브리 신학교는 교황 그레고리오 13세로부터 매달 100크라운씩 기부를 받았다. 1년 뒤에 학생수가 크게 불어났는데, 그 이유는 전직 랍비였다가 그리스도교로 개종한 밥티스타 로마노가 직접 젊은이들을 중동에서 로마로 데리고 돌아왔기 때문이다.[43] 그레고리 마틴이 기록한 대로 세례받기를 원하는 유대인은 이따금 "이제 그런 인물을 참을 수 없어 하는 유대 교도들로부터 추방당하고" 세례청원자용 기숙사에서 특별 선생한테서 교육을 받았다. 세례를 받을 수준에 도달했다고 인정되는 유대인들은 1년에 두 번, 부활절 전야와 성령강림절 전야에 집전되는 새 개종자의 세례 미사에 참석하게 되어 있었다. 리치가 로마에 있을 때 그 미사는 성 아사프(St. Asaph) 성당의 주교 토머스 골드웰의 집전으로 성 요한 라테란(St. John Lateran) 성당의 콘스탄틴 성수반(聖水盤)에서 거행되었다. 골드웰 주교도 자신의 고향 웨일스에서 망명한 사람이었다.[44]

유대인은 로마의 경제생활에서도 중요한 역할을 했다. 교회는 그리스도인들이 비싼 이자를 받고 돈을 꾸어 주는 일을 하지 못하게 했기 때문에, 유대인은 과거와 마찬가지로 변함 없이 고리대금업계를 지배했다. 의류업계에서도 유대인은 두드러지는 존재였다. 유대인이 광장에 늘어놓은 화려한 색상의 의류, 벽걸이용 장식포, 직물 등은 로마의 명물 가운데 하나였다. 유대인 기업가들은 공업 방면에서도 신규사업을 적극적으로 벌여 의류 생산—한때 콜로세움 유적이 생산기지로 사용되었다—과 비단 제조업에서 새로운 모험을 시도했다. 베네치아의 유대인이 1년에 두 번이나 누에를 부화시키는 방법을 개발했다는 소식이 전해지자, 한때 로마는 생사(生絲) 무역에 높은 관심을 기울였다. 가구 제조업에 종사한 어떤 유대인 발명가는 침대와 책상을 하나로 결합시킨 접었다 폈다 하는 가구를 발명했는가 하면(그러나 판매에는 실패했다) 또 다른 발명가는 50정에 달하는 화승총을 일렬로 설치하는 장치를 만들어서 기관총 개발에 선구를 이루었다.[45] 하지만 장사가 번창하든 그렇지 못하든 간에 유대인들은 세속권력과 종교권력 양쪽이 닥치는 대로 자행하는 경제적 착취를 감수해야 했다. 특히 개종한 유대인은 배교자로 고발당할까 봐 늘 경계해야 했다. 그리스도교를 배반했다고 비난받으면 종교재판소가 조사에 나섰고, 가혹한 처벌을 받을 우려가 있었다. 그레고리 마틴에 의하면 1570년대의 종교재판소는 '이단자·배교자·마술사·요술쟁이'에게 엄중한 태도를 보였다. "종교재판소는 그런 사람들의 영혼을 구제하기 위해서는 어떤 수단도 가리지 않았으며, 그들이 회개하면 정중한 구제와 면죄를 베풀었다." 이 말을 증명이라도 하듯 안코나항 한 곳에서만 수십 명의 유대인이 화형에 처해져서 재로 변했다.[46]

16세기 내내 포르투갈의 유대인은 차츰 국외로 탈출하여 안코나항(우선 교황령이 유대인의 피난처가 되었다)이나 고아나 코친으로 도망쳤다. 물론 포르투갈인도 유대인이 밖으로 빠져 나가는 것을 알고 있었다. 1560년 고아에 종교재판소가 공식적으로 설치되고 대(大)종교 재판관이 부임했다. 그러나 이보다 훨씬 전(정확히 1543년)부터 고아의 종교재판소는 사형을 실시하고 있었다. 첫 희생자는 제로니모 디아스라는 개종 유대인 의사였는데, 그는 몰래 유대교 의식을 행했다는 죄로 화형을 당했다.[47] 1560년대에는 고아 남부의 코친 왕국에 정착한 유대인이 얼마나 많았는지 한 가톨릭 성직자가 코친의 인도인 군주(개종 유대인을 측근으로 뽑는 일도 있었다)를 '유대인의 왕'이라고 비꼴 정도다.[48] 이 '유대인 배교자'(perfidia judaica)를 뿌리 뽑기 위해서 가톨릭 사제들이 남부로 파견되었다. 사제들은 일부 개종 유대인을 체포해서 고아의 종교재판소로 압송했다.[49] 종교재판소의 염탐꾼은 특히 '흰 유대인'을 감시하고 있었다. '흰 유대인'이란 코친이 유대인의 안식처라는 소문을 듣고 튀르크에서 호르무즈 해협을 거쳐 고아에 도착한 포르투갈 출신 유대인들이다. '흰 유대인'은 '검은 유대인'이나 유대교로 개종한 지 얼마 안되는 원주민 이상으로 위험시되고 있었던 것 같다. '검은 유대인'은 인도 남부의 토착 인도계 주민과 결혼한 유대인을 말한다.[50]

1571년 세바스티앙 왕의 총애를 받던 바르톨로메오 데 폰세카가 고아의 종교재판관으로 임명되자 유대인은 살기가 더욱 힘들어졌다. 폰세카는 서른이 채 안된 젊은 나이였지만, 기쁜 마음으로 임무를 수행하며 광신적으로 이단자를 색출했다. 폰세카는 개종 유대인에 의해 인도가 "은밀히 파괴되고 있다"고 했고, 개종 유대인을 "하느님을 죽인 자들"이라고 부르길 좋아했다. 또한 자기가 행한 심문의 횟수나 자기가 가득 채운 감옥의 수, 그리고 직접 화형에 처한 자들의 자식이나 손자의 수와 "자신의 손으로 묘를 파헤쳐서 유골을 끄집어낸 자들"의 수가 얼마나 많은지를 자랑하는 일도 적잖았다.[51] 1578년 9월 리치가 고아에 도착하고 두 달이 지난 뒤, 폰세카는 자랑스럽게 "나는 이 고아를 불길로 뒤덮고 이교도와 배교자의 시체에서 나온 재로 가득 채웠다"고 적고 있다.[52] 리치의 초기 편지를 보면, 인도에서 잔혹한 화형이 널리 행해지는 것에 대해 리치가 걱정하고 있었다는 것을 알 수 있다. 고아에서는 1575년과 1578년에 두 번의 대대적인 화형이 행해졌다. 리치는 이 사실을 알았기 때문에 더욱 우려했을 것이다. 1575년에는 19명이 화형을 당했는데, 2명은 루터의 교리를 믿은 죄로, 17명은 유대교를 믿은 죄로 처형되었다. 1578년에는 17명이 화형당했다. 이때는 전원이 '유대교를 믿은 이단자'라는 이유로 처벌되었다.[53]

이런 정세 속에서 예수회의 입장은 미묘했다. 화형은 공포로 가득 찬 종교의식이지만, 복잡한 세속적인 집회의 일면도 지니고 있었다. 요컨대 화형은 교회와 거리 양쪽에서 의식을 거행할 수 있는 기회였던 것이다. 우선 교회에서 취조를 한 후, 희생될 사람과 재판관들이 긴 행렬을 지어 거리에서 눈부신 행진을 벌였다.(이단사상을 버리고 참회하여 죄를 용서받은 사람들도 행렬에 가세했다. 그 수는 죽음을 눈앞에 둔 사람들보다 많았다.) 유죄선고를 받은 자들에게서 몰수한 재산은 교회와 종교재판소에서 일하는 자들의 주된 수입원이었다.[54] 일반적으로 예수회원들은 유죄가 인정되어 화형으로 죽을 운명에 처해진 사람들의 고해사제를 맡았고, 재판에는 입회인으로서 공식적으로 참가하고, 유죄판결문에도 정식으로 서명했다.[55] 다른 한편으로 1570년대 메르쿠리안 총장이 우수한 인재를 적극적으로 찾은 일도 있고 해서 예수회 자체를 보면 유대계 그리스도교 개종자가 다수 고위직에 올라 있었다. 그들 중에는 그 후 인도에서 요직에 오른 사람도 있었다. 리치와 함께 성 루이지호를 타고 출발한 한 사제도 이런 경력을 밟은 유대계 인물이었다.[56]

인도의 예수회원들은 이슬람 교도나 유대 교도들보다는 좀더 가톨릭 교리를 수용하기 쉬운 고아 남부의 토착민 그리스도교들에게 더 많은 정력을 기울였다. 우리는 젊었을 적 마테오 리치의 편지에서 그가 열심히 정세를 관찰했음을 알 수 있다. 흔히 '성 토마스의 그리스도 교도'로 알려진 이 토착 그리스도 교도는 가톨릭 신부들에게는 문제인 동시에 전교의 기회가 되었다. 교회의 전통적인 설명에 따르면, 토마스 사도는 소아시아를 횡단해서 인도의 서부 해안을 따라 남하하여, 코친에서 수많은 사람을 개종시켰으며, 현재의 마드라스까지 여행을 계속하여 이곳에서 순교한 것으로 되어 있다.[57] 유럽인들은 오랫동안 이들을 '말라바르 그리스도 교도'라고도 불렀고, 이들에 대해서 막연하나마 지식을 갖고 있었다. 처음에는 약간 혼란이 있었지만(인도 남부에 도착한 최초의 포르투갈인 항해자는 힌두교의 여신인 칼리의 신상 앞에서 예배를 올렸는데, 그는 그 신상을 성모 마리아 상으로 믿고 있었다), 유럽인은 곧 인도 남부의 그리스도 교도야말로 '말라바르 그리스도 교도'라고 생각하게 되었다. 이 그리스도 교도가 현지 이슬람 군주로부터 자기들을 지켜 달라고 포르투갈인에게 요청해 왔기 때문에 '발견자'인 포르투갈인은 크게 기뻐했다. 포르투갈인은 재빨리 이 기회를 최대한 이용했다. 곧 보호를 약속하고, 그 대가로 코친에서 생산한 값비싼 후추의 실질적인 무역독점권을 챙겼다.[58]

그러나 '말라바르 그리스도 교도'의 교리를 자세히 조사해 보니 그들은 성모가 천주의 어머니가 아닌 그리스도의 어머니로 믿고 있다는 것을 알게 되었다. 이 점에서 가톨릭의 교의와 결정적으로 달랐기 때문에 그들에게는 네스토리우스파라는 낙인이 찍혔다. 네스토리우스파는 초대 교회 내의 소수 분파로서 이단으로 선고받은 파이다. 또한 그들이 여전히 시리아 교회로부터 영적 영감을 얻고 그 지도를 따르고 있는 것도 확실했다.

16세기 가톨릭은 이 새로운 문제를 어떻게 해결하느냐를 두고 분열되었고, 그 분열은 크나큰 혼란으로 이어졌다. 예컨대 코친 교회의 한 주교는 고아의 공의회에 모인 교회 지도자들로부터 이단자로 비난당했다. 그렇지만 그 주교는 포르투갈의 정치 지도자와 교황에게 자신의 교리적 정통성을 확신시키고, 추기경 후보까지 되었던 것 같다.[59] 리치가 인도에 도착했을 때 교황은 이미 코친의 그리스도 교도에 대한 관할권을 적대적인 두 주교에게 맡기기로 결정했다. 이 두 주교는 모두 네스토리우스파 시리아 교회의 교부와 관계가 있었지만, 그럼에도 로마 교회 내에서 자신들의 정통성을 주장하며 한걸음도 물러서지 않았다. 포르투갈인은 자신들의 요구를 충실히 따르는 인물을 원했기 때문에 이 두 사람 다 마땅찮아했다. 두 주교 가운데 시몬(Simon)은 프란치스코회의 지원을, 아브라함(Abraham)은 예수회의 지원을 받고 있었다. 우위에 선 사람은 예수회의 지지를 얻은 아브라함이었다. 아브라함은 예수회의 도움을 얻어 바이픽콧타(Vaipikkotta)

에 중요한 신학교를 설립하고 그의 우위를 더욱 확고히 했다. 이 신학교에서는 50명의 학생이 라틴어와 칼데아어 기도문과 신학을 배우고, 미사 때는 고대 시리아어를 사용했다. 그러나 1579년 11월, 리치가 코친에 파견되었을 무렵에도 사태는 여전히 유동적이었다.(리치가 코친으로 간 이유는 병으로 나빠진 건강을 회복하기 위해서였다. 리치를 엄습한 병은 일종의 열병으로 거의 치명적일 만큼 위험했다. 그 해 11월 중에도 동료 예수회원 몇 명이 고아에서 그 병으로 생명을 잃었다.) 실제로 두 주교 중 어느 쪽을 지지하면 좋을지 리치는 갈피를 잡지 못하고 있었다.[60]

그러나 가톨릭 내부가 혼란에 빠져 있었음에도 불구하고, 이 지방의 다른 종교상의 규정이 바로잡혔다는 것은 리치가 보기에도 확실했다. 일찍이 말라바르의 사제들을 관찰했던 사람은 다음과 같이 기록했다.

> 말라바르의 사제들은 삭발례를 반대했다. 원래대로라면 머리 중앙을 밀고 그 주위의 머리털을 남겨 두어야 하는데, 중앙의 머리털을 남기고, 그 주위를 밀어 버린다. 흰 셔츠를 입고 머리에는 터번을 두르고 맨발로 다니고 긴 수염을 늘어뜨렸다. 신앙심이 매우 깊었고, 우리가 여기서 하듯이 십자가를 건 제단에서 미사를 올린다. 미사를 올리는 사제는 좌우에 한 사람씩 시중드는 사람을 따라서 걸어간다. 사제는 우리와 달리 제병(가톨릭 미사의 핵심인 성체성사에 쓰이는 작은 밀떡—옮긴이) 대신 소금간을 한 빵으로 성찬례를 거행하는데, 교회에 출석한 모든 사람들에게 골고루 돌아갈 양의 빵을 하느님께 바친다. 그리고 마치 축성을 받은 음식인 양 그 빵을 남김 없이 신자들에게 나누어 준다. 신자들은 너나 할 것 없이 모두 제단 아래까지 걸어 나와서 사제의 손에서 빵을 받아든다.[61]

하지만 그 후 고무적인 변화가 일어나서 리치가 갔을 때에는 "언어가 다른 점을 제외하면 이제 우리 교회와 아무런 차이가 없다"고 말할 수 있는 상황이 되었다. 언어의 차이조차도 개선하려고 생각하면 빨리 개선할 수 있었다. 로마에서 코친으로 인쇄기를 보내 주면, 로마식 성무일도와 미사

경본의 언어를 정확히 치환해서 새롭게 2개 국어 대조본을 만들 수 있다. 그렇게 되면 언어의 차이도 극복할 수 있었을 것이다.[62]

고아의 서양인 사제들이 질시하거나 견제했기 때문에 인도인 학생은 백인 학생보다 능력이 뛰어나더라도 고급 신학교육을 받을 길이 막혀 있었다. 리치는 이런 현실을 목격하고, 이곳의 인도인들은 "아무리 많이 안다 해도 백인에 비하면 재능을 인정받을 기회가 전혀 없습니다"고 놀라움을 표시했다.[63] 여기에서 리치는 토착 그리스도 교도를 가혹한 종교재판소의 손으로부터 지키려 한 예수회원들에게 공감을 나타냈다고 생각해도 좋을 것이다. 적어도 토착 그리스도 교도가 자신들과 로마 교회의 차이를 줄이려고, 실제로 조정하기까지 20년 동안 예수회원들은 노력을 계속했다. 그것은 이른바 집행유예기간이었다. 하지만 이런 관대한 자세가 일반적인 것은 아니었다. 리치가 도착하기 전 10여 년 동안 약 320명의 그 지역 인도인 그리스도 교도가 고아의 종교재판소의 '조사'를 받아야만 했다.[64] 단 리치가 인도인 그리스도 교도의 의례와 복장이 완전히 바뀐 것에 만족하고 있었다는 것은 분명하다. 다음은 리치가 코임브라에서 신학을 배웠던 엠마누엘 데 고이쉐에게 1580년 1월 18일에 보낸 편지의 일부인데, 그는 고이쉐라면 이런 세세한 부분에 대해서도 깊은 관심을 가졌을 것이라고 생각한 것 같다.

이곳의 그리스도 교도도 포르투갈 성직자들을 따라서 옷을 입고(이미 수염도 전부 깎았습니다), 우리의 제의와 똑같이 생긴 제의를 입고 미사를 드리며, 미사에서는 이전에 사용하던 빵 대신 제병을 씁니다. 그들은 양형영성체*를 하지 않고 "성체만 영하며"(sub una tantum specie), 사람들에게 성체를 주고, 성체성사*를 그 전보다 더 자주 행하고, 그 전에는 전혀 하지 않던 견진성사*와 병자성사*를 행하고 있습니다. 그들의 교회 건축양

---

* 양형영성체(兩形領聖體) : 미사 때, 빵과 포도주의 두 성체를 함께 받는 일—옮긴이.
* 성체성사(聖體聖事) : 성체를 받아 모시는 성사—옮긴이.
* 견진성사(堅振聖事) : 세례 받은 신자가 더욱 굳건한 믿음을 가지고 새로운 성령과 은총을 풍부히 받도록 주교가 신자의 이마에 성유를 발라 주는 성사—옮긴이.
* 병자성사(病者聖事) : 죽음에 임박한 신자가 생애 마지막으로 받는 성사—옮긴이.

식도 우리의 교회와 다르지 않습니다.[65]

이 편지를 쓴 지 4년도 되지 않아 리치는 중국 남부의 자오칭에서 머리와 수염을 깎고 승복을 걸치고 앉아 있었다. 리치는 중국의 종교인들은 존중받기 위해서 이렇게 하고 있는 것이라고 믿었기 때문에 제3자로서 냉정히 상황을 주시하는 여유를 잃고 문화적 적응이라는 애매모호한 영역에 스스로 들어가 버렸던 것이다. 물론 리치가 승려와 똑같은 모습을 하기로 결심한 이면에는 그 나름의 계산이 있었다. 중국인이 프리즘, 시계, 서적 등 외국의 물건에 흥미를 느껴 이 작은 집에 모여들면 종교문제에 대해서도 대화할 수 있을 것이고 작은 경당의 제단에 세워 둔 성모자 성화는 자신의 말에 시각적인 자극을 더해 줄 것이라고 생각한 것이다.[66]

리치는 한때 자신의 의도가 성공했다고 믿었다. 1585년 11월, 리치는 학창시절 친구 풀리가티에게 보낸 편지에서, 자오칭에 거주한 소수의 서양인들에 대해서 이렇게 말하고 있다. "지금의 내 모습을 자네에게 보여주고 싶으이. 나는 중국인이 되었네. 옷도 용모도 행동도 어느 모로 보나 우리는 영락없는 중국인이라네."[67] 리치 이전 시대부터 다수의 유럽인이 불교와 그리스도교의 유사점을 깨닫고 있었다. 리치 역시 불교와 그리스도교가 여러 면에서 아주 흡사하다는 것을 알고 있었다. 사제의 복장, 전례 때 부르는 단율성가(canto fermo), 독신생활과 내핍생활의 옹호, 사원, 불상, 탑, 종, 그리고 조각된 상이나 그림까지 비슷했다. 그래서 리치는 이런 농담을 하기도 했다. 절반은 이탈리아인(머리를 짧게 잘랐다), 절반은 포르투갈인(수염을 잘랐다)의 모습을 하고, 그리스도교의 기본적인 생활습관을 따르면, 중국인에게는 스님으로 보일 것이라고.[68]

겉모습만을 비슷해 보이게 하는 것이 잘못이었다는 것을 리치가 깨달은 것은 여러 해 뒤의 일이다. 리치는 대다수 불교 승려가 사회적으로 낮은 지위에 있음을 깨닫기 시작하자 차츰 그때까지의 생각을 버렸다. 1592년 아콰비바 총장에게 보낸 편지에서 리치는 이렇게 변명하고 있다. "우리는 위신을 높이기 위해 길을 갈 때는 걷지 않고, 중국의 고관들이 평소에 그러듯이 인부가 어깨로 짊어지는 가마를 타고 다닙니다. 이곳 중국에서는 이런 위신이 꼭 필요합니다. 위신이 없으면 이 이방인들 사이에서 전교에 성공할 가망성이 없습니다. 외국인이나 승려를 중국에서는 너무도 하찮게 여깁니다. 그래서 저희는 승려처럼 하찮은 존재가 아니라는 것을 보여주기 위해 다양하게 온갖 궁리를 짜내지 않으면 안됩니다."[69] 영향력 있는 중국 학자들이나 장상 발리냐노도 중국의 불교 승려를 따라한 복장이나 모습은 버려야 한다는 데 찬성해 주었다. 이에 확신을 얻은 리치는 마침내 1595년 여름 불교 승려 같은 모습을 그만두었다. 그는 마카오에 있는 친구 두아르테 데 산데에게 이런 편지를 썼다.

우리는 수염을 기르고 머리카락이 귀를 덮도록 내버려 두었다네. 아울러 지금까지 입고 있던 승복을 벗어 버리고 유학자가 공식적인 방문을 할 때 입는 옷을 입기로 했네. 중국 관리들이 공식 방문시에 입는 이 옷을 입고 수염을 기르고 나니 힘이 넘치는 것 같아. 이 옷은 자색(紫色) 비단으로 지었는데, 옷자락과 옷깃과 테두리에는 한 뼘이 조금 안되는 폭의 청색(靑色) 비단으로 가선을 둘렀다네. 소매에도 가선이 장식되어 있는데, 크고 넓은 소매는 베네치아에서 흔히 볼 수 있는 그런 형태라고 보면 좋을 걸세. 폭이 넓은 장식띠 역시 자색 비단에 청색으로 무늬를 놓은 것인데, 그것은 옷 위에서 동여매게 되어 있네. 옷이 큼직해서 띠를 매면 정말 편안하다네.[70]

리치는 이 옷을 입고 자수를 놓은 비단 신을 신었다. 아마 리치가 이토록 풍채 좋은 모습을 한 것은 로마에서의 학창시절 이후 처음이었을 것이다. 로마 대학의 이탈리아인 학생들(이들은 교황으로부터 특별 보호와 연금을 받았다)은 발까지 완전히 가리는 푸른 색이나 보라색 옷을 입었다. 하지만 그 밖의 학생은 수수한 검은 옷에 만족해야 했다. 고학을 한다든가, 외국에서 왔다든가, 이렇다 할 연금도 받지 못한다든가 하면 옷에 돈을 쓸 여유가 없기 때문이었다. 로마 대학만큼 유명하지 못한 학교에 다니는 학생들도

대다수는 수수한 검은 옷을 입고 있었다.[71]

이제 리치는 승복을 벗어 버리고 유학자의 옷을 입게 되었다. 말하자면 180° 바뀐 것이다. 그러나 리치가 곧바로 중국 사회에서 불교 승려의 지위는 낮고 유학자의 지위는 높다는 것을 깨달았던 것은 아니다. 생각을 바꾸기까지는 우여곡절이 있었다. 중국에 도착한 지 약 1년 뒤, 처음 중국의 종교에 대해서 생각한 리치는 중국에 세 가지 중요한 종교가 있음을 알았다. 유교·불교·도교가 그것이다. 리치의 눈에는 특히 유교가 중요한 종교로 보였다. 하지만 유학자들은 천국의 존재나 영혼의 불멸성을 믿지 않았고, 도교와 불교에서 말하는 악령이나 내세 등을 '하찮은 것'(una burla)으로 생각했다.[72] 그로부터 1년 뒤인 1585년 10월 아콰비바 총장에게 보낸 편지에서 썼듯이 리치는 문제가 훨씬 복잡하다는 것을 깨달았다. 한마디로 말해서 유학자들은 고대 그리스의 에피쿠로스 학파 같았다. 유학자의 신조가 여러 가지 점에서 에피쿠로스 학파가 주장한 정신적 쾌락주의와 비슷했기 때문이다. 이와는 대조적으로 중국의 일반 서민은 이른바 '피타고라스 학파' 같았다. 왜냐하면 영혼불멸설을 믿고, 피타고라스 학파처럼 불멸의 영혼이 인간계와 동물계를 윤회한다고 생각했기 때문이다.[73]

그 후 리치의 사고는 점차 또 다른 방향으로 나아갔다. 리치는 불교와 도교의 교의 일반을 각각 관찰한 결과, 거기에서 그리스도교의 삼위일체와 유사한 것을 발견했다. 세 가지 신성(神性)이 하나로 융합한다는 점에서 그러했다. 그런데 중세 유럽의 그리스도 교도는 이슬람교의 교리에 일종의 거짓 삼위일체가 포함되어 있다고 믿었다. 그것은 오랜 전통으로서 리치도 예외는 아니었다. 따라서 중국에서 이슬람교와 똑같은 거짓 삼위일체를 발견한 리치는 악마의 사업을 분명히 드러내야겠다는 생각이 들었다. "이 삼위일체 하나를 놓고 보면, 불교나 도교의 창시자가 거짓말로 가장하고 있다는 것이 확실하다. 그들은 창조주와 똑같은 존재가 되려는 희망을 버리지 않고 있다."[74] 한편 리치는 유교에 대한 지식도 깊어져서 국가나 가족에 대한 윤리적 가치가 유교의 핵심을 이룬다는 것을 알게 되었다. 또 유학자가 조상이나 공자를 제사 지내는 이유도 이해했다. 리치에 의하면 각 도시에 설치된 서원이 '유학자의 고유한 사원'이라고 한다. 그러나 이제 리치는 유교가 내세의 존재 유무에 대해서 중립적인 입장을 취하고 있기 때문에 많은 유학자가 "유교와 동시에 불교나 도교를 믿고 있다"고 간파했다.[75] 그 결과 리치는 새삼 3교를 통합하려 하는 중국의 사조를 목격하고, 상당히 정확한 평가를 내릴 수 있었다. 이 사조는 명 말기에 유행했던 삼교합일론(三敎合一論)으로 이어진다. "현재, 누구보다도 가장 현명하다고 자부하는 이들 사이에 가장 널리 퍼진 의견은 3교가 결국 하나이며, 3교를 동시에 믿어도 상관없다는 것이다. 그리하여 그들은 자신과 타인을 속이고 큰 혼란을 불러일으키고 있다. 그들은 종교에 관한 한 종교에 대해서 말하는 방식이 많아지면 많아질수록 나라에도 큰 이익이 된다고 생각하는 것 같다."[76]

　중국의 종교와 윤리사상의 기저를 이루는 3교에 대한 이해가 깊어짐에 따라 리치는 이미 유럽에서 알았던 3교, 곧 이슬람교·그리스도교·유대교에 대해서도 인식을 새롭게 했다. 잘못된 인식이긴 했지만 리치가 본 사실을 그대로 반영하고 있었음은 확실하다. 필시 리치는 유럽에 있을 때부터 중국에 다수의 이슬람 교도가 있다는 것을 알고 있었을 것이다. 갈레오테 페레이라와 가스파르 다 크루스가 출판한 중국 견문기에 그 사실이 실려 있었기 때문이다. 또한 두 사람 모두 상당히 막연하긴 하지만 이슬람 교도가 어떻게 극동에 도착해서 이슬람교를 퍼뜨렸는지에 대해서 추정하고 있었다.[77] 분명히 중국에 온 지 1년이 지난 뒤에도 리치의 지식은 중국에 오기 전과 별반 차이가 없었다. '무어인'이 존재한다고 말하면서도 그들이 어떤 경로로 중국에 왔는지는 "전혀 모른다"고 덧붙였기 때문이다.[78] 그러나 그 후 리치는 이슬람 교도의 교역 유형에 대해서 인식을 새롭게 하기 시작했다. 수십만의 이슬람 상인—리치는 이들에 대해 '사라센인' '무어인' '튀르크 종파의 신봉자' 등 다양한 호칭을 사용하고 있다—은 페르시아에서 중앙아시아를 지나는 육로를 통해 중국 서역에까지 와서 비취·사향·대황(大黃) 같은 물건을 구해 갔던 것이다.[79] 게다가 1598년, 처음 베이징에 갔을 때, 리치는 희한한 이야기를 들었다. 아라비아에서 온 두 명의 이슬람 교도가 명 궁정에 사자를 선물로 바치고 그대로 베이징에 머무르며 예우를 받고 있다는 것이었다. 그는 중국인 신자 한 명을 두 이슬람 교도에게 보내, 그들을 만나서 전후사정에 대한 상세한 정보를 모으게 했다.[80]

통상로가 서쪽으로 뻗어 있으므로, 중국에 사는 대부분의 이슬람 교도는 서북부의 산시(山西) 성과 간쑤(甘肅) 성 일대에 거주하고 있었다. 과거 서하 왕국의 영역이다. 서하는 몽골인에게 1227년에 멸망당했다. 그런데 리치는 1500년 티무르 제국의 붕괴와 뒤이은 중앙아시아의 이슬람 교도 사이에서 일어났던 이주 열풍에 대해서 자세히 알지 못했던 것 같다. 또 1502년에 건국된 이란인 국가 사파비 조(朝)가 시아파의 가르침을 신봉했기 때문에 중국으로 온 이슬람 교도의 태반이 수니파였다는 것에 대해서도 리치는 정확히 알지 못했을 것이다.* 수니파 교도는 중국으로 이주함으로써 서방의 이슬람 국가들과의 낡은 정치적·경제적 유대를 상당 부분 끊었던 것이다. 그러나 중국에 살다 보니 리치는 중국에서 이슬람교가 확산되고 있다는 것을 알게 되었다. 리치 자신의 기록에 따르면, 1599년 리치가 난징에 머물 생각을 하게 된 것은 학자이자 관리였던 주스루(祝世祿, 리치에게 지필묵 제작자요 출판업자였던 청다웨를 소개해 준 사람)의 권유 때문이었다. 리치는 주스루에게서 난징은 외국인에게 관대한 곳이라는 말을 들었다. "난징에는 마호메트의 가르침을 따르는 사라센인이 대단히 많이 살고 있었다."[81] 또한 리치는 항구도시인 광저우에도 많은 이슬람 교도가 있다고 기록했다. 리치에 따르면 광저우의 이슬람 교도는 고의로 포르투갈인들의 악행에 대한 헛소문을 퍼뜨려서 광저우에서 증대하고 있던 서양인의 무역을 방해하려고 했다.[82] 하지만 리치는 중국의 이슬람 교도는 숫자는 많지만 상대적으로 신앙심은 약하다고 적고 있다.

중국은 저 멀리 서쪽 변경으로 페르시아와 인접하고 있기 때문에, 여러 시대에 걸쳐 많은 이슬람 교도가 들어 왔다. 그들의 자식과 후손이 계속

---

* 시아(Shia)파는 마호메트가 죽고 나서 그의 딸과 사위 알리(Ali)의 자손만을 이슬람의 정통으로 인정하여 칼리프(Calif)의 정통성을 부인하는 파이다. 수니(Sunni)파는 이슬람의 정통교파로서 전체 이슬람 교도의 90% 이상이 여기에 속하며 4대 칼리프까지를 마호메트의 정통 후계자로 간주한다—옮긴이.

늘어난 결과 이슬람교를 신봉하는 수천의 가정이 중국 전역에 퍼져 있다. 이슬람 교도가 없는 성(省)을 찾기 어려울 정도다. 그들은 화려한 모스크를 짓고 기도를 올리며 할례를 받고 의식을 거행한다. 그러나 우리가 아는 한 이슬람 교도에게 전교사는 없으며, 이슬람교를 퍼뜨리려 하지도 않는다. 중국의 법에 복종하며 살아가고 자신의 종파에 대해서는 전혀 알지 못하기 때문에 중국인으로부터 경시당하고 있다.

이런 연유로 이슬람 교도는 순수한 중국인으로 취급받고 반란을 모의한다고 의심받지도 않으며 학문을 익혀 관리가 되는 것도 허용된다. 그들 중에는 관직을 받고 그때까지 믿었던 신앙을 버리는 자도 많이 있다. 돼지고기를 먹지 않는 습관을 제외하면 도저히 이슬람 교도라고 여길 만한 것이 없다. 돼지고기만은 아무래도 익숙해지지 않았던 것이다.[83]

명대의 이슬람 교도는 과거 그들의 관습에 큰 변화를 주었다. 예컨대 모스크를 불탑(佛塔)식으로 짓고 모스크에 있던 첨탑(minaret)을 없앴으며, 본래는 첨탑에서 하던 기도시간 알림도 모스크의 문 바로 안쪽에서 하게 되었다.[84] 하지만 위의 리치의 분석에서 희망적 관측이 섞여 있다는 것은 부인할 수 없다. 아라비아 문자로 옮겨 적은 중국 문헌이 중앙아시아까지 퍼져 있었던 사실을 보아도, 당시 중국에서 이슬람교가 끈질기게 존속하고 있었다는 것은 확실하다. 중국어로 된 이슬람 문학도 더디지만 착실히 성장해 갔다. 또 서부지역에서는 이슬람교의 유력한 근거지가 한창 발전하고 있었다. 훗날 이 서쪽의 이슬람 세력은 중국의 안정을 위협하게 된다.[85]

다른 두 종교, 곧 네스토리우스파 그리스도교와 유대교는 사정이 달랐다. 리치는 난징과 중국 중앙부에 소수의 그리스도 교도가 있다는 것을 알고는 깜짝 놀라긴 했지만, 다 합해도 '대여섯 가족'에 불과하고, 본래의 신앙을 거의 잃어버린 상태라고 생각했다. 교회를 절로 만든 경우도 있고, 이슬람교로 개종한 사람도 적지 않았다. 그들에게 남아 있는 그리스도교의 흔적이라야 「시편」을 조금 알고 있다는 것, 돼지고기를 먹는다는 것, 식사 때에 성호를 긋는다는 것 정도였다.[86] 그 지역의 중국인 학자들도 직접 보았거나 항간에 떠도는 이야기를 들어서 네스토리우스파 그리스도 교도가 머리를 기른다는 것을 알고 있었다. 그들은 이런 사실을 근거로 리치에게 승려 같은 삭발을 그만두도록 했던 것이다.[87] 리치는 언어상으로 볼 때 중국에 처음 온 네스토리우스파는 원래 아르메니아인이라고 추측했다. 더욱이 그가 베이징에서 본 오래된 종(鐘)에는 교회와 십자가말고도 그리스 문자가 몇 개 새겨져 있었다. 이때 리치는 네스토리우스파 교도가 동방 교회(그리스 정교회)의 한 분파에서 이주해 온 사람들은 아닐까 하는 생각이 들었을 것이다. 리치는 여러 사람으로부터 16세기 전반 중국에서 그리스도교를 위협하여 신앙을 버리도록 하는 박해가 있었다는 말을 들었다. 아니 정확히 말해서, 중국의 이슬람 교도가 조만간 박해가 있을 것이라는 헛소문을 퍼뜨려서 그리스도 교도를 위협했던 것이다.[88] 1608년 리치는 마침내 중국인 예수회 평수사를 허난(河南) 성의 카이펑(開封)으로 파견했다. 최근에 개종한 카이펑 출신 문인 1명도 동행하도록 했다. 중국의 그리스도 교도에 대한 의문을 밝히기 위해서이다. 두 사람은 몇 명의 그리스도 교도를 찾았다. 그러나 그 그리스도 교도들은 전혀 반응을 보이지 않았다. "그들은 [그리스도 교도의] 후손이라는 것을 인정하려 하지 않았다. 그것은 평수사가 그들을 해칠 목적으로 질문을 하는 것은 아닐까 하고 두려워했기 때문이거나, 이 [교회의] 자손들이 자신들을 중국인으로 알아주길 바란 나머지 자신들에게 외국인의 피가 섞여 있는 것을 부끄러워했기 때문일 것이다. 외국인이라는 것은 어떤 나라에서고 명예스러운 일이 아니다. 특히 중국인 사이에서는 수치스러운 일이다."[89]

더욱 리치의 관심을 끈 것은 1602년에 어떤 '무어인'한테서 들은 이야기였다. 그것은 옛 서하왕국의 영토, 곧 중국 서북부에는 현재 이슬람 교도가 많이 살고 있는데, 그 중에는 "수염을 길게 기른 백인"도 있다는 것이었다. "그 백인들은 종탑이 있는 교회를 갖고 있고, 돼지고기를 먹으며, 마리아와 이자(Isa, 그들은 주 그리스도를 이렇게 부르고 있다)를 경배하고 십자가를 받들고 있다."[90] 당연히 리치는 이 소문의 진위를 확인하고 싶었다. 이야기의 내용으로 보아 그 그리스도 교도들이 굳건히 신앙을 지키고 있고,

또 초대 교회와 깊은 연관이 있다는 것을 엿볼 수 있기 때문이다. 하지만 1605년에 리치는 아콰비바 총장에게 슬픔에 잠긴 편지를 썼다. "거리가 너무 먼데다가 필요한 여비에 몇 스쿠도가 모자라서 누군가를 보내 그 백인들이 얼마나 되고 어디서 왔는지를 확인하는 것은 불가능했습니다." 이 그리스도 교도가 인도의 경우와 마찬가지로 네스토리우스파 교도라는 것을 발견하는 일은 리치의 뒤를 잇는 예수회원들의 몫이었다.[91]

리치가 처음 이런 그리스도 교도에 대해서 얻은 정보는 대부분 중국에 사는 유대 교도로부터 들은 것이다. 중국에서는 그리스도 교도가 자신의 신앙을 다른 사람에게 알리려고 하지 않은 데 비해 유대 교도는 자신의 신앙을 숨기려 하지 않았다.[92] 리치에게는 놀랍게도 유대 교도 쪽이 훨씬 개방적이었던 것이다. 사실 중국에 유대 교도가 있다는 것을 알았을 때 리치는 무척 놀랐다. 그 놀라움은 이슬람 교도(리치도 잘 알고 있었듯이 이슬람 교도는 동남아시아나 인도에서 막강한 세력을 과시하고 있었다)나 그리스도 교도가 존재한다는 것을 알았을 때보다도 더 컸다. 동방의 이슬람 교도나 그리스도 교도에 대해서는 꽤 오래 전부터 소문이 퍼져 있었기 때문이다. 리치는 편지와 『전교사』에서 1605년 여름 어느 날, 베이징의 사제관으로 아이톈(艾田)이란 60세의 노인이 방문했을 때의 모습을 제법 길게 회상하고 있다. 리치로서는 아이톈의 방문이 영원히 잊을 수 없는 사건이었을 것이다. 처음에 아이톈은 리치가 자신과 똑같은 유대 교도라고 착각했다. 리치가 갖고 있던 성모 마리아, 그리스도, 세례자 요한을 그린 성화를 리브가가 아들 야곱과 에사오와 함께 있는 그림으로 오해했던 것이다. 아이톈은 리치에게 중국의 유대 교도에 대한 이야기를 해주었다. 카이펑에는 7~8가족의 유대인이 있다, 그 유대인들은 1만 스쿠도의 비용을 들여 유대 교회당을 지었다, 자신의 두 동생 가운데 하나는 히브리어를 안다, 항저우에는 더 큰 유대인 공동체가 있다 등등을. 리치는 아이톈에게 다국어 대조 『플랑탱 성서』에서 히브리어로 쓰인 부분을 보여주었다. 노인은 그것이 히브리어인지는 알았지만 읽지는 못했다.[93] 중국에서 유대인의 역사를 해명하려고 생각한—중국에 유대인이 도래한 시기는 A.D. 1세기부터 7세기까지 여러 견해가 대립하고 있었다 ─ 리치는 카이펑의 유대교회당에 한 예수회원을 보냈다. 이 예수회원은 융숭한 대접을 받았고, 회당에 있는 히브리어 모세오경이 구약성서의 모세오경과 흡사하다고 생각했다. 그 히브리어는 "고대식으로 쓰여 있고, 모음점*이 없었다"는 사실로부터 이 유대인 공동체가 오랜 역사를 지니고 있다는 것도 알았다. 이제 유대인 공동체에서 히브리어를 읽을 수 있는 사람은 거의 없었지만, 대부분 할례를 받았고 돼지고기를 입에 대지 않았다. 그러나 베이징에 사는 유대인들은 율법을 문자 그대로 따랐다가는 굶어 죽을 것이라면서 음식에 대한 율법은 무시하고 있었다.[94] 리치는 몇 명의 유대인이 자신들의 종교와 무식한 랍비에 대해 불만을 품고 있음을 눈치채고, 그들을 그리스도교로 개종시킬 절호의 기회를 맞았다고 확신했다. 하지만 그 생각을 실행에 옮기는 데는 한 가지 장애가 있었다. 시간이 부족했던 것이다. 리치의 『전교사』에는 이런 기록도 있다. 카이펑에서 일군의 유대 교도가 왔다. 그들은 학자로서 종교인으로서 리치의 명성을 전해 듣고 있었기 때문에 리치에게 돼지고기 먹는 것을 그만두고, 유대교 랍비로서 자신들과 함께 생활할 의향은 없느냐고 말했다는 내용이다.[95]

아이톈이 말한 바에 따르면 이슬람 교도와 유대 교도는 서로 싫어하지만, 중국인은 유대 교도가 돼지고기를 먹지 않는 것을 보고 이슬람 교도를 연상하여 유대 교도를 간단히 후이후이로 부른다고 한다. 또한 아이톈은 리치가 중국어로 쓴 책을 카이펑에서 읽고 리치가 일신교를 믿는다는 것을 알았으며 그것이 이슬람교가 아닌 것을 아는 순간 리치는 틀림없이 유대 교도일 것이라고 생각했다는 것이다.[96] 확실히 그리스도교는 눈에 띄지 않는 존재였다. 리치는 중국인 친구들로부터 이슬람 교도처럼 관직을 얻으라는 권유를 받은 적도 있다. 리치는 심적으로 동요되어 발리냐노에게 의견을 물었다. 이슬람교는 사원을 짓고 『코란』을 거리낌없이 배포할 수 있는 특권을 누리고 있지만, 그리스도교는 그렇지 못했기 때문이다.[97] 수세기

---

* 고대 히브리어는 자음(또는 반자음 포함)만으로 이루어진 글자이다. 하지만 유대인들은 시간이 지남에 따라 자음 주변에 작은 점을 찍어 모음을 표현하는 체계를 만들어 사용했다 ─ 옮긴이.

전에 라몬 룰과 보카치오가 그랬던 것처럼 리치도 일신교를 받들고 있는 점이나 초기 예언자를 똑같이 인정하고 있는 점에서 그리스도교·이슬람교·유대교에는 어떤 유사성이 있다고 느꼈다. 그가 중국어로 그리스도교의 교리를 상세히 풀이한 책을 처음 출판했을 때, 그는 "책을 산 사람 중에 사라센인이 많이 포함되어 있다"는 것을 알았다. 리치는 그 책에서 그리스도를 예언자요 교사라고 하고, 십자가 수난에 대해서는 자세히 쓰지 않았다. 그 때문에 "사라센인들은 그것을 자신들의 교리와 비슷하다고 생각했다."[98] 1608년 8월, 리치는 아콰비바 총장에게 보낸 편지에서 자신의 책이 "무어인의 종교를 받드는 자들"에게 잘 팔린다고 하면서 그 까닭은 "중국어로 된 다른 어떤 책보다도 제 책이 하느님에 대한 기술이 훌륭하다고 생각하기" 때문이라고 적었다. 그래서 난창 일대의 유학자들은 예수회원들을 이렇게 비난했다. 예수회원들은 "타타르인이나 사라센인의 그림을 유포하고는 '이 그림은 땅에 오신 하느님을 그린 것으로 사람들에게 부와 번영을 가져다 주는 힘이 있다'고 말하고 있다."[99]

비록 승복을 벗어 버렸어도 리치는 그가 원하던 유학자로서의 새로운 정체성을 얻는 데는 실패했다. 1602년 리치는 마침내 황제 알현을 허락받고 옥좌 앞에 나아가게 되었다. 하지만 만력제는 접견의식에 임석하는 일이 없었기 때문에 옥좌에는 아무도 앉아 있지 않았다. 알현할 때 중국에 사는 3명의 이슬람 교도가 리치를 동행했다. 리치는 그들에게 알현 예법을 배웠는데, 중국 관리는 리치가 이슬람 교도와 '같은 나라 사람'이니까 그들과 동행하는 것이 좋겠다고 생각했던 것이다. 예부(禮部)에서 마련해 준 숙박시설에서 리치는 '사라센인들'과 함께 묵었다. 그들은 세계정세에 밝아서 베네치아·스페인·포르투갈·호르무즈·인도 등에 대해 리치와 대화를 나누었다.[100] 만력제는 리치가 궁정에 바친 선물을 받고 기뻐했으며, 예수회원에 대해 전해 들은 소문에 호기심이 생겨 만나 보고 싶다는 생각이 들었다. 물론 직접 대면할 수는 없다. 그래서 만력제는 궁정화가들에게 명하여 베이징에 있는 예수회원들의 전신상을 실물 크기로 그리게 했다. 현장에 함께 있었던 환관이 리치에게 전해 준 정보에 따르면, 만력제는 완성된 그림을 보고 "이 자들은 후이후이로구나"라고 말했던 것 같다.[101] 이것은 수염이나 복장의 문제로 국한시킬 수 없다. 외국인에 대한 중국인의 변함 없는 무관심이 근본적인 문제였다. 리치가 잘 알고 있었듯이 유럽의 역사는 대립하는 종교 사이의 대대적이고 광범위한 전장을 중심으로 전개되고 있었다. 그러나 그런 싸움도 중국에서는 반쯤 깔보는 듯한 한마디로 결론지어 버렸다.

그렇다고 해서 리치가 자신이 지니고 있던 전교의 사명감을 잃어버린 것은 아니다. 전교에 대한 정열이 식을 때면 언제나 그를 북돋워 주는 사람들이 있었다. 이를테면 가장 지쳤던 인도 체재시에는 예수회원 역사가 잔 피에트로 마페이한테서 그가 저술한 역사서에 붙일 서문 사본을 받았다. 당시 마페이는 아시아에서 포르투갈의 세력확장을 다룬 방대한 책을 집필 중이었다. 처음에 리치는 마페이로부터 인도의 지리와 정치에 대해서 질문을 받고도 별로 응답하지 않았다. 오히려 마페이가 자기보다는 "명예 있는 무어인이나 아주 똑똑한 브라만"에게서 정보를 얻는 편이 좋겠다고 시큰둥하게 말했다.[102] 하지만 마페이의 새 서문을 읽고 나서 리치의 태도는 완전히 바뀌었다. 몇 쪽 안되는 분량 속에서 마페이는 15세기에 스페인인과 포르투갈인이 앞장서서 행한 많은 세계 탐험을 높이 평가했다. 그 영향력과 중요성은 아브라함과 그의 자손들이 하느님의 말씀을 보존한 일이나 로마 교회가 교황의 권위를 발전시킨 것에 뒤지지 않는다고 평가했던 것이다. 이제 전지구적 탐험, 국제무역, 그리고 복음화는 혼연일체가 되어 큰 힘을 발휘하게 되었다. 마페이는 이런 과정을 아는 것이 가치 있다고 말한다. 왜냐하면 이런 과정을 알고 있으면 그리스도교가 전파되는 것을 보고 기쁨을 느끼고, 그것을 방해하는 악의 힘을 알고 슬픔을 느낄 것이기 때문이다. 또한 하느님의 뜻이 완성되기 위해서 하느님이 직접 세계에 종말을 가져오시지는 않을까라는 생각으로 희비가 엇갈리는 두려움을 맛볼 수도 있을 것이다. 아울러 마페이는 자기는 아무 것도 두렵지 않다고 말한다. 다만 자기가 이야기해야 할 역사가 깜짝 놀랄 성질의 것이라서 의심이나 불신을 초래할지도 모른다는 것이 염려스러울 뿐이라고.[103]

마페이는 하느님께서 특정한 사람의 운명을 인류를 위한 하느님의 원대한 계획에 중요하게 쓰이도록 정해 두었다는 대담한 주장을 했고, (예의바르게 미리 양해를 구한 뒤에) 역시 그에 못지 않은 대담함으로 하느님의 계획을 탐구하겠다는 자신의 결의를 밝혔다.

> 언제나 만물을 지배하시는 하느님을 소박한 순진함과 공손한 침묵으로 경배하는 편이 그분의 신비나 그분의 뜻을 간파하려고 경솔하게 헛된 노력을 하는 것보다 우리에게 더 나을 것이라는 현자(賢者)의 말은 지극히 옳다. 왜냐하면 모든 면에서 그토록 한결같고 규칙 바른 천상의 질서만큼 그 자체 안에 신비를 간직하고 있는 것은 없으며, 동시에 천상의 질서만큼 인간의 나약함으로 헤아리기 어려운 것도 없기 때문이다. 그럼에도 인간의 마음이 이성을 발휘하는 힘을 갖고, 인간이 도덕률의 존엄에 의해서 자신을 일으켜 세워 사물을 있는 그대로 판단하려고 하는 한에서는 하느님의 섭리가 삼라만상에 깃들어 있는 것처럼 생각된다. 하느님의 섭리는 만물의 기초를 미리 계획해 놓고, 비밀스러운 방법과 우리가 모르는 활동으로 그 목표를 달성하도록 인도한다.[104]

리치가 마페이의 짧은 서문 속에 나타난 방법론과 말에 깜짝 놀랐던 것은 분명하다. 리치는 마페이에게 "저는 당신의 역사서 서문을 읽고 정말 뛸 듯이 기뻤답니다"라고 답장을 썼다. "이 글을 읽는 사람은 모두 똑같이 기뻐할 것입니다. 당신이 사용하신 자료에 대해서 정확한 판단을 내릴 힘이 제게는 없습니다. 물론 그것은 제 무지의 소치입니다만 또 다른 중요한 이유는 바로 당신에 대한 저의 애정입니다. 그 애정 때문에 저는 당신이 무슨 말을 해도 기뻐하지 않을 수 없는 것입니다. 하지만 이것만은 말씀드리고 싶습니다. 만일 '발톱만 보고도 사자인지를 판단할 수 있다'고 하면, 저는 이 서문을 읽은 것만으로도 역사에 대한 큰 개념을 갖게 된 듯한 생각이 들었습니다. 그리고 그런 생각을 하는 것은 저뿐만이 아닐 것입니다."[105]

예수회 총장 클라우디오 아콰비바는 현장에서 활동하는 전교사들에게 편지를 보내 이런—하느님께 대한 봉사와 역사에 참여한다는 의식이 혼합된—흥분된 감정을 능숙하게 북돋워 주었다. 아콰비바는 극동에 있는 전교사들에게 현재 '교회의 어려운 상황'에서 극동 전교는 '소중한 기회'를 가져다 주며, 극동 전교야말로 「이사야」 41장 18절에 보이는 주님의 위대한 예언의 빛나는 성취라고 말했다.

> 대머리산에 개울물이 흐르고
> 골짜기에서 샘이 터지리라.
> 마른 땅에서 물이 솟아 나와
> 사막을 늪으로 만들리라.[106]

1586년 5월, 아콰비바는 리치와 그의 동료에게 보낸 편지에서, 일본에서 새로 수천 명이 그리스도교로 개종했다는 소식은 대단히 고무적인 일이며 "이제 우리에게 좋은 소식을 전해 줄 곳은 바로 당신들이 있는 중국입니다. 왜냐하면 중국에서도 하느님의 축복으로 우리의 노력이 보답을 받고 우리는 이 거대한 제국에서 신앙의 밝은 새벽을 맞이하기 때문입니다"라고 썼다. 아울러 그는 중국 전교의 성공 가능성이 나타난 데 부응하여 교황 식스토 5세가 특별 성년(聖年. 보통 25년마다 한 번씩 가톨릭 교회에서 모든 신자들에게 대사[大赦]를 베푸는 해—옮긴이)을 선포했다고 덧붙였다.[107] 그러나 아콰비바가 1590년에 쓴 편지를 보면, 그 자신도 때때로 심약해지고, 다수의 유능한 회원들을 극동 못지 않게 중대한 문제를 안고 있는 유럽 지역에서 철수시켜야 하는지 불안해 했으며, 또 "이토록 먼 곳에서 모험적인 전교사업을 조직해서 그 지도자를 선출하고, 그들의 일을 지휘하는" 문제로 정신적인 중압감을 느낀 적이 있었다. 그러나 그럴 때에도 아콰비바는 성인들의 말씀을 떠올리면 마음이 편안해졌다. 이를테면 성 암브로시우스의 "예수 그리스도의 몸은 교회요, 우리는 그분의 몸에서 풍겨 나오는 향기입니다"라는 말이나, 「고린토 1서」(1장 22~23절)에 나오는 "유대인들은 기적을 요구하고 그리스인들은 지혜를 찾지만 우리는 십자가에 달리신 그리스도를 선포할 따름입니다. 그리스도가 십자가에 달렸다는 것은 유대인들에게는 비위에 거슬리고 이방인들에게는 어리석게 보이는 일입니다"라는 성 바울로의 말이었다.[108]

리치에게 이 적대적인 세계를 헤쳐 나갈 용기와 신앙의 모범이 되었던 인물은 예수회 수사인 베니토 데 고이쉬였다. 비록 한번도 만난 적은 없지만, 리치는 고이쉬와 함께 여행했던 동료들에게 고이쉬의 유명한 여행에 대해 이것저것 자세하게 물어서 그에 대한 정보를 모았다. 훗날 리치는 고이쉬에 대해서 상세한 기록을 남기게 되는데, 이는 리치가 남긴 중국인이나 서양인에 대한 모든 기록 중에 가장 자세한 것이다. 1602~1605년의 4년 동안 고이쉬는 도보로, 아니면 말이나 낙타를 타고 악바르 왕의 도시 아그라(Agra)에서 아프가니스탄, 투르키스탄을 거쳐 중국의 서북 국경에 도착하여 만리장성 성벽 안까지 여행했다. 아조레스 제도 출신의 전직 군인이었던 고이쉬는 페르시아어에 능통했기 때문에 아르메니아 상인으로 가장하여 여행했다. 그는 그리스도교로 개종한 이삭이라는 아르메니아인을 데리고 이슬람 상인과 대상을 호위하는 병사로 이루어진, 400명이 넘는 대열에 끼여 들었다. 그의 여행 목적 중에는 해로 이외에 유럽과 중국을 연결하는 더 짧은 육로를 개척하는 것도 포함되어 있었다. 당시의 바닷길은 여행기간이 너무나 길고 프로테스탄트 해적선이 가톨릭 선박을 습격할 위험이 있었기 때문이다. 그러나 더 중요한 목적은 일찍이 캄발룩(Kambaluc, 마르코 폴로가 당시 몽골제국의 수도였던 베이징을 지칭할 때 쓴 말이다―옮긴이)의 대칸(大汗)이 지배했던 중앙아시아의 어딘가에 중국과는 별도로 '카타이'(Cathay), 곧 고립된 그리스도교 사회의 존재 여부를 확실히 매듭짓는 일이었다. 이전부터 여행을 한 상인들이 그곳에 사는 사람들에 대한 갖가지 이야기를 전해 주고 있었다. 카타이 사람들은 십자가와 성모 마리아를 숭배하고, 머리에 성수(聖水)를 적시며, 전례에서 빵과 포도주를 나누며, 검은 옷을 입은 사제의 인도 아래 기도를 드린다는 것이었다.[109]

리치의 기술에 따르면, 고이쉬는 카불에서 카슈가르 출신의 귀족 여인을 도운 일이 있었다고 한다. 그 여인은 메카 순례를 마치고 돌아가던 신앙심 깊은 이슬람 교도였다. 그녀는 카슈가르로 돌아가던 도중에 그만 여비가 다 떨어지고 말았다. 고이쉬는 중국에서 팔려고 했던 양질의 남색 염료를 600스쿠도에 팔아, 그 돈을 그녀에게 빌려 주었다. 마침내 카슈가르에 도착하자, 그녀는 고이쉬가 보여준 호의에 감사하며, 그 대가로 최고급 비취를 그에게 주었다. 그 비취는 고이쉬가 빌려 준 돈의 4배의 가치가 있었다.[110] 그러나 그의 여행은 끊임없이 얼키고 설킨 운명의 연속이었다. 고이쉬가 벼락부자가 되었기 때문에 다른 상인들은 그의 재산을 탐내고, 그를 질투의 눈으로 바라보았다. 고이쉬는 중국의 국경지대인 간쑤 성의 쑤저우(肅州)에서 거의 1년 반 동안 머물렀다. 그는 중국어를 몰랐기 때문에 베이징의 예수회 신부들에게 편지로 연락을 취하고, 또 그것이 여의치 않자 대상(隊商)들과 함께 베이징으로 여행할 수 있는 허가증을 중국 당국으로부터 얻기 위해서 노력했다. 그러는 동안 그는 계획적인 사기를 당해 가진 것을 모두 털리고, 동행한 이삭 이외의 모든 사람들로부터 버림받았다. 1607년 3월, 드디어 베이징의 예수회원 한 사람이 고이쉬를 베이징으로 데려갈 여비를 갖고 찾아왔다. 그러나 그로부터 11일 후 고이쉬는 이 세상을 뜨고 말았다.[111]

이제 충실한 동료 이삭도 인도로 돌아가는 귀로에 오른 1608년 3월에 리치는 친구 지롤라모 코스타에게 편지를 썼다. "고이쉬의 처절한 여행은 헛수고가 아니었네"라고. 신앙과 지리에 대한 몇 개의 의문이 완전히 해결되었던 것이다.

이제 인도의 총독에게도 모든 예수회원에게도 중국 이외의 카타이는 존재하지 않으며, 존재한 적도 없었다는 것이 분명해진 셈이네. 이 베이징이 바로 감발룩이며, 중국의 왕이 위대한 칸이라네. 사람들이 카타이에 있다고 말하던 그리스도 교도는 옛날에 중국에 온 사람들로서 자기들조차 십자가의 진정한 의미도 모른 채 지금도 '십자가 경배자'라고 자칭하고 있는 데 불과하네. 그들은 모든 면에서 이교도라네. 그러나 그들의 사원이 그리스도교의 성전과 닮았고, 촛대와 제단이 있고, 사제들이 짧은 망토를 걸치고 단율성가를 부르며 기도를 하기 때문에, 무어인들은 그들이 분명 그리스도 교도임에 틀림없다고 생각하여, 예수회원들에게 이곳에 그리스도 교도의 큰 공동체가 있다는 이야기를 한 것이네.[112]

리치는 유럽의 친구들에게도 위와 같은 내용의 편지를 보냈다. 그러나 이런 극적인 발견이나 거기에 남아 있는 모호함에 대해서 리치가 중국인 친구와 어느 정도까지 깊은 대화를 나누었는지는 알 수 없다. 물론 고이쉬의 사망소식이 전해지고 채 몇 년도 지나지 않아 리치 역시 세상을 떠났다. 그리스도인으로서 모범적인 최후를 맞았던 고이쉬에 견주어 리치는 자신이 다른 종교의 신앙에 대해서 어떤 종류의 의혹이나 갈등을 품고 있었다는 사실을 뼈저리게 깨달았을 것이다. 물론 리치는 그런 곤혹스러움을 노골적으로 말할 수 있는 처지는 아니었다. 그리고 마치 거기서 생긴 모호함을 강조하기라도 하듯, 리치는 인생의 갖가지 비극을 아주 명확히 말한 자신의 책에 『기인십편』(畸人十篇)이라는 제목을 붙였다. 리치는 이 책의 이탈리아어 제목을 『역설』(*Paradosse*)이라고 했지만 중국인 독자에게는 중국어 제목이 훨씬 의미심장하게 들렸을 것이다. 왜냐하면 '기인'(역설적 인간)은 B.C. 3세기에 쓰인 도가사상(道家思想)의 고전 『장자』(莊子)에서 빌려 온 말이기 때문이다. '기인'이란 말은 『장자』 「대종사」(大宗師)에 나오는데, 여기서 장자는 독자들에게 세상에서 말하는 예(禮)가 얼마나 진실과 동떨어져 있고, 옛날의 진인(眞人)이 어떻게 살았는지를 설명하고 있다.

옛날의 진인은 삶을 사랑할 줄 모르고, 죽음을 미워할 줄 몰랐다. 태어남을 기뻐하지도 않았고, 죽음을 두려워하지도 않았다. 유유히 왔다가 유유히 갈 뿐이었다. 자신이 비롯된 곳을 잊지 않고, 자신이 끝나는 곳을 찾으려고도 하지 않았다. 무언가를 받으면 그것을 기뻐하지만, 무엇을 받았는지 잊고, 그것을 다시 돌려준다. 이것이 마음으로 도(道)를 해치지 않고, 인위로 하늘(天)을 돕지 않는다는 것이다. 이것이 내가 말하는 진인이다.[113]

　도가사상에 따르면, 이러한 진인은 틀에 박힌 예절이 필요하지도 않고 이 세상의 규율에 구속받지도 않는다. "진인은 조물주와 함께 천지를 단숨에 떠돌아다닌다." 이것에 이어 공자의 제자 자공(子貢)이 '기인'이란 어떤 사람이냐고 묻는 대목이 나온다. 『기인십편』이란 제목의 기인은 바로 이 대목에서 따왔다. 공자는 이렇게 대답한다. "기인은 다른 사람에 견주면 별나 보이지만, 천(天)에게는 벗이 되는 역설적인 사람이다."[114] 바로 이런 의미의 기인이었기에 그리스도인 리치는 '후이후이 리치'라는 호칭을 받아들이고, 같은 호칭을 부여한 서하의 부족 여인을 기억의 궁전에 둘 수 있었다. 리치는 자신의 하느님이 겉보기에는 모호한 자신의 입장에 감춰진 역설을 꿰뚫어 보고 있다고 믿었으며, 숨을 거둘 때에는 자신을 천국의 벗으로 기꺼이 받아 주리라고 확신하고 있었기 때문이다. 마치 자기가 옛 진인을 벗으로 맞아들인 것처럼.

5장 두번째 그림: 엠마오로 가는 길

 리치가 청다웨의 『정씨묵원』에 실으려고 선택한 두번째 그림
에는 그리스도가 부활하고 나서 엠마오로 가는 길에 두 제자
를 만난 장면이 그려져 있다. 리치가 염두에 두었던 것은 「루
가 복음서」 24장의 내용이었다.

바로 그 날 거기 모였던 사람들 중 두 사람이 예루살렘에서 한 7마일*쯤
떨어진 곳에 있는 엠마오라는 동네로 걸어가면서 이 즈음에 일어난 모든
사건에 대하여 말을 주고받고 있었다. 그들이 이야기를 나누며 토론하고
있을 때에 예수께서 그들에게 다가가서 나란히 걸어가셨다. 그러나 그들
은 눈이 가리워져서 그분이 누구신지 알아보지 못했다. 예수께서 그들에
게 "길을 걸으면서 무슨 이야기들을 그렇게 하고 있느냐?" 하고 물으셨
다. 그러자 그들은 침통한 표정인 채 걸음을 멈추었다.

그리고 글레오파라는 사람이 "예루살렘에 머물러 있던 사람으로서 요
새 며칠 동안에 거기에서 일어난 일을 모르다니, 그런 사람이 당신말고 어
디 또 있겠습니까?" 하고 말했다. 예수께서 "무슨 일이냐?" 하고 물으시
자 그들은 이렇게 설명했다. "나자렛 사람 예수에 관한 일이오. 그분은 하
느님과 모든 백성들 앞에서 그 하신 일과 말씀에 큰 능력을 보이신 예언자
였습니다. 그런데 대사제들과 우리 백성의 지도자들이 그분을 관헌에게
넘겨 사형선고를 받아 십자가형을 당하게 했습니다. 우리는 그분이야말로
이스라엘을 구원해 주실 분이라고 희망을 걸고 있었습니다……"

* 텍스트로 삼은 공동번역성서를 따른다면 30리로 해야 옳겠지만 인용문 뒤에 이어지는 본문 내용과 관
련해서 7이라는 숫자가 중요한 의미를 담고 있기 때문에 원문대로 7마일이라고 했다. 참고로 말하면 지
은이가 인용한 성서는 *The Holy Bible*(*RSV*)이다—옮긴이.

그때에 예수께서 "너희는 어리석기도 하다! 예언자들이 말한 모든 것을 그렇게도 믿기가 어려우냐? 그리스도의 영광을 차지하기 전에 그런 고난을 겪어야 하는 것이 아니냐?" 하시며 모세의 율법서와 모든 예언서를 비롯하여 성서 전체에서 당신에 관한 기사를 들어 설명해 주셨다.

그들이 찾아가던 동네에 거의 다다랐을 때에 예수께서 더 멀리 가시려는 듯이 보이자 그들은 "이젠 날도 저물어 저녁이 다 되었으니 여기서 우리와 함께 묵어 가십시오" 하고 붙들었다. 그래서 예수께서 그들과 함께 묵으시려고 집으로 들어가셨다. 예수께서 함께 식탁에 앉아 빵을 들어 감사의 기도를 드리신 다음 그것을 떼어 나누어 주셨다. 그제서야 그들은 눈이 열려 예수를 알아보았는데 예수의 모습은 이미 사라져서 보이지 않았다. 그들은 "길에서 그분이 우리에게 말씀하실 때나 성서를 설명해 주실 때에 우리가 얼마나 뜨거운 감동을 느꼈던가!" 하고 서로 말했다.

이 구절에는 애매한 부분이나 숨겨진 의미가 많아서 교부들은 수세기에 걸쳐 온갖 주의를 기울여 글자 하나하나에 대하여 논의해 왔다. 왜 하필 '7'마일인가? 그것은 제자들이 아직 그리스도의 수난기간에 있고 곧 7일째 되는 날이 다가왔기 때문이다, 그리스도의 죽음으로부터 7일째 되는 날이 되어 비로소 그리스도의 부활을 이해한 것이다 등으로 설명되었다. 엠마오를 '마을'로 보는 것은 맞는가? 오히려 요새나 성(城)이라고 해야 하지 않을까? 왜 제자 한 사람의 이름만 밝혔을까? 이 문제에 대해서는, 다른 한 명은 복음서의 저자 루가 자신일텐데, 그는 겸손해서 자신의 이름을 기록하지 않았을 것이다라고 설명되었다. 그리스도가 모습을 바꾸셔서 그들이 알아보지 못한 것일까? 아니면 그들이 그분의 진면목을 아직 분명히 보지 못했던 것일까? 왜 사도들은 그리스도가 그들의 구원자라는 "희망을 걸고 있었습니다"라고 말했을까? 그들은 어째서 그토록 쉽게 믿음을 잃어버렸을까? 왜 그리스도는 엠마오에 다다랐을 때 "더 멀리 가시려는 듯이" 보였을까? 그분은 일부러 사도들을 속이셨을까? 만일 그렇다면, 이런 사람을 속이는 행동은 그분의 신성(神性)과 모순되는 것은 아닐까? 그들이 함께 식탁에 앉았을 때, 그리스도는 빵을 몇 조각으로 나누었을까? 그리고 하나하나의 빵 조각에는 어떤 의미가 있었을까?[1]

리치는 청다웨가 제공한 지면에 이런 생각과 주석을 전부 자세하게 써넣을 수가 없었다. 파도에 빠진 베드로의 이야기처럼 리치는 자기 나름대로 성서를 해석하여 「두 제자는 진실을 듣고 모든 헛됨을 버린다」는 제목을 붙였다. 리치는 '엠마오'란 말을 중국어로 옮길 생각이 없었다. 이 이야기의 핵심은 목적지 엠마오가 아니라 여행 그 자체에 있다고 생각했다.

천주께서 세상을 구원하시기 위해 이 지상에서 고통을 견디실 때, 제자 가운데 두 사람이 함께 길을 따라 도망치고 있었다. 갖가지 사건에 대해서 이야기를 나눈 두 사람의 마음은 슬픔으로 가득 찼다. 천주께서 모습을 바꾸시어 아무 예고도 없이 그들과 함께 하셨다. 그분은 그들에게 왜 슬퍼하는지 물으셨다. 그리고 두 사람에게 성서의 의미를 설명하셨다. 성서의 구절은, 천주는 이 세상을 구원하기 위해 고통과 고난을 참아 내야 하고, 그러고 나면 천국으로 돌아가실 것임을 예언하고 있다는 것이다.

이는 우리가 세속의 즐거움에 집착한다거나 이 세상의 고통을 회피해서는 안된다는 의미이다. 천주께서 이 세상에 내려오셨을 때, 그분께서 행복을 원하셨다면 행복해질 수도 있었고, 고통을 원하셨다면 고통을 받을 수도 있었다. 분명한 것은 그분께서 고통을 선택하셨다는 것이다. 그러나 이 세상의 고통 안에는 큰 기쁨이 있고, 이 세상의 기쁨 안에는 큰 고통이 있다. 이것이 상지(上智)임을 누가 부정할 수 있겠는가? 이런 진리를 깨달은 두 제자는 평범한 사람들이 보석이나 돈을 추구하듯이 자신을 고통으로 가득 찬 삶에 바쳤다. 그들의 고통은 오래 전에 끝났다. 그리고 그들은 기쁜 마음으로 고통을 받은 대가로 천국에서 영생(永生)을 얻었다.[2]

이처럼 리치는 엠마오로 가는 여행을 한편으로는 논증하고 설명하는 이야기로, 다른 한편으로는 금욕적으로 고통을 받아들이는 이야기로 해석했다. 그 고통을 오랜 세월 견디면 마침내 더 없는 행복을 얻을 수 있다고 말한 것이다.

만일 나달의 『복음서화전』을 지니고 있었다면, 아마 리치는 청다웨에게 141번 그림을 골라 주었을 것이다. 그 판화는 그리스도가 엠마오에서 두 제자와 함께 식탁에 앉아 왼쪽에 앉은 제자에게 오른손으로 빵을 건네 주고 있는 그림이다. 그리고 하인들이 계속해서 음식을 담은 접시를 들고 부산스럽게 움직이는 모습과, 그 집 주인 부부가 그분을 존경스러운 눈빛으로 쳐다보고 있는 모습도 그려져 있다. 그러나 공교롭게 리치는 나달의 책을 갖고 있지 않았기 때문에 비릭스의 목판화 중에서 예수의 수난과 관련된 그림 하나를 골랐다. 3장에서 소개한 베드로 그림도 이 수난과 관련된 연작 그림에서 뽑은 것이다. 이 두 장의 판화는 서로 좋은 대조를 이룬다. 배에 타고 있는 제자들을 그린 3장의 그림은 물 위에서 그물을 걷어 올리며 힘들게 일하는 가난한 사람을 보여준다. 반면 엠마오 그림은 큰 궁전이나 성처럼 보이는 건물 앞에서 대화에 푹 빠져 있는 여유로운 신사들을 묘사하고 있다. 마치 먼길을 가는 사람들처럼 장화를 신고 지팡이를 들고 있기는 하지만 어느 모로 보나 우아한 복장이다.

청다웨 밑에서 일한 중국인 직공은 비릭스의 그림에 나타난 미묘한 명암의 변화나 인물의 세세한 몸동작의 의미를 잘 파악하지 못했다. 사실 비릭스는 그리스도가 어떤 방향을 가리키는데 제자들은 다른 방향으로 가려 하는 것을 보여주려고 했다. 또한 배경으로 묘사된 장면에도 의미가 있었다. 비릭스는 같은 화면에서 시간적 사이를 두고 결국 그리스도가 가는 데 동의한 대저택의 한 방에서, 옆에 앉은 두 제자에게 빵을 나누어 주는 장면을 배경에 그려 넣었던 것이다.[3] 『정씨묵원』의 그림에서는 이런 장면이 모두 생략되었다.

그러나 이런 것은 중요하지 않다. 식사와 관련된 요소가 모두 생략되었기 때문에, 이 그림을 본 중국인은 세 인물에게 시선을 집중하고 열띤 대화를 주고받는 것에 관심을 가질 것이다. 그렇게 되면 활동하기 편한 옷을 입은 세 사람이 왜 순간적으로 멈춰 선 것처럼 보이는지 이해할 수 있을 것이다. 만일 이 그림을 본 중국인이 리치가 덧붙인 해설도 읽을 수 있다면, 천주의 양옆에 있는 두 제자는 더 이상 어떤 일도 피하지 않고 받아들이려 한다는 것을 알게 될 것이다. 그리고 두 사람 사이에서 점잖게 훈계를 하면서 한 손을 반쯤 들고 있는 그리스도는 이제 고난이 끝나 다시 천국으로 돌아갈 준비를 하고 있다고 이해할 것이다.

1559년, 7세 된 리치가 마체라타에서 라틴어를 배우기 시작할 무렵 로마의 예수회는 처음으로 본격적인 서적을 출판하기 시작했다. 그들은 불온한 부분을 삭제해서 마르티알리스의 『단구시집』을 출판한 것이다. 예수회가 자기 소유의 인쇄기를 갖추고, 예수회원이 직접 인쇄하기를 원했던 이냐시오 데 로욜라는 1556년에 사망할 때까지 여러 해에 걸쳐서 이 소망을 실현하기 위해 계획을 세우고 실천해 나갔다. 그는 알맞은 활자체를 찾고자 자신이 직접 발벗고 나섰다. 처음에는 피렌체의 코시모 데 메디치 공(公)으로부터 기증받을 수 있지 않을까 탐색하기도 했다. 하지만 공작이 거절하자 이번에는 베네치아 상인의 중개로 40두카트에 서체 한 벌을 구입하려고 했다. 그러나 베네치아식 활자는 오래된데다가 크기가 너무 작다는 것을 알고 이냐시오는 거래를 중지했다. 만족할 만한 활자체가 로마에서 팔려 나왔을 때 이냐시오는 이미 이 세상 사람이 아니었다. 이 활자는 3만 자에 불과 20두카트밖에 안했고, 크고 작은 두 종류의 문자가 모두 갖추어져 있었으며, 로마자체와 이탤릭체도 있었다.[4]

이런 이상적인 활자체를 찾은 일은 그 후 고전 라틴 문학작품의 출판과 함께 후기 르네상스 인문주의의 세계에 예수회가 정식으로 참가할 준비를 모두 갖추었다는 사실을 보여준다. 최초의 본격적인 출판물로 마르티알리스의 『단구시집』을 고른 것은 예수회의 목적을 뚜렷이 보여준다. 마르티알리스의 많은 풍자(諷刺)들은 성적으로 노골적이고, 야만적이기까지 한 측면이 있다. 그러나 이렇게 눈살을 찌푸리게 하는 소재를 사용했다고 해도 마르티알리스가 고전 라틴어 시대 최고의 명문장가라는 사실에는 변함이 없다. 아니 그런 외설 때문에 더욱 유명해졌는지도 모른다. 예수회원들은 순수한 키케로식 표현이 새로운 규범이 된 세계에서 중세 말의 거칠고 쉬운 구어체 라틴어를 배척하고자 힘든 싸움을 벌이고 있었다. 따라서 단지 외설스럽다는 이유만으로 마르티알리스의 작품을 연구하지 않고 점잔을 뺄 여유가 없었던 것이다.[5]

그래서 이냐시오는 예수회의 학자들에게 위대한 저작을 출판하되 외설스러운 흔적들을 모두 제거해야 한다고 당부했나. 난 문제의 아름다움을 마음껏 가르칠 수 있도록 훌륭한 도덕적 교훈은 반드시 보존해야 한다는 말도 잊지 않았다. 이냐시오는 이 작업을 학자요 음악가였던 안드레아 프루시우스에게 맡겼다. 비록 프루시우스도 1556년에 죽었지만, 그는 이미 마르티알리스의 작품에서 삭제하는 일을 마친 상태였다. 로마의 예수회 인쇄소는 이것에 기초하여 편집을 하고 인쇄에 들어갈 수 있었다. 프루시우스는 시인 호라티우스의 작품에 대해서도 같은 작업을 했는데, 그것은 빈의 예수회 인쇄소에서 발행되었다.[6] 이냐시오의 "젊은이의 순수함을 해칠 수 있는 모든 요소를 고전작품에서 제거한다"는 견해가 프루시우스의 죽음과 함께 끝난 것은 아니다. 예수회 인쇄소는 숙련된 한 독일인 식자공(植字工)의 지휘 아래 그 규모를 확대해 나갔다. 이 식자공은 예수회 학생들에게 교정을 보게 했다. 예수회 인쇄소가 취급했던 것은 삭제작업을 끝낸 고전작품만이 아니었다. 가난한 학생도 구입할 수 있도록 고전문학이나 기도서의 염가판도 출판했다. 이런 책에는 이냐시오의 『영신수련』과 『예수회 회헌 초안』도 포함되었다. 1564년에는 개종한 유대인 밥티스타 로마노의 지시에 따라 아라비아어 활자체도 추가되었다. 예수회 인쇄소가 처음 다루었던 아라비아어 출판물은 트리엔트 공의회의 중요 문서의 번역문, 아라비아어 문법책, 그리고 신약성서의 아라비아어 번역본 등이다. 1577년에는 히브리어 활자체를 정비하여, 히브리어 문법책이나 히브리어 교재 등을 인쇄하는 데 사용했다.[7]

이냐시오는 예수회 학교의 교육계획을 확정하고자 혼신의 힘을 다해 노력했지만, 결과는 개요를 확정하는 데 그쳤다. 그러나 리치가 로마 대학에

다닐 무렵이었던 1570년대에는 교육과정이 이미 빈틈없이 정비되어 있었다. 마체라타의 예수회 학교에서 받은 교육 덕분에 리치는 곧바로 법률 공부를 계속할 만한 수준에 도달해 있었고, 실제로 그가 가장 먼저 염두에 두었던 진로도 법률 공부였다. 하지만 그런 희망을 버리고 예수회에 입회한 리치는 로마 대학에서 더욱 철저한 교육을 받게 되었다. 예수회의 교육과정은 그때까지 10년 동안 크게 발전하여, 1566년에 정해진 지침에 따라 세부에 이르기까지 체계화되어 있었다.[8] 예수회 대학의 초급과정인 '인문' 부문의 정식 교육은 언어학부에서 이루어졌다. 입학 당시 리치는 21세였지만, 학생 가운데는 10세 정도의 어린이들도 있었다. 이 과정에서 젊은이들은 어느 정도 말하기 시작한 라틴어의 문법을 자세히 배운다. 모든 강의에서는 라틴어를 사용하고, 학생들도 학교에 있는 동안은 라틴어로 말해야 한다. 또한 그리스어를 비롯하여, 수사학·시학·역사학에 대해서도 집중적으로 교육을 받는다. 이 과정을 수료하는 데는 2~4년이 걸린다. 기간의 길고 짧음은 각 학교의 실정이나 학생 개인의 자질에 따라서 달라진다. 그 다음에는 중급인 '학문'(art)학부이다. '학문'이란 이성으로 배울 수 있는 자연과학을 가리킨다. 곧 논리학, 물리학, 형이상학, 도덕철학, 수학 등이다. 이 과정이 끝나면 상급인 법학, 의학, 신학교육이 있었다. 신학을 선택한 사람은 세 가지 과정 중에서 하나를 택한다. 첫째는 스콜라 신학으로 토마스 아퀴나스의 가르침대로 하느님의 계시를 기록한 자료를 이성적으로 연구한다. 두번째는 역사 신학으로 교회의 교의와 교회법을 면밀히 연구한다. 그리고 세번째는 성서 그 자체에 대한 세밀한 연구이다.[9]

이냐시오는 "학생들은 교사가 지정한 것을 암기해야 한다"고 잘라 말했다. 이 지시는 문자 그대로 시행되어 리치의 학창시절에도 예수회의 선생들은 학생들에게 암기하도록 시켰다. 또한 이냐시오는 면학을 젊은이의 경쟁본능과 연관지어야 한다고 주장하여, 과감한 도전을 할 수 있는 분위기를 대학 내에 조성했다. "학생들의 큰 진보를 위해서 능력이 비슷한 학생들을 함께 모아 놓는 것이 현명할 것이다. 그렇게 하면 신성한 경쟁심에 기초해서 서로 자극을 줄 것이다."[10] 리치와 우르비노(Urbino) 출신의 친구

렐리오 파시오네이에게 동기를 부여한 것은 아마도 이런 '신성한 경쟁심' 일 것이다. 그들은 로마에서 함께 공부하는 동안 개인적으로 '기억용 장소' 를 고안해 냈는지도 모른다. 그로부터 20년 뒤, 중국에서 살던 리치는 향수어린 마음으로 그 당시의 일들을 회상했다.[11]

로마에서 공부하고 있을 때 리치는 많은 책을 읽었다. 그 중에는 리치의 타고난 놀라운 기억력을 더욱 강화시켜 준 책도 있었을 것이다. 독서에서 얻은 지식을 이용하여 리치의 기억력은 『헤레니우스에게』나 퀸틸리아누스와 소아레스의 저서에서 말하는 한계조차 넘어섰는지 모른다. 훗날 중국에서 400~500개의 한자(漢字)를 순식간에 암기한 그의 기억력은 부분적으로는 호스트 폰 롬베르히 같은 이론가가 개발한 기술에 힘입은 것이었는지도 모른다. 롬베르히의 저서는 1533년에 베네치아에서 간행되었다. 롬베르히는 기억용 도시 속에 상점, 도서관, 도살장, 학교 등 기능별로 건물을 배치하고, 각각의 장소에 기억을 분류해서 보존하는 기억 배치법을 고안해 낸 다음, 인간이나 식물이나 동물의 모습 또는 서로 논리관계를 가진 일련의 물체를 소재로 한 '시각적인 기억용 알파벳'을 개발했다.[12] 바로 이 무렵 어떤 이미지를 선택해서 기억용 장소에 설치하느냐에 대해서도 훨씬 미묘하고 세련된 방법이 나타났다. 구리엘모 그라타롤리의 저작을 보면 당시 기억술의 전문가가 누구라도 결코 잊어버리지 않는 선명한 기억 이미지를 공부해서 어떤 수준에까지 이르려고 했는지를 상세히 알 수 있다. 연금술사이자 의사였던 그는 인간의 기억력을 강화시켜 주는 식이요법의 개발에도 관심이 있었다. 1553년에 취리히에서 처음 출판된 기억 배치법에 대한 그라타롤리의 책은 1555년에는 로마판도 구입할 수 있게 되었다. 그라타롤리는 기억용 이미지로는 "사람을 웃기고 동정심을 자아내고 감탄하게 만드는" 것을 선택해야 한다는 통설을 인정하면서 장소·물체·인물 세 요소로 이루어진 기억법을 개발했다. 우선 전통적인 방법에 따라 기억용 장소를 설치한 다음 각각의 위치에 물체를 배치한다. 그라타롤리가 첫번째 예로서 배치한 것은 침실용 변기, 연고 한 상자, 회반죽 한 사발이었다. 그리고 나서 자신이 잘 알고 있는 인물들을 등장시켜 신중히 이름을 붙인 다음 각각의 물체에 각기 다른 인물을 할당해서 각 인물에 따라서 장면이 빠르게 움직이게 한다. 이렇게 그라타롤리는 재빠른 연속동작을 만들어 내 기억용 이미지로 삼았다. 이를테면 그의 친구 피에트로가 오줌이 가득한 침실용 변기를 집어 들어 자코모에게 쏟아 붓고, 마르티노는 연고상자에 손가락을 집어넣었다가 연고를 엔리코의 항문에 바르고, 안드레아는 사발에서 회반죽을 한 줌 떠서 프란체스코의 얼굴에 처바른다. 만일 어떤 사람이 이 삽화를 말장난(pun, 음이 같고 뜻이 다른 말을 써서 말재주를 부리는 일)이나 유추나 연상을 통해 일련의 동작 하나하나를 기억해야 할 관념에 결부시킬 수 있으면, 그는 기억내용을 결코 잊지 않게 된다는 것이다.[13]

리치에게는 이런 선명한 이미지와 일련의 연속동작이라는 서로 다른 두 가지 형태의 기억술을 조합시키는 비범한 재능이 있었다. 그래서 리치는 일찍부터 중국에 대한 정열을 불태웠고, 실제로 중국에서 누구나 아는 몇 가지 극적인 성공을 거둘 수 있었던 것이다. 1582년 8월 마카오에 도착한 뒤 중국어를 배우기 시작했을 때도 기억술에 자신이 있었던 리치는 중국어의 어려움에 움츠러들기는커녕 흥분에 사로잡혔으며, 인도에서 중국으로의 전임을 스스로 '도약'이라고 부르면서 의기양양해했다. 이런 기분은 이듬해인 1583년 2월, 과거 그의 수사학 선생이었던 마르티노 데 포르나리에게 쓴 편지에서 엿볼 수 있다.

저는 최근 중국어 공부에 몰두하고 있습니다. 이 언어는 그리스어나 독일어와는 전혀 다르다고 확실히 말씀드릴 수 있습니다. 말을 하는 데는 너무나 애매한 언어여서, 말 하나에 1천 개 이상의 뜻이 있는 것조차 적지 않습니다. 네 가지 다른 성조가 있어서 높게 발음하느냐 낮게 발음하느냐로 단어를 구별할 수밖에 없는 경우도 많습니다. 그래서 (중국인들이) 서로 말을 할 때도 상대방이 이해할 수 있도록 하고 싶은 말을 문자로 써 보입니다. 문자는 하나하나 다르기 때문입니다. 그 문자에 대해서 말하면, 저처럼 실제로 보고 쓴 경험이 없으면 도저히 믿을 수 없으실 것입니다. 중국인은 세상의 말과 사물만큼 많은 문자를 가지고 있습니다. 그래서 문자

의 수는 7만 자 이상이나 되며, 한 자 한 자가 상당히 다른 복잡한 형태를
하고 있습니다. 어떤 것인지 보고 싶어하실 것 같아 해설을 붙인 중국책
한 권을 보내드립니다.[14]

이어서 리치는 중국어의 단음절 구조에 대한 자신의 생각을 기술하고,
나아가 표의문자의 보편적 특징에도 주목한다. 한자에는 "비록 말이 다르
다 해도 이 문자를 사용하는 나라라면 서로의 편지나 책을 이해힐 수 있다
는 이점이 있습니다. 이것은 우리가 사용하는 문자로는 전혀 불가능한 일
입니다." 리치는 각 한자의 형태를 주의 깊게 연구한 결과 마카오에 도착
한 지 불과 반년도 안되어 자신이 보았던 한자는 어떤 글자라도 정확히 쓸
자신이 있었다. 리치는 이런 말도 하고 있다. "저는 이미 제 머리 속에 수많
은 한자의 위치를 정했습니다."(그의 수사학 선생은 이 말에 대단히 기뻐했을
것이다.)[15]

약간 감정에 치우친 이 편지에서 리치의 흥분된 기분을 느낄 수 있다.
이를테면 중국인이 "세상의 말과 사물만큼 많은 문자(표의문자)를" 지니고
있다고 해도, 하나하나의 표의문자를 똑같이 각각에 의미가 있는 구성요소
로 분해하는 것이 어렵지 않다면, 기억술에 뛰어난 사람은 개개의 표의문
자를 기억용 이미지로 만들기는 쉬울 것이다. 한자를 이미지로 치환하는
이런 작업은 중국어가 그리스어 문법과는 전혀 다른 성질을 가지고 있다는
사실에 의해서 더욱 고무되었다. 왜냐하면 불행하게도 리치가 몇 년 동안
인도에서 가르치려 애썼던 그리스어는 복잡하기 짝이 없는 어형의 변화를
외워야 했지만, 중국어는 문장을 구성하는 한자가 각기 일련의 이미지로서
비쳤기 때문이다. 리치는 이렇게 말했다. "무엇보다 다행스러운 것은 중국
어 문장에는 관사가 없고, 격(格)이나 수(數)나 성(性)이나 시제(時制)의
변화가 없으며, 직설법·접속법 같은 법의 구별도 없다는 점입니다. 중국어
는 이런 요소가 없어서 발생하는 문제를 특정한 부사를 사용하여 모두 해
결합니다. 그 부사는 아주 간단히 해석할 수 있습니다."[16]

리치가 자기 나름의 방법으로 중국어를 배웠지만, 그 방법을 설명할 수

있게 되기까지는 이로부터 12년이 더 걸렸다. 현존하는 그의 편지를 통해, 리치가 끈기 있게 중국어를 배워 간 과정을 어느 정도는 더듬어 볼 수 있다. 1583년 후반, 중국 당국은 리치에게 자오칭에 거주해도 좋다는 허가를 내렸다. 그리하여 이듬해인 1584년 중반에는 가끔씩 강론을 하고, 때때로 고백성사도 들었다. 그 해 10월 리치는 통역 없이 말하기 시작했고, 웬만하게 읽고 쓸 수 있게 되었던 것으로 보인다. 1585년 11월경에는 유창하게 말하는 수준까지 발전했고, 중국인의 도움을 약간만 받으면 거의 모든 글을 읽을 수 있게 되었다. 그러나 격무와 정신적 고뇌 때문에 정체의 시기를 맞게 된다. 1592년이 되어도 제대로 읽고 이해한 책이 몇 권 없었다. "선생이 없기 때문입니다. 많은 문제로 1~2년 이상 계속해서 선생을 고용할 수 없었습니다." 그러나 그 후 리치는 장상들의 격려를 받아 마침내 노력의 결실을 맺었다. 1593년 12월, 리치는 유교 입문서인 사서(四書, 중국 유학의 기초 고전인 『논어』〔論語〕, 『맹자』〔孟子〕, 『중용』〔中庸〕, 『대학』〔大學〕)를 독파했다고 선언했다. 그리고 그는 그 책들의 라틴어 번역도 시도했다. 리치는 경험 많고 학식 높은 교사를 고용해서 가르침을 받았다. "이 나이에 (그는 41세였다!) 또다시 학생이 되었던" 것이다. 긴 수업을 하루에 두 번씩 받으며 열 달을 보내고 난 1594년 10월, 드디어 어떤 경지에 도달했다. "나는 충분한 용기를 갖게 되었다. 이제부터는 내 힘으로 중국어를 쓸 수 있을 것이다."[17]

1595년 리치는 난창에서 중국어를 배운 성과를 유감 없이 발휘할 수 있는 기회를 얻었다. 중국어에 자신이 있었던 만큼 빼어난 기억술로 한자를 암기해 보이자 예상대로 친한 중국인들은 선망의 눈길을 보냈다. 리치는 마카오에 있는 장상 두아르테 데 산데에게 보낸 편지에서 이 사건을 상세하게 보고했다. 그는 일을 이룬 기쁨에 한껏 부풀어 있었다.

어느날 저는 진사(進士) 몇 명으로부터 연회에 초대받았습니다. 연회석상에서 흔히 있는 일이지만, 그 일로 말미암아 저는 그들 사이에서뿐만 아니라 난창의 지식인 전체로부터 높은 평판을 얻게 되었습니다. 제가 수많은 한자에 대해서 기억용 장소를 설치하는 방법을 만든 것이 화제를 불러 일으킨 것입니다. 초대해 준 지식인들과 좋은 관계를 맺고, 그들에게 조금이라도 신뢰를 얻고자 제 한자 실력을 보여주고 싶었습니다. 또 그러는 것이 우리 주님께 대한 봉사와 그분의 영광에 얼마나 중요한지 그리고 우리가 바라는 일에 얼마나 큰 도움이 되는지 알고 있었기에, 저는 그들에게 종이 한 장에 어떤 식으로 써도 좋으니까 아무 순서 없이 한자를 많이 써 보라고 했습니다. 저는 단 한번만 훑어보면 그들이 쓴 순서대로 암송해 보일 수 있기 때문입니다. 그들은 뒤죽박죽으로 많은 글자를 썼습니다. 저는 그것을 단 한번 훑어보고 모든 한자를 쓰인 순서대로 암송해 보였습니다. 한 글자도 틀리지 않자 중국인들은 엄청난 일을 본 양 놀라는 소리를 냈습니다. 저는 그들을 더 놀라게 하려고, 이번에는 끝에서부터 거꾸로 암송했습니다. 그러자 그들은 혼비백산해서 마치 정신이 나간 것 같았습니다. 그리고 즉시 제게 이렇게 기억할 수 있는 신비한 방법을 부디 가르쳐 달라고 간청했습니다. 제 명성은 곧 지식인들 사이에 퍼져 나갔습니다. 제게 이 기억의 과학을 가르쳐 줄 수 없느냐고 부탁을 하러 오는 과거합격자나 요인들의 수를 일일이 헤아릴 수 없을 정도입니다. 그들은 저를 스승으로 모시고 싶다고도 하고, 스승에게 하듯이 예를 갖추고 스승에게 지불하는 것과 같은 액수의 돈을 주겠다고 합니다.

저는 그런 사람들에게 기억술을 가르치는 대가로 보수를 받을 생각은 없다고 대답했습니다. 또한 지금은 아직 완전히 정착한 것이 아니며 친구도 없고 집도 마련되지 않아 이런 공식 방문에 응하는 것만으로도 너무 바쁘기 때문에, 유감스럽지만 그럴 수 없다고도 말했습니다. 하지만 언젠가 정착해서 집을 마련하는 날에는 그들의 요망에 응하도록 노력할 생각입니다. 사실 이 기억용 장소를 이용한 기억법은 한자를 위해 발명된 것 같습니다. 왜냐하면 한자는 각각의 글자가 하나의 사물을 의미하는 형태이므로 이 기억법이 특히 효율적이고 큰 위력을 발휘합니다.[18]

리치는 데 산데에게 기억술을 가르치지 않았다고 부정했지만, 아콰비바 총장에게 보낸 편지를 보면 1595년 11월 이전에 그가 기억술을 가르치고 있었음을 알 수 있다.[19] 또한 (당시 모데나에 살고 있던) 친구 렐리오 파시오네이에게 보낸 편지를 보면, 리치는 어떤 책이든 한번만 훑어보면 암기할 수 있다는 중국인들 사이의 소문을 강력히 부인하고 있다고 말하면서도, 실제로는 상당히 의도적으로 중국인들의 이런 호기심을 부채질하고 있었던 것 같다. "중국인들은 내가 책을 한번만 읽어도 영원히 기억한다고 소문을 내고 있네. 내가 아무리 그렇지 않다고 말해도 믿으려 하지 않아. 중국인과 그들의 [유교] 서적에 대해서 논의할 때 내가 재미삼아 [per ricreazone] 기억 속에서 한 구절을 꺼내서 즉석에서 한 자씩 순서대로 또는 역순으로 암송해 보였더니 더 그러는 것 같으이."[20] 이런 유교 고전의 암기는 과거에 합격하여 관직을 얻으려는 야심찬 중국 젊은이들에겐 매우 중요한 일이었음에 틀림없다. 리치는 이 점도 예리하게 간파하고 있다. "과거 합격자를 배출한 도시에서는 지방관이나 합격자 전원의 부모가 성대한 잔치를 벌인다네. 왜냐하면 이교도인 그들은 과거급제가 영광이요 이상향이라고 생각하기 때문이지."[21] 일찍이 리치는 과거에 실패해서 육체적으로나 정신적으로 폐인처럼 된 아들을 둔 고위관리(리치가 물에 빠져 죽을 뻔했던 그 사건에 등장하는 무관 시에러우)도 만났다. 그래서 리치는 기억술에 대한 자신의 생각을 책(『기법』)으로 쓰기 시작했을 때, 기억술을 과거 준비에 이용하고자 하는 중국인을 부추기며 이렇게 단언했다. "만일 학생들이 예전에 읽은 경서에 대한 기억을 일깨울 수 있게 된다면, 한장(章) 한장이, 한쪽 한쪽이, 한줄 한줄이 마치 눈앞에 있는 것처럼 생생하게 펼쳐질 것이다."[22]

기억술로 중국인에게 깊은 인상을 준 리치는 중국인이 유럽 문화에 관심을 갖고, 더 나아가 그런 문화적 관심을 통해 하느님에 대해서도 관심을 갖게 되길 기대했다. 리치는 자기가 중국에 갖고 들어온 유럽 문화를 천천히 번역하면서 새로운 해석을 가했는데, 그 유럽 문화란 주로 1572년 후반부터 1573년 10월까지 1년 동안 피렌체의 예수회 학교에서 배운 지식과 이어서 1573년 후반부터 1577년까지 로마 대학의 학문학부에서 배운 내용이었다.[23] 거칠게 말해서 이 지식은 한편으로는 도덕철학, 다른 한편으로는 수학으로 이루어져 있었다. 이 두 분야 모두 1570년대에 급속한 발전을 이루었고, 이때의 방대한 자료들은 아주 세심한 주의를 기울여 정리할 필요가 있었다. 우선 도덕철학의 세계를 보자. 이냐시오를 비롯한 그의 계승자들은 젊은 예수회원들을 교육시켜, 당시의 지적인 문화생활의 최첨단을 걷는 인물로 육성하고자 결심했다. 그에 따라 모든 학생들은 엄청난 양의 학습과제를 해결하고 수많은 문학작품을 읽고 흡수해야 했다. 고전 라틴어 문체에 대한 평가가 높아진 결과, 학생들은 그 시기의 대표적인 고전들을 암기해야 했다. 이를테면 키케로의 연설, 퀸틸리아누스의 수사(修辭), 마르티알리스의 풍자, 그리고 호라티우스·오비디우스·베르길리우스 등의 장편시 등이다. 게다가 리비우스가 지은 병사에 대한 한니발의 연설 같은 유명한 '기성 작품'도 암기해야 할 대상이 되었다. 한편 그리스어에 대한 관심이 증가함에 따라 학생들은 이솝에서 핀다로스에 이르는 송시(頌詩), 헤시오도스나 크세노폰에서 플라톤에 이르기까지의 대화편, 그리고 아리스토파네스의 『개구리』와 호메로스의 장편시도 읽어야 했다. 학생들은 이 모든 작품들을 읽으면서 문체와 내용만 보는 것이 아니라 일반적으로 인정되는 방식 안에서 자기의 변론술을 개발하기 위해 화술방식과 논쟁유형까지 익혀야 했다.[24]

동시에 그리스도교와 고대 그리스·로마의 관계 및 양자의 전통에서 비롯된 작품에 나타난 관련성에도 깊이 정통해야 했다. 왜냐하면 반종교개혁기에는 신(新)스토아 사상이라고 알려진 자극적인 교리가 부활하고 있었기 때문이다. 신스토아 사상이란 후기 그리스 문화와 초기 로마 문화의 요소가 그리스도교의 사상적 흐름과 융합하여 생겨난 그리스도교 인본주의의 한 변종이었다. 이것에 대해서도 광범위한 문장의 암기가 필수적이었는데, 이는 문체가 지닌 위력보다는 도덕적인 내용을 중시했기 때문이다. 그래서 늙음과 죽음에 대해 냉정하고 강력한 견해를 제시한 세네카나, 가혹하고 예측 불가능한 사회에서 개인의 인격을 보장하는 방법을 제시한 노예 출신의 에픽테토스도 리치의 정신세계에 깊이 들어올 수 있었던 것이다.[25]

리치는 인생 말년인 1608년 친구 지롤라모 코스타에게 베이징에서 보낸 편지에서 "나는 책이 너무 없어서 지금 여기서 펴내는 책의 대부분은 기억에 의존해서 쓴 것이라네"라고 말하고 있다. 이때 리치가 염두에 두었던 것은 아마도 위에서 제시한 스토아주의자나 인문주의자의 저작이었을 것이다. 그 해에 그는 중국어로 출판한 『기인십편』에 이솝의 생애에 대한 플라누데스의 글을 거의 글자 그대로 직역해서 실었고, 에픽테토스의 문장에 글귀를 첨가해서 고쳐 쓴 문장도 실었다. 이런 이국적인 서양의 작품을 광범위하게 인용한 글은 곧바로 당시 중국인 학자들의 눈에 띄었고, 그들의 작품집에 수록되어 널리 퍼졌기 때문에 명료하고도 정확한 내용이 요구되었다.[26] 그 이전의 작품에서도 리치가 기억력을 발휘했음은 의심의 여지가 없다. 1595년에 출판한 『교우론』에서 리치는 같은 제목의 안드레아 데 레센데(Andrea de Resende)의 저작에 수록된 고전 작가의 많은 작품을 자유롭게 인용했다. 물론 리치가 중국에서 레센데의 저작을 갖고 있지 않았다고 단정할 수는 없다. 하지만 아마도 갖고 있었을 가능성은 많지 않을 것이다. 오히려 그가 학창시절에 레센데의 수많은 구절들을 배웠고, 그것을 외웠던 것이리라. 게다가 그가 『교우론』을 원래 76편에서 점차 100편으로 증보한 사실을 볼 때, 기억 속에서 새로운 이야기를 하나씩 천천히 생각해 내면서 이미 써둔 원고에 추가했다고 볼 수 있다.[27] 1605년 『이십오언』(二十五言)이란 제목으로 펴낸 책에서 에픽테토스의 금언집을 인용할 때도 사정은 비슷했을 것이다. 순서가 바뀌고 글귀를 수정하기는 했지만, 모든 문장이 에픽테토스의 방대한 철학강의를 간추린 『제요』(*Encheiridion*)에서 인용한 것이다. 이른바 『교재』(*Manual*)라고 불린 이 책을 리치가 지녔을 수도 있다. 그러나 그가 수업시간에 『제요』를 외웠고, 30년 후 중국에서 그 책의 필요성을 깨달았을 때 기억에서 불러냈다고 생각하는 편이 아무래도 사실에 더 가까울 것 같다.[28] 1601년 만력제는 리치가 궁정에 선물한 하프시코드를 환관들이 연주하면서 노래할 수 있도록 리치에게 노래집을 만들라고 명했다. 이때 리치는 젊은 시절에 외웠던 호라티우스의 시나 세네카, 페트라르카의 수필을 생각해 내서 솜씨 좋게 조합하여 노래집을 완성했음에 틀림없다.[29]

이상이 도덕철학의 측면에 관계된 문제이다. 이것에 비하면, 리치가 배우고 익힌 또 하나의 중요한 학문분야, 곧 수학을 주제로 한 과학들에 이 편리한 기억술을 어떻게 적용했는지 확인하기는 조금 어렵다. 로마 대학에서 리치에게 수학을 가르쳤던 사람은 크리스토프 클라비우스였다. 클라비우스는 1574년에 유클리드의 『기하학원론』을 보완하고 분석하여 후세에 큰 영향을 준 책을 라틴어로 출판했는데, 바로 그 해 리치는 학문학부에 진학했다. 클라비우스는 과학적 지식의 가치를 열정적으로 믿는 사람일 뿐만 아니라 훌륭한 교사였다. 하지만 당시 많은 선배 예수회 선생들은 그렇게 생각하지 않았고, 학생들에게 수학을 권하지도 않았다.[30] 클라비우스는 자연현상에 대한 세심한 탐구가 영적 세계의 성찰에 어떻게 도움을 주는지를 강조했다. 그 자신이 뛰어난 수학자요 천문학자로서 뒷날 갈릴레이와 친분을 맺기도 했던 클라비우스는 로마 대학의 젊은 예수회원에게 곧잘 이렇게 말했다. "가장 중요한 것은 다른 학문에서 정확한 해석을 내릴 때도 자연과학지식이 유용하고 필요하다는 것을 학생들이 이해하는 것이다." 그리고 그는 기초적인 수학의 이해가 부족해서 아리스토텔레스나 플라톤을 해석하는 데 엄청난 실수를 저지르는 교수들의 대표적인 예를 학생들에게 상기시켜 준 적도 있었다.[31]

클라비우스는 학생들이 대학에서 무엇을 공부해야 하는지에 대해서 뚜렷한 견해를 가지고 있었다. "천체의 수(數)와 운동, 다양한 관측 결과, 별들의 현상(별의 현상은 다양한 합[合]이나 충[衝]과 서로간의 상대적인 거리에 따라 변한다), 결합물질의 끝없는 분할, 밀물과 썰물, 바람, 혜성, 무지개, 증기(蒸氣), 기타 기상학적 물질 등을 배워야 한다. 이와 함께 수학자들이 지금까지 연구해 온 운동, 특성, 작용, 거리, 반작용 사이의 관계들도 배워야 한다."[32] 클라비우스는 학생들에게 수학적인 훈련을 효과적으로 실시하기 위해서는 교사들이 평균 이상의 실력을 갖춰야 하며, 또한 학생들도 교사가 중요하다고 생각해서 부과하는 교재를 소화하기 위해 정신을 최대한 집중해서 공부에 힘써야 한다고 말했다. 1학년(los lógicos)은 4개월 동안 유클리드의 『기하학원론』 제1권에서 제4권까지를 배우고, 1개월 반 동안 실용산술(實用算術)을, 2개월 반 동안 행성을, 2개월 동안 지리학을 배운다. 만일 학년말에 시간적 여유가 있으면 『기하학원론』의 제5권과 6권을 배워도 좋다. 2학년(los philósophos)은 2개월 동안(행성과 별의 운동을 계산하기 위해서) 천체관측기를, 4개월 동안 행성이론을, 3개월 동안 원근화법(遠近畫法)을 배우고 남는 시간 동안 시계 제작법과 교회력 계산법을 배운다. 여기서 소수의 우수한 학생만이 스스로 책을 골라 읽는 3학년으로 진급할 수 있다. 3학년에서는 더 수준 높은 천체이론을 연구하고, 만세력(萬歲曆) 작성법, 행성운행표, 상한의(象限儀) 사용법 같은 것을 배운다.[33]

리치가 로마 대학에서 4년 동안이나 클라비우스한테서 수학을 배운 것을 보면, 3학년 과정 이수를 허락받은 학생들 가운데 포함되었을 것이다. 리치는 수학공부에 노력과 시간을 다 쏟느라 신학 관련 학업은 지지부진했을지도 모른다. 왜냐하면 인도에 체류 중이던 1580년에야 신학과정을 수료했기 때문이다.[34] 다른 서양 지식인들처럼 리치는 클라비우스가 2학년 과정에 부과한 '교회력 계산법'에 대한 클라비우스 자신의 성과를 직접 보고 들을 수 있었을 것이다. 클라비우스가 개정한 유명한 그레고리오력(당시 교황이었던 그레고리오 13세를 기념해서 명명되었다)은 1582년 10월에 유럽에서 사용되기 시작하여 이듬해에 극동에서도 사용되었는데, 이것은 리치가 루제리와 함께 중국에 들어와서 자오칭에 정착한 직후의 일이다.[35]

리치는 평생 클라비우스와 두터운 사제의 정을 유지하며 서로 책이나 편지를 주고받았다. 리치는 중국인 독자에게 클라비우스야말로 유클리드 이후 가장 뛰어난 수학자요 유클리드의 진정한 계승자라고 소개했다. 리치는 유클리드의 『기하학원론』을 중국어로 번역한 『기하원본』에서 유클리드의 그리스어 이름인 에우클레이데스를 라틴어 이름인 에우클리데스로 고쳐서 중국어로 비슷한 발음이 나게 '어우지리더'(歐几里得)라고 적었다. 그리고 그는 사려 깊게 유클리드가 '약 1천 년 전'에 살았다고 설명했다. 이로 인해 유럽 문화에 관심을 가진 중국인이라면 누구나 유클리드가 그리스도교 수학자라고 생각했을 것이다. 사실 유클리드는 B.C. 500년에 살았던 이교도 그리스인이었는데 말이다. 한편 리치는 클라비우스에게 '딩'(丁)이라는 중국어 이름을 붙여 주었다. 이것은 마치 기억의 궁전을 세울 때 사용하는 말장난과 비슷한 것이다. 왜냐하면 클라비우스(Clavius)라는 이름은 '못'을 뜻하는 라틴어 '클라부스'(clavus)와 비슷하고, 그 못을 의미하는 중국어가 바로 '딩'(丁)이기 때문이다. '딩'(丁)자는 중국 표의문자 가운데 가장 단순한 글자이고, 유럽 글자의 대문자 T와 흡사하다. 물론 중국인은 이 글자가 다른 한자에 비해서 얼마나 쓰기 쉬운 글자인지 잘 알고 있었다. 그래서 교육받지 못한 사람을 "'딩'(丁)자도 모른다"고 놀릴 정도였다. 이 속담을 듣고 리치는 틀림없이 쓴웃음을 지었을 것이다. 그는 이제부터 중국의 지식인에게 서양 수학을 소개할 참이었기 때문이다.[36]

가톨릭 교회가 생각하는 수학의 주된 역할은 13세기에 토마스 아퀴나스가 이미 잘 설명해 놓았다. 그는 수학의 우수성을 높이 평가하고, 젊은이들이 조기에 배워야 할 과목이라고 생각했다. 수학의 우수성은 하나의 공리에서 출발하여 각종 정리(定理)를 논리정연하게 만들어 내는 방법론에 있다. 이 방법론 때문에 수학은 "인간이 만들어 낸 학문 가운데 가장 쉽고 가장 확실한" 것이다. 또한 수학적 지식은 기억술의 전제와 공통되는 성질이 있다. 기억술은 사물의 정리를 전제로 하는데, 수학도 질서가 정연한 사항만을 받아들인다는 점에서 비슷하기 때문이다. 그래서 수학적인 질서가 있는 체계 안에서는 특히 기억하기 쉬운 지식을 발견할 수도 있다. 유클리드 기하학의 명제가 그 좋은 예일 것이다.[37] 기하학은 인간의 상상력과 지성이 결합해서 생겨난 분야였다. 하지만 기하학이 인간의 정신적인 힘을 보여줌과 동시에 자연계의 질서에 대한 인간의 이해력의 한계를 드러낸 것도 사실이다. 만약 수학 지식으로 자연계의 법칙을 이해할 수 있게 되면 인간으로서는 하나의 승리라고 말할 수 있을 것이다. 하지만 수학 지식이 필요하다는 것 자체가 인간이 나약하다는 증거이다. 토마스 아퀴나스가 논했듯이, 하느님이나 천사에게는 도표나 그래프 따위가 필요하지 않다. 모든 사물을 하나의 통합된 시각 속에서 보기 때문이다.[38] 따라서 아퀴나스에게 수학은 어떤 특정한 정확성을 제공하는 것으로 생각되었다. "수학은 자연과학과 신성한 과학을 중재하면서도 그 어떤 것보다 확실하다." 한편 수학은 감정에 좌우되지 않는다는 특징이 있다. "기하학자가 진실을 증명해 보이는 한 그가 자신의 욕구에 대해서 무엇을 느끼는지, 곧 그가 기뻐하는지 분노하는지는 아무런 의미도 없다."[39]

16세기 유럽 전역에 퍼져 있던 예수회 학교들에서 예수회원들은 자연과학을 중시했다. 그것은 똑같이 자연과학을 중시하고 있던 프로테스탄트 학교에 대항하기 위해서뿐만 아니라, 다른 학문보다도 자연과학을 높이 평가하게 된 엘리트나 귀족들의 환심을 사기 위해서이기도 했다. 수학을 기초로 한 자연과학을 중시함으로써 예수회원들은 자신들이 근대적인 학문의 최첨단에 서 있다는 것과 후기 르네상스 시대의 이탈리아 인문주의의 정통 계승자임을 보여주었던 것이다. 그러나 예수회원들은 코페르니쿠스의 지동설을 인정하지 않고, 움직이지 않는 지구 주위를 7개의 수정 같은 별이 돌고 있다고 계속 가르쳤다. 지동설이 완전히 증명되었다고는 생각하지 않았기 때문이다. 예수회원은 전통에서 보나 종교상의 정합성에서 보나 천동설이 옳다고 생각했다.[40] 리치가 로마 대학에서 공부할 때 두 가지 사건이 일어났다. 하나는 1572년에 신성이 발견된 것이고, 또 하나는 1577년에 거대한 혜성이 관측된 것이다. 이 두 사건으로 서양에서는 인문학자와 천문학자들 사이에 큰 논쟁이 벌어졌고, 클라비우스도 자신이 주장하는 가설의 일부를 재검토하도록 강요받았다. 그러나 결국 클라비우스의 견해는 수정되지 않고 그대로 살아 남았다.[41]

리치는 일단 중국어에 능숙해지고, 중국의 인문 분야 학문에 대한 이해가 깊어지자 중국인의 종교적 관습에 관심을 가졌던 것처럼 이번에는 중국인의 자연과학 지식에 큰 관심을 기울이게 되었다. 사실 중국에서는 천체관측술이 높은 수준에 도달해 있었다. 앞에서 말한 1572년의 초신성(超新星)과 1577년의 혜성에 대해서도 중국인은 정확한 출현 날짜, 육안으로 본 크기와 밝기, 궤도 등 상세한 관측 결과를 기록했다.[42] 그러나 리치가 보기에 중국인의 방법론은 아직 이론적 뒷받침이 제대로 되어 있지 않았다. 이 점에 대해서 리치는 유클리드 『기하학원론』의 중국어 번역본 『기하원본』의 서문에서 이렇게 말했다. "중국에 처음 발을 디딘 이래로 나의 짧은 소견을 말하라면, 기하학을 배우고 있는 사람들은 자기가 쓰고 있는 교과서를 전적으로 믿을 뿐 기초원리에 대해서는 아무런 논의도 하지 않는 것 같았다. 그러나 좋은 뿌리나 토대 없이 튼튼한 건물을 세우기는 어렵다. 가장 훌륭한 학자라도 자신이 왜 그런 결론에 이르렀는지를 설명하지 못하는 일이 생기는 것은 바로 그런 이유 때문이다."[43] 리치는 자신에게 이 결함을 메울 수 있는 특별한 능력이 있다고 말했다. 단호한 어조로 자신을 클라비우스의 제자로서, 스승 클라비우스를 유클리드의 후계자로서 소개할 뿐만 아니라 상당한 자신감을 갖고 자신이 이탈리아 학술 전통의 한 방면을 계승한 대표자라고 주장한다.

저 먼 서양의 우리나라는 비록 영토는 작지만, 엄밀한 분석에 관한 한 다른 나라들보다 월등하다. 우리나라 학교에서는 이런 엄밀한 분석에 의해 자연현상을 탐구한다. 따라서 우리나라에는 자연현상을 대단히 세밀하게 조사한 책들이 많이 있다. 우리나라의 학자들은 이성을 통한 증거의 탐구야말로 토론의 기초적인 전제라고 생각하고 있으며, 근거가 희박한 타인의 의견은 받아들이지 않는다. 그들은 이성에 기초한 연구는 과학지식으로 인도하지만, 타인의 의견은 자기 자신의 새로운 의견을 낳을 뿐이라고 말한다. 과학 지식에는 의심의 여지가 없다. 반면에 의견에는 언제나 의혹이 따라 다닌다.[44]

리치는 중국인 독자들을 위해 클라비우스한테서 배운 많은 내용을 요약했다. 수학이라는 대하(大河)에 네 개의 지류가 있다. 산술, 기하학, 음악, 그리고 천문학에 연대학(年代學)을 합한 것이 그것이다. 리치는 이 일반적인 개념을 정교하게 다듬어서 수학을 구성하는 다양한 요소에 대한 하나의 찬가(讚歌)로 만들었다.

이 네 개의 큰 지류는 100개의 작은 지류로 나누어진다. 어떤 분야에서는 우주의 크기를 측정한다. 예컨대 연속적으로 겹쳐진 천체의 두께, 지구에서 태양·달·별들까지의 거리, 그리고 그들 사이의 상대적 크기, 지구의 지름과 지표면의 거리 등이다. 산과 언덕과 온갖 건물의 높이, 동굴과 계곡의 깊이, 두 지점 사이의 거리, 밭이나 도시를 에워싼 성벽이나 궁전의 면적과 경계선, 창고와 큰 그릇의 부피 등도 측정한다. 또한 다른 분야에서는 태양광선을 측정함으로써 계절의 변화, 낮과 밤의 길이의 변화, 해돋이와 해넘이 시간을 설명한다. 이리하여 경도와 위도, 해(年)와 달과 날이 시작되는 정확한 순간, 춘분과 추분, 하지와 동지, 더 나아가 윤달을 넣는 해와 윤일을 두어야 하는 달을 산출한다.

다른 분야에서는 천체와 지구, 태양이나 달이나 5개의 행성의 움직임을 관측할 수 있는 천구의(天球儀)를 비롯한 갖가지 도구를 만든다. 악기의 옥타브 음정을 조정하고, 또 시계로 시간의 흐름을 재고, 사람들의 일상생활을 돕고, 지고(至高)의 주님께 드릴 봉헌시간을 조절한다. 그 밖에 다른 분야에서는 물, 흙, 나무, 돌을 다루는 기술을 정리하여 도시를 건설하고 탑이나 테라스나 궁전을 세우고 지붕에서 기초까지 전부 만들어 낸다. 또 운하를 뚫고 저수지를 만들고 다리를 놓는다. 이 모든 것들은 장식적인 아름다움을 드러낼 뿐만 아니라 아주 튼튼하게 만들어지기 때문에 수천 년이 지나도 무너지는 일이 없다.

이것은 단지 시작일 뿐, 리치는 계속해서 찬가를 이어 나간다. 수학에는 무거운 물건을 들어 올리거나 옮기는 기계장치도 모두 포함된다. 사막에서 사용하는 관개장치와 습지에서 사용하는 배수장치, 수로(水路)의 수문(水門), 광학(光學), 평면의 굴곡에 대한 지식, 원근화법이나 명암을 배합하는 기술도 수학에 포함된다. 리치가 수학에 포함되는 마지막 예로 든 것은 지리학이다. 지리학은 지구를 설명하는 과학이었다. 산, 바다, 왕국, 대륙, 섬, 지역 등 "모든 요소가 세밀한 축도(縮圖) 속에 배치되고" 각각의 요소가 "나침반의 방위에 부합하고" 모두 같은 비율로 축소되어 있기 때문에 "실수나 혼동을 피할 수 있다"고 한다.[45]

중국에 있는 동안 리치는 자신이 열거한 수학의 '지류' 가운데 시계 제조법, 광학, 천문 관측술, 측량술, 음악, 지리학, 기하학 등 거의 모든 분야에서 업적을 남겼다. 리치는 학생시절 기억에 저장했던 지식을, 갖고 있던 몇 권 안되는 책에서 얻은 지식으로 보완할 수 있었던 것이다. 그래서 일식과 월식의 계산, 위도의 대략적인 계산, 어느 장소에서나 정확히 시간을 잴 수 있는 완전히 조절 가능한 해시계의 조립, 나아가 중국에서 크나큰 명성을 가져다 준 대축척의 세계지도 작성조차 그렇게 큰 어려움 없이 해낼 수 있었다. 이미 리치의 수중에는 메르카토르가 1569년에 만든 세계지도, 오르텔리우스가 1570년에 출판한 세계지도, 그리고 아주 상세한 위도 계산용 표가 있었기 때문이다. 위도 계산용 표가 실린 클라비우스의 『천구론』(*Sfera*)과 알레산드로 피콜로미니의 『지구론』을 리치는 여행할 때 언제나 지니고 다녔다.[46] 특히 클라비우스의 책에는 이론만 적혀 있는 것이 아니라 자세한 공작도(工作圖)와 주석이 달려 있어서 리치는 기구 사용법뿐 아니라 기구를 만드는 방법도 배울 수 있었다. 얼마나 상세하냐 하면, 마지막에 나무를 어떻게 붙이고, 나무틀에 나사를 어떻게 조이는지까지 설명되어 있었다.[47]

특히 1596년에 리치는 클라비우스의 천문 관측기에 대한 새 책을 선물받았다. 그 책은 1593년에 로마에서 출판된 것으로 상세한 환산표와 도해가 많이 실려 있었다. 이로써 리치는 천문 관측 계산을 위한 새롭고도 아주 강력한 도구를 손에 넣게 된 것이다. 다시 한번 클라비우스의 정확성과 완벽한 실용성이 결합되어 리치에게 하나의 계산수단을 주었다. 유럽의 학자들은 이 천문 관측기를 '도구의 왕'이라고 불렀으며, 이것에 애착을 갖고 칭찬하는 대화를 기록할 정도였다.[48]

리치가 수학과 천문학을 습득한 것은 사실이다. 그러나 그것과 함께 괴이한 힘이 자신에게 흘러 들어온 것을 리치가 얼마나 자각하고 있었는지는 알 수 없다. 당시 유럽 각지에서 유클리드의 책은 오늘날 말하는 '과학'으로 활용되는 한편, 마술에서도 응용될 가능성이 있었다. 유클리드의 저작은 클라비우스의 빼어난 번역과 주석을 통해서 청년층도 수월하게 이용하게 되었다. 1570년, 클라비우스가 역주를 단 유클리드 기하학의 영어판이 런

던에서 출판되었을 때 마술사 존 디는 "미친, 경솔한, 악의적인, 오만한 영국 동포들"에게 거리낌없이 도전장을 던져, 새롭게 증명된 수학적 법칙이 어떻게 점성술을 지지하는지를 이해시키려고 했다. "이 수학은 자연광선과 빛이 초래하는 작용과 효과, 그리고 항성이나 행성이 인간에게 미치는 비밀스런 영향력을 합리적으로 논증해 주는 학문이다"라고.[49] 디는 나아가 유클리드의 정확성이 디 자신의 귀중한 과학인 '인류지'(Anthropographie)를 보강하고, '최상의 학문'(Archemastrie)이라고 해야 할 위대한 최후의 과학으로 인도한다는 것을 증명하려고 했다. '인류지'에서는 인간이 만물의 신성한 척도로서 이용되며, '최상의 학문'이란 "완벽한 경험을 성취하는 것"이며, "수학의 성질을 띤 학문을 활용해서 얻게 된 가치 있는 결론 모두를 지각할 수 있는 실제 경험에 응용하는" 유일한 수단이라고 한다.[50] 리치는 이런 식으로 말하지는 않았겠지만, 디가 말하려는 본질과 내용이 리치를 놀라게 하지는 않았을 것이다.

앞서 본 대로 리치는 수학의 하위 분야를 열거할 때 지리학을 맨 끝에 두었다. 하지만 리치가 지리학에서 거둔 성과는 위대한 것이었다. 그는 지명을 전부 중국어로 표기한 정확한 세계지도를 제작하는 위업을 달성했다. 그 지도는 많은 해적판이 나올 만큼 인기가 있었고, 최종적으로는 6폭으로 된 거대한 판도 제작되었다. 이것은 한 폭의 너비가 180cm 이상이나 되는 큰 지도였는데, 만력제가 있는 베이징 궁전의 은밀한 내실에 설치되었다. 물론 리치가 이 지도를 작성할 때 누구의 도움도 받지 않았다고는 말할 수 없다. 학자들의 끈질긴 연구 결과, 리치가 남북 아메리카와 북유럽에 대해 적어 놓은 간략한 설명에는 플란치우스가 1592년에 출판한 지도에 있는 것을 번역한 글귀가 다수 포함되어 있다는 것이 판명되었다. 리치는 중국에서 이 책을 받아 보았던 것이다. 한편 중앙아시아 부분에 쓴 설명은 13세기 중국의 학자 마돤린(馬端臨)이 저술한 일종의 백과사전 『문헌통고』(文獻通考)를 그대로 베낀 것에 불과하다는 것도 밝혀졌다. 플란치우스의 지도든 마돤린의 책이든 리치는 거의 공상의 산물이라고 할 수 있는 내용을 자기 생각인 양 옮겨 놓은 것이다. 이것은 리치의 세계지도에 과학적

엄밀성과는 상반되는 부분도 있다는 사실을 보여준다.[51]

어쨌든 리치가 이 모든 활동 속에서 늘 가장 중요한 목적으로 삼았던 것은 중국인으로 하여금 그의 과학적 성과에 관심을 갖게 해서 결국 그리스도교를 쉽게 받아들이도록 하는 것이었다. 그는 클라비우스에게 보낸 편지에서, 자기가 만든 조절 가능한 해시계의 밑받침에 중국어로 경구(警句)를 새겨넣은 일도 이런 목적을 위한 것이라고 말했다. 그 경구는 하느님의 은총에 대한 이해가 뒷받침되지 않는다면, 인간의 노력이 얼마나 나약한 것인지를 지적하고, 아울러 해시계의 시계판에서 시간의 경과를 보는 사람들에게 인간은 과거를 되찾거나 미래를 예견할 수 없으며, 기회가 있으면 현세에서 선(善)을 행해야 한다고 경고하는 것이었다.[52]

리치는 인간관계와 관련된 저서를 통해서 이런 경고에 포함된 진실을 한층 강조했다. 그것은 우정을 분석한 『교우론』이다. 이 작은 책은 1595년에 출판되어 난창의 귀족에게 헌정되었다.(그 후 1601년에는 찬사로 가득 찬 친구들의 서문을 여러 편 더하여 증보판을 발행했다.) 리치 자신의 말에 따르면 이 『교우론』은 다른 어느 저작보다도 중국의 엘리트 사이에서 높은 평가를 받았고, 찬탄의 대상이 되었다고 한다. 이 말은 리치의 자화자찬처럼 들릴 수도 있지만, 명대를 대표하는 학자들이 『교우론』에 대해서 쓴 평을 보면 분명한 사실임을 알 수 있다.[53] 리치는 우정에는 금전적 수익이나 다른 물질적 보수 이상의 가치가 있다고 생각했다. 우정은 별개의 두 육체를 한마음으로 묶는 고삐다. 또한 곤경에 빠졌을 때만이 진정한 친구를 알 수 있다. 상황이 좋을 때는 우정도 유지하기 쉬우므로 그런 우정은 깊이가 없다.[54] 리치는 여러 인물의 우정론을 인용했다. "나는 죽은 친구를 애도하지 않는다. 친구가 살았을 때는 친구를 잃게 될 것이라고 예상했고, 친구가 죽은 후에는 마치 살아 있는 것처럼 기억에 남아 있기 때문이다."(세네카) "친구를 늘 도와야지 그렇지 않은 사람은 진정한 친구가 아니다. 그저 한낱 장사꾼일 뿐이다."(키케로) "만약 친구가 적으면 기쁨도 적겠지만, 동시에 슬픔도 적을 것이다."(마르티알리스의 이 말은 그다운 냉소적인 경구이다.) "하찮은 인간을 친구로 선택하는 것은 염색집에 들어가는 것과 같다. 그에게 염료가 튀는 것은 당연하기 때문이다."(플루타르코스)[55] 이런 우정론은 중국인 독자들에게 아주 잘 먹혀들었을 것이다. 『교우론』 제24칙(則)을 보고도 중국인은 하나도 놀라지 않았을 것이다. "친구의 과찬(過讚)이 가져오는 피해는 적의 비난이 가져오는 피해보다 훨씬 크다." 여기서 우리가 놀라는 것은 바로 이 구절이 에라스무스를 인용했다는 사실이다. 에라스무스는 이냐시오 데 로욜라가 격렬히 비판했던 인물이다. 따라서 16세기 후반 에라스무스의 저작이 예수회원들의 독서에 어울리는 책은 아니었다.[56] 그러나 리치가 거리낌없이 에라스무스를 인용했다는 사실은 그가 좁은 의미에서 정통으로 인정받는 책에만 한정된 것이 아니라 가능한 한 광범위한 책에서 우정론을 모으려 했다는 것을 보여준다.

리치는 중국인 친구들을 통해서 『교우론』을 내세워 자신의 다른 책도 유포했다. 우정이라는 도덕을 다룬 『교우론』 정도면 중국인의 관심을 끌 것이고, 그러면 다른 책도 구해 보리라고 생각했던 것이다. 리치는 그리스도교가 지닌 비타협적인 면은 강하게 내세우지 않았기 때문에, 일급 중국인 학자들도 리치를 자신들과 거의 대등한 인물로서 대우해 주었다. 간단한 예를 들어보자. 리치가 유명한 유학자 궈정위(郭正域)와 교분을 맺자, 궈정위를 통해 역시 유명한 유학자인 쩌우위안뱌오(鄒元標)에게 자신의 저작을 전달했다. 쩌우위안뱌오는 주의 깊게 리치의 저작을 읽었고, 그 내용에 대해서 특별히 이의를 제기할 만한 것을 찾지 못했다. 다행히 쩌우위안뱌오가 리치에게 보낸 편지가 남아 있어서 이 명대의 지식인이 예수회원에 대해 보인 반응의 본질을 추적할 수 있다.

저는 존경하는 친구 궈정위에게서 편지를 받았습니다만, 그 편지는 저의 예상을 훨씬 뛰어넘는 것이었습니다. 편지와 함께 선생의 자필원고도 동봉했더군요. 저는 마치 먼 섬을 여행하다가 비범한 인물을 만날 기회를 얻은 것처럼 얼굴에 기쁨의 빛이 번졌습니다. 선생을 비롯한 두세 명의 동료분들은 천주의 가르침을 중국에 널리 전하길 염원하고 계십니다. 그 뜻은 존경할 만한 것이라고 생각합니다. 제가 읽어 본 바로는 그 복음은 우리 중국의 성인의 가르침과 다른 점이 하나도 없는 것 같습니다.

중국에서는 성인이나 후세 유학자들의 언행이 단 한 글자도 빠짐없이 완전히 기록되어 왔습니다. 그 책들과 선생의 저서 사이에 크게 다른 점이 없다는 제 의견에 찬성하시는지요? 만일 같지 않은 점이 있다면, 그것은 관행상 다르기 때문일 것입니다. 만일 선생이 『역경』(易經)을 읽어보셨다면, 건괘(乾卦)가 '하늘의 지배'(統天)와 관계된다는 것을 아시게 될 것입니다. 우리 중국 사람들은 언제나 하늘(天)을 이해해 왔습니다. 선생께선 이것에 대해서도 동의하시는지요?[57]

리치는 아마 완전히 동의하지는 않았을 것이다. 하지만 리치는 고대 중국인이 신적 권능에 대해서 그리스도교와 비슷한 관념을 지니고 있었다는 자신의 주장을 건괘를 이용해 보강할 수 있었다. 건은 6개의 실선으로 이루어진 괘(䷀)이다. 중국인은 이것이 '창조력'을 갖고 "불굴의 노력을 통해서 숭고한 성공"에 이르는 괘라고 한다. 건괘(乾卦)에 대한 옛 주석에는 "위대하도다, 건원(乾元)이여, 만물이 그에게서 시작되고 온 하늘을 다스린다"고 되어 있고, 또 이것에 대하여 '성인'(聖人)은 "그 시작과 끝을 분명히 인식하고," 어떻게 "각 사물이 참된 본질과 운명을 받아들여 위대한 조화와 영원히 하나가 되는"지를 깨닫는다고 기록되어 있다.[58]

리치는 서양 과학을 가르침으로써 친해진 중국인을 그리스도교로 개종시키려고 했다. 이런 개종방법은 이미 1590년대 후반에 생각했던 것이다. 리치가 바라고 있었던 것은 과학의 문제에 대한 진지한 논의를 통해서 비중 있는 중국인 학자 몇 명 정도를 개종시키는 것이었다. 그리고 실제로 그 희망은 이루어졌다. 리치가 중국에서 처음 사귄 중국인 친구들 가운데 한 명인 취루쿠이는 당초 리치를 연금술사로 생각하고 찾아왔다. 그러나 그는 리치 밑에서 클라비우스의 『천구론』을 배우고, 유클리드의 『기하학원론』 제1권을 초벌 번역하고서는 1605년에 개종했다. 이 취루쿠이의 번역은 시험적인 시도인데다가 매끄럽지도 않았지만, 중국 남부의 재능 있는 몇몇 수학자들의 주의를 끌었다.[59] 또 상하이의 학자 쉬광치(徐光啓)는 1600년에 리치와 친교를 맺게 되었는데, 처음부터 그가 유클리드 기하학에 매료되어 리치의 영향권 안에 들어왔는지는 확실치 않다. 하지만 쉬광치가 그리스도교로 개종하고, 1604년 과거에 급제하여 진사(進士)가 되고, 베이징의 한림원(翰林院)에서 자리를 얻은 이후, 리치와 쉬광치가 유클리드 기하학을 매개로 굳은 우정을 맺고 있었던 것은 확실하다. 두 사람은 1년 동안 매일 아침 클라비우스가 쓴 유클리드 기하학의 주해서를 한줄 한줄 읽어 나가며, 마침내 첫 6권 전체를 매끄럽게 공역하여 1607년에 출판했다.[60] 그리고 이번에는 이 공역『기하원본』이 고위 관리 리즈짜오(李之藻)에게 큰 감명을 주었다. 리즈짜오는 리치의 지도 제작법에 감탄하여 리치에게 끌린 인물이었다. 그는 리치와 유클리드 기하학의 의미에 대해 오랫동안 토론하고, 몇 권의 수학책에 대해서 공동으로 작업하고 나서 1610년 리치가 사망하기 직전에 그리스도교로 개종했다.[61]

중국인 학자들이 리치가 제시한 서양 과학을 수용한 것은 주목할 만하다. 위에서 언급한 학자들은 서양의 사상을 익혀 권세를 추구하려는 하층 계급의 인물이 아니었다. 취루쿠이는 명문가 출신이었다. 그의 아버지 취징춘(瞿景淳)은 1544년 진사시험에 장원급제한 학자로서 명대의 백과사전인『영락대전』(永樂大典) 교정에서 중요한 역할을 담당했고, 세상을 떠났을 때에는 예부상서(禮部尙書)를 추증받은 유능한 관리였다.[62] 또 리즈짜오는 항저우의 무관 집안 출신으로 1598년 진사가 되었다. 그는 리치를 만났을 때 이미 공부(工部)에서 한자리를 하고 있었다.[63] 한편 쉬광치는 상인 가문 출신으로, 1580년대에는 가정교사를 하며 지냈다. 이것은 명대 중국에서 종종 하찮은 직업으로 간주되었다. 그러나 1597년 그는 빼어난 성적으로 향시(鄕試)에 합격하고, 앞에서 지적한 대로 1604년에 진사가 되고 나서는 온 중국 지식인들이 희망하는 한림원(翰林院)에 들어가 서길사(庶吉士)를 지냈다.[64]

하지만 이 세 유학자 중 서양 과학을 이해할 때, 철저하게 몸에 밴 유교의 전통적인 규범이 방해가 되었던 사람은 하나도 없었다. 이 세 명의 학자들이 저마다 관심을 둔 분야―취루쿠이는 연금술, 리즈짜오는 지도 제작법, 쉬광치는 기하학에 관심이 있었다—의 배후에는 중국 고유의 실험과 성과를 보여주는 장구하고도 뛰어난 과학의 역사가 있었다. 하지만 예수회원들은 이 점을 별로 언급하지 않는다.[65] 물론 리치가 제공해 준 지식 중에는 그들이 처음 알게 된 새로운 내용도 있었다. 그러나 그들에게는 이미 익히 알고 있는 지식을 판단하는 데 유용한 새로운 시각을 얻고자 하는 의욕이나 잃어버린 중국의 과거를 리치의 도움을 얻어 다시 자기 것으로 하려는 목적의식이 있었다. 이런 의식은 쉬광치가 『기하원본』에 붙인 서문에 잘 나타나 있는데, 이 책은 쉬광치가 리치의 구술을 받아 적어 다듬은 유클리드 기하학의 번역본이다. 쉬광치에 따르면 고대 중국의 통치자들이나 학자들은 산술(算術), 음악, 기계 발명에 완전히 정통했다고 한다. 그런데 B.C. 3세기 말, 진시황이 모든 학문서적을 불태워 없애는 바람에 그런 종류의 기술이 뒤떨어지게 되었고, 그 결과 중국의 학자들은 "표적을 향해 아무렇게나 쏘아서 한 발도 명중시키지 못하는 장님이나 형태에 대한 감각이 무딘 나머지, 반딧불이의 빛에 의지해 코끼리를 살펴보고는 코끼리 머리에만 신경쓰다가 꼬리를 보지 못하는 사람처럼" 되었다는 것이다.[66] 리즈짜오가 리치의 세계지도에 실은 서문을 보면, 그가 쉬광치 이상으로 중국의 과거 유산을 확실히 인식하고 있었다는 것을 알 수 있다. 리즈짜오는 중국의 지리학이 원대(元代)에 획기적으로 발전했다고 지적하고, 리치의 지도도 과거 중국에 조공을 바쳤던 모든 나라를 상세하게 기록하고 있지는 못하다고 말했다. 리치는 지구의 위도 1°가 지도상에서 어느 정도의 길이가 되는지를 계산하면서, 리즈짜오가 '한 해 전부'를 들어 수학의 원리를 주의 깊게 분석하고 있음을 알았다. 수학의 원리가 '불변의 법칙'임을 납득했을 때, 비로소 리즈짜오는 리치에게 새로이 대형 세계지도를 작성해 보라고 권했다. 이 세계지도가 완성될 즈음 인쇄허가를 받아낸 사람도 다름 아닌 리즈짜오였다.[67]

리치와 이 중국인 학자들의 공통점은 책과 인쇄에 대한 애착이었다. 리치는 중국의 문자해독률을 지나치게 높게 보았다. "조금이라도 책에 대한 지식을 갖고 있지 않은 중국인은 드물다"는 리치의 말은 과장된 것이 확실하다. 하지만 중국의 종교집단은 그들의 교리를 설교나 대중연설보다는 책을 통해 전파하는 경향이 있다는 리치의 관찰은 사실을 정확히 본 것이다.[68] 리치는 늘 이런 세세한 점까지 관심을 보였고, 중국 학자라면 누구나 사용하는 먹과 종이의 제조법과 제본법 등을 공부했다. 그는 중국의 책들이 쉽게 찢어지고 오래 가지 않는 이유는 종이가 너무 얇기 때문이라고 생각했다. 그래서 그는 질 좋은 서양 종이를 한번에 몇 장씩 학자들에게 건네 주고, 먹이 번지지 않는 것을 확인하게 해서 중국 종이와의 차이를 이해시키는 한편, 갖고 있던 몇 권 안되는 장서들의 서양식 제본과 금박의 훌륭함을 강조했다.[69] 또한 리치는 문인 서예가에게도 관심을 가졌다. 서예가는 중국 어느 도시에나 많이 있는 것 같았다. 그들은 글씨를 잘 못 쓰는 관리들을 위해 중요한 상서를 대필해 주고 돈을 받거나, 자신들의 작품을 써서 팔았다. 멋진 글씨로 한 통의 상서를 써 주면 8두카트, 몇 행의 문자를 휘호해 주면 10분의 1두카트를 받는 것을 보고 리치는 깜짝 놀랐다.[70] 그렇다고는 해도 리치는 오로지 대필(代筆)로 생계를 이어가는 문인에게는 별로 관심을 갖지 않았다. 그런 문인들은 수학에 정통한 경우도 많았지만, 다른 사람을 위해 책을 대신 써 주고, 자신의 이름을 게재할 권리를 스스로 포기했기 때문이다.[71]

전교사업에 도움이 될 만한 중국 문화의 요소에 늘 민감했던 리치는 인쇄술을 이용해서 여러 면에서 성과를 거두었다. 1584년 루제리와 협력해서 중국어로 된 최초의 예배서를 완성하고(이 중국어판의 라틴어 초고는 인도에서 썼을 것이다), 자오칭 지부(知府) 왕판(王泮)의 허가를 얻어 예수회 사제관에서 1,200부를 인쇄했다.[72] 이것을 두고 혹자는 일찍이 로마 대학에서 리치가 독일인 식자공을 돕도록 선발된 학생 가운데 한 명이 아니었을까 하고 생각할 수도 있다. 왜냐하면 리치가 인쇄상의 세세한 기술까지 잘 알고 있었던 것은 분명해 보이기 때문이다. 리치는 여기서도 세심한 관찰력을 발휘하여 유럽의 식자공이 금속활자로 폴리오판 하나의 양을 조판하는 데 드는 시간과 같은 시간 동안 중국의 숙련공들은 사과나무나 배나무 목판 하나에 한자를 뒤집어서 새겨 넣는다고 기록하고 있다. 더욱이 리치의 지적에 따르면, 중국식 인쇄방법의 큰 이점은 적은 부수도 인쇄가 가능하며, 뒷날 재판을 위해 목판을 보관해 둘 수 있고 약간의 수정 정도는 빠르고 값싸게 할 수 있다는 점이었다.[73] 처음에 리치는 한자(漢字)의 수가 많고 쓰기가 복잡해서 약간 '과학에 장애'가 될 것으로 생각했다. 또한 중국인은 유해하거나 쓸모없는 내용을 너무 많이 인쇄하고 있다고 말하기도 했다. 실제로 매년 엄청나게 쏟아져 나오는 불교와 도교 관련 책을 보면 정말이지 그렇게 말하지 않을 수 없었을 것이다. 그럼에도 리치는 이런 문자 문화에 대한 정열이 있기에 중국인은 "자칫 인간 본성이 빠지기 쉬운 안일함으로 흐르지 않고 살아간다"고 생각했다.[74]

언젠가 리치는 중국인이 읽은 것을 외웠다가 다른 사람에게 암송해 보이는 것을 좋아한다며 우리는 이런 점을 이용할 수 있을 것이라고 쓴 적이 있다. 그러나 불행하게도 그는 중국인의 기억술에 대해 아무런 분석도 하지 않았다. 리치는 『기법』을 쓸 때, 먼 옛날의 왕들이 기억술을 능숙하게 이용했던 사례를 소개하고, 서양의 기억술 전통을 중국인의 마음속에 분명하게 심어 주려 했다. 이를테면 '반다(般多) 왕국'의 왕(폰투스 왕국의 미트라다테스 왕)은 22개 나라를 다스렸는데, 그 나라의 말을 모두 배웠으며, 수십만 명의 군대를 거느린 '파랄서(巴辣西) 왕국'의 왕(페르시아의 키루스 왕)은 병사의 이름을 모두 다 알았으며, '리미아(利未亞) 왕국'의 한 왕은 로마로 사절을 파견했는데(에피루스의 왕 피르후스가 키네아스를 외교사절로 파견한 일), 그 사절이 만난 수천 명의 관리의 이름을 모두 외웠다는 것 등이다.[75] 하지만 이런 왕들의 이름은 하나같이 중국인 독자에게 아무런 의미도 없었을 것이다. 그저 대단하다고만 생각했을 것이다.

리치가 예로 든 세 왕의 이름을 보고 놀라게 되는 것은 이 세 왕이 그다지 중국 지식인의 관심을 끌지 못했다는 점이다. 이것은 유럽 문화의 맥락을 중국에 그대로 이식하려는 접근방법이 얼마나 무리였는지를 여실히 보여준다. 세 왕 다 중국 문화의 맥락과는 동떨어진 인물이었다. 외국의 궁전에 사절로 파견되는 것은 중국에서는 존경받는 일이 아니었다. 실제로 중국 역사에서는 외국에 사절을 파견하는 것은 극히 드문 예외적인 일에 속한다. 설령 사절이 되더라도 외국인의 이름을 기억할 필요성은 전혀 느끼지 않았을 것이다. 또 유학자들은 외국어에 아무런 관심도 보이지 않았다. 자신들과 의사소통을 하고 싶다면 리치처럼 중국어를 배울 것이라고 생각했다. 아울러 군인으로서 경력을 쌓길 원하는 관리도 드물었다. 리치도 잘 알고 있었지만, 아무리 높은 지위의 무관이라 해도 일반적으로 문관보다 낮게 쳤다.[76]

아마 리치는 세 왕의 예를 플리니우스의 『박물지』에서 인용했을 것이다. 이 책에는 기억을 다룬 짧은 절(節)에 리치가 인용한 세 가지 예가 나온다.[77] 그런데 중국의 학자 친구들과 환담할 때, 리치는 이 세 가지 예 이외에도 다양한 예를 언급했을지 모른다. 그래서 리치가 교양을 쌓은 기반인 고전 라틴기의 인문주의자들과 스토아주의 작가들, 이를테면 키케로·퀸틸리아누스·세네카 등을 중국인은 기꺼이 받아들였던 것은 아닐까. 그들은 앞에서 말한 세 왕과 달리 중국인도 높게 평가하는 자질을 갖추고 있었기 때문이다. 예컨대 2천 명의 이름을 차례로 기억하고 임의로 200행의 시구(詩句)를 암송했던 세네카는 중국인의 마음에 와 닿았을 것이다. 또한 어떤 시라도 한번만 훑어보면 몇 번이고 기억해 냈다는 테오덱테스나 자신이 가 보았던 도서관의 장서 내용을 완벽하게 기억했던 카르마다스[78] 같은 과거 서양인들의 예를 듣게 되면 중국인들 역시 기억력으로 유명했던 학자들을 연상했을 것이다. 리치 주변의 교양 있는 친구 가운데 누군가는 리치에게 후한(後漢)의 니헝(禰衡)이라는 사람에 대해 알려 주었을 것이다. 니헝은 긴 여행에서 돌아왔을 때 여행 도중에 본 석비에 새겨진 비문들을 모두 기억했다. 리치는 싱사오(邢邵)에 대해서도 들었을지 모른다. 싱사오는 닷새 만에 『한서』(漢書) 전체를 외웠고, 연회에서 지어진 모든 시를 언제라도 암송할 수 있었다. 또한 당(唐)대의 루장다오(盧莊道)의 이름을 들었을 가능성도 있다. 루장다오는 책을 한번만 읽으면 순서대로나 거꾸로 외울 수 있었다. 이 밖에 장안다오(張安道)도 알았을지 모른다. 인적이 없는 곳에서 성장한 그는 누구나 한번만 책을 통독하고 나면 그것을 외울 수 있다고 생각했다. 물론 나중에는 세상 모든 사람이 그런 것은 아니라는 것을 알

았지만.[79]

유교와 고전 라틴기의 로마 문화가 그리스도 교도 리치의 중재를 통해서 어떻게 대화를 하게 되는지를 상상해 보는 것은 무척 흥미로운 일이다. 그 대화의 장은 다양하게 변화하는 기억이었다. 위에서 열거한 기억의 사례를 화제로 삼으면 인간을 신적 권능의 대립물로 파악해서 문제를 제기하더라도, 또는 이성이 인간의 행동에서 차지하는 위치를 분석하더라도 어느 경우에나 적절한 대화가 이루어질 것이다. 왜냐하면 중국과 서양의 기억의 역사에는 뚜렷한 유사점이 있기 때문이다. 리치나 그의 중국인 친구들의 눈에도 동서의 유사성이 확실히 보였을 것이다. 플리니우스에 따르면 율리우스 카이사르는 "말하면서 동시에 들을 수 있었다. 중요한 업무가 겹치면 비서들에게 동시에 4통의 편지를 구술했다. 만약 바쁘지 않으면 7통의 편지를 동시에 받아쓰게 했다"고 한다. 그런가 하면 수(隋)의 류쉬안(劉炫)도 자기에게 배달된 5통의 편지를 동시에 듣고 기억할 수 있지 않았던가?[80] 루키우스 스키피오는 로마 시민의 이름을 한 사람씩 부를 수 있었고, 테미스토클레스는 아테네 시민 전원의 이름을 외웠다고 한다. 반면 난징의 관리였던 쑤쑹(蘇頌)은 관할지역의 주민등록부를 모두 머릿속에 넣고 있었다. 그뿐이 아니다. 쑤쑹은 역대 왕조의 정사(正史)의 기술을 연대순으로 '위치를 정하는' 일종의 기억술을 만들어 냈다.[81] 이런 똑같은 동서양 각각의 기억에 대한 좋은 예는 다양한 상업이나 오락 분야에서도 발견된다. 호르텐시우스(유명한 연설가로 키케로의 적수였으나 나중에는 친구가 됨—옮긴이)는 경매에서 팔린 물건의 가격을 전부 기억할 수 있었다. 천젠(陳諫)은 자신의 회계장부와 베틀로 생산하는 제품 내용을 상세히 기억했다.[82] 또 스카이볼라는 말을 타고 집으로 돌아가면서 자기가 졌던 보드 게임(체스처럼 판 위에서 말을 움직여 노는 놀이—옮긴이)의 모든 동작들을 머릿속에서 자세히 재현할 수 있었다. 한편 왕찬(王粲)도 바둑 두는 것을 옆에서 구경만 하고도 집에 돌아와서 처음부터 끝까지 그대로 복기할 수 있었다.[83]

이런 대화는 기억에 대한 논의나 기하학적 분석과 마찬가지로 스토아파의 인문주의에도 적용할 수 있다. 곧 필요하다면 스토아 철학을 통해서 가벼운 종교적인 논의에서 더 나아가 종교에 대한 본격적인 대화를 주고 받는 것이 가능했다. 리치는 그리스도교로 개종한 쉬광치로부터 만일 자기 아들이 죽는다고 생각하면 무서워서 견딜 수가 없다는 말을 들었다. 이때 리치는 마음속으로 에픽테토스를 놓아 둔 기억의 방으로 달려갔을 것이다. 에픽테토스도 쉬광치처럼 공포에 휩싸였기 때문이다. 공포에 대해서 에픽테토스가 그리스어로 쓴 문장을 리치는 다음과 같이 중국어로 번역했다. "무엇인가를 좋아하게 될 때는 스스로에게 '그것의 본질은 무엇일까?' 하고 물어보라. 만일 항아리를 좋아하게 된다면, '나는 항아리를 좋아한다'고 말하라. 그러면 그 항아리가 깨져도 별로 당황하지 않을 것이다. 아내나 아이에게 입을 맞출 때면 스스로에게 이렇게 말하라. '나는 인간에게 입맞추고 있다.' 그러면 아내나 아이가 죽더라도 별로 당황하지 않을 것이다."[84] 또한 에픽테토스는 다른 문장에서 다음과 같이 썼다. 이 문장 역시 리치는 중국어로 번역했다. "어떤 것에 대해서도 '나는 무엇 무엇을 잃어버렸다'고 말하지 말라. 대신 '나는 그것을 되돌려 주었다'고 말하라. 당신의 아이가 죽었다고? 당신은 그 아이를 되돌려 준 것이다. 당신의 아내가 죽었다고? 당신은 그녀를 되돌려 준 것이다."[85] 이상의 두 문장은 스토아 철학의 정신이 잘 드러나 있는 말이다. 에픽테토스는 이것을 이렇게 해설했다. "당신의 아이들과 아내와 친구가 영원이 살았으면 하는 소원을 지니고 있다면, 당신은 어리석은 사람이다. 왜냐하면 당신은 당신이 지배하지 못하는 사물을 자기의 지배 아래 두려고 하고, 당신의 것이 아닌 것을 당신의 것으로 삼으려고 하기 때문이다."[86]

　쉬광치나 리즈짜오가 이런 메시지와 가르침을 소화하면, 리치는 그리스도교 신앙 자체에 대한 더욱 깊은 논의로 그들을 끌어들일 수 있었다. 그 논의는 리치 자신이 쓰고 출판한 『천주실의』에 실려 있다. 『천주실의』는 중국인 학자와 그리스도교 학자 사이에 이루어진 대화형식으로 그리스도교의 교리를 요약한 책이다. 그러나 이런 책에서도 리치는 고전에서 익힌 전통을 통해서 중국인 학자를 논의의 핵심으로 유도했다. 예컨대 그것은 상권(上卷) 제3편의 중심을 이루는 구절에서 볼 수 있다. 여기서 리치는 우선 '서양의 두 유명한 현인'을 소개한다. "한 사람은 헤라클레이토스라 불렸고, 한 사람은 데모크리토스라 불렸습니다. 헤라클레이토스는 항상 웃었고, 데모크리토스는 항상 울었습니다. 이들 모두가 세상 사람들이 헛된 사물을 좇는 것으로 보았기 때문입니다. 웃는 것은 그것을 비웃은 까닭이고, 우는 것은 그것을 불쌍히 여겼기 때문입니다."[87] 리치는 이 두 명의 그리스인을 발판으로 해서 중국인 독자를 자신의 논의로 끌어들이고사 이야기를 발전시켜 나갔다.

천주께서 또한 사람들을 이 세상에 두신 것은 이들의 마음을 시험하여 덕행에 등급을 정하려는 것입니다. 그러므로 현세는 우리가 잠시 머무는 곳이요 오래 사는 곳이 아닙니다. 우리의 본집은 현세에 있지 않고 내세에 있습니다. 세상에 있지 않고 하늘에 있습니다. 마땅히 그곳(來世)에서 본업을 이루어야 합니다. 현세는 짐승들의 세계입니다. 따라서 짐승들 각각의 부류들의 모습은 땅으로 향하여 엎드려 있습니다. 사람은 하늘의 백성이기에 머리를 들어 하늘을 향하여 순종하고 있는 것입니다. 현세를 본래의 처소로 여기는 것은 짐승의 무리들입니다.[88]

중국인에게 하느님과 영혼에 대한 논증을 제시하고 전교사·교사·친구·인도자로서의 일인사역(一人四役)을 완수하느라 바쁜 와중에도 리치 자신이 제자이며 학생이었던 것에는 변함이 없다. 말로 할 수 없는 내용을 말로 설명하고자 악전고투하고, 간신히 에픽테토스에서 벗어나 이번에는 플라톤을 의지해 가는 형편이었다. 다음은 이름이 있는 사람이든 없는 사람이든 모든 중국인 지식인들이 읽기를 바라며, 리치가 『천주실의』에서 가장 힘을 기울여 쓴 구절들 가운데 하나다.

천주의 '올바른 가르침'은 이런 것들을 세상에 반포하여 가르치는 것입니다. 그러나 우리는 눈으로 항상 보는 것에만 얽매여서 아직 본 적이 없는 도리를 분명하게 알지 못합니다. 비유하자면 옥에 갇힌 여인네가 잉태하여 어두운 감옥에서 자식을 낳았다면 그 자식은 클 때까지 해와 달의 빛, 산수와 인물의 아름다움을 알지 못할 것입니다. 다만 큰 촛불을 태양으로, 작은 촛불을 달로 여기면서 옥중의 인물들이 가지런히 제대로 되어진 것으로 생각할 것입니다. 더 이상 바랄 것이 없습니다. 그렇다면 옥중의 괴로움을 깨닫지 못하고 거의 즐거움으로 삼아 감옥에서 빠져 나갈 생각을 하지 않을 것입니다. 그의 어머니가 해와 달의 찬란한 빛, 높은 양반들의 화려한 장식, 넓기가 수만 리요 높이가 수억 길이나 되는 천지 사방의 찬연한 아름다움을 말해 준 다음에야 틈새로 들어오는 희미한 빛, 손발에 채워진 수갑의 괴로움, 감옥의 비좁음과 더러움을 알게 됩니다. 그렇게 되면, 그 아이는 감옥을 다시는 편안한 집으로 삼으려고 하지 않을 것입니다. 이에 밤낮으로 그 손발이 묶인 것에서 벗어나서 감옥에서 나와 친구와 친척의 즐거움을 찾아보려고 도모할 것입니다.[89]

이 구절은 클라비우스의 영향을 아주 치밀하게 논의 속에 엮어 넣고, 나아가 플라톤의 『국가』 제7권의 동굴의 비유를 원용하고 있다. 그뿐만이 아니라 정말로 멋진 것은 마지막 부분에서 친척과 친구의 이미지를 선택한 것이다. 벗과 어울리는 즐거움과 사교의 기쁨은 명대 상류 계급 사람들의 생활의 중심이었다. 리치도 이 점을 잘 알고 있었다. 실제로 리치가 참석했던 연회를 추적해 가면, 리치의 육체적 이동과 정신적 추이 양쪽에 대해서 그 궤적을 더듬어 볼 수 있다. 왜냐하면 일찍이 리치가 말했듯이, 중국에서는 모든 일이 식사를 하거나 한 손에 차를 들고 식탁 주위에서 이야기되었기 때문이다.[90] 1580년대 중국 남부에서 여행을 떠나 리치는 시골의 가난한 사람들의 집으로 조심스럽게 찾아갔다. 그 집들에서는 가족들이 임시로 만든 제단 주위에 모여 더듬거리는 중국어로 경건한 기도를 올리고 있었다. 리치의 말에 따르면 식사가 "우리에게 큰 기쁨을 주었다. 중국식으로 만든 많은 음식들이 있었고, 음식 맛도 좋았지만, 그보다 식사 대접으로 표현된 따뜻한 인정이 더 기뻤다"고 한다.[91] 1590년대 초에는 중국 중앙부에서 그리스도교로 막 개종한 상인과 느긋한 잔치를 즐겼다. 그 상인은 이미 불교의 계율에 나오는 식사상의 금기를 무시하고 있었다. 그 자리에서 리치는 상인과 천주의 섭리에 대한 토론을 이어갔다.[92]

16세기 말 난징에서는 고관의 저택에서 장시간의 연회가 흔하게 열렸다. 어떤 연회에서는 유학자들이 그 지역의 고승(高僧)을 초대하여 리치와 논쟁을 시킨 적도 있었다. 이 일에 대해서 리치는 상세한 기록을 남겼다. 자신이 일련의 논쟁에서 인간의 본성과 하느님의 선하심에 대해 말한 내용을 적고, 가능한 한 논의나 반론을 자세히 기억하여 불교에 대한 반박논문을 출판했던 일까지 썼다.[93] 베이징에 거처를 잡았던 1601년 이후에는 끊임없이 연회에 불려 나갔다. 하루에 세 번 초대받은 날도 드물지 않았고, 그 이상 되는 날도 있었다. 이제 리치는 자신을 받아들이는 사람을 일부러 찾을 필요가 없었다. 그러나 명사들과의 교제와 계속되는 강의나 설교로 인한 중압감으로 피로가 쌓였다.[94] 당시 한 중국인의 기록에 따르면 리치는 초대받은 자리에서 "엄청나게 먹고 마셨다"고 한다. 끊임없이 열리는 연회 때문에 리치가 건강을 해친 것은 거의 의심의 여지가 없다.[95]

베이징에서 리치를 내리누르던 중압감은 3년에 한 번 열리는 과거시험 때면 극에 달했다. 온 중국에서 과거를 보러 베이징으로 모여들었고, 많은 사람들이 소개장이나 편지나 인사장을 갖고 리치를 찾아왔다. 친구가 써준 편지나 소개장을 갖고 오면 사실 리치도 모른 체하기가 어려웠다. 리치가 생을 마감한 해가 바로 과거시험이 열렸던 1610년인 것도 우연의 일치만은 아닐 것이다. 그 해 5월 초 리치는 일련의 방문을 마치고 나서, 예수회의 사제관으로 돌아와 침대에 누웠다. 과로와 두통 때문이었다. 주위 사람들은 곧 나아질 것이라고 말했지만 리치는 "아니, 그렇지 않아요. 이 병은 너무 바빠서 생긴 과로가 원인입니다. 쉽지 않을 것입니다."[96] 그의 병을 간호한 예수회 동료와 중국인 친구들은 7명의 의사에게 그를 진찰하게 했는데, 진찰 결과가 일치하지 않아 의사들은 세 가지 약을 처방했다.

5월 8일 저녁, 리치는 데 우르시스 신부에게 총고해(總告解, 이미 고해한, 일생 또는 지난 얼마 동안에 저지른 죄를 되풀이하여 고해하는 일—옮긴이)

를 보았다. 9일 오후에는 헛소리를 하게 되고, 그 상태가 그날 저녁부터 다음날인 10일 낮까지 계속되었다. 이 사이 리치는 몇 번이나 중국인과 만력제를 개종시키고 싶다고 중얼거렸다. 10일 저녁, 그는 병자성사를 받았다. 저작이나 편지는 이미 정리해 두고 있었다. 리치는 미리 개인적 편지를 소각하고, 다른 원고를 정리하고, 아콰비바 총장에게 보내는 마지막 서신도 봉함해 놓았다. 그런데 갑자기 리치는 동료를 향해서 미약하지만 분명히 알아들을 수 있는 소리로 이렇게 말했다. "나는 프랑스 왕궁에서 살고 계신 코통 신부님께 큰 애정을 갖고 있습니다. 개인적으로 만나 뵌 적은 없지만, 난 올해 그분께 편지를 써서 그분이 하느님께 돌리신 영광을 축하드리고, 이곳의 전교상황이 어떤지 개인적으로 알려 드리고 싶었습니다. 부디 그분께 사죄의 말을 전해 주십시오. 이제 편지를 쓰기에는 너무 무리니까요." 혼미한 정신에 중얼거리긴 했어도 리치의 말에는 분명한 뜻이 담겨 있었다. 프랑스의 앙리 4세가 프로테스탄트 신앙을 버리기로 맹세한 후, 예수회원인 피에르 코통 신부는 고해사제가 되었다. 코통 신부는 어려운 상황에서 훌륭하게 그 일을 해냈다. 아마도 리치는 임종의 자리에서 장수한 만력제의 고해사제가 되길 꿈꾸었을 것이다. 리치가 마지막으로 부른 이름은 코통이었던 것 같다. 5월 11일 저녁, 리치는 침대에 똑바로 누워서 두 눈을 감고 숨을 거두었다.[97]

기억의 궁전은 장엄하게 우뚝 서서 구석구석까지 밝은 빛을 받고 있었다. 연회실은 변함 없이 침묵에 싸여 있지만, 그 내부에는 생각이 자리 잡을 공간이 아직 남아 있었다. 동남쪽 모퉁이에는 두 전사가 격투하는 자세로 서 있다. 동북쪽 모퉁이에는 서하의 후이후이 여성이 서 있다.

리치는 세번째 기억용 이미지로 이로움을 뜻하는 한자 리(利)를 골랐다. 중국인이 기억하기 쉬운 이미지를 구성하기 위해 리치는 이 글자를 좌우로 나누었다. 왼쪽의 화(禾)는 곡식, 오른쪽의 도(刀)는 칼날 또는 칼을 의미한다. 리치는 이 두 요소로 "한 농부가 낫을 들고 들판에서 곡식을 거둬들이고 있다"는 기억용 이미지를 만들었다.[1]

앞에서와 마찬가지로 이 기억용 이미지에도 겉으로 드러난 것 이상의 의미가 포함되어 있다. 리(利)자는 리치 자신이 자기의 중국어 이름으로 한 리마더우(利瑪竇)의 첫 글자이기도 하다. 여기에서 우리는 '利'에 담긴 의미를 찾을 수 있다. 리치는 '利'의 발음을 로마자로 ly라고 표기했다. 이것은 리치가 개인적으로 사용했던 중국어의 로마자 표기법에 기초해서 쓴 것이다. 사실 ly로 리치의 이름 Ricci의 첫 음절 ri를 정확히 나타냈다고는 할 수 없다. 하지만 혀끝을 심하게 굴리는 이탈리아어의 'r'과 정확하게 일치하는 발음이 중국어에 없는 이상 가장 유사한 발음 'ly'로 대신한 것은 합당한 조치일 것이다. 단 중국에서 'ly'〔오늘날의 병음 표기로는 li〕로 발음되는 한자는 수십 개나 된다. 따라서 '利' 이외의 한자를 사용할 수도 있었을 것이다. 리치는 전교활동을 통해서, 또 가는 곳마다 식량을 구하고 물물교환하는 일상생활을 통해서 '利'라는 말이 지닌 다양성을 간파했던 것 같다. 전교활동과 관련해서는 "사람이 온 세상을 얻는다 해도 제 목숨을 잃는다면 무슨 이익이 있겠느냐?"(「마르코 복음서」 8장 36절)가 머리에 떠올랐을 것이다. 일상생활에서는 "유다가 형제들에게 말했다. '그래도 우리 동기인데 그를 죽이고 그 피를 덮어 버린다고 해서 무슨 이득이 있겠니?' …… 그러는 동안 미디안 상인들이 지나가다가 요셉을 구덩이에서 끌어내었다. 그들은 그를 이스마엘 사람들에게 은 20냥에 팔아 넘겼다"(「창세기」 37장 26~28절)를 상기했을 것이다. 리치는 이국에서의 전교생활 속에 숨은 '利'의 문제를 잘 알고 있었던 것 같다. 그도 그럴 것이 『기법』을 쓴 지 10년 후, 그 사실을 후세 사람에게 슬쩍 전해 주는 작은 단서를 남겼기 때문이다. 그 단서란 리치가 『정씨묵원』에 실으라고 청다웨에게 준 그림의 해설문 끄트머리에 보이는 서명 '利瑪竇'의 첫자 '利'에 덧붙인 로마자 표기이다. 서명은 모두 합해서 4번 나오는데 '예수회원 리마더우'와 '유럽인 리마더우'가 각각 두 번씩 나온다. 그런데 전자의 경우에는 '리'를 로마자로 Ly로 표기한 반면 후자의 경우에는 '리'를 Ri로 표기했다.[2]

리치는 자신의 중국 이름에 포함된 한자 '利'에서 이로움을 상징하는 인물을 만들어 냈다. 부지런히 추수하고 있는 한 사람의 농부가 그것이다. 리치는 농부를 서하의 후이후이 여성의 왼쪽, 격투하는 두 전사의 대각선 방향, 그러니까 연회실의 서북쪽 모퉁이에 배치했다. 농부는 그 자리에 서서 곡식을 거둬들이려 하고 있다. 리치가 명령을 하고 있는 한 영원히.

리치의 시대에 사람들은 모두 경제적 이익을 추구하고, 이익을 위해서라면 종교가 다를지라도 타협을 마다하지 않았다. 이런 타협이 참혹한 결과를 초래한 일도 있다.

예컨대, 포르투갈에서는 이런 사건이 있었다. 포르투갈의 유대인 개종자들은 종교재판소의 가혹한 판결을 받아 괴멸될 위기에 처하자 해로로 플랑드르와 이탈리아로 자산(資産)을 옮기기 시작했다. 그런데 이 즈음 세바스티앙 왕이 타협안을 들고 나왔다. 그의 아프리카 원정에 25만 두카트의 자금을 제공하면 이단에게 부과하는 벌금을 10년간 면제해 주겠다고 한 것이다. 1577년, 마침내 유대인은 거래에 응하고 돈을 바쳤다. 하지만 세바스티앙 왕이 죽자 그의 뒤를 이은 왕들은 약속을 파기해 버렸다. 그들은 세바스티앙 왕은 유대인과 더러운 거래를 했기 때문에 하느님의 벌을 받아 죽었다고 생각했다.[3]

안트베르펜도 이익 우선 정책에 희생되었다. 1584년 프로테스탄트의 거점 안트베르펜은 가톨릭 세력의 공격을 받았다. 파르마(Parma) 공(公)이 이끄는 스페인 군이 진격해 온 것이다. 이때 프로테스탄트측 지도자였던 오라녜 공국의 빌렘 1세는 시민들에게 블라우가렌디크 대제방(大堤防)을 무너뜨리고 바닷물을 유입시켜 안트베르펜 주변의 평야를 물바다로 만들어라고 명령했다. 그래야 만에 하나 파르마 공이 스켈트 강을 봉쇄하더라도 바다를 통해 물자를 공급받을 수 있다고 생각한 것이다. 그런데 안트베르펜의 푸주한 조합은 빌렘의 명령이 실행에 옮겨지지 못하도록 방해했다. 바닷물을 유입시키면 안트베르펜과 대제방 사이의 평야에 방목하고 있는 1만 2천 마리의 가축이 피해를 입어 장사를 못하게 된다는 것이 그들의 주장이었다. 결국 파르마 공은 스켈트 강을 봉쇄했고, 안트베르펜은 물자 공급이 끊겨 1585년 8월, 스페인 군에게 항복했다. 프로테스탄트 목사는 추방되고, 안트베르펜은 다시 가톨릭 세력의 수중으로 돌아왔다.[4]

중국으로 눈을 돌려 보자. 리치가 중국에 있던 당시, 중국의 우편은 언제나 늦고 불확실했다. 하지만 마카오에서 사오저우나 베이징으로 사람을 보내는 경우에는 별 문제 없이 오고 갈 수 있었다. 그래서 마카오의 가톨릭 전교사들은 중국 안의 상황을 잘 파악하고 있었다. 그러나 1609년, 리치는 젊은 중국인 신자를 시켜 마카오에서 사오저우로 편지를 보내려 했는데, 심각한 사태가 발생했다. 그 중국인 신자는 뇌물을 주려고 하지 않았다. 이제는 뇌물을 주지 않아도 괜찮을 거라고 편한 대로 생각했던 것이다. 평소대로라면 마카오와 중국의 경계에 있는 상산 현의 경비병에게 뇌물을 쥐어 주었을 것이다. 뇌물을 받지 못한 경비병들은 그 급사(急使)를 첩자로 몰아 관할 지현(知縣)에게 인도했다. 지현은 심문을 한 뒤에 급사의 신병을 광저우 부의 지부(知府)에게 넘겼다. 여기서도 급사는 지부의 심문을 받고, 다시 안찰사(按察使)에게 인계되었다. 안찰사는 가혹하게도 급사를 심하게 매질하고서 종신형에 처했다. 이 안찰사는 꼼꼼한 사람이었던지, 급사가 지니고 있던 25통의 편지를 한 줄씩 중국어로 번역하라고 명령하여 (마침 장사하러 광저우에 와 있던 포르투갈인에게 번역을 거들도록 했다) 번역한 편지를 광저우의 문서보관소에 보관하도록 했다. 그 편지들에는 마카오의 예수회 학교 운영에 관한 문제와 우려되던 네덜란드인의 습격에 대한 방어문제 등 중국 당국의 의혹을 살 만한 내용이 적혀 있었다. 그 결과 편지의 수신자인 사오저우의 예수회원은 중국 당국으로부터 퇴거명령을 받기에 이르렀다.[5]

　가톨릭 교회는 돈이나 자산의 축적에 대해서 한번도 태도를 확실히 한 적이 없었다. 영원히 청빈하게 살겠다고 서약하는가 하면, 대성당의 하늘을 찌를 듯한 첨탑을 세우기도 하는 등 극과 극을 오갔다. 그러나 이냐시오 데 로욜라는 『영신수련』의 첫째 주간 말미에 붙인 '임금이신 그리스도'께 대한 성찰에서 예수회원들이 가난한 생활을 할 필요가 있다는 견해를 밝혔다. 이 수련을 하는 사람들은 마음속에서 다음과 같은 말을 들어야 한다. "나의 소원은 모든 미신자(迷信者)의 나라를 정복함이니, 누구든지 나를 따르고자 하는 자는 나와 같은 음식을 먹고, 같은 의복을 입는 것에 만족해야 합니다. ……또 나와 같이 낮에는 일하고 밤에는 수직하는 등 수고를 해야 합니다. 그리하면 나와 같이 수고한 만큼 다음에 나와 같이 승리의 즐거움을 누리게 됩니다."[6] 하지만 이런 가르침을 속세의 평범한 사람들이 따르기에는 무리라는 것을 알았는지, 이냐시오는 영신수련을 수행하는 자들에게 둘째 주간 넷째날의 명상에서는 인간이 선택해야 할 진로에 대해서 이보다 관용적인 태도를 보인다. 이 명상은 같은 넷째날의 '두 개의 깃발'에 대한 약동감 넘치는 명상 바로 뒤에 나온다. 여기에서 사람은 악마 루치페르의 깃발과 그리스도의 깃발 중 어느 쪽을 선택할지 생각해야 한다. 곧 전자는 부·명예·오만의 깃발, 후자는 그와는 반대로 빈곤·굴욕·겸손의 깃발이다. 그리고 나서 이냐시오는 이렇게 말했다.

세 가지 유형의 사람들에 대한 이야기인즉, 각 유형의 사람들은 다 그들이 마땅히 했어야 할 바와 같이 순연히 하느님의 영광을 위하는 것과는 달리 돈 1만 두카트씩을 모았는데, 지금 그들은 다 그 재물에서 생기는 애착심과 장애물을 없이하고서 자기 영혼을 구원하고 평화 중에 하느님을 뵈옵고자 한다.

첫째 유형의 사람들은 평화 중에 우리 주 천주를 만나고 자기 영혼을 구원하기 위하여 그들이 취득한 재물에 대한 애착심을 떼어 버리기를 원하기는 하되, 죽는 시간까지 아무 방법도 쓰지 않는 사람들을 말한다.

둘째 유형의 사람들은 애착심을 없애려고는 하나, 취득한 재물도 그대로 가지고 싶어하는 사람들을 묘사한 것이다. 다시 말하면, 그들은 자신들에게는 제일 좋은 생활이 무엇인지를 알면서도, 방해되는 물질을 버리고 그 신분을 선택함으로써 하느님께 나아가겠다는 결심은 하지 않고 도리어 그들 자신이 가고 싶은 데로 하느님께서 오시기를 원하고 있는 셈이다.

셋째 유형의 사람들은, 마침내 모든 올바르지 못한 애착심을 끊어 버리려고 하는데, 취득한 금전에 대해서는 그것을 가지거나 버리는 데 있어서, 그 어느 쪽으로도 특별히 마음이 기울어지지 않고, 다만 우리 주 천주께서 그들에게 일러 주시는 대로, 그리고 또 각자에게 하느님을 섬기고 찬미하는 데 더욱 나은 것으로 여겨지는 대로 결정하기를 원한다. 또 그 동안 그들은 오로지 우리 주 천주를 받들어 섬기는 것만이 자기를 움직이지 않는 한, 현재 갖고 있는 금전이나 다른 어떤 물건도 원하지 않기로 힘을 다하여 결심을 거듭하면서, 어떤 것에도 마음을 빼앗기지 않도록 깊이 생각하고 있다. 다시 말하면, 오로지 하느님을 더욱 낫게 섬길 수 있는 이유만이 그들이 금전을 취하거나 포기하게끔 할 수 있다.[7]

이런 묵상은 리치 같은 사람에게는 말 그대로 공감을 불러일으켰을 것이다. 왜냐하면 리치는 돈을 탐하거나 돈 쓰는 것을 즐기는 세계에서 자라났기 때문이다. 1581년 봄, 몽테뉴는 로마에서 안코나로 가던 도중 마체라타에 들렀다. 몽테뉴에 의하면, 리치의 고향 마체라타는 결코 큰 도시가 아니었고, 멋지다고 할 만한 건물도 많지 않았다. 그러나 여전히 마체라타가 아름다운 도시였음에는 변함이 없다. 비옥한 토지에 둘러싸인 원추형 언덕 위에 넓은 집들이 늘어서 있고, 도시 입구에 새로 세운 당당한 문에는 금으로 '좋은 친구의 문'(Porta Buoncompagno)이라고 쓰여 있다. 이 문은 마체라타가 로마에서 교황령의 변경지인 마르케로 이어지는 도로의 종착지이며, 마체라타에 교황 사절의 주재소가 설치되어 있다는 것을 나타내고 있었다.[8] 커다란 중앙광장에는 종탑과 대성당, 교황 사절의 궁전, 상인회의 소가 있었다. 그리고 점차 아래로 내려가는 좁은 돌길을 따라가면 예수회 학교가 있는 제2광장이 나왔다. 그 밖의 길은 성벽을 따라 언덕 주위를 감싸고 있었는데, 곳곳에서 급한 내리막길이 되어 꾸불꾸불한 산길의 계단으로 이어지는 것도 있었다. 리치는 이런 고향 마을의 모습을 구석구석까지 잘 알고 있었을 것이다. 따라서 리치의 머릿속에 배치되어 있었던 기억용 건물들이 이 마체라타의 거리에 늘어선 집들을 본보기로 했다고 해도 이상할 것은 없다. 마체라타의 포도주는 대단히 맛있었고, 끓여서 반 정도를 증발시켰기 때문에 알코올 농도가 높았으며, 사람들이 왕래하는 길을 따라 팔려 나갔다. 그 길에는 순례자들이 끊이지 않았다. 깃발과 십자가를 들고 순례복을 입은 모습을 보면 로레토의 성지를 향하고 있음을 알 수 있었다.[9]

리치는 피렌체도 잘 알고 있었다. 그는 스무 살 되던 해에 첫번째 서원을 마치고, 1572년에서 1573년까지 거의 만 1년을 그곳에서 보냈다.[10] 그가 중국에 와서 처음에 중국 도시의 규모를 가늠하는 데 적용한 척도가 바로 피렌체였다. 광둥 성 북부의 번화한 수상교통의 요충지 난슝은 '피렌체와 비슷한 크기'였다. 리치는 그곳에서 상인 '주세페'를 개종시켰다. 또한 관리 시에러우와 함께 방문한 행정의 중심지 간저우는 "피렌체보다 크다" 고 했다. "연금술사, 호사가, 학자, 그리고 기억 배치법을 배우는 데 관심을 가진 사람들로 북적대는" 난창은 "피렌체의 두 배"라고 적었다. 하지만 난창에 살아 본 다음에 쓴 편지에서는 "피렌체와 같다"고 했다.[11] 아울러 리치가 과거 자신의 수사학 선생에게 보낸 편지에서 막 배우기 시작한 중국어에 대해서 기술했을 때, 문득 머리에 떠올렸던 것도 피렌체 시절의 친구

들이었다.[12]

　리치는 편지에서도 『전교사』에서도 그다지 언급하지는 않았지만, 로마 역시 그에게는 무척 정들었던 도시였다. 1571년 리치는 예수회 수사로서 퀴리날레 언덕에 있는 성 안드레아 성당 옆의 수련원에 들어갔다. 그때 성당 옆에 있었던 예수회 사제관에서 지녔던 몇 권의 책 가운데 『로마 시의 불가사의』라는 책이 있었다. 이 책에는 로마 제국 시대의 영광을 알려 주는 이야기와 과거 로마의 영화(榮華)를 보여주는 화보가 실려 있었다.[13] 리치는 중국에 온 다음에 중국인에게 로마가 어떤 도시인지를 이해시키고자 로마 관련 화보가 들어 있는 가장 최근에 나온 가장 비싼 책을 보내 달라고 요청했다. 1596년에 옛 학교 친구 풀리가티에게 보낸 편지에서 말했듯이 예수회 총장이나 로마 대학의 선생 아무나 그런 류의 책을 몇 권 보내 주면, "이곳 중국에서는 몇 스쿠도의 가치가 있을 걸세. 그리고 중국인들 사이에서 두터운 신뢰를 얻을 수도 있지. 만약 비용이 너무 많이 들면 이렇게 해주시게. 자네가 비용을 먼저 알려 주면, 내가 여기서 [현금이나] 그만한 가격의 물건을 보내겠네."[14] 13년 후, 리치는 아콰비바 총장의 보좌관인 알바레스에게 화가 난 듯한 어조의 편지를 썼다. "저는 중국인에게 보여주려고 동판화(銅版畵)가 들어 있는 『고도(古都) 로마』라는 책을 보내 주십사고 여러 번 부탁드렸습니다. 하지만 누구도 그 책을 아직 보내지 않은 이유가 제 편지가 도착하지 않아서인지, 서점에서 그 책을 한 권도 발견하지 못해서인지 알 수가 없습니다. 귀하께 저는 그 책이 이곳에서 매우 훌륭한 결과를 가져올 것이라는 점을 이 자리에서 상기시켜 드리고 싶습니다. 이 건에 대해서 조금이라도 신경을 써주신다면 부디 베이징의 궁정에 있는 제게 보내 주시기 바랍니다."[15]

　1580년대 후반 교황 식스토 5세가 대규모 로마 재건사업을 벌여 로마의 면모는 크게 바뀌었다. 그 재건사업은 성 베드로 대성당의 돔이 30년 전 미켈란젤로가 구상한 대로 완성되면서 마무리되었다. 하지만 이미 로마를 떠나 있던 리치는 이 장관을 보지 못했으며, 또 1581년에서 1585년 사이에 교황 그레고리오 13세가 40만 두카트를 들여 건설한 새 로마 대학도 보지 못했다. 하지만 파르마 공의 삼촌인 파르네세 추기경이 1575년에 짓기 시작한 예수회의 새 성당인 예수(Gésu) 성당의 화려한 모습을 상상할 수는 있었다. 리치가 학생이었을 때, 그 성당은 절반 정도 완성이 되었지만 미사나 강론이나 고백성사의 장소로 이미 쓰이고 있었기 때문이다.[16] 물론 리치는 로마에서 열렸던 화려한 축제를 보았다. 아마 가장 화려했던 것은 성체대축일이었을 것이다. 그날은 교황궁(敎皇宮)에서 성 베드로 대성당의 문까지 길게 난 길 위에 마포를 덮어 그늘을 만들고, 그 아래로 교회의 고위 성직자들이 무리를 지어 행진했다. 길가 양 옆에 텐트를 친 상점에는 최고급 태피스트리와 추기경들의 온갖 문장이 걸려 있었으며, 텐트 기둥에는 푸른 나뭇잎과 꽃으로 만든 화환이 장식되어 있었다. 한편 큰길을 따라 난 창에서는 밝은 색의 옷을 입은 시민들의 모습이 보였다. 성가대가 노래를 부르고, 예배자들이 각각 2개의 흰 초를 들고 무리지어 있는 옆을 스위스인으로 구성된 교황 호위대와 말을 타고 붉은 벨벳 제복을 입은 기병이 지나갔다. 트럼펫 소리가 높이 울려 퍼지고 성 안젤로 성에서 예포가 울리면 교황은 전용 가마를 타고 등장했다.[17]

25년에 한 번씩 맞이하는 성년(聖年)이었던 1575년에 리치는 로마에서 학창시절을 보냈다. 그 해에는 이탈리아 전역에서 수십만 명의 순례자들이 모두 1천 개의 집단을 이루어 구름같이 로마로 모여들었다. 이때 안젤로 피엔티니도 로마에 왔다가 그 장관을 목격하고 기록으로 남겼다. 그레고리 마틴 역시 찬탄을 금치 못했다. 마틴은 피엔티니의 기록을 영국 독자들을 위해 이렇게 번역했다.

다른 도시에서 온 다른 동료들(신사와 귀족들로만 이루어진 집단)에 대해서 내가 말하고 싶은 것은 그 놀라운 헌신과 박애를 다양한 물건에 의지해서 표현하고 있었다는 점이다. 금은 십자가들과 고상(苦像, 예수 그리스도가 십자가에 매달려 수난받고 있는 모습의 조각—옮긴이)들, 최고급 비단이나 벨벳에 성화를 그려 넣어 만든 깃발과 깃대의 장식 리본 등이다. 또 여행 중에 드리는 미사와 성도(聖都) 로마에서 드리는 미사에 사용하기 위해 의식용 겉옷, 제대포(祭臺布), 성배(聖杯), 악기, 미사도구 등을 지니고 있었다. 특히 각 집단의 동료들이 행진하면서 행하는 성스러운 촌극에 나타난 경건함은 눈길을 사로잡기에 충분했다. 어떤 집단은 죽음의 천벌을, 또 다른 집단은 천국의 기쁨을, 이쪽 집단은 전투하는 교회를, 저쪽 집단은 승리를 거둔 교회를 보여준다. 그 밖에 천사들의 의식을 연기하는 집단이 있는가 하면, 다양한 순교자나 수난자를 연기하는 집단도 있다. 어느 집단이나 악기를 연주하면서 연출했다. 여러 성인, 성모의 순결, 구약성서의 이야기, 회개하는 장면, 그 어느 것을 보아도 그리스도인이라면 가슴이 뭉클해지지 않을 수 없다.[18]

1578년 고아에 도착한 리치는 수적으로는 로마에 못 미치지만 역시 교회의 화려함을 보여주는 인상적인 광경을 목격했다. 고아의 성 바울로 성당은 본당의 중앙 회중석(會衆席)이 삼중으로 되어 있고, 높고 장엄한 제대를 갖춘 호화로운 건물이었다. 특히 보는이의 눈길을 끌었던 것은 성 바울로의 회개 장면을 그린 거대한 성화와 천장을 장식한 벽감(niche)이었다. 그림은 1560년대에 엠마누엘 알바레스 신부가 그렸고, 천장의 벽감은 주앙 곤살베스 수사가 제작하고, 마르코스 로드리게스 신부가 도금을 한 것이었다. 리치는 이 성당에서 저녁기도에 참석했다. 저녁 기도는 5명의 신부에 의해서 행해졌으며, 100명에 가까운 고아(孤兒)나 세례를 지원하는 인도인 예비 신자들로 이루어진 성가대가 함께 하여 탬버린, 트럼펫, 플룻, 비올라, 쳄발로 등의 반주에 맞추어 노래를 불렀다. 또한 이 성당에서 리치는 예수회의 전임 총장인 프란치스코 데 보르하가 기증한 십자가를 우러르게 되었다. 사람들은 이 십자가가 예수 그리스도께서 달리셨던 십자가의 나무로 만들어진 것이라고 했다. 리치는 엄청난 수의 신자들에 뒤섞여 미사를 드린 적도 있었는데, 신자 전원이 미사를 드리려면 30명 이상의 신부가 필요할 정도였다.[19] 고아는 국제적인 대도시였다. 리치가 생활하던 예수회 사제관에는 여러 나라에서 온 다양한 사람들이 있었다. 도서관에서 봉사하던 수련수사 스티븐 커드너는 영국인이었고, 주일마다 강론을 맡은 장상 마르티노 다 실바 신부와 신학을 가르친 조르제 카르바랄 신부는 포르투갈인, 약국과 식당을 운영한 로제 베르바우츠 수사는 플랑드르인이었다. 그 밖에 고아에 도착한 지 얼마 안된 이탈리아인도 있었다. 그들은 로돌포 아콰비바 신부와 프란체스코 파시오 신부였는데, 두 사람은 병원에 배속되었다.[20]

리치의 편지를 읽으면, 고아의 예수회 사제관 건축에 리치가 애착을 갖고 있었음을 알 수 있다. 리치는 사제관 증축공사를 지켜 보고 있었다. 헛간, 경당, 기숙사 등이 나란히 세워졌고, 리치의 눈에는 각 건물이 통합되어 하나의 '기계'처럼 보였다. 하지만 빵 굽는 곳, 세탁소, 마구간은 아직 건설 중이었다.[21] 실제로 리치가 고아에 도착한 달에 이미 오랫동안 이곳에 머물고 있던 사람은 이 사제관이 "아름다운 꽃들이 들어찬 정원"과 같다고 말했다. "만일 낙원(樂園)이라는 표현을 쓸 수 있다면, 이곳은 기쁨이 넘치는 낙원일 것입니다. 왜냐하면 건축구조로 보나, 규모·양식·외관으로 보나 이곳은 예수회 건물 가운데 최고이기 때문입니다. 이 점에 대해서는 예수회의 다른 중요한 관구에서 온 사람들이 모두 이구동성으로 인정하고 있습니다."[22] 한 신부는 크기와 아름다움의 면에서 이것에 견줄 만한 것은 밀라노에 있는 예수회 건물뿐이라고 말했다. 정말 오르간과 트럼펫 반주에 맞추어 부르는 성가대의 노래를 듣고, 정원의 장미와 과일나무에서 작은 새의 지저귐에 귀를 기울이고 있으면 마치 유럽으로 돌아간 듯한 기분이 들었을지도 모른다.[23] 리치와 함께 고아에 도착한 프란체스코 파시오는 고아가 깨끗한 곳이라는 데 놀라움을 금치 못했다. 물론 어디에나 흑인 노예가 있어서 싼값에 거래되고 저임금으로 일을 시키는 현실도 존재했다. 그러나 고아에서는 가장 가난한 사람조차 깨끗이 세탁한 반바지나 긴바지를 입고 있었다. 부유한 사람은 예사롭게 비단옷을 입었다. 파시오는 도자기가 흔하게 사용되는 것도 보았다. 식기나 음식 저장용으로 사용되었을 뿐만 아니라 밤중에 용변을 보기 위해 침대 옆에 놔두는 요강으로도 사용되었다.[24]

그러나 고아에서 아무리 호사스러움과 화려함을 추구한다 해도 거기에는 한계가 있었다. 로마에 비하면 조건이 워낙 나빴기 때문이다. 무엇보다 재능 있는 예술가나 장인을 구하기가 상당히 어려웠다. 예수회는 힌두 교도에게 그리스도교적인 주제를 담은 그림을 그리도록 허락하지 않았고, 경건한 이슬람 교도에게도 성화 제작을 허용하지 않았다.[25] 심지어 예수회원 예술가라도 이런 일에는 제한이 가해졌다. 마르코스 로드리게스가 그 예다. 이 사례는 문헌상으로 확인할 수 있지만, 그 이유는 아직 해명되지 않고 있다. 로드리게스는 플랑드르의 브루게 출신으로, 1563년에서 1601년까지 고아에 살았고, 예술에 평생을 바치길 원했던 인물이다. 그러나 왜그런지 규모가 작은 작품만 제작하라는 규제를 받았다. 장상은 그의 연장과 도구를 툭 하면 몰수했고, 그가 좋아했던 십자고상(十字苦像) 조각을 못하도록 했다. 일본에 있는 예수회 신부들이 로드리게스를 보내 달라고 하는 요청도 받아주지 않았다. 의기소침해진 로드리게스는 1591년에 예수회 총장에게 보낸 편지에서 "제 영감은 이제 아무런 쓸모가 없게 되었습니다"라고 탄식했다.[26]

이런 인재가 부족할 수밖에 없는 정황을 염두에 둔다면 제임스 스토리라는 한 영국인 화가가 1583년에 휘말려 든, 사실상 영리를 노린 납치사건에 대한 기록도 다소는 신빙성이 있을지 모른다. 사건은 스토리가 다른 3명의 영국인 여행자와 함께 고아의 감옥에 갇힌 뒤에 일어났다. 4명의 영국인의 통역을 주로 맡은 사람은 바로 마르코스 로드리게스 신부였다. 네사람 모두 포르투갈어는 하지 못했지만, 그 중 두 사람은 네덜란드어를 약간 했기 때문이다. 그 죄수들 가운데 랄프 피치라는 사람은 로드리게스에 대해 "마르코라는 이름의 플랑드르인이…… 우리를 돌봐 주었다"고 감사해했다. 그런데 얀 린스호텐이 전하는 진상은 다르다. 네덜란드 출신의 빈틈없는 무역상이자 항해사인 린스호텐은 고아에서 오래 살았지만, 피치만큼 호의적으로 생각하지 않았다. 린스호텐에 따르면, 로드리게스 신부는 죄수들이 비밀리에 "많은 돈을 가지고 있다는 것을 알아채고는 예수회를 위해 그 돈을 가로채려고 했다"고 한다. 린스호텐은 이어서 스토리의 운명에 대한 흥미로운 분석을 하고 있다.

　신부들은 다른 세 사람과 달리 스토리가 그다지 많은 금품을 갖고 있지 않다는 것을 알고 있었다. 그러나 인도에서는 화가를 거의 찾을 수 없다는 것이 신부들의 고민거리였던 만큼 화가였던 스토리는 크게 환대를 받았다. 당시 신부들은 성당에 그림을 그려 줄 화가가 꼭 필요했지만 포르투갈에서 화가를 데려오려면 비용이 많이 들기 때문에 그러지 못하고 있었던 것이다. 또 스토리를 환대하면 머지않아 다른 세 사람도 예수회에 입회해서 예수회의 자금사정이 좋아질 것이라고 기대했다.

　결국 신부들은 스토리를 예수회에 입회시켰고, 그는 한동안 예수회 학교에 머물렀다. 예수회원들은 그에게 많은 일거리를 주고, 가능한 한 호의와 우정을 베풀었다. 나머지 세 사람도 잘 구슬려서 예수회에 복종시키려는 속셈에서 나온 행동이다. 그러나 이 세 사람은 감옥에서 공포에 떨고 있었다. 왜냐하면 그들에게 온 사람들의 말을 알아듣지 못했고, 또 누구도 그들이 한 말을 이해하지 못했기 때문이다.[27]

　마침내 피치와 또 다른 친구는 몰래 고아를 탈출했다. 몇 명의 보증인의 몫을 포함해서 고아 총독에게 담보로 맡긴 보증금을 날릴 각오를 하고 감행한 도망이었다. 한편 스토리는 여전히 고아에 머물며 상당히 유복한 연금생활을 보내고 있었다. 그러나 다시 한번 린스호텐의 말에 따르면 스토리 역시 마지막에는 자유를 찾았다.

　예수회원이 된 영국인 화가는 동료들이 도망쳤다는 말을 듣고, 예수회원들이 처음처럼 자신을 환대하지 않는다는 것을 알고는 자신의 행동을 후회했다. 스토리는 정식으로 서원도 하지 않았고, 어떤 사람으로부터는 예수회의 사제관을 떠나라는 충고를 받기도 했다. 그래서 스토리는 예수회원들에게 말했다. 자기는 "고아에서 살아갈 자신이 있으며, 자신의 의지에 반해서 구속당할 이유는 없다"고. 예수회원들은 죄명을 들어 스토리를 나무랄 수는 없었다. 이때 스토리는 더 이상 그들 밑에 있지 않기로 결심했다. 예수회원들은 온갖 수단을 동원해서 스토리를 만류했지만 그는 완강히 거부했다. 스토리는 고아에서 집 한 칸을 빌려 화가로서 일을 시작했다. 그림 주문도 드문드문 들어왔다. 마침내 그는 메스티(Mestee, 인도인과 포르투갈인의 혼혈아)와 결혼하고, 일생을 고아에 머물기로 작정했다. 나는 이 영국인에게서 많은 것을 배웠다. 알레포에서 호르무즈에 이르는 나라들의 무역이나 여정, 육상통상로로 여행하면서 보게 되는 규칙과 관습 외에도 통상로를 따라 있는 도시나 장소들에 대한 지식도 얻었다.[28]

1510년 아폰수 데 알부케르케가 비자푸르의 술탄에게서 탈취한 이래 고아는 이미 반세기 이상 동안 포르투갈의 식민지 경영을 받고 있었다. 당시 고아가 종교·전쟁·무역의 중심지로서 번영하고 있었던 것도 어쩌면 당연하다. 이것에 견주면 마카오는 식민지로서의 역사가 일천했다. 마카오에 포르투갈인이 거주하게 된 것은 1550년대 말경의 일이다. 리치가 도착한 1582년 후반에는 마카오도 활기찬 도시로 발전하고 있었다. 그러나 마카오는 그 처지가 묘했다. 법률상으로는 어디까지나 샹산의 일부로 샹산 현의 관할 아래 있었기 때문에 마카오의 주민은 중국 당국으로부터 재산조사나 재산몰수 명령을 받을 가능성이 있었다. 또 한편으로는 경비가 삼엄한 성벽에 의해 중국 내륙과 단절되어 있었다. 중국인이 성벽을 지날 수 있는 것은 한 주에 이틀뿐이고, 그나마도 당국이 발행한 허가증이 있어야 가능했다.[29] 1582년 마카오의 인구는 1만 명에 달했고, 그 가운데 포르투갈인은 아마도 400~500명 정도였을 것이다. 나머지는 포르투갈인과 결혼한 인도인이나 중국인, 그 사이에서 태어난 혼혈아, 각종 종교단체 관계자, 그리고 300~400가족의 중국인 거주자였다. 중국인 거주자는 장사를 하거나 직인으로 일했으며, 통역을 하는 사람도 있었다. 마카오에는 성당이 3개, 큰 병원과 자선재단이 각각 하나씩 있었다.[30] 그 중에서도 예수회 성당은 빼어나게 아름다운 건물이었다. 처음에는 소박한 목재지붕이었지만, 1571년에 기와지붕으로 바꿨다. 기와는 마카오와 일본의 무역을 지휘하는 안토니오 데 빌레나가 기증한 것이었다. 리치도 예수회 부지 안에 아담한 집을 가지고 있었다. 이 집은 친구 미켈레 루제리가 리치가 마카오에 올 것을 예상하여 지은 것으로, 건축비용은 그 지역 주민이 기부한 30두카트로 충당했다. 루제리는 1579년에 고아에서 마카오로 파견되었고, 그의 요청으로 리치도 마카오에 왔다. 리치는 이 작은 집에 머물면서 중국 연구에 몰두할 수 있었다. 리치의 연구를 거들었던 것은 세례를 받은 중국인 그리스도 교도들이었다. 그들은 교사로서 또 통역자로서 리치를 도왔다.[31]

그러나 만약 리치가 중국 연구에 전념한 나머지 세상사에서 고립되어 있었다고 생각하면 오산이다. 마카오의 상인들이 무역에 성공하는가 실패하는가에 따라 예수회원들의 전교활동은 큰 영향을 받았다. 마카오의 운명은 주로 '흑선'(黑船), 곧 매년 한 번 고아에서 마카오를 경유하여 일본으로 가는 포르투갈 무장상선단이 쥐고 있었다. 선단의 지휘를 맡은 것은 포르투갈 왕의 임명을 받은 귀족, 경제계 요인, 고급 군인 등이었다. 이 선단은 소규모이긴 해도 난파되지만 않으면 말 그대로 거액의 수입을 확실히 올릴 수 있었다. 여기에는 16세기 말 동아시아 경제의 두 가지 요인이 관련되어 있다. 하나는 중국과 일본에서 금과 은의 교환비율이 달랐다는 점이다. 중국에서는 주로 은이 거래에 이용되고 있었지만, 산출량이 적어 언제나 공급이 부족했다. 한편 일본에서는 은을 통화로 이용하는 일이 중국보다 적었음에도 불구하고 은이 대량으로 채굴되고 있었다. 따라서 일본에서 입수한 은으로 중국의 비단을 사서 해로로 그 비단을 다시 일본에 갖고 들어가 팔면 투자액 대비 30~40%의 이익이 수중에 떨어지는 것이다. 만일 중국산 금을 배에 싣고 일본에 가서 은으로 바꾸면 이익이 60%까지 올라가는 일도 있었다.[32] 또 하나의 요인은 끊임없이 중국 선박과 해안가를 습격하는 왜구들 때문에 명의 황제가 일본과의 직접 교역을 금지한 것이었다. 일부 일본 상인들은 필리핀이나 동남아시아에서 새로운 시장을 개척하기 시작하여, 베트남이나 먼 벵골 또는 페르시아까지 가서 비단을 사들이려고 했다. 그러나 대부분의 일본 상인들은 포르투갈인과 거래하는 것에 만족해했다. 이리하여 다름 아닌 마카오의 포르투갈 상인이 중국과 일본의 중개인으로서 활약하게 된 것이다. 그들은 농간에 능하고 억지를 잘 부리는 중국 상인과 경쟁하는 것을 두려워하지 않았다.[33]

마카오의 상인들은 최대의 이익을 유지하기 위한 방법을 고안했다. 3명의 '대리인'을 선출하여 중국에서의 비단 구입을 감독하게 하는 방식이다. 이 세 사람(그 중 한 사람은 대개 예수회원이었다)에게는 2년에 한 번씩 광저우에서 열리는 견본시(見本市)에서 비단을 구입할 때 매입 자격이 있는 시민들에게 빠짐없이 할당하는 일이 맡겨졌다. 이것은 누구나 "신분에 상응해서 거기서 얻는 이익으로 가족을 1년 동안 충분히 부양하도록" 하기 위해서였다.[34] 대리인은 마카오 공동체 전체의 연간 비단 구입 총량을 최대 1,600피컬(picul, 1피컬은 약 60kg―옮긴이)로 정했다. 구입한 비단은 포르투갈 왕이 임명한 사령관이 이끄는 선단에 실려 일본으로 수송되어 일본 구매상인조합에게 일정한 가격으로 한꺼번에 팔렸다. 이렇게 하면 일본 상인들이 구매를 질질 끌면서 가격을 떨어뜨리는 것을 막을 수 있었다. 마카오의 모든 상인들은 엄격히 통제되었다. 결정된 양 이상의 비단을 팔아서는 안되고, 비단에 투자할 목적으로 일본 투자자의 은을 몰래 들여와서도 안되었다. 교회와 행정가는 이런 금령을 강제하는 데 협력했다. 일본의 은을 불법으로 운반하는 경우에는 교회에서 파문하고, 귀금속을 몰수하는 벌을 내렸다. 또한 전매협정을 어기고 일본에서 제멋대로 비단을 파는 자에게는 무거운 벌금형이 부과되었다. 한 탐욕스런 선장이 일으킨 사건에 대한 기록을 보면 은 400냥이라는 고액의 벌금이 징수되었다.[35]

비단에 대한 수요가 높았기 때문에 비단무역은 일본측에도 큰 이익을 안겨 주었다. 16세기 후반의 내란기간 동안 일본의 많은 다이묘(大名)들은 그들이 다스리던 항구로 흑선을 내항시켜 이익을 올리고자 앞다투어 흥정을 벌였다. 특히 간바쿠(關白)였던 도요토미 히데요시는 무역에 적극적이어서 1581년 가신(家臣)에게 명하여 나가사키에서 10만 파운드 가까운 생사(生絲)를 매점하고, 이듬해에도 사쓰마(薩摩)에서 같은 양의 생사를 사들였다. 1560년대 예수회는 그리스도교로 개종할 의지가 있다고 생각되는 다이묘들과의 무역을 적극적으로 추진했고, 1571년 이후에는 발전을 거듭하던 나가사키항에 정기선이 다니게 되었다. 나가사키를 다스리고 있던 다이묘가 그리스도 교도였기 때문이다. 1580년대에는, 새롭게 개종한 다이

묘가 나가사키의 통치권을 예수회에 양도했기 때문에 나가사키 전체가 법률상으로 예수회의 통치를 받는 상황이 되었다.[36]

일본과 무역을 시작한 지 얼마 안되었을 때인 1550년대, 가장 많은 이익을 올린 상인 가운데 외과의사 루이스 데 알메이다라는 인물이 있었다. 그는 일본에서 사재(私財)를 기꺼이 털어 고아원을 짓고 나병환자와 매독환자를 위한 병원을 짓는 등 자선사업에 투자했다. 1556년 알메이다는 정식으로 예수회에 입회하고, 4천 두카트를 기부했다. 예수회는 그 돈을 신속히 비단무역에 투자했다. 정말 수익은 엄청났지만, 늘 막대한 이익이 보장되었던 것은 아니다. 1573년에 믿었던 '흑선'이 일본 연안에서 태풍을 만나 난파되어 500명이 익사하고, 약 80만 두카트 상당의 화물을 잃는 참사가 발생했다.[37] 이런 상황을 보고 1578년 새롭게 상세한 통상협정을 마련한 사람은 동인도 제국(諸國)을 방문 중이었던 리치의 옛 스승 알레산드로 발리냐노였다. 그 협정에서는 위와 같은 참사가 발생하면 일본에 있는 예수회 전교단이 필요 경비의 일부를 확실히 보장받도록 되어 있었다. 발리냐노는 마카오 시의회의 승인을 얻어 연간 1,600궤짝(bale)의 선적물 가운데 중국산 비단 50궤짝을 예수회원의 몫으로 할당받았다. 발리냐노의 계산에 따르면, 예수회원은 중국 상인에게서 한 궤짝에 90두카트, 총 4,500두카트에 사들여, 그것을 일본에서 한 궤짝에 140두카트, 그러니까 모두 7천 두카트에 되팔 수 있었다. 이렇게 되면 전체적으로 2,500두카트의 이익이 발생한다. 물론 운반비나 선적물 전체에 부과하는 13%의 관세를 물면 실제 이익은 줄어든다. 그러나 그 부분을 빼더라도 적어도 연간 1,600두카트의 순이익이 예상되었다. 게다가 발리냐노는 이 협정에 교묘한 추가조항을 달아서, 만일 일본에서 비단이 다 팔리지 않을 경우에 다른 무역상들은 몰라도 예수회원은 손실을 입지 않도록 했으며, 이에 대한 동의를 마카오 시의회로부터 얻어냈다. 그 밖에 어떤 거래에서나 예수회에 할당된 50궤짝을 가장 먼저 팔도록 배려했기 때문에 예수회원들은 항상 안정된 수입을 확보할 수 있었다. 한편 또 다른 기록을 보면, 마카오의 예수회원은 팔다 남은 비단을 일본의 신부에게 맡겼다가 뒷날을 기다려 신속히 팔았다는 것을 알 수 있다. 이로써 남은 비단을 마카오로 반송하는 비용을 절약했을 뿐 아니라 배가 일본을 떠난 다음에라도 다른 상인들에게 대량의 비단을 일본에서 위탁판매시킬 수 있었다. 이렇게 해서 예수회는 여러 해에 걸쳐 2천 두카트가 넘는 순이익을 올렸다.[38]

예수회원이 이 정도까지 상거래에 관여하다 보면 분명히 도덕성에 의혹을 초래할 가능성이 있었다. 발리냐노가 동양으로 떠나기 얼마 전에 막을 내린 트리엔트 공의회에서 교회 지도자들은 이런 무역에 빠져 드는 자들에 대한 성직 정지명령이나 심지어 파문을 주장했다.[39] 하지만 중국과 일본의 예수회원은 라틴아메리카처럼 풍부한 수확을 안겨 주는 넓은 토지를 갖고 있지 않았고, 고아처럼 조선업에 기초한 두터운 상업기반이나 정기적인 세수(稅收)도 없었다. 그래서 만약 자선사업이나 전교활동을 계속해 나가려면, 이런 상거래에 대한 투자에서 활로를 찾을 수밖에 없다고 생각했다. 마카오의 예수회원은 나가사키로 가는 포르투갈 무장상선에 투자하는 한편, 매년 아카풀코와 마닐라를 왕복하는 스페인의 대형 갈레온선에도 투자를 계속했다. 이런 투자행위를 옹호하는 그들의 논리는 이따금 그럴듯했다. 곧 선적하는 비단에 말 그대로 손을 대지만 않으면 장사를 하고 있다고 볼 수 없다거나, 중국 시장에 발을 들여놓지 않았다면 상거래에 관여했다고 할 수 없다는 것이었다.[40] 1570년대 발리냐노는 극동에서 막 전교를 시작할 무렵, 예수회 총장인 메르쿠리안의 의향을 타진해 둘 필요가 있다고 생각했다. 발리냐노는 법률적으로 모든 거래가 중개상을 통해서 이루어질 뿐이며, 전교회의 경제적 궁핍을 고려해서라도 투자는 해야 된다고 주장했다. 메르쿠리안은 그 질문에 답하기 전에 교황 그레고리오 13세의 의향을 확인했다. 교황의 동의를 얻자 비로소 총장은 발리냐노의 계획을 공식적으로 승인했다. 물론 이 허가가 마카오에 전달되기까지는 결정이 내려지고 나서도 3년 이상의 세월이 걸렸지만. 교황의 허가를 받았다고는 해도 마카오와 일본의 예수회원들은 이런 상거래에 대해 양심의 가책을 느꼈고, 일부에서는 예수회원이 상거래로 손을 더럽히는 것은 금지되어야 한다고 말하는 사람도 있었다. 1580년대에 이르러 아콰비바 총장은 메르쿠리안의

견해를 재확인하고, 예수회원들에게 재정 투자를 계속하라고 통보했다.[41]

1582년 후반, 리치가 마카오에 도착했을 때, 장상 발리냐노는 명문 혈통 출신의 일본인 개종자 4명을 마카오에 데려왔다. 늘 재정적 후원을 얻을 새로운 방법을 찾던 발리냐노는 이 4명의 일본인 소년들을 유럽으로 보내 교황이나 국왕에게 알현시키려고 했다. 이 소년들은 마카오에서 라틴어·포르투갈어·스페인어를 열심히 공부하고, 유럽 음악에 대한 소양도 갖추었다. 그러나 어이없게도 그 해에 일어난 일련의 해난사고로 해상무역에 의존한 자금 조달체제의 취약성이 드러나게 되었다. 그 해 7월에 비단을 싣고 일본으로 떠난 두 척의 무장상선 가운데 한 척이 타이완 연안에서 난파되어 침몰했다. 다행히 승객들과 선원들은 무사히 구조되었다. 또한 12월에 4명의 일본인 소년을 태우고 출항한 세 척의 소규모 선단 중 한 척이 얼마 못가 싱가포르 연안에서 난파되고, 발리냐노가 타고 있던 배도 물이 들어와 선체를 가볍게 하기 위해 수십만 두카트 상당의 선적물을 바다에 버려야 했다. 그런데도 그 배는 결국 말라카 부근에서 좌초되고 말았다.[42]

이렇게 고아나 유럽으로 귀항하는 도중에 배나 화물을 잃어버리면, 예수회의 재정에 두고두고 심각한 영향을 미쳤다. 특히 배가 포르투갈령(領) 말라카에 닫기 전에 침몰하면 사태는 더욱 심각했다. 왜냐하면 배가 말라카를 통과할 즈음 지불한 통과세의 일부를 나중에 국왕이 예수회 앞으로 보내 주는 제도가 있었기 때문이다.[43] 실제로 리치도 썼듯이, 1582년에 일어난 사고처럼 일본으로 가던 무장상선이 난파되자, 이제 막 걸음마를 시작한 중국 전교단은 재정적 위기를 맞았다. 이 사고로 잃어버린 20만 두카트어치의 상품 가운데 8천 두카트는 고스란히 예수회의 수입이 될 물건이었다. 게다가 예수회가 잃어버린 것은 그들의 돈만이 아니었다. 비단무역에서 생기는 이익이 "마카오 시 전체를 지탱하고 있었기" 때문에 이 정도의 손실이 생기면 예수회에 기부를 하는 사람이 없는거나 마찬가지 상태가 되어 버린다. 결국 예수회원은 이중의 손해를 입는 것이다. 그 밖에도 사태를 점점 심각하게 만드는 사정이 있었다. 루제리를 비롯한 예수회원들은 포르투갈 상인들과 함께 2년에 한 번꼴로 열리는 광저우의 견본시(見本

市)를 방문할 수 있었다. 경우에 따라서는 중국에 조공을 바치기 위해 광저우를 통과하는 사신들이 이용하는 숙박소에서 묵는 일도 있었다. 하지만 그 지역의 지방관으로부터 거주허가를 받지 못한 채 거래기간이 끝나면 지체 없이 마카오로 돌아와야 했다.[44]

이처럼 정치적으로 아주 혼란스럽고 경제적으로도 어려움에 처한 악조건 속에서 1582년, 마침내 마카오의 예수회원은 염원하던 거주허가를 얻었다. 이로써 1552년(리치가 태어난 해다) 중국의 해안가에서 세상을 떠난 프란치스코 사베리오의 원대한 꿈이 실현되었다. 그렇다고 해서 1582년 이후에 전교활동의 재정기반이 안정되었던 것은 아니다. 수년 동안은 변함없이 불안정했다. 스페인과 포르투갈 사이에 분쟁이 끊이질 않았고, 양쪽 모두 툭하면 변덕을 부리는 중국 당국의 태도에 휘둘리고 있었다. 중국 당국은 스페인측에 호의를 보이는가 하면, 어느새 포르투갈측에 호의를 보이곤 했다. 그러나 이런 어려운 상황 속에서도 예수회는 적지만 확실한 수확을 올리고 있었다. 1580년대 내내 중국의 예수회 신부는 겨우 두세 명에 불과했고, 그저 한두 명의 중국인 수련수사와 예닐곱 명의 하인이 옆에 있는 정도였다. 이때는 수련수사나 하인을 두고 있는 것도 거의 자오칭의 전교회에 국한되어 있었다. 그 동안 그리스도교에 입교한 중국인의 수는 1년에 평균 15명 안팎이었고, 늙거나 병든 사람이 많았다. 세례를 받은 중국인의 수는 입교자보다는 많았지만, 신부들 대부분이 죽음을 눈앞에 둔 유아들이라고 밝히고 있다.[45] 1590년대에는 중국 당국에 의해 자오칭에서마저 전교활동이 금지되었지만, 새로운 3개의 전교활동의 거점, 곧 사오저우·난창·난징에서 한층 많은 수확을 거둘 수 있었다. 이 무렵이 되자 6~10명 정도의 신부들이 많은 수련수사와 함께 입교자들을 12명 단위로 헤아릴 정도로 신자수가 늘어났다. 입교자들 가운데는 이름 높은 학자나 위세 등등한 상인도 있었다.[46] 베이징에 제4의 거점이 설치된 1601년 이후에는 예수회 신부가 17명으로 늘어났고, 입교자도 1년여 사이에 150명에 달했으며, 그들 중에는 부유하고 영향력 있는 가문 출신들이 많이 섞여 있었다.[47] 1605년은 절정기였던 것 같다. 그 해에 명 황제의 친족에 속하는 사람들

세 명이 동시에 입교한 것이다. 예수회원들은 세 사람의 칭호인 '왕'(王)을 서양의 왕(king)과 똑같이 해석하여 세 사람에게 서양의 왕 이름인 가스파르·멜키오르·발타사르(아기 예수께 황금·유향·몰약을 들고 왔다는 동방의 삼왕[三王]—옮긴이)라는 그럴듯한 세례명을 주었다.[48] 물론 중국의 '왕'과 서양의 '왕'은 전혀 다르지만, 시적인 연상으로서는 가능했을 것이다. 이 당시 리치는 중국에서 예수회의 성공을 자랑스럽게 생각했다. 그것은 일본에서 거둔 성공 이상이며, "12사도의 전교 개시 이후 지금까지 행해진" 그 어떤 전교와 견주어도 뒤지지 않는다고.[49]

리치와 루제리의 현존하는 편지를 보면, 두 사람이 전교사업 초기부터 중국인에게 적절한 물건을 선물함으로써 전교를 성공시키려는 전략을 짜고 있었음을 알 수 있다. 선물이야말로 전교의 성패를 좌우하는 열쇠라는 것이 두 사람의 일치된 생각이었다. 1580년, 루제리는 우선 필요하다고 생각되는 물품들을 적어서 예수회 총장에게 알려 주었다. 거기에 열거된 것은 구약성서 이야기나 그리스도의 수난에 얽힌 신비를 묘사한 삽화가 들어 있는 책, 그리스도교 국가들에 대한 그림이 있는 설명서(중국인에게 유럽이 탐욕스러운 상인들이 모여 사는 곳이 아니라 하나의 문명권이라는 것을 보여주고 이해시키기 위해서다), 화려한 장정의 성서 등이었다.[50] 1년 뒤 다시 루제리는 총장에게 돈은 포르투갈 상인을 통해 마카오에서 전달받으면 되니까 교황으로부터 '기부금' 1천 두카트를 받을 수 있도록 해달라고 요청하고 있다. 당시는 전교활동을 시작한 지 얼마 안되었을 때라 루제리는 상황을 낙관하고 만력제를 개종시킬 계획을 세우고 있었던 것 같다. 왜냐하면 루제리는 성유물함(聖遺物函), "화려한 장식을 한 호화로운 4개 국어 성서"(이것은 분명히 인도의 악바르 황제에게 선물한 8권짜리 『플랑탱 성서』를 가리킨다), '중국 황제의 방을 장식하는' 데 어울리는 구약성서와 신약성서의 장면을 묘사한 태피스트리, 중국 황제가 미사를 드릴 화려한 성당에 놓을 가구를 보내 달라고 요청했기 때문이다. 또 루제리는 '중국인 친구들'이 황제에게 시계 두 개를 선물하라고 특별히 권유했다는 이야기를 한다. 하나는 궁전에 두는 대형시계로 시간을 알리는 소리가 먼 데서도 들을 수 있는 것이고, 또 하나는 적당한 크기의 소형시계로 "제가 로마를 떠나던 해(곧 1577년)에 오르시노 추기경이 교황 성하께 선사했던 것과 같은 것"이 바람직하다고 했다.[51]

그 후 몇 해 동안, 예수회원은 아직 과학적 개념을 설명할 수 있을 정도의 중국어 실력이 되지 못했기 때문에 시계로 중국인의 관심을 끌려고 노력했다. 중국의 시계 제조기술이 유럽에 견주어 빈약한 상태에 있었다는 점에서 이 전략은 매우 실용적인 의미를 지니고 있었다. 일찍이 송대(宋代)에 제작된 물시계나 모래시계의 복잡한 톱니바퀴 이탈방지구조는 중국이 낳은 빛나는 기술이다. 또한 그것에 더하여 장식이나 기계장치의 정교함도 눈이 휘둥그레지게 하는 것이었다. 하지만 1127년 북송(北宋)이 멸망한 후 중국의 시계기술자들이 어쩔 수 없이 이주하게 된 이래 그 기술은 두번 다시 부활하지 못했다. 그런데 유럽에서는 1570년대부터 1580년대에 걸쳐 시계 제조기술에 혁명적인 진보가 이루어졌다. 특히 작고 힘센 금속태엽이 구동기구로 발전한 점은 주목할 만하다. 이 태엽의 발달로 유럽에서 제조된 시계는 놀랄 만큼 빠르게 소형화될 수 있었다. 그리고 일단 소형화가 진전되자 시계의 고객은 중산계급까지 넓어졌다. 그때까지는 주로 부자나 공공기관밖에 살 사람이 없었다. 판로 확대와 함께 시계 제조기술은 각 부분별로 노동의 전문화가 진행되어 유럽의 시계는 디자인·장식·생산기술에서 세련을 더해 갔다.[52] 루제리는 이런 시계 제조기술의 발달을 대강 알고 있었다. 1583년에도 새로 예수회 총장이 된 클라우디오 아콰비바에게 시계를 보내 달라고 요청하면서 원하는 시계를 이렇게 설명한다. "금속제로서 높이는 손바닥 폭만큼 되고, 균형이 잡힌 추가 내장되어 있는 시계입니다. 〔추가〕 밖에 있는 시계는 이곳 중국 신사들에게 그다지 호감을 주지 못하기 때문입니다."[53] 이전에 루제리는 전교사업의 후원을 얻기 위해 자신의 가장 좋은 시계를 광저우의 최고위직 무관에게 선물한 적이 있다. 그러나 루제리 자신도 예상했는지 모르지만, 이 선물을 기화로 다른 관리로부터도 똑같은 물건을 달라는 압력을 받게 되었다. 1582년 8월, 리치가 똑같은 형태의 시계 하나를 갖고 마카오에 도착했다. 이것은 리치가 고아 관구장 비첸티노 로드리고 신부한테서 중국 전교회 기증품으로 받아 온 시계였다. 시계를 본 루제리는 틀림없이 하느님의 섭리에 감사했을 것이다. 왜냐하면 중국 동남부의 광둥 성과 광시(廣西) 성을 관할하는 양광(兩廣) 총독으로부터 시계를 달라는 강력한 요구를 받고 있었기 때문이다. 실제로 이 총독은 탐욕스러웠다. 그는 이미 예수회원으로부터 최고급 벨벳, 캠릿(camlet, 낙타나 앙고라 털로 짠 가벼운 모직물―옮긴이), 수정거울 등 1천 두카트이치 이싱의 신물을 받았을 뿐 아니라 안경까지 받았다.(안경은 루제리 신부가 특별히 준 선물이었다. 총독과 약속한 날 루제리는 고통이 몹시 심한 종기가 나서 침상에 누워 있었다. 이 종기는 루제리에게 사혈(瀉血)을 하려고 했던 그 지역 의사가 제대로 혈관을 확인하지 못해서 생겨났다. 루제리는 어쩔 수 없이 침상에 누워 있었지만, 시계를 갖고 온 자신의 모습이 보이지 않으면 총독이 기분 나빠할까 봐 부랴부랴 안경까지 선물했던 것이다.)[54]

1582년 말, 건강을 회복한 루제리는 프란체스코 파시오와 함께 자오칭에 가서 총독에게 시계를 선물하기로 했다. 파시오는 리치와 같은 배로 마카오에 온 인물이다. 1582년 12월 30일(이 날짜는 옛 역법에 따른 것이다. 극동에서 새로운 그레고리오력이 사용된 것은 그 이듬해부터다), 총독은 시계를 받고 기뻐하며 두 사람을 환영했다. 두 사람은 총독의 배려로 절에 묵었다. 루제리와 파시오는 총독의 환대를 받고 있으니 혹 이곳에 영원히 눌러 앉아도 되지 않을까 하는 희망을 가졌다.[55] 하지만 예수회원들이 이후에도 거듭 깨닫게 되듯이 사실 중국 관료체제는 이런 식으로 선물을 주어서 얻은 대가를 장기간 보장해 주지 않았다. 실제로 이때도, 두 사람을 환영한 총독이 1583년 봄에 직위에서 해임되었기 때문에 루제리와 파시오는 거처를 나와 마카오로 돌아올 수밖에 달리 선택의 여지가 없었다. 중국에 거주하려는 희망이 뜻대로 이루어지지 않는다고 생각한 발리냐노는 파시오를 일본으로 보냈다. 새로 부임한 양광 총독이 예수회원에게 자오칭에 거주해도 좋다는 허락을 내렸지만, 이미 파시오는 일본으로 출항한 다음이었다. 그래서 루제리가 다시 데려 온 사람이 바로 리치다. 1583년 9월 10일, 루제리와 리치는 자오칭에 도착했다.

이리하여 자오칭에서 중국에서의 첫 거처를 마련하게 되었지만, 이는 재정상의 어려움을 불러오는 새로운 불씨가 되었다. 그 후 리치는 1610년 봄에 죽음을 맞이할 때까지 이 문제와 줄곧 씨름해야 했다. 실제로 리치는 토지소유권, 숙소계약, 부동산 가격 등의 문제로 동분서주했다. 그래서 리치가 남긴 글을 보면, 다른 문헌에서는 쉽게 찾아볼 수 없는 명 말기의 경제와 관련해서 위와 같은 문제들에 대한 자세한 정보를 얻을 수 있다. 예수회의 첫 거점이 된 자오칭은 광저우 서쪽에 있었다. 자오칭 부의 지부는 리치와 루제리에게 어떤 절 부지의 한 귀퉁이를 '할당해 주었다.' 그 부지는 성벽 바깥을 흐르는 하천의 제방 위, 시장에 내다 팔 채소를 경작하는 밭과 작은 집이 늘어선 지역에 있었는데, 비좁지만 아름다운 곳이었다.[56] 두 사람은 여기에 벽돌집을 짓기로 했다. 중앙에 복도를 두고, 그 양 옆에 두 개씩 방을 만들고, 서양식 건물처럼 똑같은 간격으로 창을 내고, 강의 경치를 볼 수 있도록 창 뒤에 베란다를 설치했다. 정원을 가운데 두고 건물로 에워싸는 중국식으로 짓지 않았던 것이다. 1단계 공사가 끝나고 보니 경비는 250두카트가 훨씬 넘게 소요되었다.[57] 이 250두카트 남짓한 비용은 두 사람의 돈, 유리 프리즘을 판 대금, 마카오의 부유한 포르투갈인 가스파르 비에가스의 기부금, 그리고 마카오의 중국인한테 빌린 100두카트로 충당했다. 그러나 그 땅은 버젓한 성당을 짓기에는 너무 비좁아서 리치와 루제리는 근처의 조그만 땅뙈기를—몇 채의 '작은 집'과 함께—사들였다. 그래서 그들은 성당과 '조그만 정원'을 만들 수 있었다. 이를 위해 그들은 최소한 20두카트를 투자했는데, 이는 많은 지역민의 반감을 샀던 것 같다. 1589년, 새로 부임한 관리들이 전교사업에 냉담한 태도를 보였기 때문에 리치와 루제리는 자오칭을 떠나야 했다. 이때 총독이 건축비용에 대한 보상금으로 60두카트를 주었지만, 두 사람은 아주 완강히 거절했다. 예수회의 집을 차지하려는 총독의 속셈이 빤히 들여다보인데다가, 60두카트라는 금액은 일반 시세에도 훨씬 못 미치는 것임을 알고 있었기 때문이다. 하지만 두 사람은 결국 그 돈을 받을 수밖에 없었다.[58]

다음에 예수회의 거점이 되었던 곳은 광저우 북쪽에 위치한 사오저우였다. 리치는 도시 외곽 강가에 자리 잡은, 남북이 약 40m이고 동서가 약 25m 되는 땅이 마음에 들어 8~10두카트로 사려고 했다. 그러나 땅 주인이 리치가 눈독을 들이고 있다는 것을 알고는 가격을 80두카트로 올려 버렸다. 땅주인의 탐욕을 알아차린 리치는 한번도 매입가격에 대해서는 언급하지 않은 채 교묘하게 지역관리로부터 건축허가를 얻어냈던 것 같다. 아마도 원주인은 예수회원에 대해서 상당히 분노했을 것이다. 그리고 확장을 원한 예수회원들은 또다시 인근의 땅을 사들였다. 이번엔 저수지가 2개 있는 밭이었고, 가격은 50두카트였다.[59] 이런 투자는 마카오에서 보내 준 돈으로 이루어졌다. 하지만 리치가 장시 성의 난창으로 이동할 무렵에는 마카오의 자금이 생각대로 지원되지 않는 상태여서 처음에는 송금된 50두카트로 셋집을 얻을 각오까지 했다. 그러나 예수회원에게 기꺼이 집을 빌려주려는 중국인은 거의 없었고, 지역의 관리들도 그들에게 구입허가를 정식으로 내주려 하지 않았다. 그래서 리치는 결국 관리들로부터 구두약속만을 받고, 60두카트로 난창 성안의 작은 집을 구입했다. 이 60두카트는 임대료로 쓰려 했던 50두카트에 리치가 직접 제작한 정교한 조절기능을 갖춘 해시계를 판 돈을 보탠 것이었다.[60] 하지만 이 집은 절대 사서는 안될 집이었다. 너무 좁은데다가 자주 침수되었기 때문이다. 리치가 난창을 떠난 후 후임 예수회원들은 1,200두카트를 들여 수련원으로도 쓸 수 있는 넓은 집을 사려고 했다. 그런데 주위의 원성이 자자해서, 결국 처음의 집을 헐값에 팔고, 그것보다 별로 넓지도 않은 집을 500두카트에 샀다. 게다가 새로 산 집에 소유권 문제가 불거져 번거로운 법률상의 절충을 거듭하게 되었다.[61]

자오칭, 사오저우, 난창에 이어서 이른바 중국의 얼굴이라 할 수 있는 난징과 베이징에서 집을 물색할 무렵에는 리치도 경험 많은 수완가가 되어 있었다. 동료 예수회원, 수많은 고용인, 다양한 수련수사들, 입교자들, 그리고 방문자들을 생각하면 넓은 집이 필요했지만, 그렇다고 해서 외국인이 큰 집을 사면 중국인의 반감과 분노를 살 것이 뻔했다. 그래서 리치는 한 가지 꾀를 내어 중국인 사이에서 귀신이 나온다고 소문난 흉가를 찾기로 했다. 이런 방법으로 난징에서는 "8명에서 10명의 전교사들"이 묵을 수 있는 집을 400두카트에 구입했고, 몇 년 후 베이징에서는 "크고 작은 40개 가량의 방"이 있는 큰 집을 700두카트에 샀다.[62] 난징에서도 베이징에서도 리치는 집을 사기 전에 적어도 1년 동안 세를 살았다. 주위의 의심을 잠재우고, 지역 거간꾼들이 제시하는 부동산을 보고 또 보고 한 다음에 적절한 판단을 내리기 위해서였다. 또한 이 두 도시에서 리치는 많은 액수의 돈을 마카오에서 직접 환어음으로 송금받을 수 있는 방법도 강구했다. 그러나 어느 경우에나 횡령당했다. 그는 결국 이런 결론을 내리게 되었다. "사정이 이러하니 중국인을 결코 믿을 수 없는 것은 당연하다."[63] 한편 두 도시에서 리치는 집을 소유함으로써 따라오는 세금 등 기본적인 의무를 면제받으려고 애썼고, 그 결과는 성공적이었다. 난징에서는 지현을 설득하여 야간순찰과 불침번의 의무를 면제받았고, 베이징에서는 가옥세를 영원히 면제받는 데 성공했다. 가옥세는 한 해에 5두카트씩이었으므로, 상당한 절약효과가 있었다.[64]

리치는 분명히 재정면에서 빼어난 수완을 보여주었다. 그러나 그것은 어디까지나 말년에 국한된 이야기이다. 중국에 막 도착했을 무렵 리치는 말년과는 비교도 되지 않을 만큼 재정운영이 서툴렀다. 1584년 봄, 중국에 머문 지 채 몇 달이 지나지 않았을 때, 리치와 루제리는 마카오에서 가져온 돈이 완전히 바닥나 버렸다. 집과 성당을 짓고, 자신들은 물론 침식을 함께 하는 하인들의 생계대책을 세우고, 통역자와 그 가족의 생활비도 마련하느라 한창 동분서주하고 있는 와중에 일찌감치 곤경에 처한 것이다. 이 위기의 순간, 무슨 일인지 자오칭 부의 지부인 왕판이 마카오에서 시계를 가져오면 재정적으로 돕겠다고 말했다. 물론 리치와 루제리는 왕판의 희망대로 서둘러 시계를 가져오려고 했다.[65] 종종 있는 일이지만, 중국에서 예수회원의 활동은 중국 관리 특유의 기질에서 생긴 이런 류의 변덕이나 돌연한 생각에 좌우되게 마련이었다. 왕판의 호의로 루제리는 30명 이상이 노를 젓는 호화로운 지부 전용 배를 타고 마카오에 도착했다. 왕판의 조치가 없었다면, 굴욕을 맛보면서 몰래 마카오 성문을 빠져 나가야 했을 것이다. 그러나 막상 마카오에 도착해 보니, 마카오 주민들은 현금이 부족했고, 일본에 갔던 상선단의 귀환이 너무 늦어져서 불안한 기운이 퍼져 있었다. 이런 상황에서 사람들이 예수회에 새 시계를 살 만한 돈을 기부할 마음이 생길 리는 없었다. 기대가 무산된 루제리는 마카오에서 가장 뛰어난 시계공을 자오칭으로 보내 리치 밑에서 시계를 만들게 할 도리밖에 없었다. 그 시계공이 어디서 어떻게 야금술(冶金術)과 시계 제작기술을 배웠는지는 알려져 있지 않다. 리치는 그 사람을 "인도에서 온 카나리아 제도 사람이며 피부가 까맣다"고 말했지만, 숙련된 직인이라는 것 이외의 상세한 설명은 남기지 않았다. 왕판은 중국인 야금기술자 두 명을 파견해서 피부가 검은 직인과 함께 일하게 했다. 3명의 직인은 리치의 도움도 약간 받으면서 시계를 만들기 시작했다. 작업은 순조롭게 진행되었던 것 같지만 결과는 헛수고로 끝나 버렸다. 우습게도 왕판의 주위에는 시계를 제대로 다룰 줄 아는 사람이 하나도 없었다. 아마도 시계의 균형이 잘못 잡혔거나 태엽 감는 방향이 틀렸을 것이다. 어쨌든 시계는 움직이지 않았고, 결국 왕판은 리치에게 시계를 돌려주었다. 다행스럽게도 왕판은 리치에게 유감을 뜻하는 말은 한마디도 하지 않았다. 리치는 그 시계를 자기 집에 걸어 두었다.[66]

그 사이 루제리는 마카오에서 계속해서 자금을 조달했고, 리치는 자오칭에서 겨우 입에 풀칠을 하며 살았다. 심지어 당장의 생활비를 마련하기 위해 갖고 있던 베네치아 유리로 만든 프리즘 한 개를 팔기도 했다. 리치가 프리즘을 판 가격은 20두카트였다. 이 가격이 실제 가격보다 훨씬 높다는 것은 리치도 잘 알고 있었다.[67] 한편 루제리는 당초에는 100두카트밖에 빌리지 못했지만, 1584년 이른 봄 상황이 돌변하여 행운을 잡게 되었다. 그 전 해인 1583년에 출항했던 선단이 마침내 귀환했던 것이다. 나가사키에서 큰 화재가 발생하여 도시 대부분이 잿더미로 변했기 때문에 예정보다 오랫동안 일본에서 정박명령을 받았던 것뿐이었다. 루제리는 400두카트 이상의 돈을 갖고 다시 리치가 있는 자오칭으로 돌아올 수 있었다. 그 돈의 일부는 가스파르 비에가스의 기부금이었고, 나머지는 아마 예수회가 무역에서 얻은 수익이었을 것이다. 그때의 수익금은 보기 드물 정도로 많은 액수에 달했다고 한다.[68] 그러나 아직 그 정도로는 불충분하다고 보았는지,

이듬해 아콰비바 총장은 시계 4개를 더 보내 주었다. 이 시계는 모두 태엽 시계였다. 그 중 하나는 이전부터 제작되고 있던 '탁상용' 시계로서 1시간 마다 또 15분마다 각각 다른 소리로 시간을 알린다. 나머지 세 개는 끈에 달린 목에 거는 작은 시계였다. 시계의 소형화는 유럽의 시계 제조기술의 급격한 발달을 보여준다. 그 밖에 마닐라에 주재하는 펠리페 2세의 세금징 수원도 시계 하나를 보내 왔다. 마찬가지로 태엽장치가 되어 있고 '매우 정 교하게' 만들어진 것이었다.[69]

이렇게 리치는 위기를 넘기고 다시 자금을 풍족하게 얻게 되었다. 하지 만 파산 직전에 있었던 사람이 갑자기 많은 값비싼 물건이나 은괴를 가진 부자로 변신하게 되자, 리치가 연금술사 같다고 생각하는 중국인도 따라서 늘어났다. 물론 리치는 자신은 연금술사가 아니라고 몇 번이나 부인했지 만, 그런 소문을 완전히 잠재울 수는 없었다. 명 말기 중국에서는 연금술의 실험이 두 영역으로 나뉘어 있었는데, 두 가지 모두 도교신앙과 관계가 있 었다. 하나는 불로장생의 영약(靈藥)을 만드는 것이고, 또 하나는 비금속 (卑金屬)을 은으로 변환시키는 기술이다. 어느 경우에나 수은(水銀)—일 반적으로 서양에서는 활성은(活性銀), 중국에서는 '진사'(辰砂)라고 불렀 다—이 주원료였다. 수은은 색깔이나 무게나 밀도가 은과 비슷한데다가 다른 금속과 화합하기 쉽기 때문이다.[70] 리치의 추측에 따르면, 자신이 중 국인들에게 은을 만들어 내는 연금술사라는 소리를 듣게 된 것은 포르투갈 상인이 광저우에서 대량의 수은을 사들여 배로 인도나 일본으로 수송하고, 은을 싣고 돌아온 것이 원인일 것이라고 한다. 예수회원이 외부에서 수입 을 얻고 있다는 것을 말하지 않았으니, 중국인으로서는 예수회원이 스스로 은을 만들고 있든가 아니면 은을 만드는 포르투갈인 연금술사와 접촉하고 있다고 생각하는 것이 지극히 당연했다.[71] 그러나 리치 자신의 언행이 중 국인으로 하여금 그렇게 믿도록 조장했을 가능성도 많다. 리치는 실험실에 서 열심히 실험하고, 앞선 과학기구들을 만든 반면, 금전 사정에 대해서는 별로 말하려 하지 않았다. 리치는 자신에게 특별한 힘이 있음을 넌지시 내 비치기도 했을 것이다. 실제로 리치는 동료 예수회원에게 "재정적으로 마카오에 의존하고 있음을 고백하는 것보다는 차라리 연금술사라고 말하는 편이 덜 나쁘다고 생각한다"고 말한 적이 있다.[72]

그런데 대단히 흥미로운 것은 수은이 은을 생산하는 것과 관련이 있다고 생각한 중국인이 있었다고 하면 그가 잘못 생각한 것은 아니라는 사실이다. 스페인은 멕시코의 사카테카스와 페루의 포토시에서 은을 대량으로 채굴하고 있었다. 리치도 자신의 세계지도에서 포토시를 세계에서 은이 가장 많이 산출되는 곳이라고 설명했다. 16세기 후반에 들어서자, 값싸게 징련할 수 있는 양질의 은광석을 거반 채굴해 버렸기 때문에 스페인의 은 생산에 그늘이 드리워지기 시작했다. 그런데 수은화합법의 발명으로 질 나쁜 은광석에서도 은을 정련할 수 있게 되어, 이 생산 감소추세에 제동이 걸리고, 다시 세계경제에 큰 영향을 초래한 은붐이 시작되었던 것이다. 수은화합법은 당초 독일 광산에서 개발된 기술이지만, 1572년에는 포토시에서도 실용화되기에 이르렀다. 이후 스페인 제국의 경제력을 지탱하는 라틴아메리카 은의 생산고는 오로지 수은의 공급량에 따라 정해지게 되었다.[73] 페루의 우앙카벨리카 수은 광산이 개발된 17세기 초, 스페인은 대서양을 횡단하는 해로를 통해 스페인 본토의 알마덴에서 채굴한 수은을 대량으로 라틴아메리카에 공급하고, 부족분은 이드리아산(産) 수은으로 보충했다. 영국 사략선의 선장들은 이 대서양 수송로의 중요성을 잘 알고 있었다. 그들은 스페인에서 라틴아메리카로 가는 수은 수송선과 은을 싣고 스페인으로 돌아오는 갈레온선을 습격했다. 토머스 화이트 선장도 자신의 배 아미티(Amity)호를 타고 1,400상자의 수은을 운반하던 스페인 화물선 두 척을 포획했다. 1592년에 화이트는 이렇게 말하고 있다. "우리가 수은을 약탈함으로써, 스페인 왕은 잃어버린 수은과 같은 양의 은을 잃어버린 셈이다. 만약 우리가 약탈하지 않았다면 스페인 왕은 페루의 광산 지배인으로부터 60만 파운드어치의 은을 받았을 것이다."[74] 페루에는 리치의 친구이자 같은 마체라타 출신의 예수회원인 바티스타 페로가 있었다. 리치는 페로와 편지를 주고받았을 뿐 아니라, 페로가 중국에 와서 전교사업을 하길 바라는 마음도 있었다. 그런데 1599년, 스페인과 포르투갈 사이에 긴장이 고조되어 전교회 사이의 인원 교환이 사실상 불가능해지자, 리치는 페로를 중국으로 오게 하려던 계획을 포기할 수밖에 없었다.[75]

당시 광저우에는 포르투갈인이 동남아시아에서 구한 용연향(龍涎香)을 들여오고 있었는데, 리치는 이 용연향의 용도에 대해서 상세하게 연구했다. 중국에서는 용연향을 수은과 섞으면 강정제가 된다고 믿고 있었기 때문에 명 황실에서는 용연향을 구하려고 열심이었다고 한다.[76] 이와 같은 세세한 점까지 알고 있었던 리치는 정기적인 왕복 무역에 대해서도 어느 정도는 알고 있었다고 생각해도 큰 무리는 없을 것이다. 스페인이 포르투갈을 병합한 1580년 직후부터 두 나라 사람들의 대립이 다시 표면화되기까지 왕복 무역이 대단히 활발했다. 이 왕복 무역에서는 중국의 수은이 일본으로 대량 수송되고 있었다. 스페인은 이것을 꺼리고 중국에서 마닐라까지 직항로를 통한 직접 무역의 가능성을 검토하기 시작, 마닐라 총독과 멕시코 대주교 사이에 편지가 오고 갔다. 리치는 경제적인 문제를 분석하는 일이 드물었지만, 이 직접 무역의 가능성에 대해서는 명쾌한 기록을 남겼다. 그 기록에 따르면, 마카오의 포르투갈인은 중국과의 직접 거래에 나서려고 하는 스페인인의 의도를 간파하고 이것을 계획적으로 방해했다고 한다. 포르투갈인은 스페인인이 광저우 시장에 라틴아메리카산(産) 은을 대량으로 들여오면 상품가격이 급등하고, 그것을 사들이는 자신들의 이익이 격감하지 않을까 하고 두려워했다. 예수회에 아낌없이 기부금을 내놓았던 것은 다름 아닌 포르투갈인이다. 그런 까닭에 예수회원들은 경제분쟁에서는 중립을 지켜야 한다고 생각하면서도 포르투갈인을 지지하지 않을 수 없었다.[77]

리치는 중국에 사는 동안, 자신이 연금술사라는 평판을 끝내 떨쳐 버리지 못했다. 자오칭 전교 초기에, 전교사들은 심각한 위기에 직면했다. 어떤 못된 개종자가 예수회원들이 연금술의 능력이 있다는 증거를 가지고 있다고 주장한 것이다. 그는 리치와 아는 사이라는 것을 미끼로 돈과 여자를 손에 넣은 비열한 인간이었다. 결국 사실이 드러나 그는 처벌되었다.[78] 그런데 공교롭게도 자오칭 주변의 산들에는 폐광된 은광산이 있었기 때문에,

쓸데없이 사태가 복잡해졌다. 폐광에는 집 없는 사람들이 도적떼를 이루어 살았는데, 이따금씩 지역 주민들을 약탈했다. 그래서 은을 생산하는 것을 무턱대고 불법행위와 결부시키는 여론이 팽배해졌다.[79] 게다가 1589년에 예수회원이 자오칭에서 추방당한 것은 수은에서 은을 만들어 내는 연금술의 비법을 공개하지 않았기 때문이라는 헛소문이 돌았다. 그 소문은 자오칭 일대에만 퍼진 것이 아니라, 나중에 중국 책에도 기록되어서 리치 생전에 꽤 널리 유포되었다.[80]

난창에서도 리치가 오기 전부터 그에 대한 소문이 자자했다. 원래 난창은 연금술로 유명한 고장이었기 때문에 리치가 아무리 소문을 부정하려 해도 헛수고에 불과했다. 1595년, 매우 가까운 친구 지롤라모 코스타에게 보낸 편지에서 침통한 심정으로 쓰고 있듯이, 리치는 도저히 이 '명성'을 지울 수가 없었다. 그도 그럴 것이 "수은으로 은을 만들어 내는 기술 따위는 알지 못한다고 강하게 주장하면 할수록 그들은 더욱 믿으려 하지 않았기" 때문이다.[81] 1598년 짧은 기간이나마 리치가 처음으로 베이징을 방문했을 때, 궁정의 한 영향력 있는 환관이 사람을 보내 리치를 맞이했다. 그 환관은 연금술에 대해서 리치의 속을 떠보았지만, 리치가 수은을 은으로 바꿀 수 없다는 것을 알아채고는 리치에게 베이징을 떠나라고 명령했다.[82] 1609년 파시오에게 보낸 편지에서 상당히 격앙된 어조로 썼듯이 리치는 말년에도 변함 없이 연금술사라는 꼬리표를 달고 다녔다. 그 해 친구인 취루쿠이가 또다시 연금술 연구에 열중하자 리치는 그에게 지은 죄를 회개시키고, 이냐시오의 『영신수련』의 가르침에 따라 올바른 길로 돌아오라고 충고해야 했다. 취루쿠이는 일찍이 함께 연금술을 연구하자고 리치를 방문했다가 그 뒤 그리스도교로 개종한 인물이다.[83] 또 리치가 말년을 보낸 베이징에서 이웃하며 살면서 친하게 지낸 중국인으로 선더푸(沈德符)라는 학자가 있었다. 그는 자신의 책 『만력야획편』(萬曆野獲編)에서 "리치는 고리대금업을 하지 않았는데도, 필요한 물건은 무엇이든지 늘 풍부하게 갖고 있어서 부족한 것이 없어 보였다. 그래서 사람들은 그가 대장일과 불을 다루는 기술을 완전히 터득하고 있다고 의심했다"고 기록했다. 곧 리치가 마술적인 방법으로 필요한 자금을 얼마든지 만들어 냈다고 생각한 것이다. 하지만 선더푸는 개인적으로 리치가 연금술사라고 생각하지 않는다고 덧붙였다.[84]

이렇게 리치는 자신을 전교사로 보아주길 바랐지만, 중국인의 눈에 비친 모습은 연금술사였다는 차이가 있었다. 실제로 예수회원과 중국인 사이에 이런 차이의 예는 적지 않았다. 그 전형은 예수회가 중국인에게 편의를 제공하려고 한 경우이다. 예수회원으로서는 어디까지나 전교를 위해 한 행동이라도 중국인의 입장에서 보면 단순히 상대방의 비위를 맞추기 위한 행동으로밖에 생각되지 않았을 것이다. 종종 독립적인 전교활동과 아첨의 차이는 종이 한 장 차이였다. 본격적인 전교활동을 막 시작했을 무렵부터 리치도 루제리도 중국인의 심부름을 하고 다녔다. 예컨대 1585년 여름 루제리는 광둥 성 순무의 부탁을 받아 마카오에 가서 베이징 궁정이 광둥 성 순무에게 요구한 깃털장식을 샀다. 깃털장식은 중국인들이 탐내던 물건이었다. 특히 사치스러운 깃털장식은 중국인들 사이에서 인기가 높았다. 그 전에도 루제리에게 깃털장식을 구할 수 없느냐고 물어 온 중국인이 있었다. 궁전에 바칠 선물로 쓰려고 구하는 경우도 있고, 다양한 색깔의 깃털로 만든 그림이나 모양을 보고 그 훌륭함에 반했기 때문에 구하는 경우도 있었다. "손으로 그린 줄 착각할 정도로 표현이 뛰어난" 이 예술품은 1570년대 후반에 어느 프란치스코회 수사가 마닐라에서 광저우로 가지고 온 것이었다.[85] 또 언젠가 루제리는 전교에 대한 정열에 불탄 나머지 살아 있는 타조를 중국 황제에게 선물해 보려고 생각했다. 그는 아콰비바 총장에게 보낸 편지에서 "살아 있는 타조를 선물하면 중국 황제는 대단히 기뻐할 것입니다. 황제는 타조의 깃털을 귀하게 여길 테니까요. 이곳 중국에서 볼 수 없는 동물이나 새를 중국인은 매우 소중하게 생각합니다."[86] 물론 예수회가 살아 있는 타조를 배로 베이징까지 운반하는 복잡한 작업에 착수한 적은 한번도 없다. 하지만 예수회원들이 깃털제품을 귀한 선물로 생각했던 것은 확실하다. 1580년대 스페인이 만력제에게 사절 파견계획을 세웠을 때도, 준비한 선물 중에 깃털제품이 포함되어 있었다. 그뿐 아니라 1584년 리치는 최초로 중국을 중심에 둔 세계지도를 제작하면서 라틴아메리카 국가들의 공통된 특징으로 깃털 생산을 들었다. 아마도 리치는 의식이나 전쟁 때 깃털을 단 옷을 입는 아스텍족을 염두에 두었을 것이다.[87]

1589년, 리치에게도 자오칭의 관리를 통해 베이징으로부터 유럽에서 만든 질 좋은 진홍색 모직천 몇 필을 구해 달라는 요청이 들어왔다. 리치는 중국 관리가 제공한 배를 타고 마카오로 내려갔다. 마카오에서 리치는 그 지역 포르투갈인 상인들과의 관계를 이용해서 베이징에서 원하는 모든 물건을 '아주 싼 값에' 샀다.[88] 이보다 이른 1585년에는 파는 사람과 사는 사람에게도 전교사업에도 두루 좋은 거래가 이루어졌다. 그 해, 전직 자오칭 지부의 형제가 멀리 북쪽의 저장(浙江) 성 고향에서 고급 비단을 갖고 광저우 시장에 팔러 왔다. 하지만 원하는 대로 물건을 처분할 수 없게 되자 그는 예수회원에게 도움을 청하여, 비단을 전부 팔아 주면 그 대가로 자신이 고향으로 돌아갈 때 예수회원을 동행하고 저장 성에 새로운 전교거점을 설치하도록 하겠다고 말했다. 예수회원은 포르투갈 상인에게 이야기하여 곧바로 그 비단을 상당히 높은 가격에 사들이게 했다.[89]

이상의 어느 경우에나 예수회원들은 명확한 전교상의 목적을 염두에 두고 상품 매매에 관계했다. 첫번째 루제리의 경우, 깃털장식을 구입한 후 두 아르테 데 산데 신부를 데리고 자오칭으로 돌아옴으로써, 데 산데 신부가 중국에 들어오는 데 성공했다. 다음의 리치의 경우는 진홍색 모직천을 사고 나서 발리냐노와 오랜 시간 동안 많은 문제를 협의할 기회를 얻었다. 세 번째 경우에도 루제리는 비단 매매에 관여함으로써 새로이 저장 성에서 전교사업의 가능성을 탐색할 기회를 얻었던 것이다.

한편 이와 마찬가지로 예수회원이 중국인으로부터 편의를 제공받은 일도 있었다. 예수회는 탁발수도회(托鉢修道會, 모든 소유를 포기하기로 서약한 수도단체—옮긴이)는 아니었지만, 중국에서 처음 활동을 시작했을 때부터 어떤 기부라도 기꺼이 받아들였다. 전교활동을 시작할 무렵, 루제리는 광저우의 관리들로부터 무료로 숙박을 제공받았고 약간의 음식이나 신선한 물고기까지 받아들였다. 리치는 경건한 중국인 신자로부터 막 완성한 성당에서 쓸 향(香)과 제대의 등잔을 밝힐 기름을 기부받았다. 또 루제리와 리치는 처음으로 자오칭에 짓는 건물을 완성하기 위해 마카오의 중국인에게서 돈을 빌렸다.[90] 현금을 주는 중국인도 있었다. 리치를 방문한 중국인은 경의를 표하기 위한 방문이든 단순한 호기심에서 한 방문이든 관계없이 점잖게 명함과 함께 현금을 두고 갔다. 액수는 10두카트나 되는 적도 있고, 5두카트일 때도 있고, 그냥 동전 한 움큼을 주는 경우도 있었다.[91] 그밖에 상당히 고액의 선물을 주는 관리도 있었다. 어떤 관리는 리치가 견고한 유리상자에 넣어 온 그리스도를 그린 작은 트립틱 같은 성화를 보고 감동하여 꽤 값나가는 큰 선물을 두고 갔다. 또한 그리스도교에 대한 소책자를 받고 선물을 주는 관리도 있었다. 예컨대 자오칭의 지방군사령관은 『천주실록』(天主實錄)을 받은 답례로 3두카트를 주었다. 이 『천주실록』은 중국어로 된 최초의 그리스도교 해설서로, 리치와 루제리가 서툰 중국어로 번역했던 것이다. 코친차이나의 사절 일행은 베이징으로 가던 도중 자오칭에 들렀다가 『천주실록』을 몇 부 받고 그 답례로 은과 향을 기부했다. 예수회원이 집을 빌렸을 때, 의자나 식탁이나 장식품을 제공해 준 중국인 학자들도 있었다.[92]

선물을 어느 정도까지 받아들이는가는 늘 미묘한 문제였다. 비록 대부분의 선물은 이런저런 이유로 정당화되었던 것 같지만 말이다. 리치는 여비가 많이 들었기 때문에 여할할 때면 거의 언제나 여행수단을 제공받았다. 여행수단을 제공할 수 있는 지위에 있었던 고위 관리들은 대개 가는 곳마다 필요한 교통수단을 무상으로 조달해 주었다. 따라서 현금이 별로 없더라도 리치는 꽤 호화로운 여행을 할 수 있었다. 쿨리가 힘들게 상류로 끌고 가는 사치스러운 정크를 탈 때도 있었고, 군대와 경비의 호위를 받는 배를 타기도 했다. 말을 타고 나들이를 한다든가, 8명의 인부가 메는 가마를 타고 짐은 말로 운반시키기도 했다.[93] 만찬에 초대받았을 때는, 초대한 부유한 중국인이 리치의 가마를 메고 온 가마꾼에게 노임을 주고, 리치를 시중드는 하인에게도 수고비를 주었다. 특히 리치가 일단 유명해지고 난 뒤에는 한층 더 그랬는데, 한번은 통이 큰 중국인 친구가 단지 여행의 수고를 덜어 주기 위해 거액의 은을 주었다. 또 리치에게 아무런 언질도 주지 않고 여행경비를 대신 선불해 준 친구도 있었다. 그 경위는 이러했다. 그것은 긴 뱃길여행에 나섰을 때 일이다. 당시 리치는 객실 두 개를 빌려서 성당에 필요한 물건들을 실었다. 그런데 요금을 지불하려 하자 상당한 고액임에도 불구하고 전액이 무료였다. 이미 어떤 친구가 돈을 지불했던 것이다. 리치가 기뻐했음은 말할 나위도 없다. 그 친구는 실제 소요될 것으로 예상되는 비용의 두 배에 달하는 돈을 사공에게 주었던 것이다.[94]

이런 중국인의 선심으로 리치가 여러 번 개인직으로 마음의 위로를 받았음은 확실하다. 그러나 그런 선심은 일시적인 기분에 따라 좌우될 뿐, 예수회의 전교활동을 근본적으로 떠받쳐 줄 수는 없었다. 또한 정치적 풍향이 변하여 전교사들에게 역풍이라도 몰아치게 되면 선심 따위는 언제 그랬냐는 듯 뚝 끊어져 버릴 위험도 있었다. 1585년, 발리냐노는 인도 총독과 협정을 맺어, 스페인 왕 펠리페 2세의 '영원한' 승인을 받아내는 데 성공했다. 그 협정이란 중국 전교사들에게 1인당 연간 100두카트를 지급하고, 몇 통의 미사용 포도주를 제공한다는 내용이다. 자금은 말라카에서 거둔 상선의 통과세로 조달하고 매년 3월과 10월에 광저우의 시장에 오는 포르투갈인을 통해 예수회에 전달하기로 했다.[95] 이처럼 국왕이 주는 돈이나 일본과의 비단무역에서 얻는 수입말고도 중국의 예수회원은 마카오의 포르투갈인들로부터 막대한 기부를 받았다. 특히 1590년대에는 기부가 상당한 액수에 달했다. 어떤 한 중국인 성직자를 양성하기 위해 500두카트, 중국의 제대에서 사용할 은제(銀製) 성작(聖爵, 미사 때 포도주를 담는 잔―옮긴이) 2개, 나아가 현금이나 집을 유산으로 양도받는 형태로 수백 두카트의 기부를 받았다.[96]

많은 기부자들이 참된 신앙인들이었고, 예수회의 중국 전교가 순조롭게 진행되기를 진심으로 기원하고 있었음은 분명하다. 그들은 스스로의 영혼의 안녕과 중국인의 영혼 구원 외에 다른 동기는 없었을 것이다. 그러나 개중에는 복잡하고 난해한 재정적·법적 문제로 예수회원의 도움을 받고 감사의 뜻에서 기부를 한 사람도 있었을 것이다. 예컨대 도망친 노예를 데려오는 문제 같은 것이다. 리치도 이런 사건에 관련된 적이 있으며, 사건의 경위를 상당히 적나라하게 기록했다. 리치가 이런 류의 사건을 태연하게 기록으로 남긴 것도 주변 분위기와 관련되어 있었을 것이다. 당시 마카오에서는 포르투갈인 가정마다 평균 대여섯 명의 흑인 노예(노예의 아내와 아이들은 제외한 수치다)가 있었다. 중국 내의 예수회원들도 자유로운 임금노동자로는 볼 수 없는 흑인인 '카피르'(Kaffir)인이나 '인도인' 하인과 문지기를 몇 명씩 두고 있었다.[97] 리치에 따르면, 다수의 노예가 마카오의 주인에게서 탈출하여 중국으로 들어가 중국 각지의 군사사령관과 계약을 맺고 군인이 되었다고 한다. 중국인들은 이런 도망 노예를 '유능하고 용감한 자'라고 환영했으며, 포르투갈인들에게 무기 사용법을 배운 노예를 특히 반겼다. 도망 노예들 가운데는 "중국인 모두가 싸우길 두려워하는" 일본인도 있었다. 또한 일본인만큼 무섭지는 않았다 해도 역시 "적에게 공포를 심어준" 피부가 검은 카피르인과 자바인도 있었다.[98]

예수회원은 그리스도 교도로서 세례를 받은 도망 노예의 신원을 확인하고 나서, 길게 보면 이교도인 중국인 속에서 살아가는 것보다 주인이 있는 마카오로 돌아와 다시 그리스도 교도 속에서 생활하는 편이 낫다―중국에 있더라도 또다시 중국인에게 '노예 취급당할' 뿐이니까―고 설득하는 방침을 세웠다. 만일 노예가 돌아가겠다는 의사를 표시하면, 예수회원들은 그 주인과 마카오의 주교와 협의해서 그들의 죄를 모두 용서해 주겠다는 약속을 받은 다음 노예가 중국과의 경계를 넘어서 마카오로 돌아오는 것을 도왔다. 리치는 이런 일을 두고 "이교도 속에서 길을 잃어버릴 위험에 처해 있던 수많은 영혼을 구제했을 뿐만 아니라, 이따금씩 비싸게 주고 산 노예를 되찾도록 해주어 그 주인에게 수천 두카트에 이르는 이익을 가져다주기도 했다"고 말한다.[99]

만일 이런 거래가 중국인에게 알려졌더라면, 중국인이 일반적으로 품고 있는 예수회의 활동에 대한 의구심을 더욱 부채질하는 결과를 낳았을 것이다. 명대 중국인 사이에는 마카오에 대한 혐오감이 널리 퍼져 있었고, 심지어 자신의 의지에 따라 마카오에 살고 있는 중국인까지도 혐오의 대상이 되었다. 이 문제에 대해서 리치는 아콰비바 총장에게 보낸 편지에서 이렇게 말하고 있다.

> 마카오는 중국의 맨 끝에 있기 때문에, 마카오 사람은 무조건 외국인이
> 거나 중국에 해를 입힐 가능성이 있는 인물로 단정짓고, 의심의 눈초리로
> 바라봅니다. 그리고 마카오와 거래하는 사람도 누구나 상스러운 인간으로
> 간주하여 어디를 가나 의심을 받습니다. 이런 마카오에 대한 혐오감은 너
> 무나 커서 사람들이 서로를 비난할 일이 있으면 "저 놈은 늘 마카오에 출
> 입하는 놈이야"라고 욕을 할 정도입니다. 저도 그런 장면을 본 적이 있습
> 니다.[100]

이 구절을 보면 명대의 중국인이 마카오가 독립한 외국의 영토가 되고
있다는 것을 깨닫기 시작하여 마카오에 사는 중국인에게까지 적의를 나타
내고 있음을 알 수 있다. 이 적의는 전통적인 가치체계, 곧 유교 도덕을 버
리게 된 중국인에 대한 적의와 똑같은 것이었다. 만약 리치가 명의 학자 장
세(張燮)가 쓴 외국인과 외국여행 안내서에서 포르투갈인에 대한 묘사를
읽었다면, 포르투갈인과 거리를 두고 사귀어야겠다는 생각이 금방 커졌을
지도 모른다. 장세는 "포르투갈인은 키가 7척에다 고양이 같은 눈, 꾀꼬리
같은 입을 하고 있으며, 얼굴은 하얀 재 같다. 수염은 몹시 꼬불꼬불해서
검은 무명천 같고 머리카락은 거의 새빨갛다"고 썼다. 또 장세는 포르투갈
인과 함께 있는 가톨릭 사제의 역량에 대해서 자기 나름의 분석을 했다. 그
분석에 따르면 가톨릭 사제들은 수도 많고 세력도 강하여 국가정책에 큰
영향을 끼치며, 죄인이 형장에 끌려 나갈 때 성스러운 책에 있는 구절을 영
창한다고 한다.[101]

이런 공포와 혐오감은 1583년 이후 늘 예수회원에게 끈질기게 따라붙
었다. 그 해 자오칭에 거처를 마련하려고 했던 리치는 중국 관리에게 마카
오에서 자오칭으로 다른 사람을 절대로 데려오지 않겠다고 약속을 해야 했
다. 그도 그럴 것이 중국 관리 자신도 지역주민들로부터 전교사에게 강경
한 태도를 취하라는 거센 압력을 받고 있었기 때문이다. 리치는 비난을 완

화시키기 위해 자오칭 당국에게 "마카오의 상거래나 다른 세속의 소란스러움에서 멀리 떨어져 있는" 자오칭에서 조용히 살고 싶을 뿐이라고 해명을 했다. 하지만 자오칭의 과거 급제자를 비롯한 유학자들은 이 말을 믿지 않고, 리치와 루제리가 자오칭에 온 상황은 과거 포르투갈인이 처음 마카오에 왔을 때의 상황과 똑같다고 경고했다. 곧 처음에는 소수의 온화한 사람들이 들어와 살겠지만, 점차 수가 늘어나 나중에는 내쫓을 수 없게 된다는 것이었다.[102] 1589년 마침내 일반 민중의 압력으로 예수회원들이 자오칭에서 추방당했을 때, 추방의 이유 가운데 하나는 예수회원이 강가에 집을 짓고 몰래 빠른 배를 타고 강을 내려가 이따금 마카오에 가서 중국의 비밀을 포르투갈인에게 모두 알려 주고 있다는 비난이었다.[103]

리치가 중국에서 통상과 이익의 문제를 해결하고자 최종적으로 어떤 수단을 취했는지를 알기 위해서는 리치가 선물을 어떻게 이용했는지를 되돌아보아야 한다. 루제리가 생각했던 타조 선물은 전교활동에 최대의 효과를 거두기 위해서는 무엇을 선물하고 무엇을 선물해서는 안되는가라는 꿈과 현실이 뒤섞인 끝없는 드라마에서 비범한 상상력으로 자아낸 하나의 예외에 불과했다. 가장 장대한 규모의 선물은 1580년대 초, 필리핀에서 펠리페 2세의 세금 징수인으로 일했던 후앙 바티스타 로만이 중국에게 스페인과 직접 무역을 할 항구를 열게 하려고 계획했던 것이다. 로만은 스페인 궁정이 만력제에게 사절을 파견하고 6만~7만 두카트의 선물을 주는 것이 어떻겠느냐고 건의했다. 그 선물에는 누에바 에스파냐(Nueva España, 스페인이 정복한 곳에 총독을 두어 다스리게 한 지역—옮긴이)에서 운반한 10여 마리의 말, 벨벳, 양단, 금실로 짠 천, 플랑드르의 카펫, 베네치아의 프리즘과 거울, 대형시계, 유화(油畫), 유리기구, 적포도주와 백포도주, 칼과 금박 입힌 무기 등이 포함되었다.[104] 예수회원도 사절 파견계획을 지지했기 때문에, 스페인의 지지를 받아내지 못해 애초의 계획이 깨진 후에도 발리냐노는 로마에서 베이징으로 공식적인 교황 사절을 파견하리라는 희망을 버리지 않았다. 그는 4천~6천 두카트 상당의 선물을 교황이 만력제 앞으로 보내 주고 그것을 예수회 신부 4명이 직접 호송하는 것이 어떻겠느냐고 제안했던 것이다.[105] 최종적으로 중국의 예수회원이 마련한 선물은 900두 카트어치도 채 안되었다. 이것은 마카오의 예수회 신학원장이 1599년의 무장상선 난파 후에 조달한 것으로, 선물에 당시 리치가 중국에서 갖고 있던 물건들까지도 다 추가로 보탠 것이다.[106] 그러나 규모가 줄어들기는 했어도 뒷날 예수회원이 중국에서 근 100년 이상 거주하게 된 것은 이 선물 덕분이었다. 리치가 자랑스럽게 기록하고 있듯이 이 선물은 8마리의 말과 30명 이상의 인부를 동원하여, 1601년 1월 어느날 간신히 베이징으로 운반되었다. 선물 중에는 세 점의 성화가 있었다. 하나는 유리로 덮은 그리스도의 트립틱이고, 또 하나는 세례자 요한이 함께 있는 성모자 성화, 나머지 하나는 성모와 그리스도만 그려진 성모자 성화였다.(이 마지막 성모자 성화는 조심성 없는 일꾼이 떨어뜨리는 바람에 세 조각이 나 버렸다. 리치가 자조 섞인 어조로 말한 것처럼 유럽의 감정가에게는 아무 가치도 없는 그림이 되어 버렸다. 하지만 중국인의 눈에는 파손되어 있는 만큼 더 오래되고 따라서 더 가치가 있는 것으로 보였다.) 그리고 추가 달려 있는 대형시계와 태엽식 소형 탁상시계, 금박 입힌 성무일도서, 아브라함 오르텔리우스의 지도 제작기술이 유감 없이 발휘된 걸작 세계지도집 『세계의 무대』도 있었다. 아울러 프리즘, 모래시계, 빛깔 있는 허리띠, 여러 필의 직물, 유럽의 은화, 코뿔소의 뿔(중국 전통 의학에서 매우 귀중한 약재다)도 있었다. 그 밖에 건반을 치는 것이 아니라 채로 현을 퉁겨서 연주하는 하프시코드도 한 대 있었다.(송풍기가 달린 작은 핸드 오르간도 포함되어 있었을 것이다. 이것은 리치가 마카오에서 주문 제작한 것이다. 하지만 이 핸드오르간은 리치가 북쪽으로 출발한 다음에야 난징에 도착했다.)[107]

예수회가 이 선물 목록에 애착을 갖고 있다는 점에서 예수회원이 얼마나 이때의 선물을 중시하고 있었는지를 알 수 있다. 처음의 거창한 계획에 견주면 상당히 비용이 적게 든 것은 예수회원 자신도 잘 알고 있었다. 리치는 이렇게 호화로운 선물을 하면, 은둔하고 있지만 절대적인 권력을 갖고 있는 중국의 황제에게 유럽 강국들의 부와 기술을 보여줄 수 있으리라고 믿었다. 그런데 중국에 조공을 바치러 오는 다른 나라의 사절들이 황제에

게 바칠 선물을 그다지 중시하지 않는 것을 보고 깜짝 놀라게 되었다. 리치
는 처음 묵었던 베이징의 외국인용 숙박소에서 두 가지 사실을 깨달았다.
하나는 중국인이 외국 사절을 경시하고 있다는 점이다. 외국 사절은 가구
도 없는 '마치 양의 우리 같은' 작은 칸막이방에 들어가 있었다. 또 하나는
그런 냉대에 대해서 외국 사절들도 별 가치도 없는 선물로 중국인에 대한
모멸감을 은연중에 드러내고 있는 점이다. 그들의 선물로 말할 것 같으면
압정을 박아 나무 손잡이를 고정시킨 싸구려 쇠칼, 삼베껍질이라면 어울릴
만한 얇은 철판으로밖에 안 보이는 갑옷의 '가슴받이', 또는 당장이라도 쓰
러질 것 같은 허약한 말 따위였다. 하나같이 "웃지 않고는 배길 수 없는 그
런 물건"이라고 리치는 말하고 있다.[108]

　하지만 선물을 바치고 외국인 숙박소에 묵고 있었기 때문에 예수회원은
예부로부터 중국 정부가 지급하는 수당을 받았다. 수당은 쌀, 고기, 소금,
채소, 술, 땔감 등으로 5명이 생활할 수 있는 만큼의 양이었고, 아침부터
저녁까지 부릴 수 있는 하인 1명도 붙여 주었다. 재삼재사 진정한 끝에 숙
박소 밖으로 나왔을 때, 예수회원은 궁정으로부터 베이징에서 집을 빌려도
좋다는 허락을 받았다. 이것은 여러 명의 환관을 거쳐 전해진 구두허가였
다. 집을 빌릴 경우에도 중국측에서 5인분의 식량을 계속 지급하고, 아울
러 매달 8두카트의 은을 준다는 조건이었다. 몇 주 뒤, 리치에게 호의적이
었던 한 고관이 식량이 배달되지 않을 때는 그 식량과 같은 액수의 현금을
지급한다고 보증해 주었다. 매번 식량이 배달되지 않아서 오히려 예수회원
들은 즐거워했다. 추가로 매달 6두카트의 현금이 더 들어왔기 때문이다.[109]
결코 많은 돈은 아니었지만, 이 돈 덕분에 예수회의 재정은 나름대로 안정
되었고, 한층 많은 선물에 대해 대응할 수 있게 되었다. 1602년 뜻밖에도
내각대학사(內閣大學士) 선이관(沈一貫)으로부터 모직물과 모피 등 40두
카트 상당의 선물을 받았을 때 등이 그 예이다. 선물을 받으면 답례품을 보
내는 것이 관례였다. 그래서 리치는 선이관의 아들에게 베네치아의 유리
프리즘을 선사했다. 리치가 다른 곳에서 기록한 바에 따르면, 어떤 중국인
은 프리즘을 통과한 빛이 맑기 때문에 200두카트에서 500두카트는 할 것

이라고 생각했고, 프리즘을 '가격을 매길 수 없는 보석'이라고 불렀다고 한
다. 사실 유럽에서는 어떤 프리즘이라도 단지 8바이오코면 구할 수 있었
다.(1바이오코는 이탈리아에서 100분의 1두카트도 되지 않는 동화〔銅貨〕였
다.)[110] 이렇게 수입원이 다양해지자, 이제 예수회원들은 비단을 실은 배를
폭풍이나 사략선에 빼앗겨서 손실이 발생하더라도 어느 정도는 능히 견딜
수 있게 되었다. 특히 중국 당국이 베이징의 리치와 그의 동료들에게 공식
적으로 재정 지원을 해주었던 것은 예수회로시는 징밀로 다행스러운 일이
었다. 베이징이 남부의 도시들에서 멀리 떨어져 있었던 관계로, 잠시나마
예수회원은 스스로 변명하지 않더라도 마카오의 포르투갈인으로부터 전
면적인 지원을 받고 있는 게 아닐까라는 의심의 화살을 피할 수 있었던 것
이다.

리치가 거둔 많은 성공은 대부분 치밀한 계산의 결과이지 우연이 아니
었다. 다만 간혹 뜻하지 않게 횡재를 한 적도 있었다. 누군가가 개인적으로
이익을 올리려고 한 것이었는데, 오히려 예수회가 수확을 얻는 그런 경우
이다. 그 가운데 리치가 특히 기뻐했던 것은 그리스도교로 개종하지도 않
은 중국인이 『천주실의』를 비롯한 그리스도교 관련 서적을 인쇄해서 여러
성(省)에 팔아 한몫 챙기려고 했던 일이다. 그 덕분에 예수회원만으로는
도저히 미치지 못할 넓은 범위까지 그리스도교의 메시지를 전할 수 있었
다.[111] 하지만 대개 리치는 전교활동이 앞으로 직면하게 될 일을 냉정하게
직시하며 모든 예측불가능한 사태에 대비하여 계획을 세우는 사람이었다.
리치의 기억 속에는 곡식을 베어 들이고, 황금빛 수확물을 손에 든 농부를
묘사한 신약성서의 글귀가 많이 저장되어 있었지만, 중국의 현실에 대해서
과도한 요구를 삼가고 큰 기대를 걸지 않았다. 1599년 리치는 지롤라모 코
스타에게 보낸 편지에서 "우리가 살고 있는 지금의 중국은 아직 추수 때
도, 파종 때도 아니라네. 오히려 원시림을 개간하고, 그 안에 숨어 있는 야
수나 독사와 싸울 때이지"라고 말했다.[112] 그리고 9년 후, 중국에 예수회의
거점이 네 곳으로 늘어나고 예수회 신부와 수사들의 수가 20명으로 늘어
났을 때, 리치는 같은 친구에게 편지를 보내어 이제 훌륭한 '기계'를 갖게

되었다고 썼다.('기계'란 말은 리치에게 각별한 울림을 지닌 말이었다. 약 30년 전, 리치는 이 말을 고아의 예수회 건물에 대한 찬사로 사용했다.) 그럼에도 "중국에서의 성과는 파종단계이고, 아직 수확할 때는 되지 않았다"는 것이 리치의 생각이었다.[113]

　　리치가 전교활동의 수확을 기대하여 음악을 사용한 것을 보면 그의 신중함과 치밀함을 확실히 알 수 있다. 이냐시오 데 로욜라는 예수회의 전례에서 합창을 분명히 금했다. 그것은 거룩한 의무를 지닌 사제들의 마음을 미혹케 하고, 평신도들 사이에 예수회원들이 다른 수도회의 수도자들과 비슷하다는 생각을 갖게 할지 모른다고 염려했기 때문이다. 그러나 합창에 대해서는 그의 생각이 철저하게 관철되지 않았다. 리치의 시대에 예수회에서는 노래든 연주든 관계없이 음악이 곧잘 폭넓게 사용되고 있었다.[114] 약간 놀라운 것은 온갖 분야에서 다재다능함을 발휘한 리치가 악기는 잘 다루지 못했고, 음악에 조예가 깊지도 않았다는 사실이다. 로마와 마체라타에서 음악에 대해서 폭넓은 지식을 익힌 것은 확실하지만 말이다. 리치는 중국 음악에 그다지 공감하지 않았다. 군대가 공개적으로 화려한 행진을 한다든가 종교의식을 거행한다든가 할 때, 음악이 효과를 발휘한다는 것은 잘 알고 있었지만, 중국 음악의 화성은 귀에 거슬리는 불협화음으로밖에 들리지 않았고, 그래서 유럽에서 익히 듣던 건반악기나 4부합창을 그리워했다.[115] 하지만 리치가 중국에서 늘 갖고 있었고, 마지막에는 중국 궁정에 바친 선물 중에 소형 하프시코드 한 대가 있었다. 만약 리치가 기지를 발휘하지 않았다면 이 하프시코드는 악기로서 이용되지 않고 단순한 골동품이 되어 버렸을 것이다. 1600년, 난징에 머물 때 리치는 예수회 신부 라자로 카타네오에게 권하여 도착한 지 얼마 안되는 젊은 신부 디에고 판토하에게 여가를 이용해서 몇 곡의 소나타 연주법과 하프시코드 조율법을 가르치게 했다.[116] 카타네오는 음악에 능했지만 사목 임무 관계상 난징을 떠날 수 없었다. 따라서 리치가 베이징으로 데리고 간 사람은 판토하였다. 리치가 기대했던 대로 만력제는 하프시코드에 흥미를 나타냈고, 예수회원으로 하여금 4명의 환관 악사에게 하프시코드 연주법을 가르치도록 명령했다. 이미 하프시코드에 숙달해 있던 판토하는 그들에게 연주법과 조율법을 가르칠 수 있었다.

여기에서도 또다시 리치가 빈틈없이 앞을 내다보고 일처리를 하고 있음이 분명하다. 환관 네 명 가운데 젊은 두 명은 서양 음악을 금방 익혔지만 나이가 70세나 된 환관 한 명은 진도가 더뎠다. 그래서 리치는 한 사람에게 한 곡씩만 가르치게 했다. 그것은 비록 배우는 속도가 더디더라도, 늙은 환관이 궁정에서 체면을 잃지 않게 하려는 배려였다. 실제로 그 늙은 환관은 자신에게 할당된 곡을 숙달하는 데 한 달이나 걸렸다. 그 사이 리치는 젊은 환관들과 중국어 노래 『서금곡의팔장』(西琴曲意八章)을 작사했다. 이것은 하프시코드 반주에 맞추어 부르는 노래다.[117]

리치의 노래가 도덕적이고 종교적인 주제를 다루었음은 누구라도 예상할 수 있을 것이다. 리치는 하느님을 향해서 갈망하는 인간의 마음, 장수를 기원하는 우리 인간의 어리석음, 하느님께서 이 세상을 은총으로 가득 채우시는 것은 우리가 악기를 연주해서 화음으로 연주회장을 채우는 것보다 훨씬 더 조화롭다는 것, 그리고 젊음이란 우리가 도덕적 삶에 대해서 생각할 시간을 갖기 전에 사라져 버린다는 것, 하느님께서는 우리를 가장 영광스러운 존재로 창조하셨지만 우리는 우리 자신을 타락시키고 있다는 것, 죽음에는 예외가 없으며 경외로운 황제의 궁전이나 가난한 사람의 불쌍한 오두막도 비켜 가지 않는다는 것 등을 노래했다. 언어 구사는 특별히 우아하다고는 할 수 없지만, 도덕적 요점을 가능한 명확히 하면서 소규모 가곡의 선율에 잘 어울리게 지어졌다. 다음은 『서금곡의팔장』의 두번째 곡인 「목동유산」(牧童遊山)이다.

목동이 어느날 문득 근심을 느껴
자기가 있는 산이 싫어졌네
목동은 생각했지, 저 멀리
훨씬 아름다워 보이는
저 산에 가면 근심도 씻을 수 있으리라고

그래서 목동은 그 먼 산을 향해 떠났지
하지만 가까이 가도
멀리서 보았을 때만큼 아름다워 보이지 않았다네

목동이여, 목동이여
사는 곳을 바꾸면
자기도 바꿀 수 있다고 생각했는가

사는 곳을 바꾼다고, 어찌 자신을 벗어 버릴 수 있겠는가
근심과 즐거움은 마음에서 비롯되나니
마음이 평안하면 어딜 가도 즐겁고
마음이 어지러우면 어딜 가도 근심스러우리
먼지가 눈으로 들어오기만 해도
사람은 금세 아픔을 느끼는데
하물며 마음에 파고든 송곳을 어찌 무시할 수 있겠는가

자기 이외에 어떤 것을 바라도
구하는 것은 결코 손에 들어오지 않는 법
왜 마음을 다스리고
자기가 있는 산에서 평안히 살려 하지 않는가

고금의 말씀은 모두 한가지를 이르나니
밖(外)으로 노닐면 아무 것도 이룰 수 없고
마음을 안(內)에 두면 이익이 있을진저[118]

리치 자신의 기록에 따르면, 『서금곡의팔장』은 금세 중국의 지식인들 사
이에서 인기를 얻어, 곧바로 인쇄되어 유포되었다고 한다. 이 노래를 듣거
나 시를 읽은 중국의 관료들은 이 시에 나타난 뜻이 지금의 궁정에도 해당

된다며 즐거워했다고 리치는 말했다. 당시의 궁정에는 도덕적으로 개선되어야 할 여지가 있었기 때문이다.[119] 법률에 따라 황제의 가족, 환관, 후궁 말고는 궁정 안에 접근하는 것이 엄격히 금지되어 있었던 관계로, 리치는 판토하의 반주에 맞추어 궁정 악사가 자신이 지은 시를 노래하는 것을 들을 기회가 없었다. 그러나 그는 가사 안에 다양한 언어장치를 준비해 두었다. 이렇게 함으로써 리치는 환관들이—혹시나 후궁들도 환관에게 배워서—자기가 만든 시를 자금성 안 깊숙한 곳에서 노래하는 모습을 떠올리며 흡족해했을 것이다. 이를테면 위에서 인용한 「목동유산」(牧童遊山)의 맨 마지막 연에서 리치는 '밖'의 생활의 결점을 '안'의 세계와 대비하고 있다. 여기서 리치가 사용하고 있는 한자 '內'와 '外'는 중국의 전통적인 정치적·도덕적 사고에 존재하는 대표적인 양극 개념 가운데 하나였다. '밖'과 '안'의 대립은 정신적 상태나 장소의 차이를 나타내는 데 그치지 않는다. 야만적인 외국인과 중화(中華)의 백성의 차이, 그리고 궁전 바깥의 세계와 궁전 안쪽에 감춰진 세계의 대립도 나타낼 수 있다. 따라서 시의 마지막 행에 나오는 '利'가 이익의 뜻인 동시에, 리치가 자신의 중국 이름 '利瑪竇'에 사용한 글자이기도 한 이상, 누군가가 궁정 안에서 "마음을 안에 두면 이익이 있을진저"(居內有利矣)라고 노래할 때 그 사람은 "궁정 안에 머무는 사람 중에 리치도 있다네"(居內有利矣)라고 노래하는 셈이 되기도 한다. 물론 그것은 아직 실현되지 않고 있었지만, 궁극적으로는 궁정에 들어가는 것이 리치의 희망이었다. 애타게 기다리고 있는 동안에도 리치의 꿈은 들을 수 없는 노랫소리를 타고 조용한 저녁 창공을 향해 날아 오르고 있었다.

7장 세번째 그림 : 소돔의 남자들

Genesis xix
Sodomitæ in Loth ædes ingressus,
cæcitate percutitur
his obstructis a Domino, ne eas invenirent
Crispin van de Passe fecit
et excudit

리치는 청다웨의 『정씨묵원』에 실을 세번째 그림으로, 안트베르펜 사람 크리스펜 데 파스의 연작에서 한 장을 선택했다. 파스의 연작은 구약성서에 나오는 롯의 일생을 그린 4장의 판화였다. 첫번째 그림은 소돔의 죄를 들은 하느님이 소돔을 멸하겠다고 선언하는 장면이고, 두번째는 롯의 집에 밀고 들어가 거기에 숨어 있는 두 사람(사실은 천사들이다)을 능욕하려고 하는 소돔의 남자들이 앞을 못 보게 되는 장면이다. 세번째 그림에는 롯이 천사의 보호를 받으며 아내와 두 딸을 데리고 소돔을 빠져 나간 직후, 소돔이 멸망하고, 하느님의 말씀을 어기고 뒤를 돌아본 롯의 아내가 소금기둥이 되는 장면이 나오고, 네번째 그림에서는 두 딸이 롯에게 술을 먹여 곯아떨어지게 하고는 아버지와 잠자리를 같이하여 자손이 끊기지 않게 하는 장면이 그려져 있다.[1]

리치는 중국인에게 소돔의 죄와 「창세기」 19장 24∼25절에 "야훼께서 손수 하늘에서 유황불을 소돔과 고모라에 퍼부으시어 거기에 있는 도시들과 사람과 땅에 돋아난 푸성귀까지 모조리 태워 버리셨다"고 기록되어 있는 소돔의 운명을 가르치려고 했다. 그러나 여기서도 물에 빠진 성 베드로의 경우처럼 약간의 문제가 있었다. 네 장의 그림 가운데 리치의 의도에 딱 들어맞는 그림이 없었던 것이다. 결국 리치는 파스의 연작 가운데 두번째 판화를 골랐다. 사건이 일어났던 순간의 혼란이 가장 잘 묘사되어 있었기 때문이다. 한 천사가 손을 뻗어 소돔 남자들의 눈을 멀게 하고, 그 옆에서 롯은 두 손을 모아 소돔의 남자들에게 그만두라고 애원하고 있다. 소돔의 남자들 중에는 땅바닥에 쓰러진 자가 있는가 하면, 아직도 천사를 붙잡으려고 손을 뻗는 자도 있다. 그 위쪽에 그려진 배경에는 그들이 자랑하는 소돔의 탑이 나란히 서 있다. 이야기하려는 요점을 확실히 하고자, 리치는 소

돔의 이야기에 성서의 기록에서는 볼 수 없는 점까지 자세히 설명했다. 첫 번째 그림(이 책의 88쪽)이나 두번째 그림(이 책의 172쪽)에서는 갈릴래아 호수나 엠마오라는 이름을 중국어로 바꾸지 않았지만, 이 그림에서는 가장 발음이 흡사한 한자를 붙여 '쒀둬마'(鎖多麻, 이것은 Sodom의 이탈리아식 표기인 Sodoma를 음역한 것이다—옮긴이)라고 기록하여, 중국인이 훗날 예수회 신부들과 토론할 때 말뜻을 분명히 알게 했다. 리치가 '쒀둬마'의 마지막 음절에 자신의 중국 이름에 쓴 '마'(瑪)와 전혀 다른 한자(麻)를 할당한 것은 어쩌면 당연한 일이다. 그는 「타락한 음욕과 비열함이 스스로에게 하늘의 불을 내리게 했다」는 제목을 붙이고, 다음과 같은 해설을 적었다.

먼 옛날, 쒀둬마(鎖多麻) 사람들은 타락한 음욕에 사로잡혔기 때문에 천주께서 그들에게 등을 돌리셨다. 그들 가운데 뤄스(落氏, 롯)라는 고결한 사람이 살고 있었기에, 천주께서는 천사를 보내시어 [뤄스에게] 그 도시를 떠나 산으로 가게 하셨다. 그리고 하늘에서 거대한 불이 퍼부어 모든 것을 살라 버렸고, 사람과 짐승과 벌레까지 전부 태워 버려서 아무 것도 남지 않았다. 심지어 나무와 바위까지도 재로 변해서 땅에 묻혔다. 이때 호수가 되어 버린 곳에서는 지금도 고약한 냄새가 나는 물이 흘러 나와서, 상제(上帝)께서 자연의 섭리를 거스르는 음욕과 도착된 성욕을 얼마나 증오하시는지를 증언해 주고 있다.

뤄스는 도리에 어긋난 행동을 하지 않고 홀로 고결함을 지켜서 하늘이 그에게 복을 내려 주었다. 대다수 사람들은 선이 눈앞에서 행해지고 있으면 선을 따를 수 있다. 그러나 자연의 섭리를 거스르는 풍습 속에서 깨끗하고 올바르게 사는 일이야말로 진정 보기 드문 용기라고 해야 할 것이다. 현자(賢者)는 선한 풍습 속에 있으면 행복하니, 그것으로 자신을 단련시키기 때문이다. 사악한 풍습 속에서도 행복하니, 악습을 자신의 인격을 갈고 닦는 숫돌로 삼기 때문이다. 어떤 환경에서도 현자는 자기 자신을 다룰 수 있는 것이다.[2]

위의 리치의 글을 옆에 두면, 이 그림은 데 파스가 의도한 것보다 훨씬 더 큰 효과를 발휘할 것이다. 리치의 해설에 따라 그림을 보면, 그려진 인물의 얼굴에 눈길이 가 닿는다. 먹구름이 낀 창공에 선명히 새겨진 높은 돔이나 탑이 하늘에서 쏟아지는 불로 파괴되는 장면을 상상할 수 있다. 광장에 물이 흘러 들어 악취를 풍기는 호수가 되어, 그 호수가 영원히 세상에 남는 광경도 눈에 떠오른다. 어느 것이나 강렬한 인상을 줄 것임에 틀림없다. 게다가 이 그림에는 롯과 한 천사만 등장할 뿐, 롯의 아내와 딸의 모습은 그려져 있지 않기 때문에, 이러저러한 골치 아픈 주석을 추가할 필요가 없었다. 왜 롯의 아내는 소금기둥이 되었는지? 왜 두 딸은 아버지와 잠자리를 함께 했는지? 이러한 문제에 대한 설명을 은근 슬쩍 피할 수 있었던 것이다.

1559년 8월, 교황 바울로 4세가 83세로 세상을 떠나자 로마는 폭동과 축제분위기에 휩싸였다. 군중들은 멋진 종교재판소 건물로 몰려들어 내부를 박살내고, 재판기록을 파괴하고, 수감되어 있던 죄수들을 모조리 풀어주었으며, 마지막에는 건물에 불을 질렀다. 카피톨리움 언덕에 세운 지 얼마 안된 당당한 바울로 4세의 동상도 땅바닥에 처박혔다. 길가에 널부러진 동상 머리에 누군가가 조롱의 의미로 노란 모자를 씌웠다. 이 모자는 바울로 4세가 로마 시내의 유대인에게 쓰고 다니라고 명령했던 것과 똑같은 것이었다. 또 누군가가 그 거대한 동상을 질질 끌고 가서 테베레 강에 처넣었다. 교황의 시신은 한밤중에 아주 은밀하게 성 베드로 대성당의 지하무덤에 '되도록 깊이' 묻혔으며, 경비병들이 무덤을 지켰다. 대성당 바깥에서는 수많은 행상이 거리에 나와서 죽은 교황과 악명 높은 그의 세 조카—카라파(Carafa) 형제—들을 비난하는 풍자로 가득 찬 시문을 팔고 다녔다.[3]

아이러니컬하게도 세상을 떠남과 동시에 이런 반응을 불러일으킨 바울로 4세는 교회개혁에 정열을 쏟은 헌신적 인물로 경건하고 강직한 생애를 보냈다. 그러나 개혁정책을 수행하던 중에 사방에 적을 만들었던 것은 사실이다. 바울로 4세는 줄곧 스페인을 적대시했고, 펠리페 2세가 영유권을 주장하는데도 강제로 나폴리 왕국을 스페인의 손에서 탈환하려고 했다. 그것이 원인이 되어 알바 공이 이끄는 스페인 군이 로마의 성문으로 밀어닥치고, 한편으로는 프랑스가 스페인의 움직임에 반발해서 간섭을 결의했기 때문에 기즈 공이 이끄는 프랑스 군이 마체라타 거리를 활보하는 결과를 낳았다. 바울로 4세는 도덕이란 미명 아래 모든 공중의 오락을 억압하는 무자비한 정책을 실시했다. 바티칸 구내에서 정부(情婦)를 데리고 다니는 남자는 체포해서 갤리선에 보내 노역을 시켰다. 또 사냥을 금지하고 춤추는 것조차 전면적으로 금지했다. 그래서 이런 정책이 시행되고 한 해가 지난 뒤, 당대의 어떤 사람은 로마가 "사순절(부활주일 전 40일 동안 금식하며 속죄하는 기간—옮긴이)을 보내는 것 같다"는 기록을 남겼다.[4] 한편 바울로 4세는 로마와 안코나의 유대인을 가혹하게 탄압했다. 유대인 정부(情婦)를 둔 그리스도 교도를 체포하고, 유대인을 특정 거주지구로 강제이주시켰다. 유대인이 그리스도 교도와 식량을 사고 팔거나 유대인 의사가 그리스도 교도의 병을 치료하는 행위도 금지했다. 아울러 유대인에게 교황령 내에 있는 소유 토지의 태반을 강제 매각하게 해서 약 50만 두카트에 달하는 교회용 토지를 염출했다. 하지만 원래 이 금액은 실제 가격의 거의 5분의 1에 불과했다. 또한 바울로 4세는 매주 목요일에 열리는 종교재판소의 중요 회의에 꼭 참석하고, 이전에는 결코 볼 수 없었던 권한을 재판관들에게 주었다. 이를테면 이단의 죄나 잘못된 교의를 신봉한 죄뿐 아니라 성적 방탕도 심문할 수 있는 권한을 주었다. 여성에게 매춘을 시킨 자나 주선한 자는 체포되었다. 비역질을 했다고 판결받은 자는 사형을 당하거나 공개 화형에 처해졌다.[5] 그러나 성적 방탕과 관련해서 로마 시민들을 의아하게 했던 것은 막강한 권력을 지닌 교황의 세 조카들 가운데 한 명인 카를로 카라파 추기경이 악명 높은 엽색가였다는 사실이다. 카라파는 상상을 초월할 만큼 사치스러운 생활을 하고, 사냥이나 도박에 정신이 팔려 있었을 뿐 아니라 이른바 양성애(兩性愛)를 하는 인물이었다. 카라파의 애인이 여자만이 아니라는 것은 당시에는 누구나 다 아는 사실이었다. 이것을 모르는 사람은 교황 한 사람뿐이었다. 이 무렵 로마에 머물렀던 프랑스의 위대한 시인 조아셍 뒤 벨레는 추기경의 소년 애인을 조롱하는 시를 지었다. 오비디우스의 연애시와 텍스토르(Textor)의 가니메데스(Ganymedes, 그리스 신화에 나오는 미소년으로, 제우스가 올림포스로 데려가 술시중을 들게 함—옮긴이)에 대한 묘사를 연상시키는 이 시는 그래도 당시에 떠돌던 추기경을 모욕하는 작품들 가운데 가장 고상한 것이었다. 카를로 카라파는 삼촌의 뒤를 이은 비오 4세에 의해 1560년에 교수형에 처해졌다. 사형 집행인이 목을 감아 끌어당긴 밧줄이 의식을 잃어갈 때 연거푸 두 번이나 끊어지는 바람에 그는 끔찍한 고통 속에서 죽어 갔다.[6]

로마에서 이런 일이 벌어지고 있을 때 마체라타에 살았던 리치는 아직 어린아이에 불과했다. 기껏해야 여행자들의 이야기나 강론에서 듣는 것 외에는 이런 사건들에 대해 거의 알지 못했을 것이다. 하지만 설령 하찮은 지식이긴 해도, 이런 류의 이야기에는 보편적인 교훈이 담겨 있었다. 권력에는 반드시 약점이 따라다닌다는 것, 도덕이란 이름으로 자행되는 비난과 인습적인 규범에 대한 대중의 멸시 사이에 실은 공통점이 있다는 것 등을 이야기해 주기 때문이다. 이 교훈은, 예컨대 구약성서의 「이사야서」에 나오는 견해와 정확히 일치한다. 「이사야서」에 따르면 소돔의 비극은 지상 전체의 운명에 대한 비유이며, 그 비극은 진노한 하느님에 의해 늘 반복되는 것이라고 한다. 예언자 이사야에게 비참한 지경의 걸인, 발목에 단 방울을 딸랑거리며 걷는 화려한 의상의 여인, 정부(情婦), 만취하여 오바이트 하는 남자, 내시 등은 모두 바빌론의 세계를 상징했다. 바빌론은 그 자체가 멸망하는 것과 같은 속도로 다른 도시들을 멸망시켜 버릴지도 모른다. 또한 비역은 우상숭배 때문에 내려진 벌이며, 비역에는 불과 유황의 벌이 내려진다. 그래서 이사야는 선한 히즈키야 왕에게 울부짖는다. "너에게서 태어날 너의 친아들 중 더러는 바빌론 왕궁으로 끌려가 내시가 되리라."[7]

리치가 당시의 도시들에서 사치와 가난과 악행이 큰 힘을 발휘하고 있음을 어렴풋이 느꼈던 것은 풍문이나 성서에 나오는 예언자들의 말을 통해서만은 아니다. 리치의 유년기에 마체라타는 수많은 추문으로 가득 찼다. 치정에 얽힌 살인사건이나 사생아로 불거진 사회문제가 연이어 발생했다.[8] 1570년대 마체라타는 매춘부 거주지역에 대한 논쟁으로 술렁거렸다. 매춘부들을 어디에 살게 할까? 한 곳에 모아 버릴까? 만일 그렇게 한다면 어디로 모아야 할까? 도시의 원로들이 어떤 결정을 내리든 예상대로 지정된 지역의 주민들로부터 반대의 목소리가 들끓었다.[9]

당시 어느 도시에서나 볼 수 있었듯이 로마에서도 인간의 고귀함과 타락을 반영하는 다양한 현상이 발견되었다. 신앙심이 깊은 사람일수록 오히려 그런 현상을 목격할 기회가 많았을지도 모른다. 왜냐하면 특별한 행사가 거행되는 날이면 거지들이 떼거지로 성당으로 몰려들었기 때문이다. 그레고리 마틴은 "거리 양쪽에 너무나 초라한 사람들이 수없이 줄을 지어 늘어서 있다. 이런 광경은 본 적이 없다"고 쓰고 있다. 마틴이 들은 바에 따르면, 절름발이·미치광이·소경·벙어리·귀머거리 들 중에는 도시의 자선 병원에서 보호받는 것보다 노숙하면서 성당에 오고 가는 사람들에게서 적선을 받는 편이 낫다고 생각하는 사람이 많았다고 한다. 교황 비오 4세로부터 하루 생활비조로 동화(銅貨) 7닢을 받는 것보다 행인들에게서 적선을 받는 편이 더 짭짤했던 것이다.[10] 이런 거지에 대해 교황이 가진 지식은 리치와 엇비슷했을 것이다. 두 사람 모두 거지의 실체에 대해서는 아는 것이 전혀 없었다. 대부분의 거지는 그들의 세계에서 왕초 노릇을 하는 자들에 의해 치밀하게 조직되어 19개 정도의 하부조직이나 '전문'(specialties)으로 나뉘어 있었고, 일반인의 동정심을 최대한 유발시키고자 어떻게 하면 병자나 불구자, 튀르크와의 전쟁에서 퇴역한 군인, 또는 귀신 들린 사람처럼 보일지를 치밀하게 교육받았다.[11] 그러나 교황도 리치도 끊임없이 로마에 따라붙는 사회적 빈곤의 또 다른 측면에 대해서는 잘 알고 있었을 것이다. 그것은 찢어지게 가난한 사람이나 매춘부가 생각 없이 낳아서 버리는 아이들의 문제이다. 버려진 아이들이 장사진을 이룬 광경은 로마 사람들에게 충격으로 다가와 그들의 양심을 찔렀다. 성인의 축제일이 되면, 간혹 넉넉잡아 400명이 넘는 버려진 아이들이 관례적으로 긴 줄을 지어 특정 성당으로 행진하며, 그때까지 자신이 받은 시혜에 감사를 표시했기 때문이다. 이냐시오 데 로욜라는 특히 이런 아이들의 운명을 깊이 우려하여, 버려진 아이들을 양육하는 자선재단 창설에 도움을 주었다.[12]

16세기 후반, 로마에는 600명에서 900명 가량의 매춘부가 등록되어 있고, 1두카트에서 12두카트에 몸을 팔고 있었다. 그러나 기근이라도 들면 더 많은 여성들이 훨씬 싼값에 매춘을 하며 생계를 이어가야 했다. 장소를 제공한다든가 여자를 주선한다든가 손님의 시중을 들면서 매춘에 관계된 사람의 수는 대략 그 10배에 달했을 것이다. 로마 전체 인구가 10만 명밖에 안됐는데도 그 정도였다. 교황은 매춘을 로마의 한구석에서만 할 수 있도록 제한하려 했지만 번번이 실패했다. 그도 그럴 것이 만약 매춘부들이 단합해서 일시에 예금을 인출해 버리면 큰 은행이 지급불능에 빠져 도산할 지경이었기 때문이다.[13]

사회적 착취와 빈곤을 어떻게 보는가 하는 문제는 본디 보는 시각에 따라 달라지게 마련이다. 그레고리 마틴은 1567년에 교황이 매춘부들을 도시 밖으로 쫓아내려 했다가 실패한 일을 잘 알고 있었지만, 1570년대에 로마에서 매춘이 엄격히 제한되고 있었던 것에 감명을 받았다. 마틴은 매춘부들이 로마의 특정구역에 갇혀 "법률과 시의 조례에 제약을 받고 있기 때문에 추접스러운 생활에 위안이 되는 것은 거의 없었다"고 썼다. 매춘부들은 얼굴에 짧은 베일을 쓰고 특별한 옷을 입어야 했고, 유언장을 작성할 권리도 그리스도교식 장례를 치를 권리도 마차를 탈 권리도 박탈당했기 때문에 늘 굴욕 속에서 나날을 보내야 했다.[14] 그런데 1581년에 로마를 여행한 몽테뉴는 어디에나 매춘부가 있다는 데 놀라고 있다. 몽테뉴에 의하면, 마차를 타거나 어슬렁어슬렁 거리를 걸으면서 매춘부들을 구경하는 것이 로마 시민의 흔한 오락거리였다고 한다. 매춘부들은 창가나 발코니에 나와 교태를 부리고 있었다. 그들의 "유혹술은 대단해서 어쩌면 그렇게도 잘 남자의 눈을 자극하는지 종종 놀라는 때가 있다. 그리고 나도 모르게 충동에 이끌려 말에서 내리고 문이 열리는 순간 여자들이 실제보다도 훨씬 아름다워 보였다는 것을 깨닫고 놀란 적도 한두 번이 아니다." 로마의 남자 중에는 마차의 지붕에 특별히 구멍을 뚫어 놓고 매춘부를 구경하는 사람도 있었다. 어떤 로마의 설교가는 이것은 일종의 '천문 관측'이며, "마차를 천문 관측기로 삼고 있다"고 표현했다고 한다. 물론 몽테뉴는 이 말의 속뜻을 알고 있었다.[15]

리치가 이런 로마의 상황을 두 눈 뜨고 바라보았든 외면했든 간에 1577년부터 1578년에 머물렀던 리스본은 로마 이상으로 사회의 치부가 눈에 띈 도시였을 것이다. 리스본에서는 거지나 매춘부는 말할 것도 없고, 노예무역이 성행했다. 국제무역 도시 리스본은 해외에 산재한 포르투갈 제국의 근거지였고, 토박이 상인, 동인도 제국(諸國)이나 브라질로 떠나는 노동자, 항해 중에 사망한 선원들의 미망인, 척박한 토지에서 도망쳐 온 가난한 농부나 그들의 아이들이 뒤섞여서 살아가고 있었다.[16] 1578년 리스본에 머물렀던 피렌체 상인 필리포 사세티에 따르면, 도시가 온통 노예 천지였다고 한다. 수적으로는 흑인 노예가 가장 많았고, 소수이긴 하지만 중국인이나 일본인도 있었다. 길거리에서는 노예 중개인으로 보이는 사람이 팔기 전에 가격을 매기기 위해 노예를 달려 보게 하거나 껑충 뛰어 보게 한다든가 입을 벌리게 해서 이빨을 조사하고 있었다. 노예는 한 명당 30~60두카트에 거래되었다.[17] 리스본과 마찬가지로 고아에서도 일반 사회에서 버림받은 사람들이 있었지만, 거기에 새로운 요소가 첨가되어 있었다. 유럽인과 중국인이나 인도인 사이에서 태어난 혼혈아이다. 이 혼혈아들은 아이를 유괴해서 매매하는 서글픈 거래의 결과로 태어난 경우가 많았다. 어린이 매매는 포르투갈인이 마카오에서 앞다투어 시작한 장사로 중국인 좀도둑들이 나서서 이들을 돕고 있었다.[18]

예수회원도 고아에서 노예를 부렸다. 고아는 백인이 어떤 육체노동도 하지 않는 사회였다. 마카오에서도 노예를 부리는 것은 예사로운 일이었고, 노예는 일반 자유민보다 5배 정도가 많았다.[19] 리치는 『전교사』에서 중국으로 도망친 노예를 마카오의 포르투갈 영내로 돌아오게 하는 데 자신이 적극적인 역할을 했다는 사실을 상당히 분명하게 말하고 있다. 그리고 그 자신이 적어도 중국에서 전교활동을 시작한 처음의 몇 년 동안 흑인 노예—'인도 출신의 흑인 여성'(gente negra dell'India)과 '새까만 카피르인'(cafro assai negro)—를 부렸고, 그들에게 예수회 사제관의 가삿일이나 경비일을 맡겼다.[20] 그 밖에도 리치가 중국어에 숙달될 때까지 통역을 맡았던 흑인이 여럿 있었다. 이 흑인들은 마카오에 사는 중국인과 흑인 노예 사이에서 태어난 사람이었는지도 모른다. 그런 가정의 아이들은 그리스도 교도로 자라나 중국어와 포르투갈어를 다 할 수 있었기 때문에 통역자로서 안성맞춤이었다. 언제부터인지 리치는 중국인이 흑인을 무서워한다는 것을 깨달았다. 이후 리치의 전교활동에서 흑인에 대한 언급은 보이지 않는다. 아마 리치는 중국어 실력이 나아지면서 흑인 대신 중국인 하인을 통역으로 썼을 것이다.[21]

중국인이 끊임없이 노예로 해외에 팔려 나간다는 사실은 리치도 잘 알고 있었다. 하지만 이 문제에 대해서 리치는 도덕적인 판단을 내리지는 않는다. 단지 그는 이런 거래가 중국인을 개종시키기 위해 하느님께서 사용하시는 하나의 수단일지도 모른다고 기술하고 있을 뿐이다. 중국인이 스페인인이나 포르투갈인에게 팔려 갔다가 주인이나 그 지역의 사제에 의해서 개종되는 일이 있었다.[22] 해외에서 매매되고 있던 중국인 가운데는 원래 노예가 아닌데 중국 동남부에서 납치되어 외국인 노예 중개인에게 팔린 사람들도 다수 섞여 있었다. 매매가격은 놀라울 만큼 일정한 수준을 유지하였는데, 남녀 불문하고 1인당 15～20두카트에 거래되었다. 노예 중에는 지식인 가정 출신자도 있어서, 포르투갈인 역사가의 비서나 군인의 참모가 되어 생애를 마친 경우도 있었다. 1595년 고아 총독은 중국인을 노예로 매매한 죄가 밝혀진 포르투갈인에게는 1천 두카트라는 엄청난 벌금을 부과하기로 결정했다. 그래도 거래는 사라지지 않고 계속되었다.[23]

리치는 중국에서 노예 매매에 대한 책임의 대부분은 중국인 자신에게 있다고 보았으며, 중국의 어딜 가나 노예 매매가 만연한 원인을 중국인의 성격상의 결함과 결부지어 생각했다. 성격상의 결함이란 이를테면 육욕과 소심함이 결합해 있는 듯한 점이었다.[24] 이런 입장을 취한 리치는 중국 사회 일반에 대한 견해에서도 같은 시각을 적용하고 있었다. 리치는 이따금

무비판적으로 중국을 칭송하기도 했지만, 실제로는 어떤 의미에서도 맹목적인 중국 숭배자는 아니었다. 리치는 중국과 중국 정부를 어떻게 평가할지에 대해 마음속의 두 가지 모순되는 생각으로 상당히 찢겨져 있었다. 무언가 통일된 입장에 도달했던 적은 한번도 없다. 단지 양립시키기 어려운 두 가지 평가를 그대로 드러내 보이는 데 그치고 있다. 리치는 그 틈에서 대립하는 두 견해는 어느 것이나 사실에 가깝다고 생각했음에 틀림없다.

중국의 긍정적인 면을 보면, 리치는 많은 점에 내해서 무조선석으로 감탄을 표하고 유럽보다 낫다고 평가하기까지 했다. 중국의 지리적 크기와 다양성, 중국에서 수확되는 수많은 곡물들(그가 중국에 없다고 판단한 것은 겨우 올리브와 아몬드뿐이었다), 시장에 내다 팔기 위해 작고 아름답게 가꾼 채소밭, 꽃을 좋아하는 마음, 장시 성에서 생산하는 "세상에서 가장 훌륭하고 아름다운" 자기(磁器), 석탄을 요리와 난방에 이용하는 독창적인 방법, 고대 청동기에 대한 감식안, 수묵화, 서예, 세련되고 값싼 중국의 인쇄물 등이 리치가 칭송을 마다하지 않은 것들이었다.[25] 리치는 유교의 도덕 체계에 대해서도 호의를 갖고, 이상적이라고까지 말할 정도로 높이 평가하고 있다. 그도 그럴 것이 가톨릭 교회의 상부에 중국인이 원래 그리스도교로 개종할 소질을 다분히 갖고 있다는 것을 증명하고자 했기 때문이다. 리치가 내린 결론에 의하면, 중국인의 장례식과 제사는 미신이 아니며, 문관들이 행하는 공자에 대한 제사도 비록 향을 피우고 동물을 제물로 바치긴 해도 종교적 의미와 연관지을 수는 없다고 한다. 유교를 신봉하는 사람은 특정한 신학적 신조를 따르는 신앙인이라기보다는 학술단체의 회원 같은 것이다. 분명히 중국인은 범신론(汎神論)적인 우주관을 지니고 있고, 부자들은 일부다처의 악습에 물들어 있다. 그러나 그런 것은 차치하고서라도 불교나 도교를 경계하기만 하면 중국인은 "그리스도교로 개종할 가능성이 충분히 있다. 유교 도덕의 본질에는 가톨릭 신앙의 본질을 거스르는 듯한 가르침이 하나도 없기 때문이다. 반대로 가톨릭 신앙이 어떤 점에서건 유교 도덕에 저촉되는 것도 있을 수 없다. 오히려 가톨릭 신앙은 유교 경전이 목표로 삼는 국가의 안위와 평화 달성에 기여할 것이다."[26]

중국인은 이런 도덕적 목표의 달성을 촉진하기 위해 감찰관원들의 감독을 받는 집약적인 관료제를 시행했다. 리치는 이 어사들을 고대의 도시국가 스파르타에서 권력의 전횡을 감시했던 5명의 민선행정 감독관에 견주었다. 따라서 황제가 막강한 권력을 지니고 있었음에도 불구하고, 중국에는 "공화정의 요소가 많다." 왜냐하면 황제는 고관의 건의가 없으면 활동할 수 없고, 그 고관들이 세금과 수수료에서 생기는 은 1억 5천만 냥의 엄청난 세입의 용도에 대해서 최종 결정권을 쥐고 있었기 때문이다.[27] 종교면에서도 중국인은 자신의 신들을 '상스러운 행동'으로 대하는 일이 거의 없다. 로마인·그리스인·이집트인은 불경한 태도를 보이는 경우가 적지 않다. 그래서 리치가 "유럽에 알려져 있는 이교도 중에서 이토록 종교적인 문제에 대해서 잘못이 거의 없는 이교도는 없다"고 말한 것도 이해할 수 있다.[28]

그러나 부정적인 면이 있었던 것도 사실이다. 이상적인 정원에도 사악한 뱀이 숨어 있게 마련이다. 리치는 『전교사』의 중반부에서 이 점을 확실히 지적하고 있다. 그것은 처음 사오저우를 방문했을 때 안내받은 시 외곽의 절에 대해서 기술한 부분에서 볼 수 있다. 리치는 그곳을 상당히 수사학적인 표현으로 묘사했다.

> 거기에는 평탄한 계곡 하나가 자리하고 있었다. 계곡의 가장자리와 양 옆은 그다지 높지 않은 산들로 둘러싸이고, 과일나무나 자태가 아름다운 수목이 무성하여 1년 내내 녹음이 짙었다. 땅에는 벼나 채소가 심어져 있고, 결코 마른 적이 없는 계곡 물로 관개를 했다. 계류는 계곡의 한복판을 지나 저편의 푸른 산을 향해 흘러간다. 산의 모든 것을 흠뻑 적셔 주는 깨끗한 물줄기다.[29]

그런데 이 틀림없이 중국의 에덴동산이라 할 수 있는 아름다운 땅에는 800년 전 자신의 살을 잘라서 구더기에게 먹여 금욕주의를 조롱했던(리치의 눈에는 그렇게 보였다) 한 승려를 기리는 절이 세워져 있었다. 리치가 방문했을 당시, 절에 사는 승려들은 그런 뒤틀린 신앙심을 이해할 능력조차 상실한 채 서정미 넘치는 풍광과 극단적인 대조를 이루고 있었다. "승려들은 완전히 방탕한 생활에 젖어 있었다. 다수가 계율을 어기고 처자식을 거느리고 있었을 뿐 아니라 강도질을 하는가 하면 근처를 지나가는 여행자들을 죽이기까지 했다."[30] 이것은 중국 전체에 비일비재한 일이었다. 중국의 민중과 지배층은 순수함을 부분적으로 잃어버리긴 했지만, 그런대로 고귀했던 상태에서 부정과 탐욕이 교차하는 수렁으로 점점 끌려 들어가고 있었다. 끔찍한 형벌이 일상의 다반사가 되었고, 도적이 들끓는 땅에서는 경비원을 감시하는 경비원이 필요한 형국이었다. 중국인의 일견 훌륭해 보이는 예의바름에는 또 다른 일면이 감춰져 있다. 그것은 고향 사람도, 친구도, 친척도, 자기 자식조차도 믿지 못하는, 결코 남을 신뢰하지 않는 사회정서다. 경제생활도 파산으로 치닫고 있었다. 시장에 나오는 상품에는 언제나 예외 없이 두 가지 가격이 붙었다. "하나는 그 지방 사람들을 위한 것이고, 또 하나는 관리들을 위한 훨씬 싼 것"이었다. "어느 땅이나 엄청난 수의 관리가 있는데," 그들은 직인이나 상인들에게서 원하는 것은 무엇이든 이런 엉터리 가격으로 손에 넣었다. 자연히 수많은 정직한 노동자들은 도망을 치지 않을 수 없었다.[31]

리치는 중국에 도착한 직후인 1585년 11월, 로마 대학에서 함께 공부한 친구 줄리오 풀리가티에게 보낸 편지에서 일반 민중이 일상에서 느끼는 지배자들에 대한 공포를 묘사했다. 이 편지에는 중국의 관리는 로마의 교황 버금가는 화려함과 위세로 사람을 만나지만, 황제는 아시리아의 폭군 사르다나팔루스처럼 궁전에서 처첩(妻妾), 환관, 지저귀는 작은 새, 꽃나무 등에 둘러싸여 있어서 겉으로는 지엄해 보이지만 실은 비참한 생활을 하고 있다고 적고 있다.[32] 훗날 리치는 이 점에 대해서 더욱 깊이 관찰하여 황제는 어떤 재난이 닥치지 않을까 하는 두려움에 사로잡혀 조신(朝臣)도 접견하지 않고, 궁전에서 한 발짝도 나가려고 하지 않는다고 말하고 있다. 외출을 하더라도 똑같이 생긴 가마를 여러 대 대동시켜 그 중 하나에 몰래 타 자신이 어느 가마에 있는지 알지 못하게 했다. 황제는 자기의 영토에 산다

기보다는 "마치 자신의 생명을 노리는 최대의 적국에 사는 것처럼" 보여서 "지옥이란 이런 것이 아닐까 하는 생각마저 들" 지경이었다.[33]

리치에게 지옥이란 이런 것이 아닐까 하는 생각이 들게 한 황제의 생활은 많은 요소로 이루어져 있었다. 그 하나는 리치가 장황하게 기술한, 광대한 생활공간이다. 1602년 리치는 자금성에 들어가 황제가 없는 옥좌 앞에 엎드렸다. 리치의 기록에 따르면, 자금성의 안뜰은 3만 명을 수용할 수 있을 정도의 크기고, 황제가 소유한 여러 마리의 코끼리, 3천 명이나 되는 호위병, 거대한 성벽 등 모든 것이 위엄과 권력을 더해 주었다고 한다.[34] 리치는『전교사』와 편지 양쪽 모두에서, 궁전 재건을 위해 중국 남부에서 수로로 운반해 온 목재의 크기에 경탄을 표하고 있다. 그것은 거대한 삼나무 목재로 베이징에 도착했을 때는 가격이 대략 1천~3천 두카트가 되었다. 또한 리치는 예수회 사제관 문 앞에 서서 궁전의 주춧돌로 쓰일 돌이 노새 100마리가 끄는 거대한 수레에 실려 덜컹거리며 운반되는 것을 본 적이 있다. 사람들의 말로는 아주 가까운 채석장에서 나온 것들이라지만, 돌 하나에 1천 두카트나 된다는 것이었다. 한편 궁전 건물 자체는 대략 300만 금(金)은 나갈 것이라고 추산했다. 당시 돈으로 환산하면 약 3천만 두카트를 넘는 금액이었을 것이다.[35]

명나라 역대 황제들의 능은 베이징의 서북쪽에 있고 산으로 둘러싸여 있는데, 그 중에 만력제의 능은 다른 능보다 훨씬 규모가 커서 돌, 목재, 벽돌, 운송수단 등등 모든 면에서 들어가는 비용이 그 규모만큼이나 엄청났다. 만력제는 그의 나이가 스무 살이 되기도 전에 무덤을 건설하기 시작했고, 이후 무덤이 건설되어 가는 과정을 줄곧 지켜 보았다.[36] 리치와 그의 젊은 음악가 친구인 디에고 판토하는 자신의 무덤을 장대하고 화려하게 짓길 원하는 만력제의 심정을 교묘하게 이용했다. 그것은 만력제가 여러 명의 환관을 시켜 유럽의 관습에 대해서 다양한 질문을 해왔을 때의 일이다. 리치와 판토하는 신중하게 답변을 준비했고, 그 중에서도 왕의 장례에 대한 질문을 받고, 1598년 9월에 있었던 스페인의 펠리페 2세의 죽음과 장례모습을 상세하게 설명했다. 답변서는 또다시 환관의 손을 거쳐 만력제 앞으로 전해졌다. 두 사람은 만력제에게 펠리페 2세의 유해를 넣은 납으로 만든 관(棺)이 나무로 만든 곽(槨)에 수습되어 다시 특별히 지은 성당 안의 석조 분묘에 안치된 과정을 보고했다.[37] 또 두 사람은 만력제에게 「예수의 이름」이라고 알려진 종교화를 바쳤다. 그 그림은 최후의 심판이 내리는 날에 신성 로마 제국의 황제, 교황, 여러 왕과 왕비 등이 천사와 지옥 사이에서 무릎을 꿇고 있는 모습을 묘사하고 있었다. 만력제는 이 그림에 상상력을 자극받아 궁정 소속 화가에게 다시 크게 모사해서 색을 입히라고 명했다. 이 대담한 선물이 좋은 반응을 얻자, 리치와 판토하는 만력제에게 베네치아의 성 마르코 광장과 성당을 그린 큰 그림과 엘 에스코리알에 있는 펠리페 2세의 궁전의 성 로렌소(San Lorenzo) 성당을 자세히 그린 일련의 도판이 들어 있는 책을 헌상하게 되었다. 그런데 두 사람에게는 애석하게도 그 책은 측근 환관이 착복하는 바람에 황제에게 전달되지 않았다.[38] 만력제는 유럽의 통치자들이 높은 건물의 상층에서 사는 경우도 있다는 말을 듣고 크게 소리내어 웃었던 것 같다. 그런 생활은 너무나 어리석은 짓이라고 생각되었을 것이다. 이 반응을 전해 들은 리치는 "인간은 모두 자기가 자란 환경에 머물러 있는 데 만족한다"는 생각을 갖게 되었다.[39] 그러나 어떤 면에서는 독재군주처럼 보이면서도, 다른 면에서는 수많은 제약에 얽매여 있는 만력제의 불가해한 모습이 결국에는 리치에게 큰 영향을 주었다. 리치가 죽음을 맞이할 당시 그보다 젊었던 예수회원 피에르 코통에 대해서 열렬한 찬사를 보내고 있는 사실로 미루어 짐작컨대, 리치는 언젠가 만력제의 고해사제가 되길 진심으로 꿈꾸고 있었던 것 같다. 나바르(Navarre) 공이요 프랑스의 왕이었던 앙리 4세가 다시 가톨릭으로 개종했을 때 코통이 그의 고해사제가 되었던 것처럼.[40]

하지만 리치는 개종시키는 것은 고사하고 황제와 대화를 나눌 기회조차 없었다. 황제와 직접 이야기할 수 있는 사람이 처첩과 환관뿐이며, 환관이 황제의 유일한 중개인 역할을 하는 상황에서는 환관의 권력이 드세질 수밖에 없었다. 궁전 외부에 있는 관리는 황제의 의향을 물을 일이 있어도 황제에게 뭔가를 보고할 일이 있어도 언제든지 환관을 통하지 않으면 안되었다. 리치와 황제가 주고받은 것도 환관의 손을 거쳐서 이루어졌다. 그리고 이러한 상황에 대해서도 리치는 긍정과 부정으로 이분법적 견해를 갖고 있었다. 성서를 주의 깊게 읽은 사람이라면 자연히 그런 견해를 가질 수밖에 없을지도 모른다. 왜냐하면 「다니엘서」 1장 3~4절에 느부갓네살 왕이 수석 환관에게 명하여, 포로가 된 이스라엘인 가운데 "교육을 받아서 막히는 데가 없으며, 무슨 일에나 능숙하고 사리에 밝은" 사람들을 뽑아서 그들에게 바빌론 말과 글을 가르치게 하여 "어전에서 일볼 수 있도록" 했다고 기록되어 있기 때문이다. 우선 긍정적인 면에서 보자. 리치는 베이징의 환관들과 함께 과학에 관련된 일을 했는데, 많은 사례를 통해서 볼 때 리치가 다수의 환관에 대해서 호감을 가졌던 것은 분명하다. 그 중에는 궁정 소속 악사인 네 명의 환관이 있었다. 판토하가 하프시코드를 가르치고, 리치가 자신이 지은 노래를 가르쳤던 사람들이다. 이 밖에도 리치가 1601년에 궁전 시계의 태엽감는 법과 수리법을 가르친 네 명의 환관이나 그 시계를 설치하기 위해 정교한 조각과 장식을 가미한 틀을 리치와 함께 만든 환관들이 있었다. 또한 1608년 초, 황제로부터 느닷없이 자기와 자기 가족에게 큰 세계지도를 보내라는 명령을 받고 리치가 도저히 거절할 수 없는 곤경에 처했을 때, 그를 도와 지도 12매를 모아 준 흠천감(欽天監)의 환관들도 있었다. 이런 환관들을 리치는 '우리의 친구'라고 불렀다. 환관들도 베이징의 예수회 사제관을 '무척 다정하게'(con molto amore) 방문했다.[41]

리치가 정계에서 실질적인 권력을 지닌 여러 명의 환관들과 잘 지냈음을 알려 주는 다른 사례들도 있다. 리치에 따르면 환관 중에는 '하층의 가난한 집안 출신자'가 상당수 있지만, 그들이야말로 만력제를 섬기는 "종이자 상담자이며 친구이기도 하다. 그래서 중국을 지배하는 자는 모두 환관이라고 말할 수 있다"고 한다.[42] 늙은 환관인 펑바오(馮保)는 과대망상증에 귀가 먼 인물이었다. 펑바오는 리치의 베네치아산 유리 프리즘이 갖고 싶어서 1599년 난징에 있는 그의 저택에서 매우 호사스러운 잔치를 마련하여 리치를 접대했다. 또한 1590년대에 중국에서 가장 막강한 권력을 지닌 세도가로 떠오른 인물 중에 마탕이란 환관이 있다. 리치는 고관들에게서 그들도 마탕을 어쩌지 못한다는 충고성 이야기를 들었다. 그 마탕이 1600년 톈진에서 리치를 곡예공연에 초대하여 리치의 눈을 사로잡았다. 요술쟁이가 3개의 큰 칼을 한꺼번에 던지는가 하면, 어떤 곡예사는 여러 개의 큰 도자기 항아리를 두 발 위에서 빙글빙글 돌리고, 도자기로 만든 큰 북이나 큰 나무 탁자도 똑같이 발로 돌렸다. 한 소년 무용수는 모형인형과 함께 상 위에서 팔짝팔짝 뛰면서 재주넘기를 해보였다. 두 명의 살아 있는 사람이 움직이고 있는 것으로 착각할 정도였다. 리치가 인정했듯이, 이런 곡예는 하나같이 '환상적인 볼거리'였다.[43]

이번에는 부정적인 면을 살펴보자. 리치가 중국에 있는 동안 적어도 3번의 중대한 정치적 사건에서 환관들이 주도적인 역할을 담당했다. 세 사건은 모두 리치의 『전교사』에 기록되어 있다. 첫번째 사건은 임진왜란이 끝난 후인 1598~1599년에 일어났다. 베이징의 궁전이 불의의 화재로 일부 소실되는 사고가 일어나자 환관들은 중국의 중부와 남부로 재건 자금을 구하러 내려갔다. 서둘러 자금을 징수하느라 조급해진 환관들은 무차별적으로 민가에 몰려들어가 횡포를 부리고 할당액을 강탈했다. 그 결과 린칭과 쑤저우에서 주민과 육체노동자들의 폭동이 일어났다.[44] 이런 불안과 공포로 가득 찬 정세와 관련해서 리치에게 소식을 전하기 위해 난창에서 난징으로 여행하던 사자(使者)가 강도에게 살해되기도 했다. 그의 시체는 강에 버려졌다.[45]

두번째 사건은 1603년 어떤 익명의 괴문서가 나돈 직후 만력제와 그의 환관들이 일으킨 공포의 물결이었다. 베이징에 나돈 그 괴문서는, 만력제의 애첩을 비난한 다음, 만력제에게 냉대받는 태자를 폐하고 애첩의 자식을 후계자로 앉히려 획책하는 자들을 공격하는 내용을 담고 있었다. 리치는 이 당시에 이루어진 끝없는 체포극을 생생하게 묘사하고, 모든 곳에 출몰하는 밀정(密偵)들, 지식인에 대한 고문, 그리고 영향력 있는 승려 전커(眞可)의 죽음 등을 언급하고 있다. 전커는 대나무 막대로 때리는 태형 30대를 맞고 그만 사망했다. 문제의 괴문서를 작성하는 데 공모했다는 혐의를 잡아 만력제가 태형에 처하라고 명했던 것이다. 전커는 신앙심이 깊은 금욕주의자로서 훌륭한 학자이자 수필가였고 당시 중국을 대표하는 지식인들과 교우관계를 유지하고 있었다. 저 위대한 극작가 탕셴쭈(湯顯祖)도 전커의 친구였다. 전커는 죽을 당시 예순 살이었다. 리치가 전커의 죽음에 덧붙인 단평을 보면, 그가 얼마나 불교를 적대시했는지를 알 수 있다. 리치는 사람들이 전커를 멸시했다고 썼다. 왜냐하면 "전커는 육체 따위는 일고의 가치도 없다고 뽐내고 다녔는데, 매를 맞고 나서 속세의 다른 사람들처럼 큰소리로 울부짖었기 때문이다."[46]

세번째 사건은 환관 가오차이(高寀)가 관련되어 있었다. 가오차이는 만력제에게 무모하기 짝이 없는 건의를 했다. 마닐라에 관리를 파견해서 루손 섬에 금은 광맥이 있다는 소문을 확인하는 것이 어떻겠느냐고 권유했던 것이다. 이리하여 중국인이 필리핀으로 원정을 가게 되었다. 또한 필리핀에 정착하는 중국인 상인이나 직인도 증가했다. 불안을 느낀 스페인 당국은 침략의도가 분명하다고 판단하여, 1603년 마침내 중국인 대학살을 감행했다. 이 학살사건으로 2만 명 가까운 중국인이 생명을 잃었다. 리치의 가장 큰 근심은 중국인이 베이징의 예수회원과 스페인의 중국인 학살을 연관짓지나 않을까 하는 것이었다. 1605년 초 로마에 있는 친구 마셀리에게 보낸 편지에 그 불안감이 드러나 있다. "현재 이곳 궁정에서는 이 사건에 대한 화제가 무성해서, 우리는 혹시 어떤 해를 입지나 않을까 걱정하고 있네. 이 사건이 일어날 때까지 우리는 중국인이 우리가〔스페인인의〕친구라는 것을 눈치채지 못하도록 각별히 조심해 왔기 때문이라네." 하지만 필리핀에 갔던 중국 관리 한 명이 마닐라의 스페인인이 쓴 편지 한 통을 갖고 푸젠 성으로 돌아오자, 이런 가식은 하마터면 들통날 뻔했다. 리치의 편지는 다음과 같이 계속된다.

그 편지는 중국어로 번역되어 베이징으로 전달되었는데, 내용 중에 '천주 1603년'이라는 글자가 있었네. 이것은 내가 교리서에 썼던 것과 똑같은 표현이었지. 하지만 하느님께서 그것을 알아차리지 못하게 하셔서일까, 눈치챈 사람은 바울로 박사뿐이었다네. 난 그에게 다른 사람에겐 절대 말하지 말라고 일러두었다네. 이 밖에도 우리가 스페인인과 같은 종교를 믿고 있다는 사실을 간파하지 못하게 해준 까닭이 있었네. 그것은 중국인이 하느님을 스페인어 디오스(Díos)에 따라 음역했던 것이지. 우리는 포르투갈어 데우스(Deus)를 썼는데 말이야.[47]

베이징의 신부들은 중국인의 눈에 자신들이 스페인인이나 필리핀인과 관련이 없는 깃처럼 보이게 하기 위해 이토록 조심하고 있었다. 그러나 사실이 드러나지 않았던 더 큰 이유는 환관이 한결같이 사리사욕을 취하고, 고관이 제멋대로 영향력을 행사함으로써 행정이 혼란스러웠기 때문일 것이다. 더구나 리치가 위의 편지에서 언급한 '바울로 박사'는 바로 상하이 출신의 학자 쉬광치였다. 그는 리치가 유클리드 기하학을 번역하는 것을 도왔던 그리스도교 개종자였다. 쉬광치는 예수회의 평판을 해칠 것 같은 증거는 한림원 동료에게 가르쳐 주지 않는 편이 좋다는 것을 잘 알고 있었다. 한림원의 일부 학자, 특히 불교 신자들은 그 증거를 얼씨구나 하고 리치를 공격하는 데 이용할 테니까 말이다.

1605년 무렵이 되자 리치는 일단 뇌물을 집어줘 놓으면, 자신에게 불리한 일이 벌어지는 것을 대부분 막을 수 있다고 확신했던 것 같다. 어떤 의미에서 부패가 일종의 보호막이 될 수 있었던 것이다.

황제는 궁전에 있는 환관에게 지나치게 잔인해서 하찮은 이유를 들어 태형을 내리고 죽여 버리는 일도 있다. 따라서 궁전 바깥의 업무에 깊은 관심을 갖는 환관은 한 사람도 없다. 단, 거액의 보수가 약속되는 일이라면 사정이 다르다. 조신(朝臣)들도 똑같은 짓을 하게 되었다. 곧 각 성(省)에서 업무상 궁전에 온 사람에게 돈을 요구한다. 성의 관리들에게 그들이 농촌이나 도시에서 민중들로부터 갈취한 돈의 일부를 상납하게 하는 것이다. 그래서 이 베이징은 바로 혼란스러운 바빌론 그 자체이다. 모든 죄악이 만연하고, 누구에게서도 정의나 경건함은 눈꼽만큼도 찾아 볼 수 없고, 자기를 정화하려는 욕구도 전혀 없다.[48]

놀랍게도 여기서 리치가 사용한 표현은 종교개혁가들이 가톨릭을 공격하고, 부패한 교황을 '바빌론의 매춘부'라고 비판했던 주장과 비슷하다. 리치는 불교를 비난할 때도 '바빌론'이란 말을 반복해서 사용하여 "불경은 난해한 교리가 뒤얽힌 일종의 바빌론이다. 너무나 난해해서 제대로 이해하거나 설명할 수 있는 사람이 없을 정도다"라고 말했다. 리치가 매우 도덕적인 어조로 기록한 바에 따르면, 이 부패한 도시 베이징에 사는 사람들은 '향락을 좇는 유약한 족속'(gente effeminata, deliziosa)이라고 한다.[49]

부유한 사람들과 친했던 리치는 이런 방종한 측면 속에 감춰진 사회적 배경을 잘 알고 있었다. 적어도 그 일부는 스스로 체험하고 있었다. 왜냐하면 리치는 누군가가 관청이나 도시를 떠날 경우 출발에 앞서, 이따금씩 "친구들이 여는 연회에 7~8번이나 참석해서 호의를 받거나 호의에 보답하거나 한다"고 적었기 때문이다. 이것이 그냥 무심코 한 말이 아니라는 것은 리치가 중국의 "술은 맥주와 비슷하지만 그다지 독하지 않다. 만일 과음한다고 해도 그 다음날 아침이면 머리가 맑다"고 말한 것에서 알 수 있다. 실제로 체험한 사람이 아니라면 이토록 상세하게는 쓰지 못한다. 그러나 아무리 마셔도 숙취가 없다는 것은 이상하다. 실제로 리치는 다른 곳에서 이 말이 사실이 아님을 분명히 하고 있다. 그것은 베이징에서 보았던 수많은 취객의 모습을 기록한 문장이다. 베이징 거리에서 "잔뜩 술에 취한 남자들"이 갈지자걸음을 걷고, "넘어져서 땅바닥에 나뒹굴고 끊임없이 욕설을 내뿜거나 상스러운 짓을 한다." 이런 경우 가난한 사람과 관리가 다른 점이 딱 하나 있었다. 관리들은 그들의 직책을 더럽히는 망나니짓을 하더라도 덮개 달린 가마를 타고 집으로 간다는 것이다.[50]

리치는 베이징의 비참함과 가난을 똑똑히 보았다. 그러나 과연 리치가 베이징 거리를 헤매는 부랑자들의 존재를 알고 있었는지는 알 수 없다. 이들은 대개 사회에서 탈락하여 자포자기한 젊은이들이었다. 젊은이들은 부모한테서 이래라저래라 하는 잔소리를 들은 끝에 정신적으로 거세되어 버리고, 관직도 얻지 못한 채 시내를 떠돌면서 지나가는 상인에게 폭행이나 가하는 존재가 되었다.[51] 또한 베이징에서는 부유층이 사용하는 은과 빈민층에서 사용하는 동전의 교환비율이 변하기 쉬웠는데, 리치가 여기서 발생하는 복잡한 문제를 모두 알았는지도 알 수 없다. 이 불안정한 통화정책의 결과 1590년대에는 수천 명의 가난한 사람들이 죽음에 내몰렸다. 구호체계가 운영상의 미숙과 관리의 태만으로 붕괴상태에 있었다고는 해도 역시 통화의 불안정이 요인이었다는 것은 부인할 수 없다.[52] 리치의 친구이자 그리스도교 개종자인 쉬광치는 가난한 사람들의 비참함에 대해 잘 알고 있었다. 그는 리치에게 볏짚과 동물 모피가 가득 쌓인 오래된 창고에 대해 말했는지도 모른다. 겨울이 되면 거지들이 그 창고에 와서 동전 한 닢을 내고 볏짚과 모피 속으로 기어들어가 얼어 죽지 않고 밤을 지샌다고.[53]

그러나 확실한 것은 리치가 과학이나 종교에 대해 논의하기 위해 베이징의 유학자들의 저택을 방문하는 길에 시내 여기저기를 관찰했다는 것이다. 그는 말을 타고 가는 자신의 모습을 대단히 인상적으로 기록해 두었다. 다소라도 여유가 있는 그 지방 사람이라면 모두 그랬듯이, 리치는 검은 베일로 얼굴을 가렸다. 건조한 시기가 되면 베이징을 악몽에 휩싸이게 하는 먼지 폭풍을 피하기 위해서이다. 명사의 집을 그린 약도를 갖고, 빌린 말이나 노새를 타고 시내를 돌면서, 자신의 신원을 숨겨 주는 베일 덕분에 리치는 세심한 주의를 기울여 주위를 살필 수 있었다.[54]

리치는 중국에 대해서 "이 나라는 노예 천지다"라고 말하고 있다. 리치에 의하면, 이런 사태를 초래한 한 가지 원인은 남자들의 성욕에 있다고 한다. "여자 없이는 살 수 없기에 여자를 살 돈이 없는 자들은 부유한 사람에게 자신을 노예로 팔고, 주인은 여자 노예 가운데 한 명을 아내로 준다. 이리하여 그들과 그들의 자식들은 영원히 노예의 몸이 된다." 또한 설령 노예가 아닌 일반 여성과 결혼할 수 있는 돈이 있다 해도 아이까지 부양할 정도의 수입이 안되면, 아이를 2~3두카트에 파는 경우도 있었다. 리치는 통탄하며 "이것은 돼지 한 마리, 늙어빠진 말 한 마리보다 싼 가격이다"라고 적었다. 기근이 아닌 때도 이 정도 가격이 일반적인 시세였다. 기근이 발생하는 경우에는 그 가격의 10분의 1까지 떨어졌다.[55] 리치는 『전교사』의 초고에서 훨씬 깊이 있는 분석을 해두었지만, 17세기 예수회 편집자들이 이 책을 편찬할 때 조심스럽게 이 부분을 삭제해 버렸다. 리치의 관찰에 의하면, 중국인의 성격에는 남자가 성년이 되고 나서 성적 상대를 찾는 것을 기다리지 못할 정도로 음란한 면이 잠재되어 있다고 한다. 리치는 20세가 남자의 성년이라고 생각했지만, 중국의 많은 젊은이들이 14~15세에 첫 아내를 얻었다. 그 결과, "너무 쇠약해져서 그 이후로는 아이를 갖지 못하게 된 사람이 많다." 뿐만 아니라 "주지하다시피 나라 전체가 공창(公娼)으로 가득하다. 이것은 개개의 가정에서 일어나는 간통과는 다른 것이다. 바로 이곳 베이징에서만도 4만 명의 여성이 사람들 앞에서 몸을 판다고 한다. 이 여성들 중에는 스스로 이 일에 뛰어든 사람이 있는가 하면, 아주 몹쓸 경우에는 악랄한 남자에게 팔려 갔다가 몸을 팔아 생활비를 벌어 오라는 남자의 강요에 못 이겨 이 일을 하는 사람도 있다."[56] 명대에 살았던 사람이라면, 적어도 리치가 말한 매춘부의 실태에 대해서 인정하지 않을 수 없었을 것이다. 아무리 작은 마을에도 매춘부가 있고, 큰 도시에는 수천 명의 매춘부가 있었다. 로마와 마찬가지로 베이징에서도 매춘부는 국가에 등록을 하고 세금을 내야 했다. 비록 피렌체처럼 매춘부가 문가에 기대어 손님을 기다리지는 않았지만, 유곽에는 한가운데 경첩이 달린 특수한 문이 있고, 경첩의 위쪽 절반을 열어두기 때문에 지나가는 남자가 안에서 손님을 기다리고 있는 여자를 충분히 들여다볼 수 있었다.[57]

중국의 예수회원들은 성적 부정을 저질렀다는 비난을 받고 당황한 적이 있다. 그것은 자오칭에 거처를 마련하고 나서 몇 년이 지난 뒤의 일이었다. 어떤 중국인 개종자가 그 도시의 어떤 유부녀와 루제리 신부가 간통을 했다고 고발한 것이다. 그 여자의 남편도 아내를 족쳐서 실토를 받아 냈다고 주장했다. 이것은 옛날부터 흔히 있는 공갈협박사건으로서, 루제리는 무사히 누명을 벗을 수 있었다.[58] 니콜라스 롱고바르디(Nicolas Longobardi, 龍華民) 신부도 사오저우에서 간통혐의를 받은 일이 있었다. 그러나 지방관이 롱고바르디 신부와 잠자리를 함께 했다는 여자를 신문하자 여자가 롱고바르디와 관계를 가진 적이 없다고 부정했기 때문에 의심은 풀렸다. 그녀는 고문을 받자 그 지역의 다른 남자들과 정을 통했다고 자백했다.[59] 이런 헛소문을 끊임없이 부추긴 것은 중국인이다. 중국의 예인(藝人)은 작은 마을에 장이 서면 연극을 공연해서 그리스도 교도와 포르투갈인을 조롱했다. 허리에 칼을 차고 손에 묵주를 든 분장으로, 사제들이 거리낌없이 그 지역의 여성과 사귀는 모습을 연기했던 것이다. 이런 연극이 쉽게 환영받도록 한몫 한 것은 예수회원과 개종자들을 공격하는 희화적인 인쇄물이었는데 이것은 꽤나 잘 팔려 나갔다. 이 밖에도 지식인들이 직접 예수회원들을 고소하라고 주장하는 긴 청원서를 빈중들 앞에서 공표하기도 했다.[60]

리치는 전교활동에 악영향을 끼치는 이런 류의 연극을 염두에 두어서인지 중국의 젊은 '남자 배우'를 격렬한 어조로 비난했다. 리치는 젊은 남자 배우는 "중국에서 가장 비열하고 가장 악질"이라고 단정짓고, 많은 남자 배우들이 어렸을 때 주인에게 팔려 가 춤과 노래를 익힌 실태를 기록했다.[61] 그러나 이와는 별도로 리치를 더욱 성나게 한 것은 짙은 화장을 한 젊은 남자 가수의 존재였던 것 같다. 그것은 바로 남성끼리의 동성애 문제이다. 리치는 베이징에 남창(男娼)이 존재한다는 것과 누구나 알 수 있을 만큼 동성애가 유행하고 있다는 것을 알고 크게 분개했다.

중국인의 비참함을 가장 잘 보여주는 것은 자연스런 성욕만으로는 만족하지 못하고 사물의 질서에 역행하는 도착된 욕망으로 가득 차 있다는 것이다. 이것은 법으로 금지되지도 않고, 부정하다고 생각하지도 않고, 더구나 부끄러운 짓인지도 모른다. 동성애는 공공연하게 이야기되고, 어디서나 행해지며, 하지 못하도록 막는 사람도 없다. 이 나라의 수도 베이징처럼 이 혐오스러운 행위가 예사롭게 자행되는 몇몇 도시에서는 매춘부처럼 차려 입은 소년들이 대로에 그득하다. 또한 이런 소년을 사서 음악과 노래와 춤을 가르치는 자도 있다. 결국 가엾은 소년들은 여자처럼 고운 옷을 입고 입술연지를 칠하고 이 끔찍한 악행을 물려받게 되는 것이다.[62]

이 구절은 리치가 말년인 1609~1610년쯤에 쓴 것이다. 그런데 리치는 중국에 들어온 지 얼마 안된 1583년 발리냐노에게 보낸 편지에서도 동성애에 대해 "이곳에서 누구나 저지르기 때문인지 부끄러워하지도 말리지도 않는 끔찍한 죄"라면서 앞의 인용문과 비슷한 분노를 표출했다.[63] 사실 이 당시의 리치는 여러 증거를 확보하지 못한 상태에서 이런 견해를 표출했던 것인데, 4반세기 후 실태를 정확히 파악한 후에도 똑같은 견해를 거듭 밝혔던 것이다. 그러나 이는 당시 유럽인의 중국인에 대한 도덕적인 분개를 그대로 답습한 주장이다. 리치가 중국을 여행하기 전에 중국에 대한 견문기를 출판한 두 사람이 이미 비슷한 어조로 비역을 비난했다. 갈레오테 페레이라는 "중국인에게서 발견되는 가장 큰 결함은 비역이다. 이 악행은 하층민에게서 흔히 볼 수 있는데, 상류층들도 이상한 행동으로 여기지 않는다"고 말했다.[64] 또한 가스파르 다 크루스 수사도 같은 견해를 피력했다. '변태적인 악행'이 "중국인들 사이에서 비난받는 일은 결코 없다"고 다 크루스가 비역에 반대하자, 중국인은 놀라면서 "어느 누구도 비역질을 했다고 비난하지 않으며, 그것이 나쁜 짓이라고 생각지도 않는다"고 말했던 것이다.[65] 다 크루스는, 1550년대 후반 중국의 여러 도시에 지진이 발생하고 벼락이 떨어져 도시와 마을이 파괴된 것은 악행에 대한 하느님의 응징이었다고 말했다. 그는 이 점을 강조하기 위해, 그 비참한 소식을 전한 중국인이 "공포에 떨면서 산시(山西) 성 전체가 폐허로 변했다고 생각하는 것 같았다. 그것은 바로 롯의 딸들이 소돔과 고모라의 멸망을 목격하고 전세계가 멸망했다고 생각했던 것과 똑같았다"고 기록했다. 그리고 다 크루스는 이 재앙과 그 원인이 궁극적으로 적그리스도 출현의 전조가 될 것이라고 결론을 내렸다.[66]

가스파르 다 크루스 수사와 마테오 리치가 남성간의 성행위에 대해서 보인 혐오감은 로마 교회에 충직한 전교사로서 당연한 반응이었다. 로마 교회는 모든 육체적 욕망을 유죄로 선고하는 원칙을 갖고 있었지만, 생식과 관련이 없는 비역에 대해서는 특히 격렬한 증오를 나타냈다. 이런 도덕적 입장은 토마스 아퀴나스의 저작에 의해서 범접하지 못할 권위를 부여받았다. 아퀴나스는 남녀의 자연스러운 성교는 새나 짐승들에게서 보편적으로 볼 수 있는 암수의 결합과 같은 것으로, 인간이 동물에게서 보고 배워야 하는 한 가지 예라고 했다. 따라서 아퀴나스의 논리를 따르면, 자위행위는 물론 남성끼리나 여성끼리의 동성애와 이성간의 항문성교는 엄격하게 금지되어야 하는 것이다. 아퀴나스의 『대(對) 이교도 대전』에는 단호한 어조로 "살인죄는 이미 실재하는 인간성이 파괴된다는 점에서 가장 큰 죄지만, 이런 류의 성적인 죄는 그 다음으로 무거운 죄다. 왜냐하면 인간본성을 생산하는 생식행위를 방해하기 때문"이라고 적혀 있다.[67] 동성애에 대해서 그리스도교가 후대에 이렇게 단죄했던 저변에는 동성애를 이슬람교와 연관짓는 사고방식이 뿌리 깊게 자리잡고 있다. 『코란』이 서양 언어로 번역되기 시작했을 때부터 『코란』은 확실히 동성애를 용인하고 있다고 비난받았다. 또한 이슬람 교도의 미동(美童, 비역의 상대가 되는 어린 소년—옮긴이)이나 남색 전용 사창가의 실체, 남성 노예를 성적 노리개로 삼는 악습 등에 대해서 언급하고 있는 중세 후기의 자료들도 많다. 그리스도 교도가 제1차 십자군 원정 뒤에 세운 예루살렘 왕국에서 제정된 법률에도 '비역질'을 한 자는 화형에 처하라고 명시했고, 포로가 된 그리스도 교도 소년, 성인 남자, 성직자들을 이슬람 교도가 비역하는 모습을 이상하리만치 생생하게 묘사한 문서가 유럽에 떠돌면서 십자군에 대한 열정이 더욱 높아졌다. 리치가 베이징의 화장한 젊은 남자 배우들을 비난한 표현은 3세기 전 애덤의 윌리엄이 이슬람의 미동들을 비난할 때 사용했던 언어와 거의 똑같다.[68]

이슬람 세력과 비역을 결부시키는 사고형태는 마르틴 루터가 은연중에 피력한 견해에도 스며들어 있다. 그 견해는 루터가 1542년, 출산 중에 아내를 잃은 친구 유스투스 요나스에게 보낸, 아내의 죽음을 받아들이라는 내용의 편지에 나타나 있다. 편지는 정성들여 써서 그런지 전반적으로 정열에 넘치는 감동적인 글이지만, 문제의 견해만은 무심결에 쓴 것처럼 보인다. 루터는 "우리 세계의 혐오스러운 행위에 진저리치지 않는 자는 누구일까?"라고 썼다. "만약 우리의 세계가 세계로 불리기에 부족함이 없고 지옥이 아니라고 한다면, 지옥에서는 저 소돔의 무리가 밤낮으로 우리의 영혼과 눈을 괴롭히는 사악한 행위에 빠져 있다." 여기서 루터는 '소돔의 무리'가 '튀르크인, 유대인, 가톨릭 신자, 추기경들'이라고 못박았다.[69] 이렇게 튀르크인·유대인과 함께 싸잡아서 조롱하는 것을 가톨릭 교회가 그대로 받아들일 리 만무했다. 예를 들면 유명한 예수회원 베드로 카니시오가 있다. 그는 1570년대부터 1580년대에 걸쳐서 예수회의 지적 생활에 크게 영향을 준 인물로, 자신의 책『교리문답서』에서 동성애에 대한 아퀴나스의 교의를 시대의 요구에 맞게 다시 정리하는 데 열정을 다바쳤다. 카니시오는 성서의 유명한 구절을 한꺼번에 인용하고 있다. 거기에는 소돔과 고모라의 운명을 기술한「창세기」18~19장, 소돔과 그 밖의 다른 도시에 대한 하느님의 말씀을 기록한「에제키엘서」16장, "그것은 망측한 짓"이기 때문에 남자는 "여자와 자듯이 남자와 한자리에 들어서도 안된다"는 무서운 경고를 기록한「레위기」18장 22절이 포함되어 있었다. 루터와 마찬가지로 많은 교부들은 소돔 사람이 저지른 죄가 탐욕, 나태, 그리고 가난한 사람의 고통에 대한 무관심이 복합된 것이라고 해석하고 있었다. 그런데 카니시오는 이런 성서 독해를 불충분한 것으로 보고 거부하는 태도를 분명히 했다. 그에 따르면 소돔 사람들은 '가난하고 궁핍한 사람들'을 도와 주지 않았을 뿐만 아니라 "하느님의 율법과 자연의 법칙을 파괴하는 것을 두려워하지 않고, 가장 혐오스러운 악행을 저지른 죄"가 있다는 것이다.[70]

리치가 마체라타의 학교에서 들은 것은 바로 이런 류의 해석이었다. 1566년, 마체라타에서 교황 비오 4세는 동성애를 격렬히 비난했다. 16세기 후반 아시아 지역으로 나간 예수회원도 역시 이와 같은 생각을 지녔다. 이런 사고방식을 더욱 강화했던 것은 더운 기후에서는 모든 악행이 만연하기 쉽다는 당시의 통념이다.[71] 어떤 예수회원은 고아에 상륙하자 즉시 고국에 "이곳은 밤낮으로 찜통더위가 계속됩니다. 신학교의 학생들 대부분이 이불을 덮지 않고 잠을 자고, 늘 얇은 속바지와 소매 없는 셔츠를 입고 있을 뿐이며, 낮에도 가는 면으로 짠 겉옷밖에 걸치지 않습니다. 누구나 더위 때문에 기력을 잃어버립니다"라고 편지를 써 보냈다. 그리고 고아에 있던 기숙사의 감독을 맡은 예수회원들은 자기가 돌보는 학생들에게 이불을 제대로 덮고 창문을 모두 닫고 자야 한다는 예수회의 관례를 강요하기에는 무리라는 것을 알고는 시도 자체를 곧 포기했다.[72]

고아에 상륙한 사람들 중에는 이탈리아 상인 프란체스코 카를레티처럼 얇은 옷이 자아내는 선정적인 분위기에 감탄을 금치 못하는 사람도 있었다. 남자들은 소매가 넓고 헐렁하고 흔들거리는 흰 옷을 입었지만, 여자들은 마치 "녹로를 돌려서 만든" 것처럼 체형이 아름답고, 팔다리는 "조각된 부조처럼 그 생김새를 눈으로 정확히 알아볼 수 있을 정도였다"고 한다. 카를레티는 인도 여성의 옷을 아주 명쾌하게 설명할 수 있는 비유가 없는지를 찾던 끝에 이렇게 말했다. 인도 여성의 옷에는 "성직자들의 중백의(中白衣, 가톨릭 성직자가 미사와 행렬 등 성사(聖事) 집행 때 입는, 무릎까지 내려오는 흰 옷—옮긴이)나 다른 옷에 풀을 먹여서 잡은 줄과 똑같은 줄이 잡혀 있다. 고아의 물로 빨아서 작열하는 태양에 말리면 옷에 주름이 생기고 그 주름은 그대로 고정되어 버리기 때문이다."[73] 이 카를레티의 묘사는 사실과 큰 차이가 없다고 보아도 괜찮을 것이다. 그러나 여기에서 성직자 운운한 것은 적절하지 못했다. 이런 비유를 떠올린 사람이 있다는 것 자체가 고아의 성직자들로 하여금 그 지역의 남성 동성애를 더욱 증오하고, 그것을 뿌리 뽑아야겠다는 생각을 갖게 했는지도 모른다. 고아의 종교재판관이 써 보낸 편지에는 이 '추악한 행위'가 유행해서 엄한 조치를 취할 필요가 있다고 쓰여 있었다. 로마와 마찬가지로 고아에서도 비역을 한 죄로 체포된 자는 공개 장소에서 화형에 처해졌다.[74]

비역에 대한 예수회원들의 이런 혐오감은 특정지역에 국한된 것이 아니라 보편적인 것이었다. 사실 그들은 프란치스코 사베리오가 극동의 교회에 대해서 바람직한 것으로 제시한 모범적인 논법과 태도를 계승하고 있었다. 1549년 일본에서 고아의 젊은 동료 예수회원에게 보낸 공개편지에서 사베리오는 동성애가 일본의 불교 승려들 사이에서 활개치고 있는 현실에 대해서 놀라움을 표시했다. 게다가 그 일이 아무 일도 아닌 것처럼 이루어지고 있는 것을 본 사베리오의 정신적 충격은 더욱 컸다. 일본의 승려들은 수행을 위해 자기 밑에 들어온 소년을 성적 위안물로 삼고, 그 일에 대한 질문을 받으면 웃어 넘길 뿐이었다. "이 악행이 단순한 습관이 되어 버렸다"고 사베리오는 쓰고 있다. 승려들은 "자연의 이치를 거스르는 죄로 몸을 망치면서도 그 죄를 거부하지 못하고, 비역에 얽매여 있음을 숨기려고도 하지 않는다. 뿐만 아니라 비역이 공공연히 행해져서 남녀노소 누구나 알고 있으며, 이미 눈에 익어 버렸기 때문에 누구도 근심을 한다든가 충격을 받지 않는다."[75]

사베리오에 의하면, 승려들 가운데는 거리낌없이 비구니와 동거하는 자도 있었는데, 비구니가 아이를 가지면 약을 써서 낙태를 하거나 갓 태어난 아이를 살해하는 일도 있었다. 한 해 뒤에 어떤 예수회원은 일단의 일본인 승려들이 사베리오에게 욕을 들어 먹는 광경을 기록했다. 그것은 승려들이 절에서 사베리오에게 식사를 대접한 직후에 일어난 일이었다. 사베리오는 "승려들 사이에 만연한 혐오스러운 소돔의 악행"을 소리 높여 비난했다. 그러나 이 비난에 대해서 큰스님이란 사람은 아무런 대답도 하지 않았다.[76]

1580년에 극동을 순시하기 위해 방문한 알레산드로 발리냐노는 가톨릭 사제의 완고함이야 말로 사태가 전혀 개선되지 않는 한 원인일지도 모른다고 솔직히 인정했다. 사제가 열심히 공부하기 위해 예수회원의 집을 찾아온 일본인 학생들에게 너무 근엄한 태도를 취하고, 따뜻하게 대해 주지 않는 것이 일본인 사이에 비역을 만연시키는 원인일지 모른다고 생각했던 것이다. "더욱 나쁜 것은 일본인이 교회, 곧 우리의 집에서 그런 불쾌한 생활을 보내기 때문에, 많은 사람이 입을 다물고 속마음을 드러내지 않은 채 세상 속을 떠돌며 저질스럽고 사악한 습관에 물들어 버린다. 극히 바람직하지 못한 방법으로 위안을 찾는 자가 있는가 하면, 〔예수회원들에게〕현실을 직시하라고 강력히 촉구하는 자도 나오는 형편이다."[77] 발리냐노는 "우리가 자칫 빠지기 쉬운 타락을 훨씬 능가하는 일본인의 타락한 성격"을 억제하도록 어느 정도 중간적 입장을 찾도록 했다. 또한 그는 1580년에 작성한 일본의 예수회 신학교 교칙에 세심한 배려를 보이며, 학생들은 다다미 방에서 작은 나무 의자로 경계를 만들고, 밤새 등불을 켜고 자야 한다고 규정했다.[78] 일본에서 거의 20년을 보낸 프란치스코 카브랄 신부가 고아로 돌아갈 때도 상황은 개선되지 않았다. 카브랄이 1596년 로마에 보낸 편지에 쓴 것처럼 일본인의 동성애는 예수회원이 종교적 훈련을 할 때 가장 큰 장애물이었다. 예수회원이 보기에는 '혐오스러운 육욕'이며 '사악한 습관'

이기도 한 비역이 "일본에서는 매우 명예스러운 일로 간주되고 있다. 신분이 높은 사람들은 자식을 승려에게 맡겨서 이런 짓을 가르치고, 동시에 승려들의 욕정도 채워 준다."[79]

이런 시각이 극동지역 전교사들 사이에 지배적이었기 때문에, 오히려 외국에 나가는 서양인에게 어떤 지역에 동성애가 '존재하지 않는'지에 대해서 아주 복잡한 설명을 덧붙이는 사람이 생겨나게 되었다. 예를 들면 베네치아 상인 체사레 페드리치는 버마의 옛 수도 페구(Pegu, 오늘날 미얀마의 바고—옮긴이)의 여성이 몸에 걸치고 있는 이상야릇한 슬릿 스커트는 "몸에 꽉 끼기 때문에 걸을 때마다 양 다리와 그 윗부분이 선명히 드러날 정도"라고 쓰고 있다. 페드리치의 설명에 따르면, 그 스커트는 남성들의 넋을 빼앗아서 "자연의 이치를 거스르는 행위"를 못하게 하기 위해 여성들이 특별히 고안한 것이라고 한다.[80] 또 1544년 버마에 있던 전교사는 버마에 비역이 없는 이유가 국왕이 여왕의 간청을 듣고, 모든 남성에게 '음경의 표피와 귀두 사이에' 작은 방울을 매달라는 명령을 내렸기 때문이라고 결론지었다. 이 장치 덕분에 사람들의 눈을 피해서 '혐오스러운 죄'에 이르는 것을 막게 되었던 것이다.[81]

명대 중국에서 동성애가 유행한 것은 확실하다. 그러나 동성애가 법률로 금지되어 있었다는 것은 리치도 몰랐다. 16세기 후반, 쾌락을 중시하는 도시의 새로운 생활양식이 발달하고 도덕적 관념에 변화가 생겼기 때문에 동성애가 급증했다고는 성급히 단정지을 수 없다. 리치와 동시대 인물인 명의 학자 세자오저(謝肇淛)는 10세기의 문인 타오구(陶穀)의 글을 인용하여 송나라 수도의 '벌집골목'(蜂窠巷陌)에 손님을 기다리는 남창이 득시글거렸다고 쓰고 있지만, 이 점에서는 명 말도 비슷했던 것 같다. 세자오저에 따르면 "오늘날의 베이징에는 약간 세도 있는 무리가 주연을 열면, 반드시 얼굴을 내미는 소년 가수들이 있다. 아무리 관(官)에서 금지를 시켜도 누구나 그런 류의 소년을 이용한다. ……한 사람이 소년들을 고용하자 순식간에 그 풍습이 퍼져서 이제 상류층 인물이라면 너나 할 것 없이 소년을 얻으려고 기를 쓰는 형국이니, 온 나라가 미쳐 버린 것 같다. 이것은 정말 얼빠진 일이다." 셰자오저는 옛 사람들이 단정지은 것처럼 이전에는 남성의 동성애가 주로 중국 동남부의 풍습이었던 것이 사실이라 해도, 이제는 절대 그렇지 않다고 생각했다. 베이징에 있는 남창 가운데 절반 이상이 산둥 성 린칭 출신이었다. 예전에 가장 많은 수를 차지했던 것은 일찍이 악명을 떨쳤던 저장 성(특히 사오싱〔紹興〕과 닝보〔寧波〕)의 남창이었지만 이미 당시에는 북부 출신의 남창도 많아졌던 것이다.[82] 이 밖에 셰자오저는 역대 왕조에서는 여성이 남장을 하는 경우가 많았지만, 명대에 와서는 남자가 여장을 하는 쪽이 더 많아졌다고 자신의 생각을 덧붙였다.[83]

몽테뉴는 1581년 로마를 방문할 당시, 몇 해 전에 포르투갈인 남성들 여러 쌍이 성 요한 성당에서 결혼식을 올리고 "잠자리를 함께 하며 살다가" 한꺼번에 체포되어 공개 화형을 당했다는 말을 듣고는 깜짝 놀랐던 적이 있었다.[84] 이 사건은 1578년, 그러니까 리치가 로마를 떠나고 1년 뒤에 일어났다고 하지만, 만약 리치가 이 이야기를 미리 알았더라면, 명의 학자 선더푸의 글을 읽고 이 풍습이 세계적으로 널리 퍼져 있다는 것을 실감했을 것이다. 앞에서 말했듯이 선더푸는 1600년대 초 베이징에서 리치와 친구가 된 사람이다. 그가 사회풍습 일반에 대해서 쓴『폐추재여담』(敝帚齋餘談)에, 푸젠 성에서는 동성애 남성들이 한집에 사는 경우가 많으며, 나이가 적은 쪽의 부모는 나이가 많은 쪽을 양자로 삼고, 자식의 결혼자금으로 모아 두었던 돈으로 부양한다는 기사가 보인다. 그 지방 사람들은 이런 짝짓기의 은밀함과 성적 모호성을 표현하기 위해서 특별한 한자(漢字)까지 만들어 냈다. 그것은 사내 '남'(男)자에서 힘 '력'(力)자를 계집 '녀'(女)자로 대체한 한자 '㚻'인데, 선더푸는 일반적인 자전(字典)에서는 이 글자를 찾을 수 없을 것이라고 적었다.[85] 셰자오저와 선더푸가 말하는 것 외에도 당시 동성애가 널리 퍼져 있었음을 보여주는 자료는 여러 가지가 있다. 이를테면, 명대 후기에 널리 유행했던 춘화집을 보면 대부분 이성간의 성교를 묘사하고 있지만, 이성간의 항문성교나 남성간의 관계도 적잖게 그려져 있다. 그런 장면에는 '한림풍'(翰林風)의 행위를 한다고 설명되어 있는 것으로 보아 상류층의 지식인들 사이에 이런 성교가 널리 퍼져 있었음을 알 수

있다.[86]

리치가 아직 어린아이였을 때인 1550년대 후반, 교황 바울로 4세의 명에 따라 종교재판소가 특히 동성애를 엄격하게 단죄했던 것과 마찬가지로, 리치가 중국 전교를 시작할 무렵인 16세기 말, 마닐라에도 동성애에 대한 철저한 단속이 이루어지고 있었다. 1580년대에 스페인인은 마닐라에서 동성애를 했다는 죄로 중국인을 여러 명 화형시켰다. 명의 학자들도 이 처참한 최후에 주목하지 않을 수 없었다. 명의 지리학사 장세는 필리핀에 대한 간단한 설명에서 이렇게 썼다. "루손 섬은 소년과의 동성애가 가장 엄격하게 금지된 곳이다. 그 금령을 위반한 중국인은 하늘을 거역한 자로 간주되어 사형을 선고받고 불타는 장작더미에서 화형당한다."[87]

이처럼 그리스도교가 비역을 엄벌한 것은 널리 알려졌다. 물론 예수회원은 자기 자신이 비역한다는 의심을 받지 않도록 주의해야 했다. 그러나 비역에 대한 소문에서 완전히 벗어나기는 불가능했다. 루제리와 롱고바르디가 간통죄 혐의를 받았던 것처럼 예수회의 사제관 주변에는 불유쾌한 소문들이 떠돌았다. 독신자인 예수회원들이 적어도 전교활동 초기에 흑인 남자 노예와 젊은 하인과 수련수사들과 함께 생활하는 한 비역 소문이 나는 것을 막기 어려웠다. 리치 자신도 어린 중국 소년에게 약물을 먹여 사흘 동안 집에 가둬 두었다는 비난을 받은 적이 있었다고 말하고 있다. 그 비난에는 리치가 소년을 노리개로 삼고 나서 마카오의 포르투갈인들에게 팔아 넘기려 했다는 뜻도 담겨 있었다.[88] 이런 비난이 서양인 전교사 모두에게 쏟아지게 된 것은 어떤 가톨릭 신부가 모종의 사건을 일으키고 나서부터이다. 그 신부는 원래 불교에 입문해 있던 20세 된 중국인 청년을 몰래 중국에서 마카오로 데리고 가 세례를 주었다. 격분한 중국인들은 만일 청년을 돌려보내지 않으면 포르투갈 선박을 검문해서 상품을 모조리 압수하고 마카오를 박살내겠다고 으름장을 놓았다. 포르투갈인은 마지못해 중국인의 요구를 받아들일 수밖에 없었고, 고위 성직자가 청년을 광저우까지 데려갔다. 광저우에 도착하자 그 성직자는 청년이 경솔한 행동을 한 죄로 잔인하게 매맞는 것을 지켜 보아야 했다.[89]

이런 문제에 대해 예수회원들은 시종일관 의연한 태도를 유지하려 했고 그렇게 해서 중국인의 억지 주장을 미연에 방지하게 되었다. 1584년, 리치와 루제리가 함께 번역한 십계명의 첫번째 번역문인 『조전천주십계』(祖傳天主十戒)에서는 제6계명을 단지 "너희는 간음하지 말라"로 번역하지 않고, "너희는 사악하고 자연의 이치에 어긋나는 추잡한 짓을 하지 말라"라고 번역했다.[90] 리치는 그리스도교 교리 해설서 『천주실의』에서 이 문제를 한층 강력한 어조로 언급하고 있다. 그런데 그것에 앞서 리치는 여덟 가지 근거에 기초해서 독신주의에 대한 교회의 이론을 설명했다. 그것은 바울로의 「고린토인에게 보낸 편지」, 「디모테오에게 보낸 편지」나 에픽테토스의 "도덕적 인간은 세계가 요구하는 것에 부응할 필요가 있다"는 성찰에서 볼 수 있음직한 금욕생활을 위한 논의를 정성들여 부연 설명한 것이다.[91] 리치의 여덟 가지 근거는 이렇다. 첫째, 생계를 유지하기 위해 수많은 인구가 경쟁하기에 사람들은 가족들과 영적인 주제에 대해서 함께 생각할 시간적 여유가 없다. 둘째, 금욕은 영적 지각을 날카롭게 한다. 셋째, 가난이 순결로 뒷받침되어야 타인에게 도덕적 모범을 보이기가 쉬워진다. 넷째, 세상에 신앙을 퍼뜨린다는 목표를 위해서 전심전력을 다할 필요가 있다. 다섯째, 신앙을 퍼뜨리려는 열의가 강한 유럽에서는 농부가 추수 때에 세금이나 종자로 쓰기 위해 따로 모아 둔 곡식과 같은 특수한 역할을 사제가 일반 민중들 사이에서 수행해야 한다. 여섯째, 인류가 지각할 수 있는 최고의 사명은 하느님을 추구하는 것이며, "차라리 세상에 먹을 것이 없을지언정 참된 도리는 없어서는 안된다. 세상에 사람들이 없을지언정 이들을 가르칠 교의가 없어서는 안된다"고 생각하는 사람이 있는 한 성직자는 전생을 종교에 바친다. 일곱째, 전교사들은 아내나 아이에 매여 있으면 안되고, 늘 어디든 부르는 곳으로 달려 갈 준비를 갖추고 있어야 한다. 왜냐하면 "만일 이 도리가 서방에서 행해질 수 없으면 동방으로 가야 하고, 동방에서도 시행되지 못하면 또 남과 북으로 가야 하기" 때문이다. 여덟째, 순결을 지키는 자는 천사에 가까운 것이고 그것은 곧 하느님에게 가까운 것이다. 따라서 악마와의 싸움을 한층 유리하게 이끌 수 있다.[92] 이렇게 독신생활을 정당화하는 여덟 가지 근거를 쓴 후, 리치는 단호한 어조의 구절을 덧붙였다. 리치에게는 가짜 독신주의, 곧 결혼은 거부하지만 성욕은 부정하지 않는 눈가림식 독신주의야말로 무엇보다도 증오해야 할 대상이었다.

중국에는 올바른 여자를 거부하고 비뚤어진 것을 즐기는 사람들이 있습니다. 여색을 버리고 소년을 즐기는 것을 취합니다. 이런 무리들의 더러움에 대하여 서양의 군자는 그 입을 더럽힐까 두려워하여 말을 하지 않습니다. 비록 짐승의 무리조차도 오직 음양의 교감만을 알 뿐이지 그와 같이 천성을 어기는 짓거리는 하지 않습니다. 인간으로서 그런 짓을 〔부끄러워하여〕 얼굴을 붉히지 않는다면 이들이 지은 죄가 어떠하겠습니까? 저희 예수회원은 자기의 씨를 온전하게 거두고 있으나, 그것을 밭이랑에 〔다시〕 뿌려서 기르지 않습니다. 그러나 당신(中土)은 그것이 옳으니 그르니 하며 아직도 의심하시는데, 하물며 그 씨를 시궁창에 뿌린다면 어떠하겠습니까?[93]

이냐시오 데 로욜라는 『영신수련』의 첫째 주간에서 사제들에게 자신의 전존재(全存在)를 걸고 죄를 꼼꼼히 살펴보라고 명했다. 곧 각자 자신의 기억과 이성과 의지를 총동원해서 하느님의 은총을 이해하려 노력하고 천사와 아담의 죄, 그리고 그 뒤를 잇는 인간의 큰 죄를 관상(觀想)하라는 것이다. 첫째 주간의 두번째 수련은 자기를 깊이 응시하는 수련이다. 각자가 저지른 수많은 죄의 '더러움과 사악함'을 관상함으로써 자신의 모든 죄가 얼마나 심각하고 끔찍한지 똑똑히 볼 수 있게 된다. "마치 나를 종기나 헌데와 같이 생각하고, 거기서 얼마나 많은 죄와 나쁜 생각, 독기 따위의 더러운 것이 흘러나왔는지 생각해 본다." 이 묵상은 비탄으로 이어지는 것은 아니다. 별안간 "크게 감동하여 경탄의 소리를 발하게 될" 것이다. 왜냐하면 이런 수련을 하며 자신의 죄를 깊이 인식한 사람은 동시에 그런 죄를 용서해 주신 하느님의 자비가 진정으로 뜻하는 바를 점차 깨닫기 때문이다.[94] 리치를 비롯한 중국의 예수회원들은 자기의 영적 훈련 속에서 이런 관상을 행하고 있었을 것이다. 사실 예수회의 총장 클라우디오 아콰비바도 중국의 예수회원에게 전교활동을 하는 과정에서 그리스도와 사탄이라는 '두개의 기준'에 대한 중요한 성찰을 게을리 하지 말라고 종종 역설했다.[95]

1590년대에 아콰비바는 동료 예수회원들의 조언을 얻어서 『영신수련』의 수련에 대한 새로운 규칙서를 작성했는데, 그 속에서 이 수련의 방법과 수련을 받을 사람에 대해서 자신의 생각을 더욱 발전시켰다. 이냐시오가 수련법의 시행에 대해서 세워 놓은 한계는 역시 지켜야 한다는 것이 아콰비바의 결론이었다. 특히 기혼의 평신도는 아무리 신심 깊다 할지라도 수련의 모든 과정을 전수하는 대상에서 제외시켜야 한다고 말했다. 아콰비바는 또한 이냐시오의 견해를 따라서 적어도 첫째 주간의 수련은 "생활을 개선한 후에 세속에 머물러 있는" 자들에게 읽히면 좋은 결과를 얻을 수 있다고 강조했다. 한편 피정(避靜) 때뿐만 아니라 입교자들이 "가능하다면 그들의 집에서도" 수련을 받을 필요가 있다는 것을 전교사들에게 상기시켰던 것도 역시 이냐시오의 의견에 기초한 지시다. 1599년의 이 최종결정은 1601년 아콰비바가 각지의 전교사에게 보낸 편지에서 재확인되었다. 그 편지에서 아콰비바는 각 지역의 책임자들에게 "『영신수련』에 따라 수련하기를 원하는 사람이 있다면 누구라도 그것을 할 수 있도록 도와 주려는 의지와 준비가 되어 있음을 보여주어야 한다"고 말했다.[96]

리치는 중국인 입교자들에게 『영신수련』 첫째 주간의 수련을 받도록 어느 정도의 기회를 주었을까? 이에 대한 자료는 단편적으로밖에 남아 있지 않다. 첫번째 기회는 1591년, 사오저우에서 '코툰화'(Cotunhua)라는 이름의 부유한 상인 입교자에게 갔던 것으로 보인다. 두번째는 코툰화의 친구이자 학자요 연금술사인 취루쿠이였을 것이다.[97] 리치의 말에 의하면 코툰화는 원래 불교신자로서 이미 명상수행에 익숙해져 있었으므로 수월하게 『영신수련』의 수련을 실행할 수 있었다고 한다. 또한 열성적인 연금술사였던 취루쿠이는 『영신수련』으로 죽음에 대한 공포를 영혼에서 말끔히 사라지게 하는 데 성공했다고 한다. 앞에서도 말했듯이 취루쿠이는 죽음에 대한 공포 때문에 불로장생약을 찾으려고 끊임없이 초조해하고 있었던 것이다.

『영신수련』 첫째 주간의 수련에는 어려운 점이 있었다. 그것은 이냐시오와 아콰비바도 강조했듯이, 관상하는 죄를 성찰할 때 지나치게 현실에 밀착시켜서는 안된다는 것이다. 특히 감각을 사용할 경우 단순히 현실을 그대로 성찰하는 것으로는 불충분했다. 아콰비바는 그리스도인의 생활에 대해 명상할 때는 "스스로에게 그림을 떠올려 보고, 상상의 눈으로 우리의 명상이 집중하는 사물의 장소를 그대로 보는 것이" 적절하다고 말했다. 하지만 죄에 대한 관상은 매우 다른 문제를 제기한다. 인간의 온갖 나약함을 깨닫고, 자신의 결점을 깊이 뉘우치는 동안은 죄스런 생각이나 행동 자체에 관여할 가능성이 있는 정신적 개입을 피해야만 한다. 이냐시오 데 로욜라는 죄에 대해 충실히 성찰하는 가장 좋은 방법은 기억·의지·이성의 세 가지 힘을 가능한 한 균형상태에 두고, 그 가운데 어느 하나의 힘이라도 돌출되지 않도록 하는 것이라고 제안했다. 다소 놀라운 것은 아콰비바가 "이 성찰을 타인보다 수월하게 행할 수 있는" 사람은 정신의 담대함이 결여된 인물이든가 "상상력이 빼어나게 예리한 사람"이라고 결론을 내리고 있다는 점이다.[98] 이 말의 의미는 이렇게 풀이해도 좋을 것이다. 가장 강하고 가장 광범위한 지성을 갖춘 인물은 이 수련의 모든 측면을 간파할 수 있다. 곧 다양한 욕망의 범위와 복잡함을 충분히 알고 있기 때문에 욕망을 억제할 필요성을 이해할 수 있는 것이라고. 아마도 리치는 취루쿠이와 코툰화에게 이런 직관을 알려 주었을 것이다. 그렇더라도 리치가 중국인에게 "사람과 짐승과 벌레까지 전부 태워 버려서 아무 것도 남지 않은" 광경을 이야기한 것은 너무나 무시무시했다. 그리고 오싹할 정도로 예리한 상상력을 발휘하여 "나무와 바위까지도 재로 변해서 땅에 묻혔다"고 썼던 것이다.[99]

Donmia nostra S MARIA (cui ab antialitate cognomen) cuius imago illustra
acde dum Ect dinandus tertius Hyspalium oppugnarat in pariete depicta invicta
Silestra schola Do C Antigua   in Scm° Iap°i 1597

1599년 8월 중순, 리치는 친구 지롤라모 코스타에게 편지를 썼다. 코스타한테서 방금 받은 2통의 편지에 대한 답장이다. 코스타의 편지는 각각 1595년과 1596년에 써서 부친 것이었다. 코스타한테서 편지를 받으면 리치는 깊은 사색에 빠지는 경우가 많았다. 그는 리치와 같은 마체라타 출신이었으며, 나이도 리치보다 한 살밖에 많지 않았고, 리치와 같은 시기인 1570년대 초에 로마에서 예수회에 입회했다. 그런데 이 1599년의 편지에는 리치의 심정이 유달리 솔직하게 기술되어 있는데, 이는 코스타가 보낸 2통의 편지에 리치의 부모님이 사망했다는 소식이 적혀 있었기 때문이다. 부모님의 사망소식은 사실이 아니었지만, 이를 몰랐던 리치는 답장에 부모님이 세상을 떠나신 것에 대해서 간단히 언급하고 나서 여러 친구들의 이름을 거명하며 그 친구들한테서 편지를 받으면 기운이 난다고 말하고 있다. 그 가운데는 니콜로 벤치베니의 이름도 보인다. 벤치베니는 마체라타에서 리치와 코스타를 가르쳤던 교사로서 "두 사람이 가장 섬세하고 연약했던 시기에 가르침을 주고, 두 사람을 오늘에 이르는 길로 인도해 준" 인물이었다. 코스타와 벤치베니가 알려 주는 소식은 고향 마체라타의 모습이라든가, 마체라타에 있는 예수회원의 활동 같은 하나같이 가슴 뿌듯한 것이어서 리치에게는 큰 기쁨이었다. 또 문득 생각난 듯이 리치는 이런 글을 덧붙였다. "나는 지금까지 몇 번이나 이곳의 야만인들에게, 우리 주 그리스도와 그분의 어머니께서 지상에서 사시던 집을, 멀리 내가 살던 땅으로 옮기셨다고 자랑했네. 그리고 하느님께서 서양 땅에서 행하신 기적들을 이야기했을 때 그들은 무척 놀라워했다네."[1]

리치는 분명히 로레토에 있는 성모 마리아의 성가(聖家)를 가리키고 있었다. 그는 마치 자신이 그 성가의 소유자인 양 자랑스러워했다. 그곳은 바

다 가까이 푸른 녹음에 싸인 곳으로 안코나항에서 가까웠고, 과실수와 포도 덩굴숲 가운데 있었다. 이 성가는 길이 9.5m, 너비 4m, 높이 5m의 조촐하고 아담한 집으로 마리아가 성모영보(聖母領報, 가브리엘 천사가 마리아에게 성령으로 하느님의 아들 예수 그리스도를 잉태할 것이라고 계시한 일―옮긴이)를 받고, 어린 예수를 키운 곳으로 믿어졌다. 전설에 따르면, 이 집은 천사들이 기적을 일으켜 거룩한 땅 이스라엘의 나자렛에서 먼저 피우메(Fiume, 지금의 크로아티아 서부에 있는 리예카〔Rijeka〕―옮긴이)로, 그 다음은 레카나티(Recanati) 교외의 숲으로, 마지막으로 로레토로 옮겨 왔다고 한다. 처음에 그 집은 세상에 알려지지도 않았고 집 안에 가장 귀한 유물, 곧 복음서의 저자인 성 루가가 묘사한 성모의 초상화가 잠자고 있는 줄도 모른 채 숲 속에 버려져 있었다. 그 후 13세기 말에 레카나티 출신의 청년 16명이 각자 꿈속에서 환영을 보고 나자렛으로 가서 거기에 남아 있던 성모의 집터가 로레토에 있는 집의 면적과 정확하게 일치한다는 것을 확인하였다.

15세기 후반, 이 아름다운 전설은 프랑스어·독일어·스페인어로 번역되어 교회에 게시되었다. 그리고 역대 교황의 칙령들과 기적의 사례를 알리는 보고서가 나오면서 분명한 기적으로 인정되었다. 리치가 살던 시대에 이 소박한 집은 유명한 성지가 되었고, 교황 율리오 2세와 그를 계승한 네 명의 교황들이 비용을 대 이 집에 안드레아 산소비노가 설계한 빛나는 대리석 장식을 입혔다. 유명해졌기 때문에 모양이 바뀐 부분도 있다. 푸른 빛 물감을 바탕에 칠하고 반짝이는 별을 그려 넣은 목재 천장은 신자들이 가져온 촛불로 인해 화재가 발생할 우려가 있어서 제거되었고, 성모자의 고대 목조상은 보존을 위해 값비싼 직물로 감쌌다. 한편 산소비노의 대리석판으로 장식한 장엄한 성당이 건설되어, 1571년에는 브라만테가 건물의 정면을 완성했다. 리치는 중국에 머무르는 동안 끊임없이 자신의 마음속에 이 집을 떠올렸을 것이다. 특히 이냐시오 데 로욜라의 가르침은 리치로 하여금 이 성당에 다시금 풍부한 의미를 부여하게 했다. 왜냐하면 이냐시오는 『영신수련』 둘째 주간 수련에서 성모님에 대한 일을 상상한 다음, 특별한 노력을 기울여 "갈릴래아 지방의 나자렛 마을에 있는 성모님의 집과 방을 상상해" 보라고 지시했기 때문이다.[2]

과거에는 조촐했던 이 성지는 16세기 들어 거창하게 변했다. 그러나 적어도 몽테뉴의 기록에 따르면 성지의 장엄한 분위기는 거의 손상되지 않았고, 여전히 방문자의 마음을 감동시켰다. 몽테뉴는 1581년 4월에 이곳을 방문하여 자신과 아내 그리고 딸이 차례로 성모 마리아를 경배하는 모습이 그려진 초상화를 헌납했다. 이 초상화의 액자는 은으로 정교하게 제작한 것이었다. 성당은 "호화롭고 거대한 건축물"이며 브라만테가 지은 주위의 건물도 "더할 나위 없이 훌륭한 솜씨고 세상에서 보기 드문 아름다운 대리석 작품"이었다. 하지만 몽테뉴가 이보다 더 감탄했던 것은 소박한 작은 집이었다. "여기에는 장식품 하나 없고, 긴 의자나 방석도 없으며, 벽에는 그림이나 태피스트리도 없다. 왜냐하면 이 집 자체가 성유물함이기 때문이다." 아울러 몽테뉴는 "이곳은 지금까지 내가 본 곳 가운데 다른 어떤 곳보다도 진정한 의미의 종교적 분위기가 넘쳐 나고 있다"고 덧붙였다.[3] 몽테뉴 가족이 집으로 돌아가고 나서 오랜 후에 이곳을 방문한 여행자들은 로레토의 성모 호칭기도에 사용된 음악이 뇌리에서 떠나질 않았다. 한편 1570년대에 마체라타는 로레토와 로레토의 동정녀 이름으로 행해진 병 치료법에 대한 책을 많이 간행하여 일찌감치 로레토 관련 출판업의 중심지가 되었다.[4]

마체라타는 로마에서 로레토로 가는 순례길의 중간지점이었다. 리치는 어려서부터 로레토의 성지를 알고 있었고, 성지 일대에 번지는 성모 마리아에 대한 신심이 남다르다는 것도 잘 알고 있었다. 실제로 리치가 태어나기 불과 4년 전, 마체라타에서도 베르나디나 디 보니노라는 여인에게 성모가 발현하는 기적이 일어났다. 마체라타 주민 중에 이 기적을 모르는 사람은 거의 없었다. 리치가 학교를 다니는 동안, 기적이 일어났던 바로 그 자리에 성모발현사건을 기념하여 큰 성당이 건축되고 있었다. 비록 몇 번의 소송으로 공사가 지연되고 약간 모양이 안 좋아지긴 했지만, 1573년 마침내 성모 성당은 완공되었고, 마체라타에서 가장 자랑스러운 기념물이 되었다. 제작연대가 중세까지 거슬러올라가는 매혹적인 프레스코화와 회화를 소장하고 있던 20개의 성당이 이미 있었지만 성모 성당의 완공으로 마체라타는 광채를 더하게 되었다.[5] 성모의 권능을 증명하는 이 성당을 보면서 리치는 마음의 위안을 얻었을 것이다. 강력함과 온화함이 성모에게서 일체가 되어 모든 사람에게 뻗어 나갔기 때문이다. 작센의 루돌푸스가 성모의 장엄함에 대해 개인적 생각을 표명한 글을 보면, 이런 감정의 편린을 이해할 수 있다. 이 루돌푸스의 말은 이냐시오 데 로욜라에게 깊은 감명을 주었고, 나아가 그 논지는 이냐시오의 가르침을 통해서 예수회원들 사이에 스며들었다. 이냐시오는 성모를 죄 많은 인간과 천상에 있는 성자(聖子)의 중개자로서 위치지었다. 루돌푸스의 말은 다음과 같다.[6]

왜냐하면 태양이 천국만큼 높이 올라가고, 생명력으로 찬란한 빛을 지상에 쏟아 붓기 시작하는 봄이 되면, 겨울 내내 얼음에 갇혀 있던 모든 식물이 다시 소생하기 때문이다. 동굴과 절벽 둥지에 숨어 있던 동물과 새들도 그 빛의 부활로 말미암아 숨을 쉬기 시작하고, 다시 기운을 차리고 노래와 행복한 찬가를 불러 그들의 즐거움을 알린다. 노인과 청년도 봄이 찾아오자 들뜬다. 이렇게 지상 전체가 아름다운 광채로 가득 차고 축복의 기운이 넘치며 환희의 소리로 들썩거린다. 생명력 넘치는 성모님이 천국의 최고 여왕으로서 태양빛을 몸에 걸치고 우리에게 임하실 때도 이런 봄의 방문과 똑같다. 성모님께선 태양빛처럼 우리 마음의 경계를 넘어서 들어오시고, 우리의 정신은 성모님에 대한 기억으로 충만하여 구름 한점 없이 밝게 빛난다. 그도 그럴 것이 텅빈 감정의 구멍이 모두 성모님이 발하는 위대한 빛 속에서 차례로 아물고, 메마른 곳은 모두 천국의 은총으로 촉촉해져서 어둠이 사라지기 때문이다. 새로운 빛이 나타나 영원히 끝나지 않는 환희의 주제가 우리를 위해 울려 퍼진다.[7]

"텅빈 감정의 구멍이 모두 성모님이 발하는 위대한 빛 속에서 차례로 아물고"라는 루돌푸스의 멋진 구절은 리치가 성모 마리아의 발현에서 위안

을 느낀 이유를 더욱 잘 설명해 줄지도 모른다. 열네 형제의 맏이로서 리치
는 귀족 출신의 어머니 조반나 안제렐리에게서 애정을 거의 받지 못했다.
그는 그의 편지를 통틀어서 단 두 번만 어머니에 대해 언급한다. 한번은 기
도 중에 그를 기억해 달라는 것이었고, 또 한번은 그녀가 교회에서 많은 시
간을 보내는 데 대한 흡족함을 표시하기 위해서였다.[8] 리치의 편지만 가지
고 판단한다면, 리치와 아버지·형제들·여동생들의 관계는 그리 오래 지속
되지는 않았던 것 같다. 리치의 편지에는 가족 중에서 아무도 자신에게 편
지를 보내지 않는다는 불평으로 가득 차 있다.[9] 오직 할머니 라리아(Laria)
에 대해서만 그는 진한 애정을 갖고 편지를 썼다. 그리고 할머니의 죽음을
리치에게 알려 준 사람도 친척이 아니라, 당시 시에나에 살고 있던 지롤라
모 코스타였다는 것은 리치와 가족간의 소원함을 보여주는 대표적인 예일
것이다. 1592년, 할머니의 부음을 전해 들은 리치는 "어렸을 때 할머니가
내게 보여준 애정을 생각하면 안타까운 마음을 금할 길 없다네"라고 쓰고
있다. "나는 할머니한테서 얼마나 많은 은혜를 받았는지 모르네. 할머니는
온갖 일을 다 보살펴 주셨지. 그래서 마치 나의 두번째 어머니 같았네."[10]

　할머니의 부음을 알리는 코스타의 편지를 받았을 때, 리치는 1592년 여
름밤, 사오저우에서 중국인 청년들의 공격을 받고 사제관 창에서 뛰어내리
다 발을 심하게 다쳐서 침대에 누워 안정을 취하고 있었다. 리치가 고통에
겨워하면서 침대에 누워 있었던 모습은 71년 전 팜플로나(Pamplona)의
포위전에서 프랑스 군이 쏜 총탄에 오른쪽 다리를 맞은 이냐시오 데 로욜라
가 침대 위에서 길고도 고통스러운 몇 주간을 보낸 모습과 흡사한 점이 있
다. 단 이냐시오 쪽이 좀더 심각했다. 의사들은 이냐시오의 다리를 절개해
서 부숴진 뼛조각들을 끄집어내고, 오른쪽 다리가 영원히 쪼그라들어 왼쪽
다리보다 짧아지는 것을 막기 위해 서둘러 금속 지지대를 댄 다음, 다시 상
처를 절개하여 오른쪽 종지뼈로 뚫고 나간 뼛조각을 원위치로 되돌렸던 것
이다. 이렇게 고통에 시달리던 이냐시오는 그에게 나타난 성모자의 환영을
보고 살 수 있다는 용기를 얻었다. 이냐시오의 말에 따르면, 성모자의 환영
을 보자 마음이 평안해지고 두번 다시 욕정으로 번민하는 일이 없게 되었다

고 한다.[11] 1521년 9월 말, 다시 걷게 된 이냐시오는 즉시 작센의 루돌푸스의 저서를 발췌해서 옮겨 쓰고, 그의 누나를 찾아갔다. 한편 1592년 8월, 다시 걷게 된 리치는 돌아가신 할머니를 위해 연속해서 세 번의 미사를 올리고 나서, 사제관을 습격한 중국인들에 대한 소송을 준비하기 시작했다. 이것은 힘든 작업이어서 심리를 위해 몇 번이나 관청을 방문해야 했을 것이다. 상처가 채 아물기도 전에 이런 번잡한 일을 시작한데다가 마카오의 의사도 상처를 치료할 수 없었기 때문에 이냐시오와 마찬가지로 리치도 죽을 때까지 발을 절뚝거리게 되었다.[12] 훗날 베이징으로 가던 리치는 하루 종일 걷거나 서 있고 나면 심한 고통을 느꼈다. 그럴 때 단테가 『지옥편』에서 자신과 자신의 모험을 소개하려 했던 구절이 리치의 입에서 흘러나왔을 것이라고 상상해도 괜찮지 않을까.

Poi ch'èi posato un poco il corpo lasso,

Ripresi via per la piaggia diserta,

Si che'l piè fermo sempre era 'l più basso.

피로해진 몸을 잠시 쉬게 하고 나서

나는 아무도 없는 비탈을 다시 오르기 시작했다.

굳어 버린 한쪽 다리는 늘 뒤로 처지건만.

번역으로는 원문의 맛이 충분히 전달되지 않는다. 왜냐하면 여기서 단테는 아리스토텔레스와 교부들의 마음에 사무친 언어를 사용해서 피로해진 순례자가 베아트리체를 사모하며 용기를 내어 왼쪽 다리를 질질 끌면서 끈기 있게 전진하는 모습을 묘사했기 때문이다.[13]

리치는 문자 그대로의 의미에서나 비유적인 의미에서나 발을 질질 끌면서 빛을 찾아 걷고 있었다. 그런 리치가 위안을 얻었던 것은 마음에 떠오른 인물의 모습이나 추억을 통해서만은 아니다. 리치는 길을 갈 때 용기를 주는 것 같은 신앙의 대상을 현실에서 마주하고 있었다. 몽테뉴가 로레토를 성유물함으로 이해했던 것처럼, 어린 시절 몇 번이나 로레토를 방문했던 리치의 머릿속에는 로레토에 대한 관념이 존재하고 있었다고 추측해도 좋을 것이다. 확실하게 말할 수 있는 것은, 학창시절 그러니까 리치가 열여섯의 나이로 마체라타에서 로마로 갔을 때, 리치는 문자 그대로 성유물로 가득 찬 로마라는 도시에 살게 되었다는 사실이다. 그 도시에 있는 127개 성당 안의 무수한 성지에는 성 베드로와 성 바울로의 유해, 복음서 저자인 성 루가나 성 세바스티아노(Sebastianus)의 두부(頭部), 아리마태아의 요셉의 팔, 한때 성녀 베로니카가 지녔던 그리스도의 얼굴이 찍힌 아마포 같은 성유물(이라고 말할 수 있는 것)이 있었다. 이 밖에도 그리스도의 옆구리를 찌른 창날, 그리스도가 매달렸던 십자가의 조각, 성 세바스티아노의 몸을 꿰뚫은 화살촉, 그리스도와 제자들이 최후의 만찬 때 사용한 탁자, 유다가 그리스도를 배신한 대가로 받은 30개의 은화 가운데 하나, 성 바울로를 묶었던 쇠사슬, 그리스도가 배고픈 군중들을 먹인 빵 덩어리 5개의 일부, 그리스도가 사도들의 발을 닦아 준 수건, 그리스도가 본시오 빌라도의 관저로 올라갔던 계단, 그리스도를 십자가에 매달았던 못 가운데 하나, 그리스도의 가시관에서 나온 가시 2개 등이 있었다.[14]

　성유물 못지않게 중요했던 것은 어떤 성지(聖地)를 성지답게 해주는 특별한 전설이었다. 이를테면 복되신 동정녀의 교회인 성모 대성당은 리베리오 교황 재위 때, 8월에 눈(雪)이 내린 지점에 세워졌다. 로마인들은 지금도 그곳을 눈의 성모님 성당(Santa Maria della Neve)이라고 부른다. 그곳에는 먼 옛날 한 미사에서 천사가 성 그레고리오에게 응답했다는 전설이 있었다. 그래서 리치의 시대에도 미사 때 "주님의 평화가 언제나 여러분과 함께"라는 사제의 축복에 성가대는 응답하지 않았다. 왜냐하면 천사가 "또한 너희 영혼과 함께"라고 말하며 한번 더 나타나기를 바랐기 때문이다. 그리고 그곳에는 베들레헴에서 마리아가 처음 그리스도를 뉘었던 구유의 일부가 잘 보존되어 있었다. 이것에 대해서 성 히에로니무스는 "어린아이가 울음소리를 냈던 구유는 침묵 속에서 존경받아야 한다. 말을 입에 올려 존경하는 것은 너무나 품위 없는 행동이다"라고 썼다. 이 성 히에로니무스의 경의를 담은 맹세를 충실히 지킨 사람은 로마의 여성 파울라(Paula)였다. 파울라가 경건한 일생을 마쳤던 곳은 바로 "젊은 동정녀 마리아가 아기이신 우리 주님을 낳은 작은 집"이었다. 자연히 성탄절이 되면 수많은 신자들이 이곳을 찾았다.[15]

리치가 지구를 반 바퀴나 도는 여행에 나섰을 때, 많은 성유물을 지니고 있었다는 사실은 별로 놀랄 일이 아니다. 그가 중국에서 소중히 보관하고 있던 성유물 중에는 그리스도가 처형당했던 십자가 조각으로 만든 작은 십자가도 있었다. 또한 리치가 여러 성인의 뼛조각과 예루살렘의 흙을 담은 상자를 지니고 있었던 것도 확실하다. 리치는 이런 성유물을 자기의 개인 짐가방 속에 넣어 두었다. 성유물이 중국인에게 모독당할까 봐 두려웠던 것이다. 리치한테서 성유물을 받은 운 좋은 개종자도 있었다. 그런 개종자 중에는 자기가 성유물을 갖고 있다는 것을 자랑스럽게 사람들 앞에 내보인 사람도 있었다. 예컨대 루가 리(李)가 그런 사람이다. 루가 리는 자신의 가족이 그리스도교로 개종한 것을 기념하기 위해 한 장의 그림을 주문하고, 가족들이 작은 성유물함을 목에 건 모습을 그리게 했다. 물론 그림을 본 중국인은 그 안에 무엇이 들어 있는지 알 수 없었지만.[16]

이 루가 리가 바로 베이징에서 중국인 그리스도 교도 단체인 '천주성모회'의 창설자이다. 회원들은 성모 마리아께 특별한 공경심을 가지고 자선 사업에 헌신했다. 따라서 루가 리는 서양에서 '성모회'라고 불리는 단체를 중국에 도입한 선구자다. 이런 단체의 이면에 존재하는 사상은 반(反)종교 개혁기의 유럽에 널리 퍼져 있었다. 신앙심이 돈독한 남녀가 작은 집단을 만들어 숭고한 정신적 임무를 띤 생활을 하기로 서로 맹세하고, 이미 자신이 속해 있는 큰 기관이나 조직의 일을 측면에서 지원한다. 이런 집단은 모두 굳은 서약에 의해 결속되어 있었는데, 일반적으로는 일주일에 한 번씩 정기 모임에 참석해서 고백성사와 성체성사를 자주 행하고, 자신들이 사는 공동체에서 가장 필요한 사회봉사나 화해나 자선사업 등을 어떻게 수행할지 검토한다. 회원이 수도회에 속할 필요는 없다. 16세기 중반에는 파도바나 나폴리의 여성들, 피렌체의 직인(職人)들, 베네치아, 제노바, 시에나의 사회단체 등이 성모회를 결성하여 병원이나 가난한 사람들 사이에서 비슷한 활동을 하고 있었다. 어떤 단체는 화해를 주선하는 동안 남편과 떨어져 지내야 하는 가난한 여인들에게 생활비를 지원하기도 했다.[17] 이런 성모회가 마체라타에 처음 설립된 것은 리치가 태어나기 한 해 전인 1551년의 일이다. 모임은 파도바의 성 안토니오 성당에서 열렸다. 1566년에는 성모회의 취지에 더 적합한 로레토의 성모 성당으로 모임의 장소를 옮겼다.[18]

리치가 마체라타의 성모회 회원이었는지는 알 수 없다. 그러나 그가 로마에서 성모회에 가담하여 적극적으로 활동했던 것은 확실하다. 로마의 성모회는 1563년 벨기에인이며 신학자이자 예수회원인 얀 레우니스가 로마 대학에서 설립했다. 이후 이 조직은 급성장하여 리치가 입회하기 직전인 1569년 무렵에는 이미 두 분회로 나뉘어 있었다. 하나는 12~17세의 소년 소녀로 이루어졌으며 회원수는 약 30명이고, 또 하나는 18세 이상의 회원들로 이루어졌으며 회원수는 약 70명이었다. 하지만 회원이 계속 증가하여 14세 미만, 14~21세, 21세 이상으로 구성된 세 분회로 다시 나뉘었다.[19] 젊은 예수회원들로 구성된 이 세 집단은 평신도가 만든 많은 단체들과 보조를 함께하며 활동했을 것이다. 평신도들은 다른 도시와 마찬가지로 로마에서도 적극적으로 활동하고 있었다. 리치가 로마에서 면학에 힘쓰고 있을 무렵에 활약한 평신도 단체 중에는 감옥을 찾아가 침구나 간이침대를 나누어 준다든가 재판수속을 준비해 준다든가 의사를 구해 준다든가 빚을 대신 갚아 준다든가 사형수에게 정신적인 위로를 해주는 사람들도 있었다. 가난한 죄수가 죽었을 때도 '위령회'(慰靈會, Compania de Morte)가 장례를 치러 주었다. 또 (그리스도인이라고 고백한) 죄수가 처형될 경우에는 교수대에 방치되어 까마귀밥이 되지 않도록 '자비회'(慈悲會, Compania de la Misericordia)가 시신을 거두어 전용묘지에 묻어 주었다. 이 밖에도 '수치스러운 자들'(Vergognosi, 곧 훌륭한 가문 출신으로 몰락했지만 자존심 때문에 구걸을 못하는 사람들)을 위로하는 단체가 있었는가 하면, 시민들 사이의 분쟁을 중재한다든가, 정신착란자나 주변에 해를 끼칠지 모를 광인들을 돌보는 단체도 있었다.[20]

레우니스가 성모회를 설립함으로써 특히 공헌한 점은, 자신의 학문과 그리스도인의 봉사적 삶을 일치시킨다는 공통의 목표를 가진 예수회 학생들에게 강력한 내적 유대감을 주었다는 것이다. 이 유대감이 낳은 힘은 자연스럽게 해외 전교활동에 집중되었다. 원래 레우니스 자신도 인도 파견을 희망했던 적이 있다. 그러나 레우니스는 심한 두통을 앓고 있었기 때문에 장상의 명령에 따라 이탈리아에 머물렀다. 그런데 로레토 성지를 순례하고 나서 두통이 말끔히 사라져 버렸다. 레우니스가 감사의 뜻에서 예수회 학생을 모아 젊은이들의 성모 신앙을 심화시키는 일에 나섰던 것은 바로 이 치유사건 이후의 일이다.[21] 예수회 대학에서 성모회가 설립된 것을 계기로 성모회 결성 움직임이 스페인과 프랑스, 나아가 포르투갈과 그 해외 영토로 퍼져 나갔다. 고아의 성모회에 대해서는 기록이 많이 남아 있다. 회원들은 노예들에게 생필품을 제공한다든지, 이슬람 교도를 개종시킨다든지, 축첩제도를 근절시키기 위해 노력한다든지, 분쟁에 휩싸인 시민들을 중재하는 등 적극적인 활동을 전개했다. 그 중에서도 마지막에 거론한 중재업무는 결코 쉬운 일이 아니었을 것이다. 불과 반년 사이에 약 1,500건의 분쟁이 발생했다는 기록이 남아 있기 때문이다.[22] 리치가 마카오에 막 도착했을 때, 이미 그곳에서도 비슷한 단체가 결성되고 있었다. 로마나 고아의 성모회에서 활동한 경험이 있어서인지 1582년 말에 리치는 발리냐노로부터 마카오에서 새로 조직된 예수의 이름을 단 단체의 책임자로 임명되었다. 이것은 그리스도교로 개종한 중국인이나 일본인을 염두에 둔 단체로 그들이 마카오에서 깊은 신앙생활을 할 수 있도록 돕는 것이 목적이었다. 포르투갈인은 회원이 될 수 없었다.[23]

로마의 성모회는 그레고리오 13세가 1584년에 공포한 교황칙령에 따라 특별한 권위를 부여받았다. 그 칙령에는 이 성모회를 "첫째요 원칙적인" 단체라고 했다. 1587년 조직화에 대한 의욕을 불태우던 아콰비바 예수회 총장은 교황칙령이 공포된 여세를 몰아 각지에 산재한 성모회의 새로운 규칙을 명문화했다.[24] 특히 아콰비바는 성모회의 간부회원들을 다잡기 위해 2주일마다 고백성사를 행하도록 지시했다. 또한 모임의 개최는 매주 일요일로 정하고, 특별 허락이 없이 외부인을 참석시켜서는 안되며, 성모회 활동에 대한 비밀을 지키라고 명령했다. 아울러 각 단체가 새로운 인물을 입회시킬 경우에는 해당 지역 회원들의 선거로 입회를 결정하도록 했다. 단, 여성의 입회는 금지했다. 여성은 "교화에 적합한 존재가 아니다"라는 것이 아콰비바의 생각이었다.[25]

1609년, 루가 리는 리치로부터 규칙들에 대한 충고를 들은 후에, 베이징에서 중국 최초의 성모회인 천주성모회를 창설했다. 천주성모회가 발족한 날은 단체 이름에 너무나도 잘 어울리는 성모성탄축일, 곧 9월 8일이었다. 리치가 천주성모회의 결성에 감동했던 것은 분명한데, 주의해야 할 것은 이에 대한 기사가 『전교사』의 자필원고 마지막 부분인 「제5서」 제17장 말미에 보인다는 점이다. 여기에서 리치의 펜이 멈춘 것으로 보아 천주성모회에 대한 기술은 리치가 세상을 떠나기 직전에 쓴 그의 마지막 원고일지도 모른다. 리치는 이렇게 썼다. 자신의 친구 리즈짜오의 부하였던 루가 리가 이 작은 성모회를 위해 회칙을 만들고, 한 달에 한 번씩 모임을 열어 강론과 기도를 하기로 결정했으며, 중국인 회원은 꽃이나 초나 향(香)을 베이징의 예수회 성당에 기증하고, 교회에서 분쟁을 중재하고 죄수들을 구제하는 데 힘쓰고, 무엇보다도 가난해서 장례비용을 댈 수 없는 개종자들을 그리스도교식으로 매장해 주는 일에 심혈을 기울였다고. 1609년 성탄절에는 회원 수도 이미 40명으로 늘어났다.[26] 이런 천주성모회의 활동은 리치가 로마 시절에 얻은 경험을 바탕으로 했을 것이다. 물론 부분적으로는 아콰비바의 지침을 따랐다고 보아야 한다. 그러나 여기에는 중국인의 독자적인 요소도 나타났다. 이는 근사한 장례식을 중시했다는 점에서 확인할 수 있다. 이런 장례는 중국인의 마음에 큰 감동을 주었을 가능성이 많다. 중국인은 연장자에 대한 효(孝)를 강조하는 유교 도덕의 교화를 받고 있었기 때문에 특별한 장례식을 선호했다. 쉬광치는 120두카트를 들여 삼목으로 부친의 관을 만들었고, 리즈짜오는 리치의 관을 만드는 데 은 15냥을 들였다. 가난한 중국인들은 이런 성대한 장례식을 보고서 자신들도 세례를 받아 사후(死後)의 존엄을 얻어야겠다고 생각했을 것이다. 그렇게라

도 하지 않으면, 제대로 된 장례식을 치를 가망이 전혀 없었기 때문이다.[27]

로마 대학에서 성모회가 설립될 무렵부터 성모회에 대한 험담이나 중상모략이 끊이지 않았다. 예컨대 "회원들은 예수회 학교 안에서 엘리트 집단을 만들고 있다"거나 "성모회는 전도유망한 젊은이들을 선별해서 효율적으로 재능을 연마시키는 것이 목적인 것 같다" 따위의 소문이었다. 이런 항간의 소문은 성모회 내부가 한층 치밀한 소집단으로 나누어지고 있었던 터라 정말 사실인 양 받아들여졌다. 왜냐하면 성모회의 규모가 커짐에 따라 자주 소집단끼리 합동으로 모임을 갖고, 자신들이 세운 목표를 공동으로 추구한다든가, 아브루치의 청년 귀족집단에서 나타난 것처럼 신앙심을 더욱 깊게 한다든가 하고 있었기 때문이다. 아브루치의 경우에는 아콰비바 총장이 직접 모임을 계속하라고 허락했을 뿐 아니라, 로마에서도 이와 비슷한 집단을 결성하도록 장려하기까지 했다.[28] 이런 활동을 함께 체험한 사람들은 서로 강한 유대관계로 맺어졌을 것이다. 그 유대감은 중국까지 지속되어 고락을 함께하는 동료들 사이의 결속력을 높여 주게 되었다. 리치가 프란체스코 데 페트리스에 대해서 쓴 글에는 이런 의식이 잘 드러나 있다. 페트리스는 리치보다 10년 연하의 예수회 신부로서 사오저우에서 리치와 함께 일했으며, 1593년 11월에 세상을 떠났다. 페트리스는 아주 어린 나이에 로마 대학에 입학했기 때문에 리치가 로마를 떠난 1577년 이전에 리치와 서로 알았을 가능성도 있다. 훗날 리치가 쓴 글에 따르면, 페트리스는 "성모께 느끼는 깊은 신심을 그 누구에게도 감추지 않았"으며, 사오저우의 중국인 수련수사들에게 자신이 예수회에 입회한 것은 동정녀 마리아가 환영 속에서 입회를 권유했기 때문이라고 말했다고 한다. 또한 페트리스는 로마 성모회의 헌신적인 회원이었고, 죽기 직전 침대에서도 끊임없이 성모께 소리 높여 찬송을 불렀다. 그는 마지막 고백을 마친 후 침대에서 몸을 일으키자 급히 리치의 목에 두 팔을 감았다. 리치는 슬며시 그 팔을 풀면서 곧 회복될 거라고 위로하려 했다. 그러나 두 사람은 꼼짝도 못한 채, 눈물이 앞을 가려 아무 말도 할 수 없었다. 리치의 저작 속에서 이토록 개인적인 감정에 복받친 구절은 다른 어느 곳에서도 찾아볼 수 없다.[29]

아콰비바 총장도 성모신심이 열렬한 사람이었다. 이 점은 예수회의 창시자 이냐시오 데 로욜라도 마찬가지다. 이냐시오는 『예수회 회헌 초안』의 일부는 환영 속에서 성모 마리아의 도움을 받아 작성했다고 썼다. 그래서 『영신수련』의 일부도 성모가 '말씀해 주신' 것이라는 소문이 퍼져 나가게 되었다.[30] 예수회의 지도적인 한 영성신학자에 따르면, 성모 마리아에 대한 명상은 "조심스러우면서도 기본적"인 수련이라고 한다. 또한 이 해석은 이냐시오가 서품을 받고 나서 첫 미사를 드리기까지 꼬박 1년을 기다리며 "스스로 마음의 준비를 하고, 성모님께 자신을 성자와 함께 두어 달라고 청원했다"는 사실 때문에 무게를 더하게 되었다. 1538년, 마침내 이냐시오가 첫 미사를 올렸다. 장소는 로마의 성모 대성당이었고, 때는 성탄절이었다.[31] 아콰비바 총장은 1586년 5월 19일 예수회원들에게 보낸 편지에서 성모가 예수회의 구심점 역할을 하는 존재라는 것을 강조했다. 리치는 몇 년 후, 자오칭에서 추방당하기 직전에 이 편지를 보았을 것이다. 이 편지는 중국에서 이뤄지는 전교활동의 정세에 맞추어 쓰여 있었다. 왜냐하면 아콰비바는 전교사들에게 중국이라는 "이 광대한 제국에서 동트는 신앙의 새벽"을 축복한 기념제가 교황 식스토 5세로부터 정식 승인을 얻었다고 알려 주고 있기 때문이다. 대단히 수사적인 아콰비바의 편지가 자오칭에 있는 제대 앞에서 무릎 꿇고 있던 리치에게 어떤 영향을 주었는지는 상상하기 어렵지 않다. 제대에는 머리에 승모(僧帽)를 쓰고 왼손에 성서를 쥔 아기 예수를 품에 안은 성모 성화가 장식되어 있었다. 이 그림은 성모 대성당에 있었던 그림의 복제품이었다. 리치는 이것을 중국으로 가지고 와서 처음에는 작은 셋집에, 다음에는 성당으로 쓰기 위해 지은 넓은 건물에 걸었다.[32] 아콰비바는 편지에 다음과 같이 썼다.

마리아께서는 만물을 창조하신 분의 어머니시고, 성 다마체네(St. Damascene)가 참으로 합당하게 명명했듯이 '천지를 지배하는 여왕'이시다. 내 소망은 모든 시간과 만물 안에서—개인적으로 구하든 공동체 전체가 구하든—우리가 특별한 경의와 흔들리지 않는 확신을 지니고 복되신 성모님의 보호와 후원을 구하는 것이다. 왜냐하면 그분은 무거운 노동을 짊어지고 있거나 영혼에 괴로움이 있는 모든 이들의 피난처이시기 때문이다. 결국, 성인들께서 우리의 복되신 성모님께 쏟으신 부드러운 신앙심과 성모님께 대한 끈질기고 열렬한 사랑을 통해 얻은 성스러움을 성찰해 볼 때, 나는 우리가 참된 마음으로 천주의 어머니를 공경해야 함을 원하지 않을 수 없다. 나는 우리의 거룩하신 하느님 아버지께서 우리 회(會)의 미래에 대한 희망을 마리아의 보호 아래 두셨다는 것을 잊을 수 없고, 따라서 여러분에게 성모님의 중재를 통해서 그분의 영광과 기억이 우리에게 매일 가까이 오기를 기도해 줄 것을 요청한다. 그리고 참되게도, 천주의 어머니이신 성모님께서 높이신 아주 특별한 위엄은 우리의 사랑과 경의를 요구할 수밖에 없는 것이다. 만일 성모께서 선물로 내려 주신 관용을 상기한다면, 우리는 아무리 감사해도 감히 그분의 선하심에는 미치지 못할 것이다. 그리고 만일 우리가 우리 자신의 빈궁함과 무력함을 성찰한다면 우리는 성모께서 전능한 보호로 우리를 도와 주시도록 간구해야만 한다.

아콰비바는 결론적으로 이런 헌신에 대한 보답은 분명하다고 말한다. "만일 우리가 스스로 성모의 충실한 종임을 인정하고 행동한다면, 성모께서는 우리에게 확신을 심어 주시고, 스스로 우리를 보호해 주실 것이다"[33]

리치는 예수회 안에서 성모 마리아가 행하는 역할을 새삼스럽게 떠올릴 필요가 없었다. 리치는 리스본을 떠나 긴 여행을 한 후 모잠비크 해변에 잠시 머무르는 동안 포르투갈인의 성 세바스티앙 요새를 수호하는 '방벽의 성모'를 보았다. 또한 악바르가 파견한 사절이 고아에 있는 예수회 성당에 있는 성모 성화 앞에서 신을 벗고 엎드려 경배 드리는 모습도 보았다. 게다가 리치는 마카오에서 가장 멋진 성당은 성모님께 봉헌된 교회라고도 적었다.[34] 실제로 중국에서 성모는 너무나도 막강한 권위를 지닌 존재여서 일반 중국인의 머릿속에서는 삼위일체를 대신할 정도의 위치를 차지하고 있었다.

어쩌면 그 한 가지 원인은 성모의 모습이 매우 사실적으로 아름답게 묘사되어 있었다는 점에 있을지도 모른다. 그래서 자오칭의 주민들은 성모 성화에 고두(叩頭)의 예를 행하고, 자오칭 지부 왕판은 그 복사본을 요구하여 사오싱에 있는 연로한 부친에게 보냈을 것이다. 그러나 점차 중국인은 그리스도교의 신은 여성이라고 믿게 되었다.[35] 성모의 모습은 중국에서 옛날부터 숭배되어 왔던 관음보살이나 다른 여신들의 모습과 혼동되었다. 또한 성모의 긴 옷이 매우 사실적으로 묘사되어 있었기 때문에 오히려 어떤 중국인 학자들은 성모의 형체가 인간의 모습을 하고 있다는 것을 잘 이해하지 못했다. 리치와 동시대 학자인 셰자오저는 자신이 관찰하고 기억한 것을 모은 책에서 "그리스도교에서 말하는 신의 형상은 여성의 몸이지만 그 모습은 이상하기 그지없다. 일찍이 우리가 '인수용신'(人首龍身)이라고 불렀던 괴물과 흡사하다"고 기록하고 있다.[36] 중국인 사이에 오해가 생기고 있음을 알아차린 리치는 고민 끝에 성모자 성화를 성인(成人)의 모습을 한 그리스도의 성화로 교체했다. 리치는 중국인들이 "약간 혼란스러웠을"(un poco confusi) 수밖에 없었다고 적었다. 왜냐하면 예수회원들은 중국인에게 하느님은 오직 한 분이시라고 가르쳤는데, 그런 강론을 하는 자리에는 예외 없이 성모 성화가 걸려 있었기 때문이다. 실제로 예수회원들은 십계명의 첫번째 계율을 명쾌하게 "온 마음을 다하여 오직 한 분이신 천주를 공경하라"로 이미 번역했던 것이다. 예수회원들은 중국인들에게 어떻게 그리스도가 마리아의 자궁에서 육화되었는지, 그 신비를 설명할 생각이 아직 없었던 만큼 어느 정도의 혼란은 불가피했고, 결국 성모 성화를 눈에 띄지 않게 했는데도 여신 숭배의 소문은 끊이지 않았다. 그리스도교의 신은 팔에 아이를 안고 있는 여성이라는 소문은 16세기 말 난징에서는 이미 하나의 지식으로 널리 퍼져 있었다. 그 후에도 중국의 문인들은 그들의 책에 같은 내용을 적어 놓음으로써 이 오해는 계속 확산되었다.[37]

사실 리치는 이 헛소문을 불식시키기 위해 최대한의 노력을 기울이지는 않았던 것 같다. 그도 그럴 것이 아직 그리스도의 생애를 어느 정도 설명해야 할지 불분명한 단계에서는 성모 성화가 그들의 전교사업에 소중했기 때문이다. 1585년 10월에 리치가 아콰비바에게 쓴 편지에서 "목에 걸 수 있는” 작은 시계와 함께 성화 몇 점을 보내 달라고 요청했다. 단 “그리스도의 수난을 상세히 묘사한 그림은 중국인들이 아직 이해하지 못합니다”라고 말했다.[38] 1586년 이후 어느 날, 리치는 필리핀에서 활동하고 있던 한 신부한테서 스페인에서 제작된 매우 훌륭한 유화(油畵)를 선물받았다. 이 그림은 성모·그리스도·세례자 요한을 그린 것으로 처음엔 난창에서 나중엔 베이징에서 공개되어 큰 반향을 일으켰다. 리치의 죽음이 임박했을 무렵 몇몇 예수회원들은 사오저우 교외에 있는 마을에서 이 그림의 복제화를 보고 깜짝 놀랐다. 복제화가 마을의 어떤 집 골방에서 50여 점의 두루마리와 함께 보관되어 있었던 것이다. 그 집 주인은 그것이 무슨 그림인지 몰랐다. 예수회원들은 문제의 그림이 마카오에서 육로로 운반되는 동안 이것을 볼 기회가 있었던 이 지역의 어떤 화가가 몰래 모사했을 것이라고 추측했다.[39] 리치는 늘 그리스도교 관련 물품들을 비공식적으로 유포시켜도 좋다고 생각하여 이런 보급을 장려했는데, 이 그림은 그 좋은 예라고 할 수 있다.

1599년 말, 성모 대성당의 성모화를 복제한 그림이 또 한 점 마카오를 경유하여 리치에게 도착했다. 이번엔 인쇄된 것이 아니라 원본과 똑같은 크기의 채색 복제화였다. 이 복제화와 먼저 있던 유화를 본 환관 마탕은 한눈에 깊은 감동을 받았다. 그는 리치에게 “황제의 궁전 안에 성모를 위한 장소를 마련해 주겠다”고 약속했다. 이 약속은 실현되었다. 1601년 만력제에게 바친 선물 목록을 보면 ‘고대풍’(古代風)과 ‘현대풍’(現代風)으로 그려진 대형 성모 성화가 각각 한 점씩 들어 있다. 이 두 점의 성화는 마탕을 감동시킨 바로 그 그림이었을 것이다. 리치에게 상황을 알려준 환관들의 말에 따르면, 황제는 그림을 보고 “넋을 잃었으며” 그것이 “살아 있는 부처”임에 틀림없다고 생각했지만, 사실적인 묘사에 충격을 받아 그림 두 점 모두 그의 어머니에게 주었다고 한다. 만력제의 어머니는 독실한 불교도였기 때문에 역시 마음에 들어하지 않았고, 결국 그 두 성화는 궁전 창고에 수납되었다.[40]

이처럼 성모와 아기 예수 그림은 중국인에게 일반적으로 공경의 대상이 되었지만, 십자고상에 대한 중국인의 반응은 전혀 달랐다. 리치는 1년 전인 1600년에 그런 반응을 실제로 경험했다. 그는 개인 사물 가방에 십자고 상 하나를 넣어 가지고 다녔다. 작지만 16세기 말 양식답게 보는이에게 십자가형이 집행되는 현장에 입회해 있는 것 같은 느낌이 들게 하는 조형이었음에 틀림없다. 그 핍박받는 모습은 정말로 "그리스도가 십자가에 달리신 장면에 내 몸을 두라"고 한 이냐시오의 권고에 어울리는 것이었다. 리치는 그 십자고상을 "아름답고, 나무로 조각했으며, 피를 칠해서 무척 생생해 보인다"고 했다. 하지만 이것을 찾아낸 환관—성모 성화를 보고 찬탄했던 마탕 그 사람이다—은 요술에 사용하는 불길한 도구가 아닌가 의심하는 눈빛으로 소리쳤다. "이것은 네가 우리 황제 폐하를 살해하기 위해서 만든 사악한 물건이다. 이런 술책을 쓰는 자들은 선한 사람일 리가 없다."[41] 그리고 그는 병사를 불러서 음모를 파헤칠 증거가 더 없는지 리치와 동료들의 짐을 샅샅이 조사하고 무거운 태형에 처하겠다고 위협했다. 리치의 솔직한 기록에 따르면, 가장 큰 어려움은 환관이 "십자고상을 진짜 사악한 것이라고 여긴다"는 것이고, 리치도 이 적대감을 품고 있는 사람들을 코앞에 두고, 그리스도가 십자가에 못박혀 죽으신 사건의 중요성을 적절하게 설명하기가 어려웠다는 것이다. 훗날 리치가 썼던 것처럼(종종 그랬듯이 리치는 자신을 3인칭으로 나타내고 있다), "한편 그는 그분이 우리의 하느님이라고 말하고 싶지 않았다. 이 우매한 사람들 사이에서, 더구나 이런 상황에서 고도의 신비에 대해 이야기하는 것은 어렵다고 생각했기 때문이다. ……다른 한편 그는 모든 사람들이 자신에게 적대감을 품고 있다는 것을 알았다. 그들은 그가 그 남자에게 잔인한 행동을 했다고 생각하여 혐오감에 가득 차 있었다." 여기서 그 남자란 그리스도를 가리킨다. 결국 리치는 설명을 해보려고 했지만 자기 자신도 그것을 들은 중국인도 충분히 납득할 만한 설명은 아니었다. 리치는 중국인들에게 이렇게 말했던 것이다. "그들은 이것이 무슨 의미인지 이해하지 못할 것입니다. 이분은 서양의 유명한 성인으로, 우리를 위해 십자가 위에서 고통을 받게 되셨습니다. 그런 까닭에 우리는 이분의 모습을 이런 식으로 조각하여 늘 눈앞에 두고, 그분의 위대한 선하심에 대해서 감사하는 것입니다." 한 중국인 친구가 리치에게 말했듯이 "사람을 그런 모습으로 만들어 두는 것은 정말 좋지 않았다." 또 다른 사람은 예수회원에게 "이것말고도 다른 십자고상을 또 갖고 있다면, 모두 산산조각을 내서 깨끗이 없애 버리라"고 충고했다.[42]

이렇게까지 중국인이 십자고상에 대해서 이해하지 못하는 이상 아무래도 중국인의 시각에 호소하기에는 성모자 성화를 이용하는 편이 훨씬 나았다. 그 대신 육화(肉化)를 중국인에게 이해할 수 있도록 설명하기는 어려웠지만 말이다. 하지만 십자가에 달리신 그리스도의 형상을 전혀 볼 수 없게 된 것은 아니었다. 신자들이 목에 거는 작은 청동 메달식 부조도 있었고, 개종자들은 본인이 원할 경우 작은 성화 인쇄물을 가질 수도 있었다. 또한 수수한 십자가가 성당 지붕에 장식되기도 했고, 심지어 묵주에도 신앙의 증거로서 십자가가 달려 있었다. 하지만 평소에는 사람들 눈에 띄지 않도록 그리스도의 형상을 전부 감추었다.[43] 그래서 리치가 더욱 관심을 기울였던 일은 성모 성화의 제작이었다. 리치는 종이에 그리거나 돌에 새기기도 하면서 계속해서 성모 성화를 복제하는 한편, 재능 많은 예수회원 신부를 발견할 때마다 새로운 성모 성화를 그려 달라고 부탁했다. 그 결과, 훌륭한 작품들이 차츰 늘어났고 그에 비례해서 전교활동에도 성과가 있었다. 1602년 카타네오 신부는 마카오에서 병을 치료하고 돌아올 때, 그림틀에 금박을 입힌 아름다운 성모자 성화 한 점을 가져왔다. 쉬광치는 이 그림을 보고 감명을 받아 개종을 결심하게 되었다. 남부지방의 예수회 신부들은 설교하러 갈 때 작은 성모 성화들을 가져가기 시작했다. 그들은 제대포로 제대를 덮은 다음 그 위에 성모 성화를 놓고, 양 옆에 초와 향을 두었을 것이다. 중국인 개종자들도 점차 성모 성화를 직접 인쇄하기 시작했다. 색지에 찍어 낸 성모 성화를 설이나 종교행사나 축제 때 대문밖에 걸어 두었다. 악령을 쫓아내기 위해 성모의 이름을 부르는 중국인도 더러 있었다.[44]

성모 성화가 등장하고 복음서에 있는 마리아의 이야기가 확산되면서 이제 중국인들은 꿈속에서도 성모 마리아를 보게 되었다. 병상에 누워 있던 한 개종자는 흰 옷을 입고 아기를 안은 성모가 침대가에 서서 '땀을 내 열을 식히라'고 말해 주는 꿈을 꾸었다. 실제로 그가 그렇게 하자 병이 나았다.[45] 또 대운하의 곡물 수송을 책임지고 있던 어떤 관리의 아내는 두 아이와 함께 있는 여인을 꿈에서 보았는데, 처음에는 무슨 영문인지 몰랐다가 리치를 만난 적이 있던 남편에게서 그림 이야기를 듣고 나서 성모·그리스도·세례자 요한을 꿈에 보았다는 것을 깨달았다. 그녀가 그 지역의 화공에게 그림을 그리게 해달라고 리치에게 허락을 구하자, 리치는 보통의 화공이라면 신앙에 충실하게 못 그릴지도 모른다고 생각하여 훌륭한 화가였던 예수회 수사에게 그 일을 맡겼다.[46]

좀더 복잡한 사건도 있다. 중병에 걸린 한 중국 어린이가, 아기를 안은 여인이 이름을 부르면서 다가와 자신을 보호해 줄 것이라고 말하는 꿈을 꾸었다. 아이는 회복되고 나서 꿈이야기를 부모에게 했다. 그들은 7년 전, 아이에게 세례를 준 주앙 소에로(João Soero, 蘇如望) 신부에게 감사의 인사를 하러 찾아갔다. 사내 아이는 예수회 성당에서 「성 루가의 성모」 성화를 보는 순간 그림을 가리키며 꿈속에서 자기를 지켜 주겠다고 말한 여인이 저기 있다고 외쳤다. 그런데 이때 소에로 신부는 당황하면서, 자신은 부모의 신앙심을 의심했기 때문에 아이에게 성수만 뿌려 주었을 뿐 세례를 주지는 않았다고 털어놓았다. 하지만 이제 부모의 신앙심과 천상의 승인을 확신한 소에로 신부는 소년에게 정식으로 세례를 주었다.[47]

예수회원들은 성모 성화를 널리 보급하는 한편 적대적인 종교세력의 우상을 타파하려는 노력도 차츰 펼쳐 나갔다. 주로 종교적인 설득을 통해서 중국인에게 우상을 버리도록 권고했다. 그 결과 공공연한 우상 파괴가 일어난 적도 있다. 그런데 리치는 난폭한 우상 파괴는 끝까지 못하도록 만류했다. 그런 행동은 자칫 그리스도교에 대한 반감을 되레 부채질할 우려가 있었기 때문이다. 일부 과격한 개종자들은 사오저우의 절에 난입하여 불상의 "팔과 다리를 부러뜨리고 닥치는 대로 부수어 버렸다." 불상을 훔쳐서 태워 버리거나 땅속에 파묻어 버리는 개종자도 있었다.[48] 그런데 리치의 기록에는 예수회 신부가 중국인 개종자들과 일치단결하여 우상을 추방한 행동을 극구 칭찬하는 구절도 많이 나온다. 어떤 상인이 팔려고 내놓았던 40두카트어치의 청동 불상 여러 개를 리치에게 보내왔다. 녹여서 없애 버리고 싶다는 뜻이었다. 또 어떤 개종자는 베이징의 자기 집 정원에 용광로를 설치하여 우상을 녹여 없애려 했다. 보통의 중국인이라면 누구나 재앙이 닥칠 것을 두려워하여 꺼리는 행동이었다. 이 밖에 일흔여덟의 한 노인은 가족들이 불상을 태워 버리지 못하게 하자, 아들들의 반대에도 아랑곳하지 않고 불상을 예수회에 갖다 주고 소각해 버리라고 했다.[49] 이따금 감탄할 만큼 멋진 불상이 들어오면, 리치는 '전리품'이라고 부르며 그것을 마카오로 보내기도 했다. 그러나 그것은 예외적인 경우이며, 일반적으로는 파괴하는 일이 더 많았다. 파괴의 손길은 나무조각 우상이나 종이에 그린 우상화 그리고 책에까지 미쳤다. 어떤 젊은 화가는 자기가 전문으로 하는 종교인물화를 모조리 불살랐다. 취루쿠이는 개종하자 연금술서나 종교서적, 소장하고 있던 모든 인쇄용 목판, 여러 권의 필사본을 3개의 큰 나무상자에 넣어 예수회 사제관으로 보내 태워 버렸다. 태우지 않고 남겨 둔 것은 '자질구레한 궤변'을 다룬 몇 권의 책뿐이었다. 취루쿠이와 예수회원들은 그것을 함께 연구하여 교묘한 논박술을 익히려고 했다. 한편 임진왜란 당시 조선에서 반격작전을 지휘했던 무관 리잉스(李應試)는 여러 해 동안 거액을 들여 수집한 점성술이나 풍수에 대한 많은 필사본들을 태워 버렸다.[50]

취루쿠이와 리잉스는 세례를 받은 날 조심스럽게 자신의 신앙에 대한 글을 썼다. 취루쿠이의 글에는 특별히 성모 마리아에 대한 신앙이 두드러지게 나타나 있다. 글의 대부분은 불교 보급에 많은 돈과 정력을 쏟은 일을 후회하는 내용이지만, 취루쿠이는 이 고백의 끝부분에 성모 신심을 토로하는 말을 남겼다. 그것은 반(反)종교개혁기의 중국에서 새롭게 탄생한 성모 신심의 수사로 빛나고 있다.

비록 장엄한 신비를 전부 이해할 수는 없다고 해도, 저는 그리스도교의 신조(信條)를 따라서 온 마음을 다해 그것에 복종하고 그 안에 담긴 모든 것을 믿습니다. 저는 성령(Spirito Sancto, 취루쿠이는 중국어로 '쓰비리둬싼둬'(斯彼利多三多)라고 발음했다)께 그것을 더 분명하게 해주시길 기도하나이다. 저는 이제 막 새로운 믿음을 얻었고, 제 마음은 연약하고 부드러운 옥수수 이삭 같습니다. 그러므로 저는 성모께서 제게 영적인 용기와 힘을 주시고 저를 위해 하느님께 기도해 주시길 바라나이다. 또한 성모께서 제 뜻을 언제나 흔들림 없이 강고하게 해주시고, 제 영혼의 잠재력을 활짝 열고, 마음을 깨끗하고 맑게 해주시기를 기도하나이다. 그리하면 제 마음은 빛으로 가득 차고, 진리와 이성을 제 것으로 삼아 제 입은 성스럽게 말하며 중국 전역에 그 씨앗을 뿌리고 퍼뜨릴 것입니다. 그래서 누구나 하느님의 거룩한 법을 알고 그것에 복종하시길.[51]

취루쿠이와 리치 사이에 서로를 아끼는 마음이 남달랐다는 것은 취루쿠이가 자신의 세례명으로 이냐시오를 선택하고, 14세 된 자기 아들에게는 마테오라는 세례명을 주었다는 사실에서 확인할 수 있다.[52]

불교는 윤리적인 선을 주장하는 점에서나 자비를 실천하는 점에서나 예수회의 최대 경쟁자였기 때문에 예수회원들과 개종자들은 당연히 중국의 불교를 공격하는 데 많은 정력을, 아니 거의 모든 정력을 쏟았다. 불교 자선단체는 가난한 사람들의 생활을 향상시킬 수 있는 사업에 관계하는 일이 많았다. 노인들을 위해 병원이나 양로원을 기증하고, 재해가 있을 때 음식을 제공하거나 낮은 이자로 돈을 빌려 주기도 했다. 또 목욕탕을 짓고 나무를 심고 다리도 보수했다. 리치가 머무를 당시의 베이징에는 가난한 사람들에게 음식과 약을 주고, 극심한 가난 속에서 세상을 떠난 사람에게 관을 제공하는 조직이 있었다. 루가 리도 천주성모회를 설립하기 전에는 여러 불교 자선단체의 회원이었고, 적어도 그 중 한 단체에서는 책임자의 자리에 있었다.[53] 이런 상황 속에서 그리스도교로 개종한 사람들은 관음보살상을 다른 불화(佛畵)와 함께 신속하게 태워 버렸다. 왜냐하면 그리스도교 전교사들조차 관음보살상을 보는 순간 성모 성화로 잘못 볼 가능성이 있었기 때문이다.[54]

리치는 엄격한 단식생활에 몰두하는 불교도들의 주장을 일축하기 위해서 막대한 시간을 들였다. 하지만 일찍이 프란치스코 사베리오가 알고 있었던 것과 마찬가지로 리치도 독실한 불교도들 가운데 종종 덕이 높은 신도들이 있으며, 그들이 일단 개종만 하면 대단히 성실한 그리스도인이 되고, 그 중 다수가 도덕에 대한 논쟁에 능수능란하다는 것을 알고 있었다.[55] 어떤 면에서 리치는 반 정도는 불교도에게 양보하는 자세를 보였다. 그리스도교의 단식일에는 생선·고기·달걀·유제품에 손을 대지 않고 채소·떡·쌀밥만을 먹는 불교의 음식 규정을 지켜서 평소와 달리 "중국 이교도들의 단식양식을 따르고 있었던" 것이다. 그러나 동물성 음식을 왜 피해야 하는지 그 이유에 대한 불교도의 설명은 결코 인정하지 않았다. 예컨대 '만물은 하나'(一切卽一)라든가 윤회전생 따위의 이론에 근거한 설명에 대해서 리치는 금식이란 회개의 의미로서 행하는 것이라고 반박했다. 다시 말해서 자신의 죄를 되새기고, 늘 육체의 나약함을 자각하기 위해 단식한다는 것이다. 또 보존하기 위해 어떤 것을 먹지 못하게 하는 것은 어리석은 짓이라고 생각했다. "서양에는 돼지고기를 기피하는 야만족이 있다. 그런데 그들의 나라에는 돼지가 한 마리도 없다." 그런데 이것이 종(種)을 보존하는 방법이라고 할 수 있는가라고 리치는 반문했다.[56] 아울러 리치는 약간 우회적으로 단식의 목적과 방법에 대해서 비슷한 주장을 했는데, 그것은 자신의 중국어 이름인 '리마더우'(利瑪竇)의 세번째 한자로 선택한 '더우'(竇)이다. 이익이나 수확을 의미하는 리(利)나 말을 탄 왕을 나타내는 마(瑪)와는 달리 더우는 리치가 중국 어린이들이 글공부를 시작할 때 사용하는 교재인 『삼자경』(三字經)에서 취한 글자이다. 『삼자경』은 한자를 처음 배우는 아이들이 반드시 암송하는 초보적인 중국어 교본이다. 아마 리치가 처음 읽었던 중국 고전도 『삼자경』이었을 것이다. 이 책에 따르면 '더우'는 5대10국 시대의 학자 '더우위친'(竇禹鈞)으로, '올바른 방법'을 분별하고 자식들을 잘 가르쳐서 출세시킨 인물이었다. 곧 '더우'는 중국의 전통이 낳은 윤리적이고 성실한 인물의 전형적인 예였다.[57]

현존하는 리치의 편지를 보면, 이미 1585년에 리치는 중국의 하층계급 사람들 중에는 윤회설과 결부시켜 육식을 꺼리는 '피타고라스 학파'가 많다고 단정짓고 있다. 그 후에도 리치는 '피타고라스 학파'라는 표현을 계속 사용했다. 리치는 사람은 죽었다가 다시 태어난다는 사고방식이 만연해 있기 때문에 중국에서는 유아 살해가 끊이지 않는다고 확신했다. 가난한 사람들은 자기의 아이가 좀더 부유한 가정에서 하루 빨리 다시 태어나길 바라며 아이들을 죽인다는 것이다. 이런 확신은 리치가 윤회설을 비판하는 도덕적 근거가 되었다. 리치는『천주실의』에서 피타고라스의 윤회설의 기원에 대해 상세하게 설명하고 있다.(피타고라스라는 이름을 독자들이 더 잘 기억하도록 중국어로 '비타워츠'〔閉他臥刺〕라고 옮겨 적었다.) 인간의 영혼이 여러 형태의 동물의 몸으로 태어난다는 피타고라스의 윤회설은 유럽인의 도덕이 방만했던 시기에 고안된 일종의 우화적인 교훈에 불과하며, 이 오류로 가득 찬 주장은 유럽에서 인도로 퍼졌고 다시 인도에서 중국인들이 실수로 자기 나라에 들여왔다는 것이다.[58] 리치는 여러 근거를 내세워 이 윤회설은 엉터리라고 주장했다. 윤회설에 따르면, 인간이 다른 모든 피조물의 주인이고 하느님께서는 동물이나 식물을 인간에게 봉사시키기 위해 지상에 보냈고, 각기 다른 모습을 부여했다는 사실을 부정하게 된다. 만약 윤회설을 충실히 따른다면 결혼은 불가능해질 것이다. 왜냐하면 결혼 상대가 이미 세상을 떠난 자신의 조상, 심지어 돌아가신 아버지나 어머니일지도 모르기 때문이다. 또한 가정 내의 질서도 파괴될 것이다. 왜냐하면 자기가 부리는 머슴이나 하녀가 자기의 친척이나 부모일지도 모르기 때문이다. 농사일이나 짐을 옮기는 데 어떤 가축도 이용할 수 없다. 왜냐하면 자식들의 영혼이 그런 생물 안에 들어 있을 것이기 때문이다. 만약 윤회가 실제로 존재하는 현상이라면 우리에게 전생에 대한 기억이 약간은 남아 있을 것이다. 그러나 이것은 어느 모로 보나 사실이 아니다.[59] 1608년에 출판된『기인십편』에서도 리치는 이런 생각을 자세히 기술했다. 이 책에서는 단식을 마친 리치가 입교자 리즈짜오와 대화를 나누는 형식으로 자신의 주장을 펼치고 있다. 여기서 리치는 일정한 시기에 단식하는 것을 정당화하는 그리스도교의 회개관을 더욱 강력히 옹호하는 한편, 불교도가 단식의 전제로 삼고 있는 사상에 대해서 다시 논박을 가했다.[60]

위춘시(虞淳熙)라는 중국인 학자는 리치에게 편지를 보내, 왜 불교 경전을 자세히 읽어 보지도 않고 불교를 음해하는지, 그리고 왜 불교의 영향을 받은 훌륭한 역대 유학자들을 비난할 권리가 자신에게 있다고 생각하는지에 대해 물었다. 그는 리치의 저작을 읽어 보면, 그리스도교와 불교는 도덕적인 면에서 공통점이 많이 있는데도 리치가 불교를 일방적으로 비난하는 것이 이해되지 않았던 것이다. 위춘시는 리치에게 기본적인 불교 서적의 목록을 제시했다. 자신이 제시한 불경들을 읽으면 리치가 불교를 좀더 깊이 이해할 것으로 생각했기 때문이다. 이에 대해 리치는 상당히 긴 답장을 썼다. 이 편지에서 리치는 예수회 전교사업의 본질, 전교의 목적을 달성하기 위해 서양 과학을 이용하고 있는 점, 불교가 「십계명」의 첫 계명을 거스르고 있음을 확신한다는 것, 불교는 지난 2천 년간 설파되었음에도 불구하고 중국의 도덕 수준을 향상시켰다고 볼 수 없다는 것 등을 설명했다.[61] 리치는 이 편지에 자신을 가졌는지, 1608년 8월 22일 아콰비바 총장에게 보낸 편지에서 이렇게 썼다. "저는 위춘시에게 답장을 보냈는데, 그도 제 답장을 읽으면 두번 다시 그런 말다툼식의 편지를 쓰고 싶지 않을 것입니다. 저희는 위춘시와 제 편지를 모두 인쇄할 예정입니다. 그렇게 하면 우리 신앙의 많은 면들을 설명할 수 있을 것이기 때문입니다." 리치에 따르면, 3년마다 실시되는 과거(진사시험)가 있었던 해인 1607년, 학자들이 모종의 출판물을 이용해서 리치에 대한 비판을 퍼뜨리려고 했지만, 상급 시험감독관이 끼여 들어 리치에게 이롭도록 글자를 고쳤다고 한다. "몇 단어만을 고쳤을 뿐이지만, 우리를 향했던 비판은 다른 종교의 우상을 공격하는 구절로 변했습니다."[62]

하지만 리치가 힘 있는 논점과 날카로운 논박으로 위춘시를 침묵시켰다고 생각한 것은 오산이었다. 위춘시는 자신의 편지와 리치의 답장 모두를 옛 스승인 주홍(株宏)에게 보냈기 때문이다. 주홍은 명 말을 대표하는 고승(高僧)이었다. 항저우 근교의 운서사(雲棲寺)의 큰스님이었던 주홍은 불교도의 수도생활에서 도덕성을 부활시키는 데 공헌했으며, 아울러 재가(在家) 불교도의 헌신적인 봉사활동을 촉진시키는 데도 큰 힘을 발휘했다. 그는 리치의 편지에 별반 흥미를 느끼지 않았고, 위춘시에게 이런 천박한 주장을 함부로 늘어놓는 사람은 논박할 가치조차 없다고 편지를 써보냈다.

주홍의 말에 따르면, 리치의 편지는 이전에 나온 그의 저작들보다 훨씬 훌륭한 문체로 쓰인 것이 확실하지만, 그것은 중국인 학자가 대필해 주었기 때문일 것이라고 했다. 몇 년 후 주홍은 비판문을 썼다. 여기서 주홍은 불살생(不殺生)은 절대적이지만 리치의 말처럼 부모를 학대하고 있다는 따위의 논의는 현실을 단순한 가능성과 뒤섞어 놓은 것에 불과하다고 비판했다. 현실 세계와 가능성의 세계 사이에는 근본적인 차이가 있다는 것이다.

> 남녀의 결혼이나 우마(牛馬)의 사용은 하인을 부리는 것과 마찬가지로 세상 어디에나 있는 일이다. 이런 평범한 일을 동물의 목숨을 빼앗는 잔혹함과 비교할 수는 없다. 이것이 바로 불경에서 어떤 미물도 죽이지 말라고만 말하고, 사람은 결혼할 수 없다거나 가축을 기르지 말아야 한다는 말을 하지 않은 이유이다. 〔마테오 리치가 사용하는〕 그런 류의 궤변은 사람을 기만하는 말장난이다. 어찌 이따위 궤변으로 불법(佛法)의 위대한 진리를 해할 수 있겠는가?[63]

리치는 아마 주홍이 위춘시에게 보낸 편지를 보지 못했을 것이다. 또 위에 인용한 비판문이 간행된 것은 리치 사후의 일이었다. 그러나 리치는 한림원(翰林院)의 학자이자 독실한 불교신자로서 높이 존경받던 황후이(黃輝)가 직접 자신을 조목조목 비판한 것은 잘 알고 있었다. 황후이는 리치의 『천주실의』 초고를 입수하여, 여백에 비판적인 주석을 달아 친구들에게 회람시켰다. 리치는 그 사본을 보았지만 황후이를 대놓고 반박하지는 않기로 했다. 왜냐하면 "궁정에서 권력이 상당한 그런 고관과 너무 적대적으로 되는" 것은 좋지 않다고 생각했기 때문이다.[64]

리치는 이런 종류의 논쟁을 어떻게 처리했는지에 대해서 매우 상세한 기록을 남겼다. 그것은 1599년 초 난징에서 열린 만찬에서, 유명한 승려 쌴화이(三淮)와 종교에 대해 논쟁했을 때 쓴 것이다. 다른 손님들이 귀를 기울이고 가끔씩 끼여 든 그 논쟁에서 리치와 쌴화이는 창조의 의미와 그 과정에서 인간 정신의 역할에 대해서 설전을 벌였다. 논쟁은 너무나 뜨겁게 달아올라 두 사람 사이에는 논쟁 내내 고성이 오가다시피 했다. 싼화이가 정신의 완전한 창조력에 대해서 말한 반면, 리치는 초자연적인 현상을 만났을 때 인간 정신이 그것을 받아들이는 능력과 마음속에 반영하는 힘을 분석하며 반론을 폈다. 리치는 결국 싼화이에게 거울은 태양을 비추지만 태양을 창조한 것은 아니라고 말했다. 음식이 계속 제공되면서 모든 만찬 참석자들이 대화에 참여하기 시작했다. 주제는 인간 본성의 내재적 선함(性善說)에 대해서였다. 이때 리치는 싼화이의 애매한 태도와 다른 손님들의 엉터리 주장에 응수하고자, 한 시간 정도 침묵을 지키며 이야기를 귀담아들은 뒤에 빼어난 기억력을 이용하여 그때까지의 대화내용을 사람들에게 요약해 보였다. 그러고 나서 원죄와 신의 은총이라는 관념에 기초하여, 마치 빛이 태양에 깃들어 있듯이 하느님의 본성에 자연스럽게 깃든 선함이 창조주의 내재적인 선함이라는 자신의 주장을 피력했다. 리치는 이성에 호소하여 만물을 지으신 분은 사람과 똑같은 실체를 지닌 존재가 아니라고 싼화이를 설득하려 했다. 하지만 싼화이는 완강하게 승복할 기미를 보이지 않았다. 훗날 리치는 이 논쟁에 가담할 생각이 없었으며, 몇 번이나 만찬 초대를 거절했다고 썼다. 그러나 결과적으로 이 논쟁은 매우 유익했다. 리치는 그 내용을 『천주실의』 개정판에 일부 포함시켰다. 따라서 지금도 『천주실의』에서 그 당시 논쟁의 흔적을 엿볼 수 있다. 제1편에는 신의 존재 이유에 대한 논의가, 제2편에는 내재적 현상에 대한 논의가, 제7편에는 본성의 선함에 대한 논의가 각각 실려 있다.[65]

싼화이와 논쟁하기 직전에 리치는 훨씬 버거운 상대를 만났다. 바로 리즈(李贄)였다. 당시 72세였던 리즈는 대단히 훌륭한 학자였지만, 성미가 불 같았다. 그는 리치의 방문을 받기 전에 먼저 리치를 직접 방문하여 시 두 편을 리치에게 헌정했고, 그 동안 리치가 불교를 비판해도 침묵으로 일관하여 리치의 지적을 상당부분 인정하는 것처럼 보였다. 또한 리치의 『교우론』을 높이 평가하고, 다른 성(省)에 사는 친구들에게 그 책의 사본을 보내줄 정도였다. 리치는 이런 리즈의 태도나 행동을 당연히 기쁘게 생각했다.[66] 리즈는 친구에게 보낸 편지에서, 리치가 중국에 오기 전에 인도에서 불교를 배웠으며 자오칭에서 유교 경전을 열심히 공부했고 그 지역 학자의 도움을 받아 착실히 경서와 관련된 저술작업을 하고 있다고 적었다. 그리고 이렇게 덧붙였다.

> 이제 그는 우리말을 유창하게 하고 우리글을 쓰고 우리의 예의범절에 따라 행동한다네. 그는 아주 인상적인 인물이지. 속이 꽉차고 솔직한 사람이라네. 많은 사람들이 모여서 한치의 양보도 없이 자기 주장만을 내세울 때도 리치는 침묵을 지키고, 흥분해서 논쟁에 뛰어들지도 않는다네. 내가 아는 사람 가운데 리치에 견줄 만한 사람은 없네. 거만하면서도 아첨하기 좋아하는 자들이나, 똑똑함을 과시하면서도 마음이 좁고 지성이 부족한 자들은 리치와 겨룰 수 없을 것이네.[67]

『전교사』에서 스스로 인정하고 있듯이 리치는 때때로 충동에 사로잡혀 큰소리를 지르고, 반대 의견을 윽박지르려 한 적도 있었다. 앞에서 말한 싼화이와 벌인 논쟁이 그 예다. 그렇다면 위에 인용한 리즈의 글은 리치의 자제력을 지나치게 높게 평가한 것인지도 모른다. 그러나 그래서 그랬는지는 모르지만 아무튼 리치가 일반적인 평가와는 다르게 리즈를 평했던 것만은 분명하다. 당시의 많은 사람들은 리즈를 괴짜에다 독단적이고 무례한 인물로 여기고 있었다. 그런데 리치는 리즈가 예수회원들이 베이징에서 거주허가를 얻는 데 필요한 교섭에 임했을 때 '신중하고 능숙했다'고 말한다. 1600년 봄, 리치와 리즈는 산둥 성 지닝(濟寧)에서 재회했다. 그것은 틀림없이 감동적이고 우정이 넘치는 만남이었을 것이다. 리치는 리즈와 그의 친구들이 "하루 종일 다정하게(amorevolezza) 대해 주어서 세상의 끝에서 이교도들 사이에 있다는 느낌은 전혀 들지 않았고, 오히려 더할 나위 없이 친절하고 경건한 그리스도인들에게 에워싸여 유럽에 있는 듯한 느낌이 들 정도였다"고 썼다.[68]

리치는 이미 난창과 난징을 비롯해 다른 곳에서 받은 소개장도 갖고 있었지만, 리즈는 리치에게 베이징의 친구들 앞으로 보내는 소개장을 여러

통 써주었다. 이듬해 리치가 베이징에 정착하고 나서 당시 가장 정열적이고 재능이 풍부한 몇몇 지식인들과 교류할 수 있었던 것은 이런 다양한 소개장 덕분이었다. 물론 그들 중에는 리치한테 감탄한 사람도 있고 신랄한 비판을 가한 사람도 있다.[69] 1603년, 리치는 여전히 리즈를 개종시켰으면, 적어도 리즈의 그리스도교에 대한 관심을 좀더 심화시켰으면 하는 희망을 버리지 않았다. 리치는 리즈가 그리스도교에 대해 어느 정도는 파악하고 있다고 생각했다. 하지만 바로 그 무렵 리치는 충격적인 소식을 들었다. 리즈가 죽었다는 것이었다. 리즈는 그를 적대시하는 지역 학자들의 모함을 받고 투옥되었는데, 옥중에서 그만 자살했던 것이다. "리즈는 칼로 자신의 목을 잘랐다"고 리치는 격한 어조로 리즈의 죽음에 대해 썼다.

어떤 중국 관리가 리즈와 그의 저작을 극렬히 비난하는 상서(上書)를 올리자 황제는 그 관리에게 리즈를 잡아들이고 그의 저작을 불태워 버리라고 명했다. 리즈는 옥에 갇혀 적들의 웃음거리가 된 자신을 보면서 형리의 손에 죽는 것만은 피해야겠다고 생각했다. 아니 그 이상으로 원했던 것은 제자들이나 적들이나 온 세상에 자신이 죽음을 두려워하지 않는다는 것을 보여주는 것이었다. 그래서 리즈는 스스로 목숨을 끊어 적들의 음모에 종지부를 찍었다.[70]

이 인용문으로 미루어 보건대, 리치는 리즈가 죽음에 대해서 쓴 에세이들을 보았거나 아니면 적어도 그 에세이들에 대해 리즈와 논의한 적이 있었던 것 같다. 리즈는 「죽음에 이르는 다섯 가지 방법」이라는 에세이에서, 훌륭한 대의(大義)를 위한 죽음이 가장 숭고한 죽음이며, 그 다음은 전장에서의 죽음, 순교자의 죽음, 충신으로서 부당한 모함을 받아 죽는 죽음, 큰 업적을 세운 뒤 요절하는 죽음 순이라고 말한다.

지성을 갖춘 사람은 모름지기 이 다섯 가지 죽음 가운데 하나를 선택해야 한다. 다섯 가지 죽음에는 우열이 있기는 하지만, 모두 생을 마치기에 좋은 방법이다. 처자식이 지켜 보는 가운데 병상에서 죽음을 맞는 사람은 세상에 얼마든지 있다. ……그것은 대장부의 죽음이라고는 말하기 어렵다. ……뭔가 그럴 만한 이유가 있어서 사내로 태어나는 것인데 어떻게 마땅한 대의(大義) 없이 죽을 수 있겠는가? 그러나 난 이미 늙었다. 이제는 이 다섯 가지 바람직한 방법 가운데 하나를 선택할 여유가 없다. …… 그러면 어떻게 죽어야 할 것인가? 나를 이해하지 못하는 사람들을 위해 죽으리라. 내 노여움을 터뜨리며.[71]

리치가 리즈를 좋아했다고는 하지만, 리즈가 죽은 뒤 리치는 신변의 안전을 도모하기 위해 리즈의 부도덕한 행위를 비난하는 사람들 편에 끼지 않을 수 없었다. 특히 리즈에 대한 비난이 넓은 의미에서 불교 비판과 관련되어 있는 경우에는 더더욱 보조를 맞출 필요가 있었다. 그래서 『전교사』에서도 그토록 감동을 자아내는 글을 쓰고 나서는 60쪽 정도 뒤에서 예부상서 펑치(馮琦)가 황제에게 올린 상서를 호의적으로 인용하고 있다. 그 상서는 리즈를 비롯하여 불교와 유교를 융합시키려고 하는 사람들을 비난하는 것이었다.[72]

예부상서 펑치는 명대 학자들 사이에서는 보수적인 인물로 잘 알려져 있었다. 그 이유는 그가 새로 간행되는 책에 대한 국가의 검열을 지지하고, 과거응시자가 답안지에 전통적인 학파의 유교 경전 해석을 따르지 않는 내용을 쓰지 못하게 하려 한데다가 불경을 인용한 과거응시자에 대해서는 정부의 보조금을 한 달 동안 지급 중지하는 규칙을 만들었기 때문이다.[73] 이렇게 유교의 정통성에 집착하고, 예부상서라는 높은 자리에 있었던 인물이 그리스도교에 진지한 관심을 보이고, 심지어 개종까지 생각한다는 것은 분명 있을 수 없는 일일 것이다. 그러나 리치의 『기인십편』 제2편에 바로 그런 인물이 나온다. 여기서 리치는 펑치가 "천주의 참된 가르침에 마음이 끌리고 있었는데," 뜻을 이루기 전에 세상을 떠났다고 적고 있다. 그러나 사실 펑치는 1603년, 그러니까 리치가 이 글을 쓰기 5년 전에 죽었다. 그런데 리치의 글을 더욱 의심스럽게 하는 것은 리치가 『기인십편』 제2편의 서두에 쓴 펑치와 나눈 대화가 그대로 다른 책에, 곧 1593년에 쓰기 시작해서 1603년에 간행된 『천주실의』에 실려 있다는 사실이다.[74] 이 구절에 리치의 대화 상대가 등장한다.(『천주실의』에서는 '중국 학자'[中士]로, 『기인십편』에서는 펑치로 되어 있다.) 그 인물은 날짐승과 길짐승에 대해서 말문을 열고, 그것들이 얼마나 빨리 자라는지, 또 먹이를 구하고 자기를 방어하는 본능을 얼마나 완벽하게 갖추고 있는지를 이야기한다. 이어서 이와는 대조적인 인간의 슬픈 운명을 이렇게 말한다.

사람이 태어날 때에는 어머니가 일찍이 고통을 당합니다. 모태에서 나온 알몸은 입을 열어 먼저 우니, 세상에 태어남의 어려움을 이미 스스로 아는 듯합니다. 사람들은 처음 태어나면 약하여 걸음을 옮길 수 없고, 3년이 지나야 비로소 어머니의 품을 벗어납니다. 장년이 되어서는 각자가 해야 할 일이 있으니 괴롭고 힘들지 않은 것이 없습니다. 농부는 사시사철 이랑에서 흙을 뒤적입니다. 장사꾼들은 해를 넘기며 산이든 바다든 모든 곳을 두루 돌아다닙니다. 수많은 장인들은 팔다리를 부지런히 놀립니다. 지식인들은 밤낮으로 정신을 다그치고 생각을 다해야 합니다. 이른바 "군자는 마음을 수고롭게 하고 소인은 몸을 수고롭게 한다"(맹자의 말)는 것입니다.

50세의 나이는 50년의 고통입니다. 한 몸에 생기는 질병과 같은 것이 어찌 백 가지뿐이겠습니까? 일찍이 의학책을 보니 눈 하나에 300여 개의 병명이 있습니다. 하물며 이 몸 전체를 통틀어 보면 어떻게 다 헤아릴 수 있겠습니까? 그런 병들을 다스리는 약은 대부분 입에 씁니다. 곧 우주 사이에 크고 작은 벌레나 짐승들은 어느 것을 가릴 것 없이 자기의 독이 든 신체기관을 멋대로 써서 사람을 해칠 수 있음을 서로 혈맹으로 다짐하듯이 합니다. 한 치에 지나지 않는 작은 벌레도 9척이나 되는 거구를 충분히 해칠 수 있습니다.[75]

『천주실의』에서 익명의 중국 학자의 입을 통해 이야기되었을 때 이미 뼈저린 슬픔을 안겨 준 이 절망의 울부짖음을, 열렬한 반불교주의자 펑치가 말할 때는 그 비통함의 정도가 배가 된다. 왜냐하면 리치의 말대로 만일 유교의 지혜가 이렇게 깊은 염세주의에 빠져 있는 것이라고 하면, 역시 펑치를 구제할 수 있는 것은 그리스도교밖에 없기 때문이다. 다시 말해서 지상에서의 우리 인생의 덧없음을 확실히 인식하고, 아울러 경건한 그리스도인은 내세에서 영원히 환희로 가득 찬 삶을 얻을 수 있다는 것을 분명히 이해하는 것말고는 구제될 길이 없다는 것이다.

이런 메시지를 중국인에게 이해시키기 위해서는 기술, 책략, 훈련, 기억력 등 가능한 모든 수단을 동원할 필요가 있었다. 구체적으로는 프리즘, 시계, 성화, 유클리드의 기하학, 소책자, 만찬, 교부, 로마와 그리스의 철학자 등이 성모의 성스러운 인도 아래 모두 동원되었다. 때때로 리치가 중국인에게 자신이 로레토 부근, 곧 성모께서 사시고, 말씀이 육(肉)이 된 육화사건이 일어난 집에서 실제로 아주 가까운 곳에서 태어난 것을 자랑했다는 것은 놀랄 일이 아니다. 그가 전교활동을 하고, 중국인을 절망에서 구제하고자 했던 것은 성모의 인도에 따른 것이었다. 왜냐하면 루돌푸스의 말처럼 성모 마리아는 정원이자 태양이요 샘이자 지구이지만, 동시에 성모 마리아의 몸은 탑이요 그리스도가 들어가 있는 성(城)이며, 그 성 옆을 흐르는 물은 이 세상의 눈물이 모여 이루어진 샘이기 때문이다.[76]

어떻게 하면 이런 신비를 대면할 수 있을까? 수도원이 생활의 전부인 수도사라면, 해석방법에 따라서는 자신을 성모의 태내에 있는 그리스도의 상징으로 간주할 수도 있을 것이다. 하지만 리치는 수도원에 틀어박혀 있던 사람은 아니다. 세상 안에서 적극적으로 전교활동을 하기로 서원했던 리치는 날마다 동분서주하는 바쁜 사람이었으며, 겨우겨우 짬을 내서 관상을 하는 형편이었다.[77] 그러나 그런 바쁜 생활 속에서도 하나의 해답이 준비되어 있었다. 예수회원들에게는 다행스럽게 이냐시오 데 로욜라는 날카로운 통찰력으로 전교봉사의 한 측면을 이해하고 있었던 것 같다. 이냐시오는 『영신수련』 둘째주간 첫째날에서, 육화에 대해 충분한 성찰을 마친 수련수사를 두번째 관상, 곧 성탄에 대한 성찰로 인도했다. 여기서 이냐시오는 이렇게 썼다.

> 첫째 길잡이는 역사이다. 곧 여기서는 아홉 달이나 되는 무거우신 몸으로(특별히 존경심을 나타내며 관상할 것) 나귀 등 위에 앉으신 우리 성모님과 소를 몰고 가는 요셉과 하녀가 나자렛을 떠나, 그 당시 카이사르 황제가 그 모든 지방에 부과했던 세금을 바치기 위하여 베들레헴으로 가시는 이야기를 깊이 묵상한다.
>
> 둘째 길잡이는 장소를 가상하는 것으로, 여기서는 상상의 눈으로 나자렛에서 베들레헴까지 가는 길을 보면서, 얼마나 먼지, 얼마나 넓은지, 평탄한 길인지, 골짜기를 지나가거나 고개를 넘는지를 생각할 것이며, 같은 모양으로, 탄생하신 장소와 동굴이 넓은지, 좁은지, 높은지, 낮은지, 어떻게 준비되어 있는지를 살펴본다.
>
> 첫째 요점: 인물들을 살펴보는 것으로, 곧 성모님, 성 요셉, 하녀, 그리고 탄생하신 아기 예수를 보며 가능한 데까지 내가 섬기고자 하는 마음과 존경심을 가지고 곁에 있는 것처럼, 나 자신을 비천하고 부당한 종과 같이 생각하면서 그들을 관찰하고 관상하며 모든 필요에 따라 그들에게 봉사할 것이다.[78]

이냐시오의 글에는 성모가 여행하고, 산고(産苦)를 겪고, 아기 예수를 낳은 후에 곁에서 성모를 돕는 하녀가 늘 등장한다. 하지만 복음서에는 하녀의 모습이 전혀 보이지 않는다. 여러 외경들에는 때때로 친척 몇 명이나 남녀 각 한 명의 종이 등장하기도 한다. 그러나 단 한 명의 하녀를 등장시킨 것은 아무래도 이냐시오가 생각해 낸 인물 설정인 것 같다.[79] 1570년대 예수회원들 몇 명이 이 하녀의 존재에 대해 이의를 제기했다. 복음서 어디에도 하녀가 나오지 않으며, 그리스도가 탄생할 때 성모께서는 가난했는데 하녀가 있었을 리 없다는 것이다. 이런 비판은 크리소스토무스(초기 그리스도교의 교부, 성서 해석가, 콘스탄티노플 대주교—옮긴이)나 루돌푸스의 주장에 기초하고 있었는지도 모른다. 크리소스토무스는 하인이든 하녀든 고

용인 자체가 전혀 없었다고 말했다. 또한 루돌푸스에 따르면, 성모는 외로움과 부끄러움을 느꼈다고 한다. 남편 요셉밖에 거들어 줄 사람이 없었기에 성모는 하는 수 없이 "남자들 사이를 돌아다니며 어딘가 쉴 곳을 찾았지만 결국 발견하지 못했기" 때문이다. 하지만 클라우디오 아콰비바 총장은 이 장면에 하녀가 있어야 된다고 주장했다. 하녀는 신부들이 경건한 마음으로 명상하도록 이냐시오가 손수 배치한 인물이며, 그 구절의 중요 인물인 만큼 결코 빠져서는 안된다는 것이었다.[80] 이 하녀의 눈을 통해서 리치와 그의 동료들은 기억 속에서 친밀하지만 무례하지 않게 교회의 전례 가운데 가장 신비롭고 아름다운 순간에 입회할 수 있는 것이다.

1591년 설 직전, 안토니오 알메이다 신부가 중병에 걸려 치료를 받기 위해 다른 사람의 부축을 받으며 마카오로 돌아갔다. 알메이다는 리치가 사오저우에서 함께 전교활동을 했던 유일한 서양인이었다. 이리하여 중국인에게 가장 중요한 명절인 설날에, 리치는 불과 한두 명의 중국인 수사와 함께 사오저우에 쓸쓸히 남아 있게 되었다. 사오저우의 중국인이 리치에게도 그리스도교에도 '냉담'해서일까, 리치는 우울해졌다. 그런 우울함은 설 분위기가 최고조에 달한 대보름에, 집집마다 거리마다 절마다 걸린 수천 개의 등롱(燈籠)에서 발하는 빛으로 온 도시가 반짝거리자 더욱 심해졌다. 세상의 모든 도시는 해가 지면 암흑으로 뒤덮이는 것이 당연하지만, 이 대보름날에는 말 그대로 낮과 밤이 뒤바뀌었다. 리치는 축제가 절정에 이르렀을 때 집집마다 자기네 집 등롱을 자랑하는 모습이나, 여러 날 전부터 등롱을 사고 파는 사람들로 북적대는 저잣거리의 모습을 기록으로 남겼다.[81] 몽테뉴는 로마에서 비슷한 광경을 목격하고 "1만 2천 개의 촛불이 내 앞을 지나가는데, 마치 촛불이 거리를 가득 메운 것 같았다"고 말한 적이 있다.[82] 그레고리 마틴은 로마의 휘황찬란한 빛에 몽테뉴 이상으로 매혹당했다. 마틴에 의하면 성 목요일(부활절 직전의 목요일로서 가톨릭 교회의 가장 오래된 기념일 가운데 하나―옮긴이)보다 더 웅장한 축제는 없다고 한다. 경건한 평신도 단체들이 연합하여 예복을 입고 성 베드로 대성당까지 행진하는데, 한 사람 한 사람이 평소의 깃발 대신 장식을 한 대형 십자고상과 유리나 반투명한 뿔로 만든 등이나 긴 촛대에 꽂은 촛불을 높이 쳐들고 간다. 그래서 행렬이 지나가는 세 시간 동안 거리는 "마치 하늘에 붙박인 위대한 빛들로 가득 찬 것 같다." 행렬 중에는 얼굴을 가리고 피투성이가 된 상처를 보여 주기 위해 등을 드러내고 채찍질하는 고행자도 있었다. 성 베드로 대성당 안에는 진주처럼 반짝이는 작은 유리 램프를 이어서 만든 거대한 십자가가 빛을 발하고 있었다.[83]

1591년의 그날 밤, 갑작스러운 충동에 이끌린 리치는 얼마 전 필리핀에서 보내 온 성모 마리아의 채색 유화를 들고 사오저우의 작은 성당으로 들어가 제대에 놓았다. 그리고 갖고 있던 모든 초, 크기와 형태가 다양한 램프, 빛을 반사하는 유리기구 등을 모조리 들고 나와서 한쪽 벽에 매달고 제대의 성모 성화 옆에도 두었다. 불빛이 밖으로 새어 나가자 수많은 중국인이 모여들었다. 처음에는 무슨 일인가 하고 호기심어린 눈으로 보았지만, 잠시 뒤에는 조롱을 퍼부었고, 결국에는 돌을 던지기 시작했다. 리치의 하인들이 이 사람들을 쫓아 버리려 했지만, 오히려 군중에게 옷 뒤를 찢겼다. 그 사이에도 불빛은 여전히 빛나고 있었다. 리치가 하인을 도우러 달려 나갔을 때도, 리치가 적의에 가득 찬 군중의 눈길을 받으며 성당으로 돌아왔을 때도 빛은 분명히 계속 빛나고 있었다. 깊은 밤에 잠긴 사오저우의 한켠에서 성모 성화 주위를 밝게 비추면서 빛이 출렁거린다. 램프의 기름이나 초가 다 타 버릴 때까지, 리치가 하나씩 꺼 버릴 때까지.[84]

리치는 기억의 궁전의 연회실에 둘 네번째 기억용 이미지로 호(好)자를 선택했다. 이 글자를 가운데서 좌우로 나누면 계집 녀(女)와 아들 자(子) 두 개의 글자가 된다.

리치는 자신이 원하는 '호'(好)의 이미지를 만들기 위해 두 요소 '女'와 '子'를 조합시켜 아이를 안은 하녀의 모습을 그렸다. 여기서 여자가 하녀임을 알 수 있는 것은 리치가 머리를 두 갈래로 땋아 올렸다고 했기 때문이다. 그것은 중국인 가정에서 허드렛일을 다 하는 젊은 하녀들의 특징적인 머리모양이었다. 따라서 하녀가 아이를 안아서 달래고 있다는 것이 리치의 설정이다.[85]

리치는 아이를 안은 하녀를 방에 넣고, 아직 비어 있는 한쪽 구석, 곧 서남쪽 모퉁이에 두었다. 하녀의 반대편에는 싸우는 자세로 고정되어 있는 두 명의 전사가 있고, 대각선 방향에는 후이후이 여성이 서 있다. 그리고 하녀의 왼쪽에는 곡식을 수확하는 농부가 있다.

한편 리치는 청다웨의 『정씨묵원』에 수록할 네번째 그림으로 아이를 팔에 안은 여성을 그린 그림을 선택했다. 이 일본에서 인쇄된 성모자 성화의 원화는 비릭스가 세비야 대성당에 딸린 한 경당의 벽화를 동판화로 만든 것이다. 성모는 왼팔에 아기예수를 안고, 오른팔에는 장미 한 송이를 들고 있다. 그리스도는 왼손에 포도송이를 쥐고 있고, 무릎에는 황금빛 방울새가 날개를 활짝 펴고 있었다. 포도와 황금빛 방울새는 그리스도의 수난과 죽음의 상징이다. 또한 아기 예수는 오른손을 들어 강복하고, 모자를 쓴 성모의 머리 위에서는 세 천사가 왕관을 받들고 있으며, 성모의 광배(光背)에는 라틴어로 "아베 마리아, 은총이 충만하신 분"이라고 쓰여 있다.[86]

리치는 다른 세 그림에는 모두 해설을 달아 두었는데, 유독 이 그림에는 아무런 글도 적지 않았다. 그림 위에 로마자로 Tien Chu(天主)라고 썼을 뿐이다.

그림 밑에 새겨져 있는 글을 보면, 이 성모자 성화가 카스티야의 왕 페르난도 3세가 무어인에게서 세비야를 빼앗은 것을 기념하여 그려진 것임을 알 수 있다. 따라서 이 그림은 13세기 스페인에서 이슬람 세력을 상대로 벌인 일련의 전쟁이 정점에 달했다는 것을 의미하고 있는 것이다. 물론 리치 시대의 세비야는 스페인 해외제국의 명성과 부를 상징하는 도시로 발전하고 있었고, 신세계로부터 홍수처럼 밀려드는 은괴(銀塊)가 하역되는 곳도 바로 세비야항이었다.[87] 그림 오른쪽 아래에는 이 성모자 성화가 1597년 일본에서 제작되었다는 것을 나타내는 글자가 있다. 그 해는 분노한 도요토미 히데요시의 명령으로 26명의 그리스도 교도가 나가사키 교외에서 십자가형에 처해진 해였다. 그러므로 극동에 있는 가톨릭 신자들은 1597년이란 말을 들으면 누구나 이 순교사건을 떠올렸을 것이다.

청다웨가 고용한 직공(職工)들은 훌륭한 솜씨를 발휘하여 일본판 원화를 보고 새 목판본을 제작했다. 일본판 원화에는 새가 없는데, 그리스도의 무릎 위에 새를 그려 넣은 것은 분명히 리치의 요구 때문이었을 것이다. 리치는 이렇게 생각했을 것이다. 중국인과 이 그림에 대해서 대화를 나눌 때나 중국인이 이 그림을 머리에 떠올렸을 때, 올바르게 해석하도록 황금빛 방울새와 포도가 한층 신비로운 통찰로 인도할 수 있을 것이라고. 단 성모의 광배에 새겨 넣은 라틴어 글자가 틀린 것은 리치의 지시에 의한 것이라기보다는 직공의 끌이 미끌어졌기 때문에 생긴 것 같다. "아베 마리아, 은총이 충만하신 분"이라는 뜻의 Ave Maria Gratia Plena가, 이 그림에서는 맨 뒷 단어의 'P'가 'L'로 바뀌어서 Ave Maria Gratia Lena로 되어 있다. Plena는 형용사로 '충만한'이란 뜻인 반면, Lena는 여성명사로서 유혹하거나 어루꾀는 여성을 의미한다. 만일 리치가 그 실수를 발견했다고 해도 그는 고치지 않고 그대로 두었을 것이다.

9장 궁전 안에서

 리치는 자수를 놓은 신발을 신고 기억의 궁전 성문에 서 있다. 오래 전 창문을 뛰어넘을 때 다친 발이 통증으로 욱신거린다.

리치의 눈앞에는 희미하게 빛나는 벽과 주랑과 주랑식 현관과 웅장한 조각이 있는 문이 정신이 작용할 수 있는 한계까지 펼쳐져 있고, 그 뒤에는 그의 독서와 체험과 믿음에서 생긴 이미지들이 저장되어 있다.

리치의 눈에 환관 마탕의 모습이 보인다. 마탕은 분노에 떨며 피투성이가 된 그리스도를 조각한 나무 십자고상을 쥐고 있다. 리치의 귀에는 위험을 예고하는 외침과 사나운 바람소리가 들린다. 그 소리는 배가 뒤집혀 주앙 바라다스와 함께 간 강으로 처박힐 때 사람들이 들었던 소리다. 리치의 코에는 향을 피우는 냄새가 진동한다. 그것은 주융의 화려한 저택 정원에서 이교도의 제단에 경건하게 그리스도의 트립틱을 놓았을 때, 그 주위에 피어오르던 향 냄새다. 리치의 혀는 가정집 요리를 맛본다. 그것은 자오칭 근처의 농촌에 사는 가난한 농부들이 일부러 마련해 주었던 음식이다. 리치의 뺨은 프란체스코 데 페트리스의 뺨의 감촉을 느낀다. 임종 순간을 맞이한 페트리스가 리치의 목을 끌어안고 뺨을 부비던 그때의 느낌이다.

리치는 예상했던 것보다 훨씬 먼 곳까지 가서 미지의 땅에 발을 내딛고 있다. 만일 그가 돌아가려고 하면 쉽게 돌아갈 수 있을지는 확신할 수 없다. 리치는 학생 때 "그러나 천상의 공기를 마시러 되돌아오는 것은"(sed revocare gradum superasque evadere ad auras)이라는 베르길리우스의 시구를 함께 배운 친구 줄리오 풀리가티에게 보낸 편지에서 "아베르누스로 내려가는 길은 쉽다"(Facilis descensus averni)라고 썼다. 이 구절은 베르길리우스의 『아이네이스』 제6권에 나오는데, 어렸을 때 암송했던 구절을 기억 속에서 급히 끄집어내는 바람에 뒤에 이어지는 구절이 생략되어 있다. 원문은 다음과 같다.

> 아베르누스로 내려가는 길은 쉽다
> 암흑의 디스(명계의 신)의 문은 밤이고 낮이고 열려 있다.
> 그러나 천상의 공기를 마시러 되돌아오는 것은
> 어렵고 고통스런 일이다.[1]

이것은 아이네이아스가 죽은 아버지를 찾으러 지하세계로 내려갈 허락을 얻으려 하자 쿠마이의 시빌라가 경고한 말이다.

정교하게 목판에 새겨 넣은 그림 속에서 사도 베드로는 파도에 휩쓸려 허우적대고, 두 제자는 엠마오에서 멈춰 서 있으며, 소돔 사람들은 땅에 쓰러져 있다. 연회실에는 이미지들이 각기 제자리를 지키고 있다. 서로 싸우는 전사도, 후이후이 여성도, 수확하는 농부도.

"흔히 있는 일이지만 이 세상에서 이루어진 위대한 업적이나 활동의 기점이 어디에 있었는지를 후세 사람들은 제대로 파악하지 못한다. 왜 그런지를 줄곧 탐구한 결과 나는 단 하나의 답을 찾아냈다. 말하자면 어떤 일(마지막에 훌륭하게 성공하는 일들까지 포함해서)이든 처음에는 하찮고 보잘 것없어 보이기 마련이어서 만에 하나 그것이 중요한 의미를 지니게 되리라고는 누구도 쉽게 믿을 수 없기 때문"이라고 리치는 말했다.[2]

그는 성문에 서 있다. 수염을 길게 기르고 자색(紫色) 비단에 푸른 점이 박힌 긴 옷을 입고 있다. 기억의 궁전은 침묵에 휩싸여 있다. 리치의 등뒤에는 두 여성이 각자 팔에 아이를 안고 서 있다. 한 여성은 수를 놓은 대단히 아름다운 긴 옷을 입고, 우아한 숄로 머리와 어깨를 부드럽게 감싸고 있으며, 손에는 장미를 들고 있다. 또 한 여성은 하녀가 입는 수수한 옷을 입었는데, 양쪽으로 땋아 올린 머리모양이 나이가 어리고 신분이 낮음을 나타내고 있다.

리치는 친구이자 그리스도교 세계의 확대를 연대기로 엮은 역사학자 잔 피에트로 마페이에게 이런 편지를 썼다. "나는 아직 젊네만, 벌써 '옛날이 좋았어'라는 말밖에 할 줄 모르는 노인 같은 모습을 하고 있다네."[3]

두 아이가 리치를 쳐다보고 있다. 한 아이는 조그만 오른손을 들어 복을 내리고 있다. 또 한 아이는 놀아 달라고 두 손을 뻗고 있다. 적막을 뚫고 베이징 거리에서 웅성거리는 소리가 어지럽게 들려 온다.

리치는 문을 닫았다.

지은이 주

지은이 주 약어

DMB: Dictionary of Ming Biography. L. Carrington Goodrich and Chaoying Fang, eds. 2 vols. Columbia University Press, 1976.

Doc Ind.: Documenta Indica. Joseph Wicki, S.J., ed. *Monumenta Missionum Societatis Jesu, Missiones Orientales,* vol. 10(1575-1577), Rome, 1968; vol. 11(1577-1580), Rome, 1970; vol. 12(1580-1583), Rome, 1972.

FR: Fonti Ricciane. Pasquale M. D'Elia, S.J., ed. *Storia dell'Introduzione del Cristianesimo in Cina.* [The annotated version of Ricci's original manuscript of the *Historia.*] 3 vols. Rome, 1942-1949.

OS: The letters of Matteo Ricci, in *Opere Storiche.* Pietro Tacchi Venturi, S.J., ed. Vol. 2, *Le Lettere dalla China.* Macerata, 1913.

1장 궁전 짓기

1. Ricci, 『記法』, pp. 20, 21. 현존하는 『記法』의 유일한 판본에 따르면, 저자는 리치, 교정자는 주딩한(朱鼎瀚), 편집자는 바뇨니(Vagnoni, 중국명은 高一志, Pfister no. 26)와 삼비아시 (Sambiasi, 중국명은 畢方濟, Pfister no. 40)이다. (소장 장소에 대해서는 *Fonti Ricciane*, 1/376 n.6을 보라.) 주딩한은 산시(山西) 성 출신의 그리스도교 개종자로서 현재 『記法』에 남아 있는 유일한 서문의 저자인데, 그는 서문에서 리치의 기억술에 대한 저술의 주요 전승 자는 '가오(高) 선생'이라고 적었다. 나는 이 '가오 선생'이 '가오이즈'(高一志)를 지칭한다 고 생각한다. 가오이즈는 바뇨니가 1624년 이후에 사용한 중국 이름이다. 그 해 바뇨니는 중국에 돌아와서 주딩한이 살고 있던 산시(山西) 성 장저우(絳州)에 정착했다. 바뇨니는 서 원을 하기 전에 수련기간을 보내고 나서 토리노에서 5년 동안 수사학을 가르쳤고, 그 후에 는 훌륭한 중국어 학자가 되었다. 아마 그는 난징에서 『記法』의 원고를 구하여, 마카오에서 교정하고, 산시(山西) 성으로 간 1624년 이후의 어느 시점에 주딩한에게 보여주었을 것이 다. (이 내용을 뒷받침해 주는 바뇨니의 생애에 대해서는 Pfister, pp. 85와 89를 보라.) 현존하는 『記法』의 상태로 보아 바뇨니는 전 6편에 걸쳐서 리치가 쓴 글을 그대로 두었다고 생각되지 만, 제6편 pp. 28~31 (영인본, pp. 63~69)에 열거되어 있는 다수의 예는 바뇨니가 덧붙인 것으로 추측된다. 단 제4~6편에 보이는 예에도 바뇨니나 주딩한이 첨가한 것이 있을 가능 성은 충분히 있을 것이다. 주딩한이 서문에서 리치의 설명에는 종종 불분명한 부분이 보인

다고 적었기 때문이다. 비록 정확한 연대는 알기 어렵지만, 장저우에서 이웃해서 살았던 바뇨니와 주딩한은 자연스럽게 공동으로 『記法』을 편찬하게 되었을 것이다. 바뇨니는 1640년에 죽었지만, 주딩한은 이듬해인 1641년에도 살아 있었다. 이는 주딩한이 1641년에 세공(歲貢)이 된 사실에서 알 수 있다.(『絳州志』, 8/29) 삼비아시가 이 책의 편집에서 한 역할은 분명치 않다. 삼비아시가 1628년에 산시(山西) 성을 여행한 것은 확실하지만(Pfister, p. 138), 장저우에 머물렀다고 해도 그다지 긴 기간은 아니었을 것이다. 이 책의 인쇄허가를 내준 사람은 디아스(중국명은 陽瑪諾, Pfister, p. 31)였다. 그는 1623년에 부관구장(副管區長)이었고, 1659년에 항저우(杭州)에서 사망했다.

2. 『記法』, pp. 21, 22.

3. 이 구절은 『記法』, pp. 17, 18에 실려 있다. 단 마지막 문장의 한 글자는 분명치 않다. 리치가 이 구절을 키케로의 *De Oratore*, 2/86의 유명한 구절에 근거하고 있는 것은 분명하다. 이 구절은 *Lyra Graeca*, 2/307에도 인용되어 있다. 키케로의 문장에 대한 논의는 Frances Yates, *Art of Memory*, pp. 17, 18에 있다.

4. 영어로 된 리치의 간략한 전기는 *Dictionary of Ming Biography* (이하 *DMB*로 약함), pp. 1137~44(Wolfgang Franke 집필)에서 볼 수 있다. 더 상세한 영어판 전기로는 George Dunne, *Generation of Giants*; Vincent Cronin, *Wise Man from the West*; George Harris, "The Mission of Matteo Ricci"가 있다. 불어로 된 문헌으로는 Pfister, *Notices*, pp. 22~42(no. 9)가 여전히 유용하고, 훨씬 광범위한 연구서 Henri Bernard, *Le Pére Matthieu Ricci et la Société Chinoise de son temps*도 유익하다. 비교적 새로운 이탈리아어 전기로는 *Dizionario Bio-Bibliografico dei Maceratesi*의 Matteo Ricci항에 알도 아드베르시(Aldo Adversi)가 집필한 간략한 전기가 있으며, 여기에는 상세한 참고문헌이 부기되어 있다. 이탈리아어 전기 중 가장 충실한 전기는 지도, 사진, 도판이 들어 있는 Fernando Bortone, *P. Matteo Ricci, S. J*이다. 이상의 저작들은 어느 것이나 리치 자신이 쓴 『전교사』를 주요 자료로 삼고 있다. 『전교사』는 타키 벤투리(Tacchi Venturi)가 최초로 필사했고, 파스콸레 델리아(Pasquale d'Elia)가 수정을 가하여 *Fonti Ricciane*라는 제목으로 재출판했다.(이 책에는 *FR*로 줄여 표기한다). 리치 『전교사』의 트리고(Trigault)판(Louis Gallagher 번역)은 트리고가 원문을 크게 왜곡하고, 문장을 첨삭한 부분이 많기 때문에 리치의 견해를 그대로 반영하고 있다고는 할 수 없으며, 따라서 신뢰할 수 없는 판본이다. 최근에 출판된 린진수이(林金水)의 중국어 논문 「利瑪竇在中國的活動與影響」은 불행하게도 이 트리고판(Gallagher역)을 주요 전거로 삼고 있다. 하지만 기초적인 사항에 대한 파악은 나무랄 데 없다. 현재 대만에서 이루어진 리치 연구에 대한 훌륭한 성과는 『神學論集』 56호(1983년 여름) 특집호에 집약되어 있다. 이 특집호에 수록된 글은 모두 리치의 중국 전교활동에 대한 논문들이다.〔리치와 관련된 한국의 최근 연구서로는 서양자, 『15세기 이전에 동방에 온 전교사』(계성출판사, 1986); 이원순, 『조선 서학사 연구』(일지사, 1986); 최소자, 『동서문화 교류사 연구』(삼영사, 1987); 최기복, 『유교와 서학의 사상적 갈등과 相和的 이해에 관한 연구』(성균관대학교 박사학위논문, 1989); 강재언, 『조선의 서학사』(민음사, 1990); 김기협, 「마테오 리치의 중국관과 補儒易佛論」(연세대학교 박사학위논문, 1993); 소현수, 『마테오 리치: 동양과 서양의 정중한 만남』(서강대학교 출판부, 1996) 등이 있으며, 지은이가 언급한 Vincent Cronin의 전기도 번역되어 있다. 이기반 옮김, 『서방에서 온 현자:

마테오 리치의 생애와 중국 전교』(분도, 1989)〕

5. 『교우론』을 집필하게 된 상세한 경위는 타키 벤투리가 *Opere Storiche*, vol. 2(이하 *OS*로 줄임)라는 제목으로 펴낸 리치의 편지들에서 확인할 수 있다. 예컨대 p. 226에 있는 클라우디오 아콰비바 총장에게 보낸 1596년 10월 13일자 편지를 보라. 이 편지에서 리치는 이 책을 '지난 해'(l'anno passato)에 지었으며, '연습삼아'(per esercitio) 썼다고 말한다. 리치가 아콰비바에게 보낸 1595년 11월 4일자 편지(*OS*, p. 210)에서도 아직 이 책이 끝나지 않은 것처럼 쓰고 있는 것으로 보아, 이 책이 완성된 것은 그보다 뒤인 11월이나 12월일 것이다. 이렇게 어느 정도 분명한 자료가 있음에도 불구하고, 이 책의 집필시기에 대해서. 격렬한 논쟁이 벌어졌다. Pasquale d'Elia, "Futher Notes"(특히 p. 359)와 팡하오(方豪)의 「利瑪竇 『交友論』新硏」과 "Notes on Matteo Ricci's *De Amicitia*"를 참조하라. 팡하오가 델리아의 어학력 부족을 비판(「利瑪竇『交友論』新硏」, p. 1854)하자, 델리아는 "Further Notes," pp. 373~77에서 반론을 전개하고, 팡하오의 노골적인 표절에 대해서 격렬한 비판을 가했다. 하지만 델리아의 반론으로 팡하오의 비판이 모두 무시되어서는 안된다.

6. *OS*, p. 211, 1595년 11월 4일자 편지. "나는 다양한 사람들에게 기억 배치법을 가르치기 시작했습니다"(ad alcuni ho cominciato ad insegnare la memoria locale).

7. *FR*, 1/376. 리치는 아콰비바에게 1596년 10월 13일에 보낸 편지에서 이렇게 썼다.(*OS*, p. 224) "기억 배치법을 이해시키기 위해 저는 몇 가지 주의사항과 법칙을 중국어로 적은 소책자로 만들어 순무에게 주고, 순무의 아들이 사용하게 했습니다."(Per la memoria locale … feci in sua lingua e lettera alcuni avisi e precetti in un libretto, che diedi al viceré per il suo figliuolo.)(사실 3명의 아들이 있었는데, 이에 대한 것은 *FR*, 1/363에 언급되어 있다.)

8. 루완가이(陸萬垓)의 전기는 같은 핑후(平湖) 현 출신인 궈팅쉰(過庭訓)의 『本朝分省人物攷』 卷45, pp. 32b~33b에 있다. 좀더 상세한 그의 생애와 업적에 대해서는 『平湖縣志』 15/37(영인본, pp. 1431~32)를 참조. *Ibid*., 13/5(영인본, p. 1176)에 따르면 루완가이는 1568년에 진사시험에 '二甲二十一名'으로 합격했다고 한다.〔'二甲二十一名'을 오늘날의 등수로 표현한다면 전체 합격자 가운데 24등이라는 뜻이다. 따라서 대단히 우수한 성적으로 합격한 것이다.〕

9. 루완가이 아들들의 과거합격에 대해서는 루젠(陸鍵)이 1607년에 진사가 된 기사가 『平湖縣志』 13/7a(영인본, pp. 1179)에 보이고, 분명히 같은 세대로 추정되는 다른 아들들에 대해서도 같은 책 45/75-85의 명단에서 확인할 수 있다. 또 『嘉興府志』 卷58엔 이들의 전기가 있다. 연금술사·기계기술자·뱃길안내인·천문학자들이 사용한 기억용 운문에 대해서는 Joseph Needham, *Science and Civilisation in China*, vol. 5, pt. 4, p. 261; vol. 4, pt. 2, pp. 48, 528; vol. 4, pt. 3, p. 583을 보라. 중국의 유명한 기억술의 대가(大家)에 대해서는 이 책 5장에 나온다.

10. *OS*, p. 224, 1596년 10월 13일자 난창(南昌)에서 보낸 편지.

11. *OS*, p. 235, 1597년 9월 19일자 렐리오 파시오네이에게 보낸 편지.

12. *Monumenta Paedagogica*, p. 350. 『치프리아노의 웅변술』(*Cypriani rhetorica*)은 '저학년용'(pro classe inferiori)으로 추천되었다.

13. Soarez, *De Arte Rhetorica*, pp. 58, 59.

14. Pliny, *Natural History*, bk. 7, sect. 24(Loeb ed., p. 563)과 Ricci, 『記法』, p. 14를 비교해 보라. 1586년에 지은 *Monumenta Paedagogica*, p. 350을 보면 플리니우스의 『박물지』가 당시 예수회 학교의 지정도서로 되어 있다.(플리니우스의 이 구절은 Jorge Borges, "Funes the Memorious"의 화려한 이야기의 출발점이 된다.)〔호르헤 보르헤스(Jorge Borges)의 "Funes the Memorious"는 「기억의 천재 푸네스」라는 제목으로 번역되었다. 관심 있는 독자들은 황병하 옮김, 『보르헤스 전집 2』, 민음사, 1994, pp. 173~89를 보라.〕

15. *Ad Herennium*, p. 221.

16. Quintilian, *Oratoria*, 4/223.

17. 나는 여기서 르네상스기의 기억술에서 잘 볼 수 있는 시각 이미지가 강한 말을 사용해서 세 개의 기억용 문장을 만들었다. 이 세 가지는 *Dictionary of Mnemonics*; p. 18, 뼈, no. 1; p. 21, 세포분열, no. 2; p. 57, 신경에 들어 있는 예다. 내가 줄루족 남자와 프랑스 여인을 단수로 한 것은 르네상스 기억술에서 이것을 선호했을 것으로 보기 때문이다.

18. Stahl and Johnson, *Capella*, 2/7, n.18. Yates, *Art of Memory*, pp. 63~65.

19. Stahl and Johnson, *Capella*, 2/156-57, p. 156 n.13(약간 수정).

20. Smalley, *English Friars*, p. 114에 리데발의 완벽한 시구가 인용되어 있다. "Mulier notata, oculis orbata,/Aure mutilata, cornu ventilata,/Vultu deformata, et morbo vexata(잘 알려진 여자에게 눈을 빼앗기고/귀는 떨어지고 뿔이 나서/얼굴은 볼품없이 되고 병으로 괴로워한다)." Yates, *Art of Memory*, pp. 105~06에는 Smalley가 리데발의 시를 활용한 것을 자세히 볼 수 있다.〔리데발은 풀겐티우스의 작품을 재도덕화(re-moralisation)하고, 당시의 가톨릭적 시각에 충실하게 재구성하여 제시했다.〕

21. 리치는 자신이 기억술 솜씨를 과시한 일을 OS, p. 155와 FR, 1/360 n.1에 기록하고 있다. 한자의 수는 OS, p. 184에 기록되어 있다. 중국인의 증언으로는 리즈짜오가 『畸人十篇』, p. 102에 붙인 서문과 주딩한이 『記法』의 서문에서 인용한 쉬광치(徐光啓)의 말이 있다. 비록 주딩한이란 이름은 명대 사서(史書)의 색인류에는 보이지 않지만, 『絳州志』(1776년판), 8/29에 그와 관련된 기사가 있으며, 거기에 1641년의 세공(歲貢)으로 주딩한이란 이름이 나와 있다.〔박완식 옮김, 『畸人十篇: 동양인을 위한 기독교의 소개』(전주대학교 출판부, 1997)〕

22. FR, 1/377n.은 리치의 기억술의 원천으로서 파니가롤라를 제시한다. 마체라타에 있는 파니가롤라의 수고본을 보라. 프랜시스 예이츠는 *Art of Memory*, p. 241에서 파니가롤라의 기억력에 대한 1595년의 피렌체 수고본을 인용한다.

23. Ricci, 『記法』, p. 22.

24. Yates, *Art of Memory*, pp. 62, 26.

25. Ricci, 『記法』, pp. 16, 17, 22. 나는 '堂'을 'reception hall'로 번역했다.〔이 책에서는 영어식 표현을 살려 '연회실'로 번역했다.〕

26. *Ibid.*, pp. 27, 28.

27. *Ibid.*, p. 22; Quintilian, *Oratoria*, 4/223. 돌체(Dolce)에 대해서는 Yates, *Art of Memory*, p. 166을 보라.

28. OS, pp. 260, 283. 나달의 저작에 대해서는 Guibert, *Jesuits*, pp. 204~07의 논의를 보라.

29. Ricci, 『利瑪竇題寶像圖』, sec. 2, p. 4; 程大約, 『程氏墨苑』, 卷三, sec. 2; Duyvendak, "Review of Pasquale d'Elia," pp. 396~97.

30. Agrippa, tr. Sanford, p. 25 recto.

31. Yates, *Art of Memory*, p. 133.

32. Rabelais, *Gargantua*, tr. Cohen, ch. 14, pp. 70~72. 또 Thomas Greene, *Light in Troy*, p. 31에 있는 충실한 내용의 논의를 보라.

33. Bacon, "Of the Advancement of Learning Divine and Human," bk. 2, sec. 15, 2, in *Selected Writings*, p. 299. 새로운 과학 연구와 관련해서 기억술의 긍정적인 역할은 Paolo Rossi, *Francis Bacon*, pp. 210~13에 상세히 기술되어 있다.

34. *Monumenta Paedagogica*(1586년판)에도 p. 350에 여전히 『헤레니우스에게』가 실려 있다. 키케로가 저자가 아니라는 것은 1491년에 처음 제기되었다.(Yates, *Art of Memory*, pp. 132~33)

35. Yates, *Art of Memory*, pp. 72~104. 'solitudo'를 'sollicitudo'로 잘못 읽은 것에 대해서는 특히 p. 86을, 조토(Giotto)에 대해서는 p. 101을 보라. 기억에 대한 아리스토텔레스의 원문은 Richard Sorabji, *Aristotle on Memory*에 상세한 주해가 달려 있다.

36. Guibert, *Jesuits*, pp. 167~68.

37. Bondenstedt, *Vita Christi*, p. 121의 번역문 그대로이다.

38. Conway, *Vita*, pp. 38, 127; Bodenstedt, *Vita Christi*, p. 50.

39. Conway, *Vita*, p. 125에서 인용.

40. Baxandall, *Painting and Experience in Fifteenth-Century Italy*, p. 46에 인용된 1454년판 "Garden of Prayer"를 보라.

41. Ignatius of Loyola, *Spritual Exercises*, par. 47. 이하의 서술은 기베르(Guibert)가 *Jesuits*, p. 167에서 시사한 바에 유의하려 했다. 기베르에 따르면 이냐시오를 그 방법으로 논하는 것은 증기기관차를 그 색깔로 정의하는 것과 같다고 한다. 또 나는 Hugo Rahner가 *Ignatius the Theologian*, pp. 181~83에서 한 논평에도 주의를 기울였다.〔이냐시오 데 로욜라와 그의 영신수련에 대한 우리말 연구서로는 Antonio Astrain, 박갑섭 옮김, 「성 이냐시오 데 로욜라 傳」(경향잡지사, 1957); 이재순, 「성 이냐시오의 '영신수련'을 통한 그리스도론 이해」(서강대학교 철학과 석사학위 논문, 1983); 이영찬, 「이냐시오의 선택과 선택을 위한 기초연구」(서강대학교 철학과 석사학위 논문, 1986); Karl Rahner 외, 『로욜라의 성 이냐시오』(성 바울로 1993); Parmananda R. Divarkan, 심종혁 옮김, 『내적 인식의 여정: 성 이냐시오 데 로욜라의 영신수련에 대한 체험적 고찰』(이냐시오 영성 연구소, 1994); 이냐시오, 한국 예수회 옮김, 『이냐시오 데 로욜라 자서전』(이냐시오 영성 연구소, 영성생활 제6권, 1997) 등이 있다.〕

42. Ignatius, *Spritual Exercises*, pars. 192, 201, 220. Rahner, *Ignatius*, p. 189에서는 이들 장소 설정을 상징으로 논한다.〔윤양석 옮김, 『성 이냐시오의 영신수련』(한국천주교중앙협의회, 1996), 같은 절을 보라. 지은이는 이 책을 인용할 때 쪽수가 아니라 절(paragraph)수를 표시하고 있으므로 우리말 『영신수련』도 해당 절수를 확인하면 된다. 따라서 이하에서는 우리말 『영신수련』의 절수 소개를 생략했다.〕

43. Ignatius, *Spritual Exercises*, pars. 107, 108, 124-25.

44. *Ibid.*, par. 50.

45. *Ibid.*, pars. 56, 140~46. 이냐시오와 감각에 대한 반론은 Barthes, *Sade, Fourier, Loyola*, pp. 58, 59를 보라.

46. Augustine, *Confessions*, p. 266.

47. Rahner, *Ignatius*, p. 158; Wright, *Counter-Reformation*, p. 16.

48. Rahner, *Ignatius*, p. 159.

49. *Ibid.*, pp. 161~62.

50. *Ibid.*, p. 191.

51. Walker, *Spiritual and Demonic Magic*, pp. 36, 70, 71(피치노의 마술[Ficinan magic]에 대해서); Thomas, *Decline of Magic*, p. 33.

52. *OS*, p. 223.

53. Thomas, *Decline of Magic*, pp. 178~80.

54. Ginzburg, *Cheese and the Worms*, p. 56.

55. *Ibid.*, pp. 13, 29.

56. Thomas, *Decline of Magic*, pp. 75~77. 예는 p. 14; ch. 8; p. 536에서 인용.

57. Ginzburg, *Cheese and the Worms*, p. 105.

58. *Ibid.*, pp. 83, 84.

59. 바다와 부적에 대해서는 이 책 3장을 보라. '복되신 그리스도의 십자가에서 나온 수많은 조각들'(molti pezzi della Croce di Cristo benedetto)로 만든 성유물과 십자가에 대해서는 *FR*, 2/121을 보라. Thomas, *Decline of Magic*, p. 31에는 밀납으로 만든 '천주의 어린양'(Agnus Dei)에 대한 신앙이 지금도 남아 있다는 것이 기록되어 있다.

60. Thomas, *Decline of Magic*, p. 247.

61. *Ibid.*, pp. 333, 578.

62. Montaigne, *Journal de Voyage*, p. 349.

63. Davis, *Return of Martin Guerre*, p. 37. 마술과 기억에 대한 그 밖의 논평은 p. 60, 76, 102, 107을 보라.

64. *Hamlet*, act 4, scene 5, lines 173-74. 약의 처방에 대해서는 Grataroli, *De Memoria*, p. 58과 Fulwood의 영역(1573년판) p. E5를 보라.

65. Paci, "Decadenza," pp. 166, 194, 204 n.400.

66. 인용문은 Yates, *Art of Memory*, p. 147에 있으며, 기억의 극장에 대한 내용은 같은 책 p. 136에, '마술사'로서 카밀로에 대한 내용은 p. 156에 나온다. 또한 카밀로에 대해서는 Walker, *Spiritual and Demonic Magic*, pp. 141~43도 보라. 캄파넬라와 교황 우르바노8세에 대해서는 Walker, *Ibid.*, pp. 206, 236을 보라. Yates, *Art of Memory*, 11·13·14장에는 조르다노 부르노(Giordano Bruno)의 기억술이 상세히 기술되어 있다. 부르노의 종교재판과 본문에서 말하는 제분업자인 메노키오의 종교재판이 때를 같이해서 행해졌다는 것은 Ginzburg, *Cheese and the Worms*, p. 127에 기술되어 있다.

67. '비밀의 선'에 대해서는 Hersey, *Pythagorean Palaces*, p. 84에, 인간의 모습에 대해서는 pp. 96~105에 나온다.

68. Winn, *Unsuspected Eloquence*, pp. 51, 58, 59; Walker, *Studies in Musical Science*,

pp. 1, 2, 53. 또 케플러의 *Harmonice Mundi*에 보이는 성적(性的) 이미지들에 대한 분석이 Walker, *Ibid.*, p. 67에 있다.

69. Winn, *Unsuspected Eloquence*, p. 167. 인용은 p. 178〜79.

70. *OS*, pp. 27, 28, 1583년 2월 13일자 마카오에서 마르티노 데 포르나리에게 보낸 편지. 아코스타(Acosta)가 1590년에 한자를 "기억을 자극시키기 위해 고안된 암호"로 생각하고 있었다는 것에 대해서는 Lach, *Asia in the Making of Europe*, vol.1, bk. 2, pp. 806〜07을 보라.

71. Ricci,『利瑪竇題寶像圖』, sec. 2, pp. 1b〜2; Laufer, "Christian Art in China," pp. 111〜12; Duyvendak, "Review," pp. 394〜95를 보라.

72. Quintilian, *Oratoria*, 4/221, 229.

73. *Ad Herennium*, p. 211; Yates, *Art of Memory*, p. 23.

74. Ricci, 『記法』, p. 22.

75. '十字'의 예는 *FR*, 1/112 n.5, 113 n.6에 있다. Barthes, *Sade, Fourier, Loyola*, p. 28에 사드가 묵주라고 부른 수도회를 이용한 풍자적인 예가 논의되어 있는데, 여기서는 늙은 수녀들이 '10명'씩 정렬해 있다.

2장 첫번째 이미지: 두 명의 전사

1. 이미지에 대해서는 Ricci의 『記法』, p. 16을 참조. L. S. Yang, "Historical Notes," p. 24에 '武'를 '戈'와 '止'의 두 요소로 분할하는 『좌전』(左傳)의 해석이 인용되어 있다.

2. Ricci, 『記法』, pp. 52〜61.

3. *Ibid.*, pp. 23〜28.

4. Paci, "Le Vicende," pp. 234〜37.

5. Paci, "Decadenza," pp. 204〜07. 특히 p. 204의 n.403에 있는 자세한 설명을 보라. 리치 가문에서는 1547년에 프란체스코(Francesco)가, 1588년에 코스탄사(Costanza)가 살해되었다. 평화 유지를 위한 시도들은 p. 205 nn.404-07에 열거되어 있다.

6. Paci, "Vicende," pp. 265 n.642.

7. Ibid., pp. 264〜68.

8. Delumeau, *Vie économique*, 1/40, 44, 94. Delumeau는 p. 105에서 '로레타의 G.바티스타 리치'(G. Battista Ricci of Loretto)가 1587년 이후 이탈리아 중부 마르케(Marche) 주(州)의 운송로를 관장하고 있다고 언급한다. 이 인물이 리치의 부친과 이름은 같지만, 로레토의 주민등록부를 볼 때, 동일인이라는 확증은 없다.

9. Paci, "Vicende," pp. 238〜39.

10. Ibid., pp. 249〜50.

11. Pastor, *History of the Popes*, 14/152-67; Paci, "Vicende," pp. 250〜53.

12. Paci, "Vicende," p. 231.

13. *Cambridge History of Islam*, 1A/328; Paci, "Vicende," p. 253.

14. Paci, "Vicende," pp. 257〜61.

15. Robert Barret, *The Theorike and Practike of Moderne Warres* (London, 1598), p. 75. 이 구절은 J. R. Hale, "Armies, Navies and the Art of War" 에서 인용한 것이며, 이것은

New Cambridge Modern History, 3/194에 나온다. 한두 군데는 고쳐서 인용했다.

16. Paci, "Vicende," pp. 256~57.

17. *New Cambridge Modern History*, 3/196-97에 나오는 J. R. Hale의 훌륭한 논의를 보라.

18. Paci, "Vicende," p. 250 n.500.

19. Ricci · 徐光啓, 『幾何原本』, p. 3(영인본, pp. 1933~34). 또한 d'Elia, "Presentazione," pp. 183~84와 Moule, "Obligations," pp. 158~59에도 이 부분이 번역되어 있다.

20. 이 구절은 리치의 『畸人十篇』, p. 5b(영인본, p. 126)과 『天主實義』上卷, p. 24a(영인본, p. 423)에 모두 나온다.〔송영배 외 옮김, 『천주실의』(서울대학교 출판부, 1999), p. 114.〕

21. *New Cambridge Modern History*, 3/199-200; Essen, Alexandre Farnèse, 4/55-62. 다리 그림은 p. 22의 plate 3에, 폭발 그림은 p. 60의 plate 4에 있다. 똑같이 만든 또 한 척의 배는 강가에서 폭발하여 별다른 피해를 입히지 못했다.

22. 마체라타의 군대에 대해서는 Paci, "Vicende," pp. 259~61을 루제로(Ruggero) 수사의 부상에 대해서는 Gentili and Adversi, "Religione," p. 51을 보라.

23. O'Connell, *Counter Reformation*, pp. 195~203에 있는 생생한 설명을 보라. 전투에 참가한 마체라타 시민들에 대해서는 Paci, "Vicende," pp. 259~61을 보라.

24. Groto, *Troffeo*의 서문에 함대를 다니며 격려한 것에 대해서 볼 수 있으며, Section A에 부함대와 그 사령관에 대한 기사가 있고, 뒤쪽에 120여 쪽에 걸쳐 돈 후안을 찬양하는 시들이 실려 있다. 또한 Pompeo Arnolphini, *Ioan* 에 나오는 그리스 로마 영웅들과의 유비를 보라. *Austriaco Victori Dicatum* (Bononiae: Ioannis Rossii, 1572).

25. 이런 그림들의 흥미로운 예는 坂本滿, 『レパント戰鬪圖屛風について』, 도판 3-6에 복각되어 있다. 사카모토(坂本)에 따르면 이 그림의 원판은 줄리오 로마노(Giulio Romano)의 디자인에 기초해서 코르넬리스 코르트(Cornelis Cort)가 판화로 제작한 것이라고 한다. 몽테뉴는 로마의 성 식스토 경당 부근에 레판토의 승리를 묘사한 그림이 걸려 있다고 기록했다.(*Journal de Voyage*, p. 226)

26. L. A. Florus, *Epitome of Roman History*, pp. 113~15(오자는 수정함). 리치가 예수회에 입회했을 때 지녔다는 책 세 권은 FR, 2/553n에 나온다.

27. Pastor, *History of the Popes*, 18/429-32.

28. *Ibid.*, pp. 433~34, 444.

29. Schütte, *Valignano's Mission*, pp. 76~79에 발리냐노의 1574년 편지가 인용되어 있다.

30. *Ibid.*, p. 75 그리고 Brooks, *King for Portugal*, pp. 9, 10.

31. *FR*, 2/559, n.4.

32. *Cambridge History of Islam*, 2A/241-45. 더위와 갑옷에 대해서는 Bovill, *Alcazar*, pp. 106, 126을 보라.

33. Bovill, *Alcazar*, pp. 101~02.

34. *King for Portugal*, p. 150. 전투에 대해서는 *Ibid.*, pp. 8~21; Bovill, *Alcazar*, pp. 114~40을 보라.

35. Couto, *Decada Decima*, bk. 1, ch. 16, p. 148. 의식(儀式)에 대해서는 *Documenta Indica*(이하 Doc. Ind로 줄임), 11/698을 보라.

36. D'Elia, *Mappamondo*, plate 24; Giles, "Chinese World Map," p. 379.

37. *Doc. Ind.*, 11/673, 698.

38. 고아의 규모에 대해서는 Sassetti, *Lettere*, p. 280을 보라. 인용문은 *Doc. Ind.*, 11/365의 프란체스코 파시오가 보낸 1578년 10월 28일자 편지.

39. 리치의 논평은 d'Elia, *Mappamondo*, plate 20에 나온다. 아편의 예증은 Cesare Fedrici, *Voyages*, pp. 202~04; Hakluyt, *Second Volume*, p. 241를 보라.

40. 리치는 1580년 11월 25일 아콰비바 총장에게 보낸 편지(*OS*, p. 20)에서 약간의 동정을 보이지만, 다른 편지에선 무관심하거나 냉정하다. 또 d'Elia, Mappamondo, plate 19에 나오는 중국어로 쓴 리치의 논평도 참조.〔일본어 번역자(이하 '일역자'로 줄임)는 '1580년'이 아니라 '1581년'일 것이라고 한다. *OS*, p. 20의 주에는 '1580년'으로 되어 있지만, *OS*의 목차와 해당 편지 끝에 기록된 해는 '1581년'이기 때문이라는 것이다.〕

41. 그의 상세한 생애에 대해서는 Schütte, *Valignano's Mission*, pp. 30~35, nn.106, 122를, 키에 대해서는 p. 39 n.167을, 인도 횡단에 대해서는 p. 42 n.187, p. 121을 보라.

42. *Ibid.*, pp. 44, 52.

43. *Ibid.*, p. 61. 인용한 편지는 1573년 11월 16일자이다.

44. *Ibid.*, pp. 104~08.

45. *Ibid.*, pp. 117, 120, 155.

46. *Ibid.*, p. 131.

47. *Ibid.*, pp. 272~73, 279에서 인용.

48. *Ibid.*, pp. 296~97, 308.

49. 발리냐노의 보고서에 대해서는 *Ibid.*, pp. 286~87을, 아콰비바의 답장에 대해서는 p. 288, n.61을 보라.〔'일역자'는 발리냐노가 마카오에 있었던 기간은 "1577년부터 1578년에 걸쳐서"가 아니라 "1578년부터 1579년에 걸쳐서"라고 한다. 전자는 말라카 체재기간이라는 것이다. 그 전거로 ヴァリニャーノ, 松田毅一 他譯, 『日本巡察記』(東京: 平凡社, 1973). pp, 252, 254를 들고 있다.〕

50. D'Elia, *Mappamondo*, plate 16에 언급되어 있다.

51. *OS*, p. 48. 자오칭에서 로마의 Giambattista에게 보낸 1584년 9월 13일자 편지.

52. 이 저작들에 대해서는 Boxer, *South China in the Sixteenth Century*, pp. lvi-lvii, lxiii-lxv를, 머리 모양에 대한 다 크루스의 언급은 *Ibid.*, pp. 138, 146을 보라. 페레이라와 다 크루스의 책이 16세기 중국에 대한 정보를 제공하는 다양한 자료들 속에서 차지하는 위치에 대해서는 Donald Lach, *Asia in the Making of Europe*, vol. 1, bk. 2, pp. 747~50을 보라.

53. Bernard, *Les Iles Philippines*, pp. 48~51; Lach, *Asia in the Making of Europe*, vol. 1. bk. 2, p. 746; Elison, *Deus Destroyed*, pp. 114~15; Johannes Beckmann, *China im Blickfeld*, pp. 52~65. 관건이 되는 알폰소 산체스(Alfonso Sanchez)와 주세페 데 아코스타(Giuseppe de Acosta)의 편지들은 *OS*, pp. 425, 450에 있다. 다른 자료들에 대해서는 John Young, *Confucianism and Christianity*, pp. 141~42 n.122에 논의되어 있다.

54. *FR*, 1/70.

55. *FR*, 1/65, 68. 이미 리치는 위에서 언급한 페레이라와 다 크루스의 해석을 훨씬 능가하고

있다.

56. *FR*, 1/343.

57. *FR*, 2/21.

58. *FR*, 1/19.

59. *FR*, 1/28.

60. *FR*, 1/74.〔'일역자'는 *FR*, 1/74에는 해당 기사가 없다고 한다. 그것은 *FR*, 1/50의 절 (paragraph) 번호 '74'를 쪽수로 착각했기 때문이라는 것이다. 따라서 정확한 쪽수는 *FR*, 1/50이라고 한다. 일본에는 *FR*의 일역판(『中國キリスト教布教史』 2vols〔東京: 岩波書店, 1982~1983〕)이 나와 있기 때문에 '일역자'는 스펜스의 인용문과 주를 *FR*의 원문과 꼼꼼히 대조하여 오자를 바로 잡았다. 실제로 *FR*에는 쪽수보다 더 굵은 활자로 절수가 나오기 때문에 그런 혼동이 있을 수 있을 것이다.〕

61. *FR*, 1/104, 67.

62. 『肇慶府志』 22/32b, 33b(영인본, pp. 3330, 3332).

63. So Kwan-wai, *Japanese Piracy*, ch.5.

64. Huang, "Military Expenditures," p. 49; *DMB*, p. 633, "Hu Tsung-hsien"(胡宗憲). Fitzpartick, "Local Interests," p. 24.

65. Huang, "Military Expenditures," p. 53~55. Cipolla, ed., *Fontana Economic History*, pp. 384~88와 비교하라. *DMB*, p. 1114, "P'ang Shang-p'eng"(龐尙鵬)도 보라.

66. Huang, *1587*, pp. 168~74, 그리고 치지광(戚繼光) 관련 그림을 보라. Millinger, "Ch'i Chi-kuang,"(戚繼光) pp. 110~11.

67. Millinger, "Ch'i Chi-kuang," p. 104에서 인용.

68. Schütte, *Valignano's Mission*, p. 286.

69. *FR*, 1/67, 104에 나온 것과 같다. 리치의 동료 루제리도 *OS*, p. 402(appendix 3)에서 같은 대비를 사용했다.

70. *FR*, 1/100. 페레이라와 다 크루스의 서술에 대해서는 Boxer, *South China*, pp. 18, 19, 178~79를 보라.

71. *FR*, 1/101.

72. *FR*, 1/205-6, 243.

73. *FR*, 1/289-93. 리치는 1581년 12월 1일자 마페이에게 보낸 편지에서 프란체스코 마르티네스의 죽음을 애도했다. *OS*, p. 24를 보라.

74. 리치의 자세한 설명은 *FR*, 2/374-79에 있다.

75. 델리아(d'Elia)는 *FR*, 1/292의 긴 각주에서 1593년(또는 1592년 말) 중국에 입국한 예수회원의 명단을 논의하면서, 당시 마르티네스는 25세라고 말한다. 이 말대로라면 마르티네스는 1568년생이 된다.

76. Ludolfus, *Vita Christi*, ed. Bolard, p. 638 오른쪽 위. H. J. Coleridge, p. 190의 번역문대로이다. 태형에 대해서는 콜리지(Coleridge)의 훌륭한 번역문 pp. 188~97을, 추위와 벌거벗음에 대한 루돌푸스의 잊혀지지 않을 정도로 생생한 기술에 대해서는 pp. 255~56을 보라.

77. 루제리의 1583년 2월 7일자 편지에 특히 잘 묘사되어 있다. *OS*, p. 415.

78. *DMB*, pp. 728~33의 "Konishi Yukinaga"항을 보라. 예수회원이 일본의 군사작전에 가담한 것은 Elison, *Deus Destroyed*, pp. 112~13에 논의되어 있다.

79. *FR*, 2/10~11.

80. 리치의 견해에 대해서는 *FR*, 2/373~74; Schurz, *Manila Galleon*, pp. 85~93; *DMB*, p. 583의 "Gao Ts'ai"항을 보라.

81. 중국에서 이 세 수도회의 초기 활동은 Henri Bernard, *Aux Portes de la Chine*에 잘 묘사되어 있으며, 특히 pp. 59~71, 103~04를 보라. 도미니코회의 다 크루스와 아우구스티노회의 Martin de Rada의 중국 체험은 Charles Boxer, ed., *South China in the Sixteenth Century*, pt. 2에 번역되어 있다. 폴 페료(Paul Pelliot)는 *Les Franciscains en Chine*에서 프란치스코 회원들의 체험을 정확히 요약하고, Bernard와 Wijngaert의 저작이 충실하지 않다고 지적하기도 한다. 리치는 특히 『天主實義』, p. 541 [『천주실의』, pp. 305~08.]에서 프란치스코와 그의 추종자들을 칭송한다. 프란치스코회의 전교전략에 대한 리치의 관심은 *FR*, 1/179, 232, 2/269에 나온다. 델리아(d'Elia)는 *FR*, 1/187, n.8에서 발리냐노가 리치에게 다른 수도회의 '과도한 무질서와 열의'(herror y zelo desordenado)에 대해 강한 어조로 경고한 구절을 인용하고 있다.

82. *FR*, 2/372-73; Cooper, "Mechanics of the Macao-Nagasaki Silk Trade," p. 431.

83. *FR*, 2/373.

84. *FR*, 2/388.

85. Furber, *Rival Empires of Trade*, pp. 33~35. 쿤(Coen)의 잔혹한 방법에 대해서는 *Ibid.*, pp. 44, 45를 보라.

86. Schilling, "Martyrerberichtes," p. 107을 보라. 이 순교사건의 배경에 대해서는 Elison, *Deus Destroyed*, pp. 132~40을 보라. 카를레티는 *My Voyage*에서 나가사키에 내리자 "곧바로 그 순교장면을 보러 갔다"고 말했다. 박서(Boxer)는 "Macao as Religious and Commercial Entrepôt," p. 69에서 비단과 다른 직물 등의 도안에 기초해서 이 순교사건을 언급하고 있다.

87. 비문은 Cooper, "Mechanics," p. 424에 인용되어 있다.

88. 1608년 마카오에서 발생한 일본인 그리스도 교도 선원들과 포르투갈인들 사이의 잔혹한 폭동에 대해서는 Boxer, *Fidalgos*, pp. 53, 54를 보라.

89. *FR*, 1/324.

90. *FR*, 2/370.

91. 곧 1601년의 일이다. Boxer, *Fidalgos*, p. 49를 보라.

92. *FR*, 2/370, "un puoco di muro et un modo di fortezza."

93. *OS*, p. 374, 1608년 8월 23일자 편지.

94. Ignatius, *Spiritual Exercises*, tr. Puhl, par. 327.

95. *Ibid.*, par. 325.

96. *FR*, 1/172-73.

97. *FR*, 1/203.

98. *FR*, 246-47.

99. Aquinas, de. Bourke, p. 259.

100. 이 구절들은 *OS*, pp. 67, 70, 90, 234, 279에서 인용함.

101. *OS*, p. 161. 데 산데에 대해서는 Pfister, *Notices*, p. 44를 보라.

102. Conway, *Vita Christi*, pp. 61, 96.

103. Maffei, *L'histoire des Indes*, preface, p. 3. 리치는 1581년 12월 1일자 편지(*OS*, p. 24)에서 이 「서문」(proemio)을 아낌없이 칭찬했다. 마페이에 대해서는 Villoslada, *Storia del Collegio Romano*, p. 335와 Dainville, *L'éducation*, p. 129를 보라.

104. 「고린토인들에게 보낸 둘째 편지」 11장 26절. 이 구절에 공명하는 문장이 *OS*, p. 107에 나온다.

105. 가뭄에 대해서는 『韶州府志』, 11/52b(영인본, p. 242)을, 리(李)라는 성을 가진 '요술을 부리는 자'(妖賊)에 대해서는 24/36b(영인본, p. 481)를 보라.

106. *FR*, 1/320-22. *OS*, p. 108, 1592년 11월 15일자 아콰비바 총장에게 보낸 편지에 훨씬 상세한 사정이 기록되어 있다.

107. 발의 통증과 치료법 상담에 대해서는 *FR*, 1/321, 323의 문장에서 추측할 수 있다. .

3장 첫번째 그림: 파도에 빠진 사도

1. 「마태오 복음서」 14장 23~33절.

2. 리치는 아콰비바 총장의 보좌관이었던 알바레스에게 보낸 1605년 5월 12일자 편지(*OS*, p. 283)에서 성서 번역을 요청받고 거절한 일을 쓰고 있다.

3. Ricci, 『利瑪竇題寶像圖』, pp. 1~3b; 程大約, 『程氏墨苑』, 卷六 下, pp. 36~38b. 다른 번역문은 Laufer, "Christian Art," pp. 107~08(Duyvendak이 "Review," pp. 389~91에서 수정을 가했다)을 참조.

4. *OS*, p. 284.

5. Nadal, *Evangelicae Historiae Imagines*, no. 44. 삽화는 나달의 유명한 저작 『복음서의 주해와 명상』(*Adnotiones et Meditationes in Evangelia*)의 가치를 한층 높이고자 유럽에 있는 예수회원이 특별히 주문한 것이다. 삽화가 있으면, 전교활동에 종사하는 전교사나 사제에게 적합하리라고 생각했던 것이다. 나달 자신의 신학적 견해는 정통적이고, 해박한 지식을 담고 있고 명료했지만, 사람의 마음을 사로잡는 매력이나 절절함이 부족하여 기억에 잘 남지 않았다. 그래서 예수회의 원로 회원들은 나달의 저서에 삽화를 넣은 판(版)을 출판하고자, 다년간에 걸쳐 위대한 출판업자 플랑탱에게 일을 맡기고 있었다. 플랑탱은 게으르지 않았는데도 늘 정신 없이 바빴다. 그러나 1580년대가 되자 다국어 대조 성서를 인쇄할 때(1568~1572)와 달리, 그 일을 할 만한 여유가 생겼다. 그래서 예수회원들은 자기들이 직접 그린 그림을 비릭스 형제에게 주고 가능한 한 많은 성서 장면을 판화로 만들도록 거액의 현금을 지불했다. 사실 예수회원들이 비릭스 형제와 거래하기 위해서는 모욕을 감수해야 했다. 그도 그럴 것이 비릭스 삼형제는 유럽에서 가장 훌륭한 판화가인 동시에 한편으로 소문난 술꾼이요 호색가였고 돈을 밝히기로 유명했다. 평판에 걸맞게, 비릭스 형제는 1586년에서 1587년에 걸쳐서 페이지당 단가를 서서히 올렸다. 하지만 1593년에 일이 완성되고 보니 그 솜씨는 정말 훌륭했다.(예수회원들과 플랑탱 사이의 장기간에 걸친 교섭에 대해서는 플랑탱의 *Correspondance*, vol. 8, 편지 1160, 1182, 1188, 1193, 1194를 보라.) 완성된 나

달의 저작에는 그리스도의 탄생에서 수난을 지나 부활에 이르기까지 전생애를 묘사한 폴리오(folio)판 삽화가 150장이나 들어가 있었다. 화면 속 작은 장면은 그림 안에 기록된 문자로 어떤 장면인지 알 수 있게 되어 있으며, 각 삽화의 하단에는 주해가 달려 있다. 또한 각 삽화는 설교할 때나 성서를 해석할 때 유용하게 쓰이도록 나달의 긴 해설과 잘 어울리게 묘사되었다.

6. 디아스의 동의에 대해서는 *OS*, p. 260을 보라. 리치는 *OS*, p. 283에서 나달의 책을 다시 몇 부인가 보내달라고 요청하고 있다.

7. 이 판화가 연작 중에서 차지하는 위치에 대해서는 Mauquoy-Hendrickx, *Estampes*, pp. 17, 20, 21을 보라. 원판화는 Martin de Vos의 원화를 기초로 해서 새긴 것이다. 원판은 두 종류가 있는데, 둘 다 뉴욕 메트로폴리탄 미술관에 소장되어 있다. 하나는 Visscher판(51.501.1765:20)이고, 또 하나는 Eduardus ab Hoeswinc[kel]판(53.601.18:43)이다. 리치가 사용한 것은 후자이다. 그림 속에서 성혼이 뚜렷이 보인다.

8. D'Elia, *Mappamondo*의 여러 곳 또는 *FR*, vol. 2, 권두의 지도를 보라. J. H. Parry는 *Age of Reconnaissance*, p. 139에서 처음 희망봉으로 고친 사람은 포르투갈 왕 주앙 2세일 것이라고 주장한다.

9. Gomes de Brito, *Tragic History (1589~1622)*, tr. Boxer, p. 1과 지도.

10. *Ibid.*, pp. 3~5.

11. Gomes de Brito의 위의 책과 Parry, *Age of Reconnaissance*, pt. 1, 그리고 James Duffy, *Shipwreck and Empire*, pp. 49~51을 보라.

12. Carletti, *My Voyage*, pp. 102~04.

13. *FR*, 1/290n.

14. *OS*, p. 125, 파비오 데 파비(Fabio de Fabii)에게 보낸 1594년 11월 15일자 편지.

15. *OS*, p. 113, 1593년 12월 10일자 편지.

16. *OS*, pp. 218, 230.

17. *OS*, p. 268, 1605년 5월 10일자 편지.

18. 타키 벤투리(Tacchi Venturi)는 *OS*, p. 218 n.1에서 리치의 아버지가 1604년에 죽었을 것으로 추측하고 있다.

19. Gomes de Brito, *Tragic History (1589~1622)*, pp. 9, 10; Duffy, *Shipwreck and Empire*, pp. 62, 63, 73, 74를 보라.

20. Gomes de Brito, *Tragic History (1589~1622)*, pp. 20, 21.

21. *Ibid.*, pp. 15~17; Sassetti, *Lettere*, p. 280. Mocquet, *Voyage*, pp. 220~21을 보면 1609년 고아행 항해가 최악의 조건에서 이루어졌다는 것을 알 수 있다.

22. 썩은 목재에 대해서는 Gomes de Brito, *Tragic History (1589~1622)*, p. 116을, 세례자 성 요한호의 썩은 키에 대해서는 p. 191을 보라. 고물에 밧줄을 감은 것은 *Tragic History (1559~1565)*, p. 31에 나온다.

23. *FR*, 1/238.

24. *Doc. Ind.*, 11/312.

25. *Doc. Ind.*, 11/306, 336에 스피놀라와 파시오에 의한 기사가 있다.

26. Kerr, *General History*, 7/456-60에 이런 류의 저항에 대한 다운타운(Downtown) 선장

의 설명이 있다. 또 Boxer, *Fidalgos*, pp. 59~62를 보라.

27. Parry, *Age of Reconnaissance*, ch. 11, "Atlantic Trade and Piracy"; Boxer, *Fidalgos*, pp. 50, 51을 보라. Schurz, *Manila Galleon*, pp. 306~08에서는 성 안나호에서 약탈당한 물건을 200만 페소로 계산하고, p. 313에서는 런던에서 매각된 가격이 50만 크라운에 달했다고 한다. Hakluyt, *Third Volume*, p. 816에 따르면 주요 약탈품은 '금화 12만 2천 페소'였다고 한다. 스페이트(Spate)는 *Spanish Lake*에서 액수를 더 낮게 잡는다.

28. Gomes de Brito, *Tragic History (1589~1622)*, pp. 11~13; Duffy, *Shipwreck*, pp. 70~74.

29. Aquinas, ed. Bourke, p. 70.

30. Stevens, "Voyage," p. 467. 뒷날 스티븐스가 고아에서 가졌던 생각에 대해서는 Pyrard, *Voyage*, 2/269-70을 보라.

31. Gomes de Brito, *Tragic History (1559~1565)*, pp. 4~6, 59, 60.

32. *Ibid.*, pp. 61~67.

33. *Ibid.*, pp. 68~72.

34. *Ibid.*, pp. 8, 9.

35. Ricci, 『天主實義』, p. 383; *Ibid.*, tr. Lancashire, p. 4.〔『천주실의』, p. 48.〕

36. D'Elia, *Mappamondo*, plates 3-4.

37. *Doc. Ind.*, 11/343. 리치는 *OS*, p. 67에서 모잠비크에 대해 약간 언급할 뿐이다.

38. Ricci, 『天主實義』, p. 425; French tr., p. 193. 이 말은 '중국학자'(中士)가 한 것으로 되어 있다.〔『천주실의』, pp. 117~18.〕

39. Cervantes, *Don Quixote*, tr. Cohen, pt. 2, ch. 29, p. 659.

40. *Ibid.*, p. 658. 이것에 대해서는 이안 스펜스(Ian Spence)의 도움을 받았다.〔'일역자'는 Estoile의 책의 영역판 쪽수를 지은이가 밝히지 않았기 때문에 대신 프랑스어 번역판의 쪽수를 제시한다. Estoile, *Journal du règne de Henri III*, pp. 158~59.〕

41. Fitch, "Journey," p. 472; Hakluyt, *Second Volume*, pp. 250~65. 고아의 감옥에 대한 생생한 설명은 Pyrard, *Voyage*, 2/18-22를 보라.

42. Shakespeare, *Macbeth*, act 1, scene 3, lines 19-29.

43. 마페이의 이야기(*L'historie*, bk. 4, ch. 3, pp. 266~68)와 성 주앙(São João)호, 성 벤토(São Bento)호의 난파사건(Duffy, *Shipwreck*, pp. 26, 27)을 함께 보라. 또한 리스본에서 고아로 가는 무장상선에서의 상세한 선상생활은 마페이(*Ibid.*, bk. 12, ch. 2, pp. 119~20)와 파시오의 기술(*Doc. Ind.*, 11/366)을 비교해 보라. 마페이는 이 작업을 할 만한 힘이 있었지만, 재정담당 신부 사비노(Sabinus)는 마페이의 체력으로는 무리일 것이라고 생각했다.(*Doc. Ind.*, 11/625-26).

44. *Doc. Ind.*, 10/17, 21, 709~13. 1576년의 비극적인 항해에 대해서는 *Ibid.*, 11/353을 보라. 지휘관에 대해서는 Couto, *Decada Decima*, bk. 1, ch. 16, p. 147을 참조. 단 Couto는 1577년에서 1579년의 항해일자를 혼동하고 있다. 예수회원들의 승선 할당에 대해서는 *Doc, Ind.*, 11/160-62를 보라.

45. Duffy, *Shipwreck*, p. 52.

46. *Doc. Ind.*, 11/310-11.

47. 복되신 예수호에 대해서는 *Doc. Ind.*, 11/305를, 보급품에 대해서는 11/342를 참조. 성 그 레고리오호에 대해서는 11/338을 보라. 성 그레고리오호는 고요한 바다에서도 파도가 철 썩거리는 소리를 듣고 싶어하는 선원들이 찾는 배였다.

48. 1578년 리스본의 조선소 생활에 대해서는 Brooks, *King for Portugal*, pp. 14, 15, 160n 을 보라.

49. *Doc. Ind.*, 11/305를 참조. 성당에 대해서는 Gomes de Brito, *Tragic History (1589~ 1625)*, p. 30 n.2를 보라. 또 Stevens, "Voyage," p. 463에는 이듬해에 이루어진 이와 똑 같은 환송하는 모습이 나온다.

50. *Doc. Ind.*, 11/161, 375; *FR*, 2/560, plate 22.

51. *Doc. Ind.*, 11/307.

52. *Ibid.*, 11/308-10.

53. *Ibid.*, 11/351에 도박과 책에 대한 기술이 있다. Wicki, "The Spanish Language," p. 16 에는 16세기에 선상에서 읽히던 가벼운 읽을거리에 대한 분석이 있다.〔'일역자'는 2장 주 40과 같은 이유로 이 편지 역시 '1581년'으로 하고 있다.〕

54. *Doc. Ind.*, 11/358.

55. *Ibid.*, 11/308-09. Stevens, "Voyage," p. 466에 유사한 이야기가 있다.

56. *Doc. Ind.*, 11/310, 351~52. 예수회원들의 '양심 성찰'에 대해서는 Guibert, *Jesuits*, pp. 94, 95, 190~93에 기술되어 있다.

57. *Doc. Ind.*, 11/351.

58. *Ibid.*, 11/311.

59. *Ibid.*, 11/318.

60. *Ibid.*, 11/347.

61. *Ibid.*, 11/351.

62. *Ibid.*, 11/313.

63. *Ibid.*, 11/342.

64. *Doc. Ind.*, 11/354에 파시오, 11/339에 성유물함, 11/312에 폭풍 속에서의 개종과 성유 물, 11/316에 폭풍 속에서의 성인축일, 11/316에 공개적인 고백, 11/337에 고요한 바다, 11/338에 성인의 두부(頭部) 기사가 각각 나온다. 복되신 예수호의 항해과정을 자세히 보 면, 리치가 겪은 위기를 잘 알 수 있다. 그 배는 처음엔 아무런 문제 없이 나머지 두 배를 이 끌고 베르데곶 제도(諸島) 근해를 지나 순풍을 타고 희망봉으로 남하했다. 그런데 아프리카 의 남단을 통과하자, 바다가 거칠어지고 역풍이 불어왔다. 게다가 이틀 연속으로 밤마다 폭 풍이 일어 배가 뒤로 밀려났지만, 뱃길안내인은 그것을 알지 못했다. 날이 개자, 배의 나침 반을 전적으로 믿었던 뱃길안내인은 아무 의심 없이 북쪽으로 방향을 잡았다. 육지는 보이 지 않았지만, 뱃길안내인은 모잠비크를 향해 서서히 아프리카 동해안을 북상하고 있다고 생각했다. 그러나 실은 아프리카 서해안에서 포르투갈을 향해 북상하고 있었다. 뭔가 잘못 되고 있다고 생각한 승객들의 불만의 소리에도 불구하고, 뱃길안내인은 아흐레나 그대로 항해를 계속해서 족히 1,300km는 전진했다. 결국 고성이 섞인 언쟁 끝에 뱃길안내인은 침 로를 바꾸어 다시 희망봉을 향해 남하했다. 그 바람에 승객과 선원도 지쳐 버렸고, 식량이나 물도 얼마 남지 않았다.(*Doc. Ind.*, 11/313, 345, 스피놀라는 마음 깊은 곳에서 솟아 오르는 분

노로 '전대미문'[cosa che mai accadate]의 재난이라고 썼다.) 그러나 이번에는 무사히 희망봉을 돌았다. 그런데 뱃길안내인은 항해가 너무 늦어져서 모잠비크에 들러 음식과 물을 다시 보급받을 여유가 없으니, 곧장 고아로 항해해야 한다고 말했다. 이 말을 들었을 때, 복되신 예수호에 타고 있던 병사와 선원들이 무기를 집어 들고 잠시나마 폭동을 일으킬 기세를 보인 것도 무리는 아니었을 것이다. 니콜라스 스피놀라 신부가 동승한 승객들에게 조심스럽게 말했듯이 "뱃길안내인은 정말로 현명하지 못하군"이라는 생각이 배 안에 퍼져 나갔다.(*Doc. Ind.*, 11/317)

65. *Doc. Ind.*, 11/352.

66. *Ibid.*, 11/341, 252-53.

67. Boxer, "Moçambique Island," pp. 10~15; *Doc. Ind.*, 11/341, 346의 기술을 보라.

68. *Doc. Ind.*, 11/376.

69. *Ibid.*, 11/350.

70. *Ibid.*, 11/349.

71. 리치의 '중병'에 대해서는 *OS*, 27을 보라. *FR*, 1/163 n.9에서 파시오는 '가벼운 병'을 앓았다고 말하고 있다. 이 각주와 *FR*, 2/562 n.1에 따르면 리치는 6월 14일부터 7월 3일까지 말라카에 있었다고 한다.

72. *FR*, 1/178 n.3.

73. *OS*, p. 219, 1596년 10월 13일자 편지에서 '지난 해'(l'anno passato)라고 말한다.

74. *FR*, 2/11〔'일역자'는 불교와 도교의 '거짓 삼위일체'에 대해서는 *FR*, 1/123 n.7과 *FR*, 1/128 n.5를 참조하라고 덧붙이고 있다.〕

75. *FR*, 2/15-16. Trigault(tr. Gallagher, p. 304)는 그리스도의 트립틱을 십자고상이라고 하고 있다. 그는 이따금씩 이런 식으로 장면의 의미를 바꿔 버린다.

76. *OS*, p. 182에 있는 코스타에게 보낸 1595년 10월 28일자 편지. 코스타의 전기로는 *Ibid.*, p. 119 n.1에 있다. *FR*, 1/355-56에도 이 꿈이 세련된 문장으로 기술되어 있다.

77. 「사도행전」 9장 6절. 델리아(d'Elia)는 *FR*, 1/356 n.1에서 리치가 이냐시오의 영향을 받았음을 지적한다.

78. *FR*, 1/356 n.3; 중밍런(鍾鳴仁)의 생애에 대해서는 *FR*, 1/290 n.1을 보라.

79. *OS*, p. 48. 중국인도 개입한 예에 대해서는 So, *Japanese Piracy*, pp. 71~73도 보라.

80. *FR*, 1/19-20. 중국인은 반수 이상이 수상생활을 한다는 서양인의 믿음은 Plancius, *Universall Map*, p. 256 recto를 보라. 아마 리치는 역시 부분적으로 Boxer, *South China*, pp. 111~14에 번역되어 실린 그런 Gaspar de Cruz의 설을 옮겨 적었을 것이다.

81. *FR*, 1/348.

82. 주목해야 할 상세한 점에 대해서는 *FR*, 1/228 n.3을 보라. 리치가 의심하고 있었던 것에 대해서는 *FR*, 1/280을 보라.

83. *OS*, p. 68, 1585년 11월 24일자 편지와 *Ibid.*, p. 66 n.1 그리고 *FR*, 1/92를 보라. 마탕의 배에 대해서는 *FR*, 2/110을 보라.

84. *FR*, 2/19, 102.

85. *Ibid.*, 2/20.

86. Hoshi, "Transportation," p. 5.

87. 만력제의 치세는 Ray Huang, *1587*에 훌륭하게 요약되어 있다.〔박상이 옮김,『1587 아무 일도 없었던 해』(가지않은길, 1997)〕

88. *FR*, 2/21. 사적인 거래에 대한 더 많은 정보는 Hoshi, "Transportation," p. 6에, 환관의 권력남용에 대해서는 p. 27에 기술되어 있다.

89. 배에 대해서는 *FR*, 2/31을, 일류 손수레에 대해서는 2/34를 보라.

90. Delumeau, *Vie économique et sociale de Rome*, 2/530-35, 605-06.

91. 『肇慶府志』, 22/34a(영인본, p. 3333)〔'일역자'는 석비가 세워진 해가 '718년'이 아니라 '781년'(당 덕종 建中 2년)이라고 한다. 이것은 아마 오자일 것이다. 옮긴이도 781년으로 바로 잡았다.〕

92. *FR*, 2/18.

93. 『古今圖書集成』, 498 冊(卷 106, p. 36b).

94. *Ibid.*, p. 35b.

95. *Ibid.*, 498 冊(卷 103, p. 21).

96. 리치는 이『플랑탱 성서』에 대해 *OS*, p. 6, 1580년 1월 18일자 편지에서 언급하고 있다.

97. *FR*, 2/229-31에 들어 있는 트리고(Trigault)의 견해를 보라.

98. Voet, *Golden Compasses*, vol. 2, esp. pp. 37~46; Roover, "Business Organization," pp. 237~39; Rooses, *Plantin*, pp. 120~33. 몽테뉴는 로마에서 왕에게 바칠 이 호화로운『플랑탱 성서』를 보았다.(*Journal de Voyage*, p. 223)

99. *FR*, 2/279, n.1.

100. *OS*, p. 282.

101. '약간 젖은'(un puoco bagnata) 성서에 대해서는 리치가 알바레스에게 보낸 두 통의 편지, 곧 *OS*, p. 282, 1605년 5월 12일자 편지와 *OS*, p. 388, 1609년 2월 17일자 편지를 보라.

102. *FR*, 2/282; *OS*, p. 298.

103. *FR*, 1/245-46.

104. 인용한 구절은 *OS*, pp. 364, 344에 나온다.

105. *FR*, 2/111은 "three mace or sapéque"가 3전(錢)이나 3줄리오와 같다고 한다. 이 교환비율은 *FR*, 2/46 n.5; 2/211 n.2를 따른 것이다. Albert Chan, *Glory and Fall*, p. 88에는 산둥 성에서 1594년에 어린이들이 1전에 팔린 사실이 언급되어 있다.

106. *OS*, p. 274, 1605년 5월 10일자 편지.

107. *FR*, 1/338-39. 델리아(d'Elia)는 *FR*, 1/339 n.1에서 이 시에러우가 병부상서(兵部尙書)인 스싱(石星)과 같은 인물이 아닐까 추정하고 있는데, 구바오구(顧保鵠)도 『利瑪竇的中文著述』, p. 241에서 이를 따르고 있으나, 스싱에 대해서 알려진 사실과는 맞지 않다. 그러나 나 역시 이름이 알려진 광시 성의 관료 중에 누가 시에러우에 해당되는 인물인지 확정적으로 단정지을 수 없다.

108. *FR*, 1/341.

109. 장면과 여행에 대해서는 *FR*, 1/343-44를, 난슝(南雄)에 대해서는 *OS*, p. 103을 보라.

110. *FR*, 1/344.

111. 바라다스에 대해서는 *OS*, pp. 128, 194.에 있는 리치의 편지 두 통을 보라.

112. *OS*, p. 132, 1595년 8월 29일자 마카오에 있는 두아르테 데 산데에게 보낸 편지. 또 *OS*, pp. 193~94, 1595년 11월 4일자 아콰비바 총장에게 보낸 편지도 보라.

113. *FR*, 1/345.

114. *OS*, p. 193, 1595년 11월 4일자 편지.

4장 두번째 이미지: 후이후이족

1. Ricci, 『記法』, p. 17.

2. *FR*, vol.1, p. 194의 plate 9에 리치가 중국어로 번역한 「십계명」이 나온다. 「출애굽기」 20장 3절.〔원서에는 「출애굽기」 20장 2절이라고 되어 있는데, 성서를 확인하면 3절이다. 2절이라고 한 것은 오자인 것 같다.〕

3. 『天主敎要』에 대해서는 *FR*, 2/289, nn.1, 2를 보라. 291쪽까지 이어지는 장문의 n.2는 리치의 저작방법과 그 실행에 대한 델리아(d'Elia)의 훌륭한 논고이다.

4. 이 말에 대해서 리치는 *FR*, 1/113에서 논하고 있다. 「창세기」 32장 32, 33절.

5. 자오칭의 크기에 대해서는 Bernard, *Aux portes*, p. 196을 보라. 초기의 지도에 대해서는 *FR*, 1/208-09와 각주를 보라.

6. D'Elia, *Mappamondo*, plates 19, 20; Giles, "World Map," p. 378.

7. D'Elia, *Mappamondo*, plates 23, 24; Giles, "World Map," p. 377에서는 단지 '24개 나라'만 언급한다. 이것은 아마 이 지도의 처음 상태를 반영한 언급일 것이다.

8. D'Elia, *Mappamondo*, plates 19, 20. 리치의 지도, 그에 대한 중국인의 반응, 그리고 다양한 판본에 대해서는 William Hung(洪業)이 「考利瑪竇的世界地圖」에서 상세히 연구하고 있다. Kenneth Ch'en, "A Possible Source"도 리치가 이 지도의 아시아 지역을 설명할 때 이용한 중국어 자료에 대해 매우 귀중한 정보를 제공하고 있다.

9. 그레고리 마틴이 1577년과 1578년에 로마에서 들은 강론에 대한 설명은 *Roma Sancta*, pp. 71~74에 실려 있다. Culley and McNaspy, "Music," p. 222도 보라. 이런 강론이 발전해 온 역사적 배경에 대한 분석은 O'Malley, *Praise and Blame in Renaissance Rome*을 보라.

10. 고백자와 밥티스타 로마노에 대해서는 Martin, *Roma Sancta*, pp. 68, 69, 169를 보라. 언어의 범위에 대해서는 Delumeau, *Vie économique*, 1/217을 보라.

11. Martin, *Roma Sancta*, p. 175.

12. Montaigne, *Journal de Voyage en Italie*, pp. 223~24. 도서관 개방일에 대해서는 Martin, *Roma Sancta*, p. 240을 보라.

13. Ignatius of Loyola, *Constitutions*, ed. *George Ganss*, p. 68. 콘스탄티노플에 대한 아콰비바의 '적극적인' 정책은 Pirri, "Sultan Yahya,"에서, 특히 pp. 65, 66의 Mancinelli mission에 대한 기술을 보라.〔「예수회 회헌 초안」은 이냐시오, 한국 예수회 옮김, 『이냐시오 데 로욜라 자서전』(이냐시오 영성 연구소, 영성생활 제6권, 1997)에 실려 있다. 인용 부분은 p. 156.〕

14. Martin, *Roma Sancta*, p. 170.

15. *OS*, p. 214.

16. '논쟁'에 대해서는 Ignatius, *Constitutions*, pp. 194~95(par. 378)와 Martin, *Roma*

Sancta, p. 164를 보라. 이런 수업방법의 형성에 대해서는 Ganss, *St. Ignatius' Idea of a Jesuit University*, pp. 255~60을 보라.

17. Martin, *Roma Sancta*, pp. 103, 116. 로마에서 단지 23km밖에 안 떨어진 성 바실리오 수도원에서는 성가를 비롯한 모든 예식을 그리스어로 거행했다. Martin, p. 152.

18. Hillgarth, *Ramon Lull*, pp. 2, 6, 20. 인용은 p. 49에 있다.

19. Lull, *Le livre du Gentil*, pp. 210~11. Hillgarth, *Ramon Lull*, p. 24에 따르면 룰은 "여기서 암묵적으로 은총의 필요성을 인식했다"고 한다.

20. Lubac, *La rencontre du Bouddhisme*, pp. 35~38.

21. Boccaccio, *Decameron*, tr. McWilliam, pp. 86~89. 인용은 p. 88에 있다. 이 이야기에 대해서는 Ginzburg, *Cheese and the Worms*, p. 49에도 논의되어 있다.

22. Ginzburg, *Cheese and the Worms* pp. 9, 10, 51, 62의 인용을 보라.

23. *Ibid.*, pp. 30, 77, 101, 107.

24. Hillgarth, *Lull*, pp. 280~87. 룰과 연금술에 대해서는 *Ibid.*, p. 294를 참조. 또 Lubac, *Rencontre*, p. 63을 보라.

25. Diffie and Winius, *Foundations of the Portuguese Empire*, pp. 323~34. 나는 *Ibid.*, p. 331 n.37에 근거해서 개략적인 인구를 계산했다. 또 Boxer, *Portuguese Society*, pp. 12, 13을 보라.

26. Costa, *Christianisation of the Goa Islands*, pp. 25, 30~32, 59, 96, 97. 직인조합제도의 한 가지 예외에 대해서는 *Ibid.*, pp. 162~63을 보라.

27. 코스타의 해박하지만 호교론적인 이 말은 *Christianisation*, p. 59에서 인용했다. 또 pp. 120~22도 참조.

28. *Doc. Ind.*, 11/360-61. 성가대원에 대해서는 Culley and McNaspy, "Music," pp. 241~42를 보라.

29. Costa, *Christianisation*, pp. 14, 15.

30. *Doc. Ind.*, 11/365; Costa, *Christianisation*, p. 85.

31. *OS*, p. 11, 1580년 1월 30일자 편지와 p. 4, 1580년 1월 18일자 편지.

32. Correia-Afonso, "More about Akbar," p. 58; Renick, "Akbar's First Embassy," pp. 35, 43.

33. *OS*, pp. 4~6, 1580년 1월 18일자 편지.

34. Correia-Afonso, *Letters from the Mughal Court*, pp. 58, 83, 110, 115, n.6.

35. *Ibid.*, pp. 77, 78 n.13(약간 수정했다). 또 악바르가 아편 흡입용 '관'(管)의 중독자로 전해지는 점에 대해서는 p. 53 n.16을 보라.

36. *OS*, p. 25, 1581년 12월 1일자 편지. 또한 악바르가 가톨릭 사절을 초청한 동기를 비롯해서 고아의 방위체계를 세심하게 연구한 것에 대해서는 Renick, "Akbar's First Embassy," pp. 40, 43~45를 보라.

37. Correia-Afonso, "More about Akbar," pp. 60, 61에서 인용함.

38. *OS*, pp. 19, 20, 1581년 11월 25일자 편지.

39. Brooks, *King for Portugal*, pp. 39, 40, 170 n.14. 세바스티앙 왕의 죽음을 축하하는 '두 번째 부림절'에 대해서는 Yerushalmi, *Zakhor*, p. 47을 보라.

40. Brooks, *King for Portugal*, pp. 25~31. 이 전쟁에서 프랑스 군의 무능함에 대해서는 Estoile, *Paris of Henry of Navarre*, tr. Roelker를 보라.

41. Paci, "La Decadenza," p. 174 n.136, p. 176 n.153.

42. 안코나의 유대인에 대해서는 특히 Cecil Roth, *House of Nasi*, pp. 135~39, 149를 보라. 또 Azevedo, *Historia*, pp. 364~65; Martin, *Roma Sancta*, p. 129; Pastor, *History of the Popes*, 14/274-75도 보라.

43. 주요 사료는 Martin, *Roma Sancta*, pp. 77~82, 126, 205에 있음. Montaigne, *Journal de Voyage*, p. 234에 강론모습이 묘사되어 있다. Pastor, *History of the Popes*, 14/272-74에는 경제적 압박에 대한 유대인들의 반응과 많은 개종자들의 이름이 실려 있다.

44. Martin, *Roma Sancta*, pp. 82, 83, 96.

45. Delumeau, *Vie économique*, 1/502-07에는 이러한 경제적 실험에 대한 상세한 설명이 있다. 유류시장에 대해서는 Martin, *Roma Sancta*, p. 76을 보라.

46. Martin, *Roma Sancta*, p. 241; Pastor, *History of the Popes*, 14/274-75.

47. 디아스에 대해서는 Baião, *A Inquisição de Goa*, 1/263을, 코친에 대해서는 Azevedo, *Historia*, pp. 230~31을, 안코나에 대해서는 *Ibid.*, p. 364를 보라.

48. Azevedo, *Historia*, p. 230.

49. Baião, *Inquisição*, 1/36.

50. '하얀 유대인'과 '검은 유대인'에 대해서는 Baião, *Inquisição*, 1/41, 45를, 코친의 개종자와 코친이 지닌 매력에 대해서는 Azevedo, *Historia*, pp. 230~31을 보라.

51. Baião, *Inquisição*, 1/185-87, 265.

52. *Ibid.*, 2/55, 1578년 11월 25일자 편지

53. *OS*, p. 20, 1580년 11월 25일자 리치의 편지와 Azevedo, *Historia*, p. 232를 보라. Pyrard de Laval, *Voyage*, 2/94-95에는 1608년경 고아에서 종교재판이 극단적으로 흐른 것을 보여주는 예가 나온다.

54. Hanson, *Economy and Society*, pp. 76~79는 재판과정과 경비를 잘 보여준다. 또 경비에 대해서는 Baião, *Inquisição*, 1/272도 보라. 폰세카의 솜씨 좋은 재판과정에 대해서는 Baião, *Ibid.*, 1/187-88을 보라. Stephen Greenblatt, *Renaissance Self-Fashioning*, p. 77에는 종교 재판이 '악마가 출연하는 극장'이라고 간주하는 아주 흥미로운 논의가 나온다. 이 시기에 '악마에게 매료된 지식인들의 강박관념'에 대한 논의는 A. D. Wright, *The Counter-Reformation*, p. 43을 보라.

55. Costa, *Christianisation*, p. 197.

56. Schütte, *Valignano's Mission*, pp. 60, 67. 두아르테 데 산데의 유대인 할머니에 대해서는 Dehergne, *Répertoire*, no. 741, p. 239를 보라.

57. 초기 관계 문헌의 요약이 Brown, *Indian Christians*, ch. 2와 Mathew and Thomas, *Indian Churches*, pp. 5~21에 나온다. 리치의 생각은 *OS*, p. 8을 보라.

58. Brown, *Indian Christians*, pp. 12, 13, 15.

59. 이 사람은 Mar Joseph이다. Brown, *Indian Christians*, p. 22를 보라.

60. *OS*, p. 8, 리치가 고이쉬에게 보낸 1580년 1월 18일자 편지. 리치의 병과 이 병으로 목숨을 잃은 사제들과 10대 학생들이 차례로 고통스럽게 죽어간 모습에 대해서는 *Doc. Ind.*,

11/699를 참조. 시몬과 아브라함의 대립과 바이픽콧타의 신학교에 대해서는 Brown, *Indian Christians*, pp. 22∼26과 Mathew and Thomas, *Indian Churches*, pp. 27∼29를 보라. Wright, *The Counter-Reformation*, pp. 140∼41에는 말라바르 그리스도인들을 다루기 위해 정비된 제도상의 형태에 대한 서술이 있다.

61. Brown, *Indian Christians*, p. 283에 실려 있는 Duarte Barbosa, *Description of the Coasts of East Africa*(bk. 2, pp. 600∼01)에서 인용.

62. *OS*, p. 9.

63. *OS*, p. 20, 1581년 11월 25일자 아콰비바 총장에게 보낸 편지.

64. Costa, *Christianisation*, p. 198에는, 이것이 '분노함이 없이' 이루어졌다고 기술되어 있다. *Ibid.*, pp. 195∼97에는 종교재판에 반대하는 예수회의 논의가 나와 있다.

65. *OS*, pp. 8, 9.

66. 리치가 승복을 입은 것에 대해서는 *FR*, 1/167 n.3, 1/192 n.3을 보라. 이 밖에 다른 사항에 대해서는 본서 6장과 8장을 보라.

67. *OS*, p. 72, 1585년 11월 24일자 편지.

68. *FR*, 1/124-25, 1/336-37.

69. *OS*, p. 104, 1592년 11월 15일자 편지. 여기서 나는 'inventioni'를 'devices'(궁리)로 번역했다.

70. *OS*, pp. 136∼37, 1595년 8월 29일자 편지. 여기서 나는 'roxa escura'를 'purple'(자색)로 번역했다. 왜냐하면 리치는 이후의 다른 편지(*OS*, pp. 173, 183, 199∼200)에서도 이 복장에 대한 기술을 반복하고 있는데(약간의 차이가 있음), 항상 이탈리아어로 자색을 뜻하는 'paonazza'를 쓰기 때문이다. 또 Young, *East-West Synthesis*, p. 16을 보라. 한편 *FR*, 1/358에서 리치는 현명하게도 자신이 화려한 옷을 입고 있다는 사실을 생략하고 있다.

71. Gregory Martin, *Roman Sancta*, p. 128에 있는 그대로 인용.

72. *OS*, pp. 48, 49, 잠바티스타 로만(Giambattista Roman)에게 보낸 1584년 9월 13일자 편지.

73. *Ibid.*, p. 57, 1585년 10월 20일자 편지.

74. *FR*, 1/128. 이슬람교의 거짓 삼위일체, 곧 Muhammad＋Apollo＋Termagant에 대한 초기 전승은 *Metlitzki*, Matter of *Araby*, p. 209를 보라.

75. *FR*, 1/118, 120에 나오는 리치의 논평을 보라.

76. *FR*, 1/132. 명 말의 삼교합일론에 대한 가장 훌륭한 개론서는 Judith Berling, *Syncretic Religion of Lin Chao-en*〔林兆恩〕이다.

77. Boxer, *South China in the Sixteenth Century*, pp. 36∼38, 219∼21.

78. *OS*, p. 48, 1584년 9월 13일자 편지: "어떻게 하는지 모릅니다"(no sé cómo).

79. *OS*, p. 380; *FR*, 1/24.

80. *FR*, 2/27.

81. *FR*, 2/47.

82. *FR*, 1/149.

83. *FR*, 1/110-11. 명 후기 이슬람 교도의 반란에 대해서는 Barbara Pillsbury, "Muslim History," pp. 19, 20; Morris Rossabi, "Muslim and Central Asian Revolts," passim;

Albert Chan, *Glory and Fall*, pp. 118~19를 보라.

84. Israeli, *Muslims in China*, p. 29 참조. 첩탑 폐지에 대해서는 Thiersant, *Mahomé-tisme*, 1/53을 보라.

85. 초기 아라비아어-중국어 사본에 대해서는 Forke, "Islamitisches Traktat"를 보라. 이 논문은 해독과 복원 면에서 탁월한 학술 성과를 거두었다. 청 초 류즈(劉智)가 쓴 이슬람교 관련 저작에 대해서는 Israeli, *Muslims in China*, pp. 145~47과 Thiersant, *Mahométisme*, 2/364-68을 보라. Thiersant의 책에는 류즈와 Yusuf Mazhu의 긴 글이 번역되어 실려 있다. 청 옹정제의 이슬람교에 대한 중요한 발언 가운데 한 예가 Thiersant, 1/55-56에 있다. 류즈가 묘사한 마호메트의 생애(『天方至聖實錄』)는 18세기 중국인의 이슬람교에 대한 기본적인 견해를 보여주는 것이며, Isaac Mason, *Arabian Prophet* (Shanghai, 1921)에 번역문과 주해가 실려 있다.

86. *OS*, p. 290, 1605년 7월 26일자 아콰비바 총장에게 보낸 편지; *OS*, p. 344; *FR*, 2/320.

87. *FR*, 1/336 n.1.

88. *FR*, 1/112, 114, 2/320.

89. *FR*, 2/323. 리치는 이 무반응을 *OS*, p. 344에서도 언급한다.

90. *FR*, 2/141 n.4.

91. *OS*, p. 290; *Ibid.*, p. 289에 따르면, 이 이전에도 리치는 같은 주제에 대해 편지를 쓴 일이 있었던 것 같은데 현재 그 편지는 남아 있지 않다. A.D. 718년에 네스토리우스가 세운 유명한 석비는 리치가 죽은 지 15년이 지난 1625년에 발견되었다. 비문의 번역문과 분석은 *Chinese Repository* 14(1845년 5월): 201-29에 있다. Henri Bernard, *La découverte de Nestoriens Mongols*, pp. 14~31에는 네스토리우스파의 초기 역사를 상세히 검토하고, 리치 시대까지 언급하고 있다.

92. *FR*, 2/323.

93. *OS*, p. 290; *FR*, 2/317-24. Dehergne and Leslie, *Juifs de Chine*, pp. 8~12에는 중국 유대인들의 초기 역사에 대한 사료가 요약되어 있으며, *Ibid.*, 216~18에는 간략한 참고문헌목록이 있다.

94. *FR*, 1/112, 2/324; *OS*, p. 344.

95. *FR*, 2/324-25.

96. *FR*, 2/316-18.

97. 리치는 *OS*, p. 281, 1605년 5월 12일자 알바레스에게 보낸 편지에서, 이 대화와 발리냐노에게 질문한 의도를 말하고 있다. 발리냐노는 1606년 1월 마카오에서 죽었다.

98. *FR*, 2/179.

99. *OS*, p. 360, 아콰비바에게 보낸 편지. 난창의 유학자들에 대해서는 *FR*, 2/452를 보라.

100. *FR*, 2/141-42, 145.

101. *FR*, 2/130.

102. *OS*, p. 24, 1581년 12월 1일자 편지.

103. Maffei, *L'Histoire*, "Proemio," p. 3. 마페이가 역사학자로서 일찍부터 품고 있던 문제 의식에 대해서는 Correia-Afonso, *Jesuit Letters*, p. 113을 보라. 마페이의 명성에 대해서는 Martin, *Roma Sancta*, p. 245; Dainville, *Géographie*, pp. 122~26을 보라.

104. Maffei, *L'Histoire*, "Proemio," p. 1.

105. *OS*, p. 24, 1581년 12월 1일자 편지.

106. Acquaviva, *Letters* (1583년 9월 29일), pp. 47, 48.

107. Acquaviva, *Letters* (1586년 5월 19일), p. 78.

108. Acquaviva, *Letters* (1590년 1월 12일), pp. 110~11, 113.

109. *FR*, 2/398-402, 2/393 n.1. 델리아(d'Elia)는 *FR*, vol. 2, plates 20, facing p. 396에서 고이쉬의 상세한 여행경로를 지도로 보여준다. Bernard, *Le Frère Bento de Goes*, pp. 45~47도 보라.

110. *FR*, 2/437에 고이쉬가 비취를 '반값'인 1,200스쿠도에 팔았다는 것이 기록되어 있다.

111. *FR*, 2/434-38; Bernard, *Le Frère Bento de Goes*, pp. 102~10. 당시 카슈가르의 정치에 대해서는 Rossabi, "Muslim and Central Asian Revolts," pp. 172~75를 보라.

112. *OS*, p. 338, 1608년 5월 6일자 편지. 리치는 *OS*, pp. 347~50과 391에서도 고이쉬에 대해 길게 기술하고 있다. 고이쉬가 중국에 도착했다는 첫소식은 *OS*, p. 327에 나온다.

113. Zhuangzi, *Complete Works*, p. 78과 『莊子』 「大宗師」. 顧保鵠, 「利瑪竇的中文著述」, p. 248.

114. 여기서 나는 전체적으로 왓슨(Watson)이 번역한 Zhuangzi, *Complete Works*의 번역을 따랐다. 하지만 왓슨은 '畸人'을 'singular man'으로 번역한 데 비해, 나는 리치가 말한 'paradoxical'을 근거로 하여 'paradoxical man'(역설적인 사람)으로 바꾸었다.

5장 두번째 그림: 엠마오로 가는 길

1. Aquinas, *Catena Aurea*, pp. 772~79. 작센의 루돌푸스는 이 이야기에서 관상을 위한 세 가지 요점을 끌어냈다. 첫째는 제자들이 슬퍼하는 이유를 이해하려고 노력하는 그리스도의 친절함과 다정함이고, 둘째는 이런 '하급의' 제자들에게 이야기하는 그리스도의 겸손함이며, 셋째는 제자들이 본 것의 의미를 인내를 갖고 설명하는 그리스도의 선함이다 (Ludolfus, *Vita Jesu Christi*, p. 716). 엠마오 이야기는 『영신수련』의 넷째 주간에서도 그리스도가 지상의 다양한 인물들에게 발현한 열세 번의 신비 가운데 다섯번째로 성찰하게 되어 있다.(Ignatius, *Exercises*, nos. 226, 303)

2. Ricci, 『利瑪竇題寶像圖』 pp. 4, 5b; 程大約, 『程氏墨苑』, 卷六 下, pp. 38b~41; Duyvendak, "Review," pp. 391~92.

3. 사용되지 않은 판화에 대해서는 Nadal, *Evangelicae Historiae Imagines*, fig. 141을 보라. 리치가 사용했던 목판화의 복제품은 뉴욕 메트로폴리탄 미술관에서 볼 수 있다(Prints, Netherlands, Martin de Vos file, 53.601.18:44).

4. Castellani, "La Tipografia del Collegio Romano," pp. 12, 13에서는 스쿠도를 두카트와 등가로 간주하고 있다.

5. Robert Palmer, "Martial"에 뛰어난 요약과 분석이 있으며, 또 놀라울 정도로 명쾌한 번역문이 실려 있다.

6. 기본 방침에 대해서는 Dainville, *L'éducacion des Jésuites*, pp. 181~84를 보라. 부분적으로 삭제된 마르티알리스와 호라티우스의 작품이 교육과정에 들어 있었던 것에 대해서는 *Monumenta Paedagogica, 1586*, p. 435을 참조. 프루시우스가 이냐시오의 방침에 따른

것은 Castellani, "Tipografia," pp. 11, 15와 Palmer, "Martial," p. 913을 보라. 음악가이자 이냐시오의 친구로서 프루시우스에 대해서는 Culley and McNaspy, "Music and the Early Jesuits," p. 218을 보라.

7. Castellani, "Tipografia," pp. 11, 14~16.

8. Ganss, *Saint Ignatius' Idea of a Jesuit University*, pp. 296~301. 이냐시오의 본래 방침에 대해서는 *Ibid.*, 326~27을 보라. 1566년의 상세한 지침에 대해서는 Pachtler, *Ratio Studiorum*, pp. 192~97을 참조. 아울러 *Ibid.*, p. 195의 *Ad Herennium*에 대한 기술도 보라.

9. Ganss, *St. Ignatius' Idea of a Jesuit University*, pp. 44~51, 60. 라틴어로 대화하라는 지시에 대해서는 *Ibid.*, p. 304를 보라.〔예수회와 예수회 교육의 특성에 대한 우리말 연구서는 다음을 보라. 한국 예수회, 『예수회』(가톨릭 출판사, 1962); 한국 예수회, 『예수회 수도 생활』(가톨릭 출판사, 1977); Alain Guillermou, 김성옥 옮김, 『로욜라의 성 이냐시오와 예수회』(분도 출판사, 1981); Lippert, 김태관 옮김, 『예수회의 심리: 그 심리학적 해명의 시론』(성 황석두 루가 서원, 1985); Pedro Arrupe, 정한채 옮김, 『예수회 행동양식』(성 황석두 루가 서원, 1987); 예수회 사도직 국제 위원회 편, 박홍 옮김, 『예수회 교육의 특성』(성 바울로, 1989); Jean Catret, 신원식 옮김, 『예수회 역사』(이냐시오 영성 연구소, 영성연구 1, 빅벨 출판사, 1994)〕

10. *Ibid.*, pp. 304~05. Ledesma의 지시는 *Monumenta Paedagogica, 1586*, p. 361에 있다. 또 Schwickerath, *Jesuit Education*, pp. 493~97을 보라.

11. *OS*, p. 235, 1597년 9월 9일자 난창에서 보낸 편지.

12. Romberch, *Longestorium Artificiose Memorie*, pp. 22~26, 36, 49~51.

13. Grataroli, *De Memoria Reparanda*, pp. 78~82. Thorndike, *History of Magic*, 5/600-16에 그라타롤리에 대한 짤막하고도 명료한 전기가 있다. 여기서 거론한 이미지들은 1573년 그라타롤리(Grataroli)의 작품을 영어로 번역한 윌리엄 풀우드(William Fulwood)에게는 너무나 심해 보였던지 풀우드는 *Castel of Memorie* (London: William How, 1573)에서 이 이미지들을 번역할 때 요강에는 물을 채웠다로 번역하고, 신체 각 부위의 명칭에 대해서도 노골적인 말을 피하여 온건한 인상을 주도록 했다. 그라타롤리의 작품은 불온한 부분이 삭제되었지만, 17세기 후반에도 영국의 대학생들 사이에 널리 읽히고 있었다. Marius d' Assigny, *The Art of Memory* (London, 1699), 특히 pp. 72~74를 참조.

14. *OS*, p. 27.

15. *OS*, p. 28과 *FR*, 1/36-37. 리치는 '天'을 예로 들어 한자에 대한 논의를 하고 있지만, 이것은 이미 가스파르 다 크루스가 중국에 대한 저작에서 말한 것이다. Boxer, *South China*, p. 162를 보라.

16. *OS*, p. 28.

17. 리치가 중국어를 배운 과정에 대해서는 *OS*, p. 49, 1584년 9월 편지; *OS*, p. 60, 1584년 10월 편지; *OS*, p. 65, 1585년 11월 편지의 "저는 이미 그 말을 잘 합니다"(già parlo correntemente la lingua); *OS*, p. 91, 1592년 편지; *OS*, pp. 117~18, 1593년 12월 편지; *OS*, p. 122, 1594년 10월 편지를 참조.

18. *OS*, pp. 155~56. 두아르테 데 산데에 대해서는 Pfister, *Notices*, no. 11을 보라.

Dehergne, *Répertoire*, no. 741에는 그의 할머니가 '새 그리스도인', 곧 그리스도교로 개종한 유대인이라고 기술하고 있다. 그는 리치와 함께 성 루이지호를 타고 고아까지 여행했다.

19. *OS*, p. 211.

20. *OS*, pp. 235~36.

21. *OS*, pp. 239~40.

22. Ricci, 『記法』, p. 18.

23. Bortone, *p. Matteo Ricci*, pp. 35~40.

24. Schwickerath, *Jesuit Education*, p. 494; Schimberg, *L'éducation morale*; pp. 132~33, 139; *Monumenta Paedagogica, 1586*, p. 351; Dainville, *L'éducation des Jésuites*, pp. 168~71. 예수회의 '정신수양과 인격형성에 관련된 인문학'(humanisme de culture et de formation)에 대해서는 Dainville, *Ibid.*, pp. 187~88과 Villoslada, *Collegio Romano*, ch. 5를 보라.

25. Zanta, *La renaissance du stoïcisme*, pp. 12~14, 126~27, 203~05.

26. *OS*, p. 336, 1608년 3월 6일자 코스타에게 보낸 편지. 이솝에 대해서는 Ricci, 『畸人十篇』, pp. 187~88을, 에픽테토스에 대해서는 *Ibid.*, p. 131을 보라. 리치가 사용한 이솝의 이야기는 Planudes le Grand, *La vie d'Esope*, preface, chs. 13, 14에 나온다. 나는 1765년의 루앙(Rouen)판밖에 보지 못했지만, 리치의 시대에 출판된 것과 차례가 같을 것이다. 명대 학자들 사이에 이 이솝 이야기가 널리 알려져 있었다는 것에 대해서는 張萱, 『西園聞見錄』ch. 15, pp. 15/39b-40b를 보라. 장쉬안(張萱)의 전기는 *DMB*, p. 79 "Chang Hsüan"항을 보라.

27. Ricci, 『交友論』 여기저기. 그리고 d'Elia, "Il trattato sull' Amicizia,"에서 특히 pp. 454, 463~65를 보라. 따라서 델리아(d'Elia)가 리치가 사용했을 것이라고 추측한 1590년 파리판에 기초한 베이탕(北堂)판은 훨씬 후대에 수입되었을 것이다. 이 가설은 델리아의 "Trattato"에 실린 레센데(Resende)본의 원문과 비교해 보면 더욱 확실해지리라 생각한다.

28. Epictetus, ed., *Oldfather*, vol. 2, pp. 497~537에 *Encheiridion*이 실려 있다. 스팔라틴(Christopher Spalatin)은 "Matteo Ricci's Use of Epictetus' Encheiridion"에서 *Encheiridion*과 리치의 『二十五言』을 나란히 대조해 놓았다. 이것은 학술적인 기품이 넘치는 논문이다.〔이 논문은 한국에서 영문으로 출판되었다. Christopher Spalatin, *Matteo Ricci's Use of Epictetus* (Waegwan, Korea, 1975). 또한 『二十五言』의 우리말 번역은 소현수, 『마테오 리치: 동양과 서양의 정중한 만남』(서강대학교 출판부, 1996), p. 198~213에 실려 있다.〕

29. D'Elia, "Musica e canti"에 중국어 가사에 이탈리아어 번역문이 붙어서 실려 있다. 토머스 그린(Thomas Greene)은 이 노래에 호라티우스(이를테면, *Odes*, II, 4, 18; III, 24), 페트라르카의 "Ascent of Mt. Ventoux", 세네카의 *Epistolae Morales*, 93에서 차용한 부분이 있다는 것을 지적해 주었다. 이 자리를 빌어 그에게 감사를 표한다.

30. 유클리드 기하학 관련 책들 가운데 1574년에 간행된 클라비우스의 저서가 차지하는 위치와 의의에 대해서는 Heath, *Thirteen Books*, 1/105를 보라. 과학교육에 대한 비난의 소리에 대해서는 Dainville, *L'éducation des Jésuites*, pp. 324~25를 참조.

31. *Monumenta Paedagogica, 1586*, p. 476. 갈릴레오와의 친분이 싹트기 시작한 것에 대

해서는 Phillips, "Correspondence of Father Clavius," p. 195와 Villoslada, *Collegio Romano*, pp. 194~99, 335를 보라.

32. *Monumenta Paedagogica, 1586*, p. 472.

33. *Ibid.*, pp. 471, 478. 클라비우스의 동료인 토레스(Torres)는 같은 교과과정을 약술하고 있지만, 그 단계에 대해서는 약간 차이가 있다. *Ibid.*, p. 477.

34. *FR*, 1/207-08와 *OS*, p. 13.

35. *FR*, 1/167n.

36. Ricci · 徐光啓, 『幾何原本』, 서문, pp. 4, 5(영인본, pp. 1935~37).

37. Vincent Smith, *St. Thomas on the Object of Geometry*, p. 6에 의역되어 있는 대로다.

38. *Ibid.*, pp. 43, 44.

39. Thomas Aquinas, ed. *Bourke*, pp. 40, 278~79.

40. Dainville, *La Geógraphie*, pp. 37, 39, 42; Thorndike, *History of Magic*, 6/46.

41. Thorndike, *History of Magic*, 6/73-74.

42. 이런 관측 결과에 대한 중국인의 논의에 대해서는 Ho and Ang, "Astronomical records," p. 77을 보라.

43. Ricci · 徐光啓, 『幾何原本』, 서문, p. 5a(영인본, p. 1937); Moule, "Obligations," p. 162.

44. Ricci · 徐光啓, 『幾何原本』, 서문, p. 1a(영인본, p. 1929); Moule, "Obligations," p. 154; d'Elia, "Presentazione," pp. 177~78.

45. Ricci · 徐光啓, 『幾何原本』, 서문, p. 2(영인본, pp. 1931~32); Moule, "Obligations," pp. 155~57; d'Elia, "Presentazione," pp. 179~81.

46. 클라비우스와 피콜로미니에 대한 리치의 글은 *OS*, p. 72에 있다. 리치가 오르텔리우스(Ortelius)의 지도집을 이용하고 있었던 것은 Ch'en, "A Possible Source," p. 179를 참조. 황도 십이궁에서 태양에 대해서는 Clavius, *Astrolabium*, pp. 572~79의 도표를 보라. 그리고 '중국력'(中國曆, tabula sinuum)은 *Ibid.*, pp. 195~227을 보라.

47. Clavius, *Astrolabium*, p. 43을 보면, 도구를 사용하고 목재를 다듬고 기구를 조립하는 데 대해서 클라비우스가 세세한 점까지 신경쓰고 있다는 것을 알 수 있다. 이 밖에 Clavius, *Fabrica et Usus Instrumenti ad Horologiorum Descriptionem*(Rome, 1586), pp. 7~12에도 공작도의 좋은 예가 있다.

48. 이 책은 대략 가로 8인치, 세로 5인치, 두께 2인치에 금속 걸쇠가 붙어 있고 쪽수는 683쪽에 이르지만, 가지고 다니기 편리하면서도 실용적이었다. 이 책이 도착한 직후에 쓴 리치의 감사 편지는 *OS*, p. 241, 1597년 12월 25일자 클라비우스에게 보낸 편지를 보라. 이 편지에는 한 해 전에 일어난 사건에 대한 내용이 쓰여 있다. 천문 관측기에 대한 찬사는 Dainville, *Géographie des humanistes*, p. 40을 보라.

49. Dee, *Preface*, A ii(recto) and B iii(recto).

50. *Ibid.*, A iii(recto).

51. 플란치우스에 대해서는 Heawood, "Relationships of the Ricci Maps"; Plancius, *Universall Map*, tr. Blundevile을 보라. 마돤린(馬端臨)에 대해서는 Kenneth Ch'en, "Possible Source," pp. 182~90을 보라. 이 지도의 초기의 평판과 보급에 대해서는 *OS*, p. 51; *FR* 1/207-10을 보라. 황제와 지도에 대해서는 *FR*, 2/472-74를 보라.〔원문에는 마돤

린이 '12세기 중국학자'로 되어 있지만, '일역자'의 지적대로 마돤린(1254~1323)은 13세기 사람이므로 '12세기'를 '13세기'로 바꾸었다.〕

52. *OS*, pp. 241~42, 1597년 12월 25일 난창에서 클라비우스에게 보낸 편지.

53. *FR*, 1/368-69; *DMB*, pp. 1139~40. 특히 焦竑, 『澹園集』, 48/9b에 『交友論』의 어떤 구절에 대한 찬사가 보인다.(이 점을 지적해 준 Cheng Pei-kai에게 감사 드린다.) 자오훙(焦竑)에 대해서는 *Eminent Chinese of the Ch'ing Period*, pp. 145~46에 있는 "Chiao Hung" 항을 보라.〔'일역자'는 『交友論』의 어떤 구절이란 "吾友非他, 卽我之半, 乃第二我也"(『交友論』1b〔영인본, p. 300〕)이라고 한다.〕

54. D'Elia, "Il trattato sull' Amicizia," items 1-3, 5, 9를 보라.

55. 이 부분에 대해서는 델리아(d'Elia)가 "Il trattato"에서 일일이 사실 확인한 것을 참조. 같은 책에서 세네카의 말은 item 15, 키케로의 말은 item 28, 마르티알리스의 말은 item 47, 플루타르코스의 말은 item 67을 보라.

56. *Ibid.*, item 24; 이냐시오와 에라스무스에 대해서는 Guibert, *Jesuits*, pp. 163~66, n.36을 보라. 구바오구(顧保鵠)는 「利瑪竇的中文著述」, p. 243에서 리치가 몽테뉴도 인용한 것이 아닐까 하고 말한다. 이것은 흥미로운 가설이긴 하지만 구바오구가 제시하는 근거는 설득력이 없다.

57. 鄒元標, 『願學集』3/39「答西國利瑪竇」. 쩌우위안뱌오(鄒元標)에 대해서는 *DMB*, pp. 1312~14의 "Tsou Yuan-piao"항을 보라. 귀정위(郭正域)에 대해서는 *DMB*, pp. 768~70의 "Kuo Cheng-yü"항을 보라. 나는 *FR*, 2/43 n.1에 근거해서 귀정위를 중재자로 보았다.

58. Richard Wilhelm, *The I Ching*(『易經』), tr. Cary Baynes, pp. 4〔원문은 "乾, 元亨利貞"〕, 370~71〔원문은 "象曰, '大哉乾元, 萬物資始, 乃統天. … 大明終始. … 各正性命, 保合太和'"〕. 리치가 그리스도교의 가치를 유교의 가치체계에 '적응시킨'(accommodation) 미묘한 문제에 대해서는 Bettray, *Akkommodations-methode*, pt. 5와 Harris, "The Mission of Matteo Ricci"에 상세히 기술되어 있다. 그리스도교가 실제로 유교의 가장 근본적인 가치에 위협이 되었다는, 기본적이지만 종종 무시되는 점을 강조했다. 영(Young)은 *Confucianism and Christianity*, pp. 59, 73, 94, 126~28에서, 폴 룰(Paul Rule)은 1972년 오스트레일리아 국립대학 학위논문에 기초해서 유교에 대한 그리스도 교도의 태도에 대한 저서를 출판할 예정이다. 이 두 종교에 대해서 좀더 깊은 분석을 보여주리라고 기대된다.〔이 책은 1986년에 출판되었다. Paul A. Rule, *K'ung-tzu or Confucius? the Jesuit Interpretation of Confucianism*(Sydney: Allen & Unwin, 1986)〕

59. *FR*, 1/298, 2/342. 1589년과 1590년 사오저우(韶州)에서 엮은 이 초고가 발휘했던 매력에 대해서는 *FR*, 2/55를 보라.

60. *FR*, 2/357-58; Joseph Ku, "Hsü Kuang-ch'i," pp. 90~93. 중국의 수학사(數學史) 일반에서 리치와 쉬광치(徐光啓)의 저작이 차지하는 위치에 대해서는 Joseph Needham, *Science and Civilisation in China*, 3/52, 110, 446-51을 참조.

61. *FR*, 2/476-77.

62. *Eminent Chinese of the Ch'ing Period*, p. 199; *FR*, 1/296 n.1.

63. *Eminent Chinese*, p. 452; *FR*, 2/168 n.3.

64. *Eminent Chinese*, p. 316; Joseph Ku, "Hsü Kuang-ch'i," pp. 25~27, 35, 36. Monika

Ubelhör, "Hsü Kuang-ch'i," 15:2/217-30에는 쉬광치의 가계와 유년시절에 대해 자세히 기술되어 있다.

65. 이 배경에 대해선 Needham, *Science and Civilisation in China:* chemistry, vol. 5, pts. 2-5, sec. 33; cartography, vol. 3, sec. 22; geometry, vol. 3, sec. 19에 매우 자세한 설명이 있다.

66. Ricci, 『幾何原本』, 徐光啓, 「序」, p. 1b(영인본 p. 1922). Moule, "Obligations," p. 152의 번역문대로이다.

67. D'Elia, *Mappamondo*, plates 11, 12; Giles, "Chinese World Map," pp. 368, 371.

68. *FR*, 2/283.

69. 이 예들은 *FR*에 나온다. 먹은 1/34, 중국 종이는 1/25, 서양 종이는 1/25 n.5, 제본법은 1/283, 1/196에 있다.

70. *FR*, 2/11, 46, 112.

71. *FR*, 2/44-46.

72. 이 책은 『天主實義』였는데, 뒷날 예수회원들이 문체와 내용이 너무 조잡해서 파기했다. 『天主實義』 관련 기사는 *FR*, 1/31, 197을 보라.

73. *FR*, 1/31.

74. *FR*, 1/38, 2/314.

75. 예컨대 Ricci, 『記法』, p. 3b(영인본, p. 14). 리치는 *FR*, 2/283에서 중국인의 기억력에 대해 짤막하게 언급하고 있다.

76. 예외적이긴 하지만, 중국에서는 군인이 대단한 기억력을 보인 일도 있었다. 고대 중국의 기록을 보면, 오대십국(五代十國)시대의 웨이런푸(魏仁浦)는 각 주둔지의 장교와 사병의 이름, 경비와 급료를 외우고 있었다고 한다.(『古今圖書集成』 冊 606, p. 35a와 『宋史』 卷 249, p. 8802) 또한 삼국시대의 주환(朱桓)은 자신이 다스리던 지역의 병사이름 전체뿐 아니라 그들의 아내와 자녀들의 이름까지 외웠다.(『古今圖書集成』 冊 606, p. 32b와 『三國志』 卷 56, p. 1314-17)

77. Pliny, *Natural History*, pp. 563~65. Soarez, *De Arte Rhetorica*, p. 59에 미트라다테스와 키루스는 보이지만, 키네아스의 이름은 없다.

78. Seneca, *Controversiae*, pp. 3, 5. 테오덱테스에 대해서는 Quintilian, *Institutio Oratoria*, 4/243을, 카르마다스에 대해서는 Pliny, *Natural History*, p. 565를 보라.

79. 이런 중국의 예는 『古今圖書集成』 冊 606, pp. 32b, 34a, 34b, 35b에 있다.

80. Pliny, *Natural History*, p. 565; 『古今圖書集成』 冊 606 p. 34a.

81. 스키피오에 대해서는 Pliny, *Natural History*, p. 563을, 테미스토클레스에 대해서는 Cicero, *De Senectute*, pp. 29, 31을 보라. 쑤쑹에 대해서는 『古今圖書集成』 冊 606, p. 36a와 「四部叢刊」판 『三朝名臣行錄』 卷 11, pp. 268~69를 보라.

82. Quintilian, *Institutio Oratoria*, 4/225; 『古今圖書集成』 冊 606, p. 35a.

83. Quintilian, *Institutio Oratoria*, 4/233; 『古今圖書集成』 冊 606, p. 32b.

84. 쉬광치의 말은 *FR*, 2/253에 있다. Ricci, 『二十五言』, p. 335, no. 6은 Epictetus, *Encheiridion*, no. 3, p. 487을 따랐다. 리치는 중국어로 옮기면서 '입맞춤'(接吻)이란 말 대신 '사랑'(愛)이란 말을 썼다.

85. Ricci, 『二十五言』, p. 338, no. 10에는 아이와 아내의 순서를 바꾸고 '아들과 딸'(兒女)로 쓰고 있다. Epictetus, no. 11, p. 491.

86. Ricci, *Ibid.*, p. 345, no. 19는 아이와 아내의 순서를 바꾸고, 아들의 죽음으로만 끝맺는다. Epictetus, no. 14, p. 493.

87. Ricci, 『天主實義』, p. 426; tr. *Lettres édifiantes*', p. 194.〔『천주실의』, pp. 118~119.〕

88. 『天主實義』, p. 428; tr. *Lettres édifiantes*', pp. 195~96.〔『천주실의』, pp. 118~119.〕

89. 『天主實義』, p. 561; tr. *Lettres édifiantes*', pp. 319~20.〔『천주실의』, pp. 118~119.〕

90. *FR*, 1/76.

91. *OS*, p. 56. 1585년 10월 20일자 아콰비바에게 보낸 편지. *OS*, p. 63도 보라.

92. *FR*, 1/314-16, '주세페'란 상인과 함께 난슝(南雄)에 있었다.

93. *FR*, 2/76-79.

94. *FR*, 2/161.

95. 沈德符, 『萬曆野獲編』, p. 785에서는 리치를 '飮啖甚健'이라고 말한다.

96. *FR*, 2/537.

97. 병과 죽음에 대해서는 *FR*, 2/583-42를, 편지를 불태운 것에 대해서는 2/546을 보라. 코통이 레우니스와 함께 성모회에서 활동한 것에 대해서는 Villaret, *Congrégations*, pp. 92, 93을, 그의 헌신적인 활동은 Guibert, "Le généralat," p. 90을 보라.

6장 세번째 이미지: 이익과 수확

1. Ricci, 『記法』, p. 5a(영인본, p. 17). 이렇게 명 말의 '이윤에 대한 동기'를 분석한 예가 Brook, "Merchant Network," p. 186에 나온다.

2. Ricci, 『利瑪竇題寶像圖』. 리치는 자신의 중국이름 '利瑪竇'의 '利'를 「述文贈幼博程子」와 베드로의 그림 해설문에 붙인 서명 '유럽인 리마더우'(歐羅巴利瑪竇)에서는 'Ri'라고 쓰는 한편, 엠마오와 소돔의 그림 해설문에 붙인 서명 '예수회 리마더우'(耶蘇會利瑪竇)에서는 'Ly'라고 썼다. 리치의 이 두 가지 서명에는 풀기 힘든 암호가 들어 있는 것 같다. 나는 내 제안이 이 수수께기를 푸는 데 조금이라도 기여하길 바란다. *DMB*, p. 215에서 편집자가 시도한 것은 독창적이기는 하지만 결정적이지는 않다. 왜냐하면 리치의 글을 보면, Deus에 대해서 '竇'(dou) 이외의 한자를 쓰는 경우도 있기 때문이다. 예컨대 『天主實義』 1/3(영인본, p. 381)에서는 「陡斯」(Dou-si)라고 썼다.〔『천주실의』, p. 45를 보라.〕

3. Azevedo, *Historia*, pp. 131~32에서는 크루사도(cruzados)를 통화(通貨)로 간주하고 있다. Gomes de Brito, *The Tragic History of the Sea, 1589~1622*, tr. Charles Boxer, p. 55에서는 두카트와 크루사도와 레알(reals)이 등가일지도 모르며, 그것은 영국의 4실링과 거의 비슷하다고 주장한다.

4. Essen, *Farnèse*, 3/222-24. *New Cambridge Modern History*, 3/198-200. 오라녜 공(公) 빌렘은 그의 경고가 진실인 것으로 판명되기 전인 1584년 7월 10일에 암살되었다.

5. *FR*, 2/518-20. 이것은 트리고(Trigault)에 의한 기록이다. 이 추방령은 집행되었다 해도 사실상 집행되지 않은 것이나 마찬가지였던 것 같다.

6. Ignatius, *Spiritual Exercises*, tr. Puhl, sec. 93.〔우리말 『영신수련』에는 둘째 주간의 처음이다. 그러나 93절인 점은 같다.〕

7. *Ibid.*, secs. 150, 153-55.

8. Montaigne, *Journal de Voyage*, p. 256.

9. 16세기 후반 마체라타의 상세한 평면도는 리베로 파치(Libero Paci)와 체레사니 줄리아노 (Ceresani Giuliano)가 작성한 *Storia di Macerata*, vol. 5, plate 5, facing p. 312에 있으며, 여기에는 주요 건물과 성벽의 위치가 모두 기재되어 있다.

10. 피렌체 시대의 리치와 관련된 자료는 별로 없다. *FR*, 1/ciii; Bortone, *p. Matteo Ricci*, pp. 35, 36.

11. 난습에 대해서는 *OS*, p. 103, 간저우에 대해서는 *Ibid.*, p. 192, 난창의 2배 넓이에 대해서는 *Ibid.*, p. 175(인용문은 여기에 있음)와 p. 202를 참조. 난창을 피렌체와 같은 규모라고 한 구절은 *Ibid.*, p. 235에 나온다.

12. *OS*, p. 28, 포르나리에게 보낸 편지.

13. *FR*, 2/553n. 성 안드레아 성당과 예수회 사제관의 그림은 Bortone, p. 27에 있다.

14. *OS*, p. 217. 1596년 10월 12일자 편지.

15. *OS*, pp. 390~91. 1609년 2월 17일자 조반니 알바레스(Giovanni Alvarez)에게 보낸 편지.

16. O'Connell, *Counter-Reformation*, pp. 272~74와 Villoslada, *Storia*, pp. 148~54에 잇달아 이루어진 건축공사에 대한 기술이 있다. 또 예수(Gésu) 성당에 대해서는 Martin, *Roma Sancta*, p. 58을 보라.

17. Martin, *Roma Sancta*, pp. 86~88.

18. Angelo Pientini, *Le Pie Narrationi*가 Martin, *Roma Sancta*, p. 231에 인용되어 있다.

19. 성 바울로 성당과 그 회화에 대해서는 *Doc. Ind.*, 11/358, nn.112, 113, 114와 Schütte, *Valignano's Mission*, p. 113을 보라. 미사와 성가에 대해서는 *Doc. Ind.*, 11/359와 Cully and McNaspy, "Music," p. 243을 보라.

20. *Doc. Ind.*, 11/349-51.

21. *OS*, p. 5, 1580년 1월 18일자 편지와 *Doc. Ind.*, 11/358.

22. *Doc. Ind.*, 11/329, 1578년 10월 28일자 페트루스 파라(Petrus Parra)가 고아에서 보낸 편지.

23. *Doc. Ind.*, 11/319-20, 1578년 10월 26일자 니콜라스 스피놀라의 편지.

24. 1578년 11월 30일, 파시오의 편지. *Doc. Ind.*, pp. 364~65.

25. Costa, *Christianisation*, p. 34.

26. Schütte, *Valignano's Mission*, pp. 236~37, n.196.

27. Linschoten, *Report*, p. 517. 스토리와 동행했던 세 사람은 피치, 보석상 윌리엄 리즈 (William Leedes, 또는 William Bets of Leeds) 그리고 존 뉴베리(John Newbery)였다. Fitch, *Letters*, p. 514; Newbery, *Letters*, p. 512를 참조.

28. Linschoten, *Report*, p. 520.

29. 마카오의 포르투갈인 공동체에 대해서는 Boxer, *Portuguese Society*, pp. 12, 13, 43; Pyrard, *Voyage*, 2/172-73; Fok, "Macao Formula," pp. 144~47을 보라.

30. Boxer, "Macao as Entrepôt," pp. 65, 66. 리치가 인구 구성을 요약한 것은 *FR*, 1/152를 보라. 포르투갈인 공동체에 대한 중국인의 태도는 Fok, "Macao Formula," pp. 72~94를

보라. Ptak, "The Demography of Old Macao"도 참조.

31. 성당에 대해서는 Boxer, *Fidalgos*, p. 39를, 리치의 집에 대해서는 *OS*, p. 402, appendix 3, 마카오에서 루제리가 메르쿠리안에게 보낸 1581년 11월 12일자 편지를 보라. 루제리가 리치를 보내 달라고 요청한 것에 대해서는 *OS*, p. 398, 1580년 11월 8일자 편지를 보라.

32. 은의 교환비율에 대해서는 Atwell, "Bullion Flows"에 상세히 설명되어 있으며, 아울러 p. 82의 표를 보라. 60%라는 수치는 Kobata, "Gold and Silver," p. 254의 추정이다. 무역에 대한 상세한 고증은 Boxer, *Fidalgos*와 *Great Ship*에 있다. 17세기 초 고아-중국간의 무역에 대한 설명은 Pyrard, *Voyage*, 2/174-77을 참조.

33. Iwao, "Japanese Trade," p. 2. 이 무렵 중국 동남부 무역과 외국인의 참여에 대한 중국 상인의 기록은 Brook, "Merchant Network," pp. 202, 205~06을 보라. 당시 중국 경제와 은이 미친 영향에 대한 충실한 조사는 Cheng Pei-kai, "Reason and Imagination," ch.1에 있다.

34. Cooper, "Mechnics," p. 428을 보라.

35. Ibid., pp. 425~26, 430, 432.

36. Spate, *Spanish Lake*, pp. 151~57에 개관이 실려 있다. 도요토미 히데요시에 대해서는 Iwao, "Japanese Trade," p. 7을, 나가사키(長崎) 기부에 대해서는 Elison, *Deus Destroyed*, pp. 94~98을, 정기 무역에 대해서는 Boxer, *Fidalgos*, pp. 30~38을 보라.〔1580년 다이묘인 오무라 스미타다(大村純忠)가 나가사키를 예수회에 기증하여 교회령이 되었다가 1587년 도요토미 히데요시에 의해 몰수되었다.〕

37. Boxer, *Great Ship*, pp. 37, 38; Boxer, *Fidalgos*, pp. 30, 31; Schütte, *Valignano's Mission*, pp. 212, 218 n.130.

38. Schütte, *Valignano's Mission*, pp. 184~85, 314는 'piculs'(피컬, 133파운드〔약 60kg〕)을 'bales'로, 스쿠도를 두카트로 환산하고 있다. Cooper, "Mechanics," p. 428을 보라. 발리냐노의 숫자에 약간 차이가 있다. 더 자세한 것은 Elison, *Deus Destroyed*, pp. 101~05를 보라.

39. Cusher, "Merchants," p. 366은 나바로(Navarro)와 몰리나(Molina)의 관점을 논한다.

40. Cusher, "Merchants," p. 360, 364.

41. Schütte, *Valignano's Mission*, p. 185 n.388; Takase, "Unauthorized Commercial Activities," pp. 20~22를 보라. Boxer, "Macao," pp. 71, 72에 예수회원들과 일한 능숙한 중개인에 대한 기술이 있다.

42. Frois, *Tratado*, pp. 17, 18. 가톨릭 전교사는 유럽에 프로테스탄트의 영토가 있다는 사실을 중국인이 알지 못하게 했다. 1582년 리치가 마카오에 도착할 때만 해도 이 방침은 어느 정도 현실성이 있었다. 본문에 기술한 일본 소년들도 유럽 여행 때는 스페인, 교황령, 이탈리아 제국(諸國) 등 가톨릭 세력의 영토만 지나도록 안내되었기 때문에 프로테스탄트의 영토가 존재한다는 것은 아마 알지 못했을 것이다.(자세한 설명은 Lach, *Asia in the Making of Europe*, vol. 1, bk. 2, pp. 688~706을 보라.) 하지만 1588년 영국이 스페인의 무적함대를 격파했고, 안트베르펜에서 대승(大勝)을 거두었던 펠리페 2세의 장군인 파르마 공도 암스테르담의 네덜란드 프로테스탄트 세력을 뜻대로 공략하지 못했다. 이리하여 가톨릭 신앙의 이름으로 세계의 바다를 스페인과 포르투갈이 지배한다는 책략은 현실성을 잃게 되었다.

43. Boxer, *Fidalgos*, p. 40에는 통과세가 5만 두카트였다고 인용되어 있다.

44. *FR*, 1/178, 178 n.3; *OS*, p. 396, 루제리가 메르쿠리안에게 보낸 편지.

45. *FR*, 1/cx-cxi; *OS*, pp. 55, 56. 개종자가 가장 많았던 해는 1589년으로, 몇 명의 여성을 포함해서 모두 18명이 개종했다.

46. *FR*, 1/314-18, 2/94. 더 정확한 숫자는 *FR*, 3/80에 있는 분류색인 가운데 "Battesimi"(세례항, 지역별로 정리되어 있다)으로 알 수 있다.

47. 베이징의 개종자 수는 *FR*, 2/356을, 1605년 중국에서 사제들의 소재는 *FR*, 2/268 n.3과 2/276 n.6을 보라. 베이징의 부유층 개종자들(반면 빈민층 개종자는 적었다)에 대해서는 *FR*, 2/160, 310, 354를 보라.

48. *FR*, 2/337.

49. *FR*, 2/270. 이런 낙관주의가 정점에 이른 정확한 해는 발리냐노가 마카오를 마지막으로 방문했던 1603년이었을 것이다.

50. *OS*(appendix 2), p. 398, 1580년 11월 8일자 편지.

51. *OS*(appendix 3), pp. 402, 404, 406. 1581년 11월 12일자 루제리가 메르쿠리안에게 보낸 편지. 예수회의 선물전략의 개요는 Bettray, *Akkomodationsmethode*, pp. 25~32를 보라.

52. 중국 시계 제조기술의 역사적 배경은 Needman, *Science and Civilisation*, vol. 4, pt. 2, pp. 435~546에 상세히 설명되어 있다. 유럽의 배경에 대해서는 Domenico Sella, "European Industries 1500-1700," pp. 382~84(Cipolla, ed., *Fontana Economic History*); David Landes, *Revolution in Time*, pp. 67~97을 보라. 랑드(Landes)가 니담(Needham)과 견해를 달리하고 있는 점은 Landes, *Ibid.*, ch.1을 보라.

53. *OS*(appendix 6), p. 419, 1583년 2월 7일자 편지의 추신.

54. *FR*, 1/161-64. *OS*(appendix 6), p. 415에 루제리가 자신의 고민과 안경에 대해서 자세히 설명한 구절이 있다.

55. *FR*, 1/166 n.4.

56. *FR*, 1/167-68, 176-79.

57. *FR*, 1/184-88, 192; *OS*, p. 432. 예수회원들이 지불한 250 '테일'(taels)은 비록 정확한 환산은 어렵지만 250두카트보다 훨씬 고액일 것이다. *FR*, 2/535 n.4.는 테일을 크루사도(cruzado)와 등가로 간주하고 있지만, *FR*, 2/352 n.5에서는 450테일이 800스쿠도와 같을 것이라고 한다. Schütte, *Valignano's Mission*, p. 314는 일본의 2만 테일이 3만 스쿠도와 같을 것이라고 한다. 또한 여행가 장 모케(Jean Mocquet)는 17세기 초 고아에서 12~15테일이 약 25스쿠도였음을 알았다.(Jean Mocquet, *Voyage*, p. 342를 보라.)

58. 상세한 것은 *OS*, pp. 420과 431~32(카브랄의 편지) 그리고 *FR*, 1/264, 278-79을 참조. Takase, "Unauthorized Trade," p. 20에 예수회원들이 일본에서 유사한 부동산 관련 사건에 휘말린 일이 기술되어 있다. 또한 발리냐노가 일본에서 비용이 급증한 것을 걱정했던 것에 대해서는 Elison, *Deus Destroyed*, p. 102를 보라.

59. *FR*, 1/285-86, 286 n.4. *OS*, p. 461에서는 가격이 페소로 되어 있다.

60. *FR*, 1/374, 378.

61. *FR*, 2/448 465-66.

62. 난징의 사제관에 대해서는 *FR*, 2/83-84; 베이징의 사제관에 대해서는 *FR*, 2/352를 참조.

63. *FR*, 2/30, 93.

64. 난징에 대해서는 *FR*, 2/346을, 베이징에 대해서는 *FR*, 2/355-56을 보라. 비슷한 탈세의 예가 Geiss, "Peking," p. 74에도 나온다.

65. *FR*, 1/178 nn.4, 6; 1/201. 〔'일역자'는 돈이 바닥난 시기를 '1584년 봄'이라고 한 것과 다음 쪽 (이 책 239쪽) 하단에 나오는 '1584년 이른 봄'의 행운이 논리적으로 맞지 않는다고 지적하며, 전자를 '1584년 말'로 고쳤다.〕

66. *FR*, 1/201-05.

67. *FR*, 1/190.

68. *OS*, pp. 419~20, 1584년 1월 25일자 마카오에서 루제리가 아콰비바에게 보낸 편지. 또한 Boxer, *Fidalgos*, pp. 41, 42; *Great Ship*, pp. 45, 46도 보라. 하지만 예수회의 '주요 지지자' 가스파르 비에가스가 같은 해에 인도로 출발한 것이 *OS*, pp. 431~33, 프란치스코 카브랄이 1584년 12월 5일 마카오에서 발리냐노에게 보낸 편지에 나온다. 단 카브랄은 'Villegas'라고 적었다.

69. *FR*, 1/230-31. 리치는 *OS*, p. 60, 1585년 10월 20일자 아콰비바 총장에게 보낸 편지에서 똑같은 시계를 더 요구하고 있다. Landes, *Revolution in Time*, pp. 87, 88에 16세기 시계의 소형화에 대한 상세한 설명이 있다. Landes, *Ibid*, p. 99에는 정교한 시계를 이슬람에 대한 '공물'로 사용한 흥미로운 예가 있다.

70. 리치의 설명은 *FR*, 1/104-07에 있다. 중국인의 연금술 실험에 대한 역사적 배경은 Needham, *Science and Civilisation*, vol. 5를 보라.

71. *FR*, 1/240; 1592년, 위대한 극작가 탕셴쭈(湯顯祖)도 리치가 연금술사라고 생각한 사람이었다. 徐朔方, 「湯顯祖和利瑪竇」, pp. 274, 277~78를 보라. 또 Carletti, *My Voyage*, p. 146에 당시 수은 구매에 대한 관찰이 나온다.

72. *FR*, 2/390 n.6.

73. D'Elia, *Mappamondo*, plates 9, 10; Brading and Cross, "Colonial Silver Mining," pp. 553~54; Spate, *Spanish Lake*, pp. 186~94.

74. 수은 무역의 방식에 대해서는 Cipolla, ed., *Fontana Economic History*, p. 395에 개략적인 설명이 있다. Brading and Cross, "Colonial Silver Mining," pp. 562~64도 보라. 페르낭 브로델(Fernand Braudel)은 *Wheels of Commerce*에서 수은 무역에 대한 흥미로운 사실들을 보여준다. 예컨대 p. 323과 p. 386에는 호흐슈테터(Hochstetter)가 16세기 초에 수은 카르텔을 창설하려다가 실패한 일이, p. 326~27에는 우앙카벨리카 광산과 푸거(Fugger) 일가가 알마덴(Almadén) 광산을 지배한 일이, p. 174에는 세비야-이드리아(Seville-Idria)의 관계가, p. 169와 p. 406에는 중국의 활성은을 누에바 에스파냐(Nueva España)까지 배로 수송해서 300%의 이익을 올렸다는 17세기 말의 무역상 이야기가, p. 379에는 18세기 그레피(Greppi)가가 수은을 대량으로 구매한 일이 각각 쓰여 있다. 화이트(White) 선장이 막대한 양의 수은을 강탈한 이야기는 Kerr, *General History*, 7/455에 나온다. Brading and Cross, op. cit., p. 555에는 은의 생산고가 수은 공급량에 정비례한다는 사실이 기술되어 있다. 또 Spate, *Spanish Lake*, pp. 189~92도 보라.

75. *OS*, pp. 245~46, 245 n.5, 1599년 8월 14일자 코스타에게 보낸 편지. *FR*, 1/217-18에

는 이 긴장에 대한 리치의 견해가 나온다.

76. *FR*, 1/240. 이 내용은 각각 *DMB*, pp. 318, 905에 의해 뒷받침된다. 또한 Fok, "Macao Formula," pp. 93~95도 보라. 단 포크(Fok)는 용연향을 '향신료'로 보고 있다.

77. *FR*, 1/216-17; Chan, "Chinese-Philippine Relations," pp. 52, 62.

78. *FR*, 1/240-41.

79. 『肇慶府志』22/78a(영인본, p. 3421)

80. *FR*, 1/313.

81. *OS*, p. 184, 1595년 10월 28일자 편지. 난창에서의 이야기는 *FR*, 1/359n, 375; *OS*, p. 175에 자세히 나와 있다.

82. *FR*, 2/29.

83. *OS*, p. 382, 1609년 2월 15일자 편지. *FR*, 2/490 n.4도 보라.

84. 沈德符, 『萬曆野獲編』, p. 785.

85. 이런 중국측의 요구에 대해서는 *FR*, 1/225, 163 n.7을 보라. 프란치스코 회원의 선물에 대해서는 Bernard, *Aux Portes*, p. 129를 보라. 이렇게 경탄을 불러일으킨 깃털 장식기술의 종류에 대해서는 *Artes de Mexico*, n.137, año 17, "Tesoros de Mexico-Arte Plumario y de Mosaico" 특집호, 특히 Marita Martínez del Rió de Redo의 "Comentarios sobre el arte plumario durante la colonia"에 상세하고도 다채롭게 소개되어 있다.(이 문헌을 가르쳐 준 다이애나 밸모리(Diana Balmori)에게 감사한다.) 여행가 모케(Mocquet)도 운 좋게 깃털장식을 팔아 돈을 번 덕분에 고아에서의 빈곤으로부터 벗어날 수 있었다. *Voyages*, p. 287.

86. 이 '살아 있는 타조'(struzzo vivo)에 대해서는 *OS*, p. 449, 1586년 11월 8일자 편지를 보라.

87. *FR*, 1/216 n.1; d'Elia, *Mappamondo* 중 plates 5, 6의 브라질, plates 7, 8의 누에바 에스파냐, plates 15, 16의 보르네오를 보라. Chan, "Peking," p. 135에는 베이징 상인들이 6,500냥어치의 깃털장식을 궁정에 바쳤다는 내용이 나온다.

88. *FR*, 1/266-67.

89. *FR*, 1/227. 거래에 대한 전교단측의 배경에 대해서는 *OS*, pp. 59, 444에 보이는 알메이다 관련 구절을 보라. 명 말 저장 성의 비단무역에 대해서는 Brook, "Merchant Network," p. 199를 보라.

90. 루제리가 숙소와 음식물을 제공받은 것에 대해서는 *OS*, pp. 413, 416, 1583년 2월 7일자 편지를 보라. 리치가 향과 기름을 기부받은 것에 대해서는 *FR*, 1/195를 참조. 마카오의 중국인에게서 돈을 빌린 것에 대해서는 *OS*, p. 420, 1584년 1월 25일자 편지를 보라.

91. *FR*, 1/74, 259. 원문의 화폐단위는 '스쿠도'(scudi).

92. 그리스도의 트립틱에 대해서는 *FR*, 2/16을, 군사령관에 대해서는 *OS*, p. 56을, 코친차이나의 사절에 대해서는 *OS*, p. 57을, 가구에 대해서는 *FR*, 2/48을 보라.

93. 정크에 대해서는 *FR*, 1/341을, 병사의 수행에 대해서는 *FR*, 1/346을, 나들이에 대해서는 *FR*, 1/302를, 가마에 대해서는 *FR*, 1/345, 2/15, 2/426을 보라.

94. 만찬 초대시의 수고비에 대해서는 *FR*, 1/370을, 여행 때 건네는 선물에 대해서는 *FR*, 2/100과 2/104를, 여행경비를 미리 대납한 것에 대해서는 *FR*, 2/101을 보라.

95. *FR*, 1/224, 258.

96. *FR*, 1/334, 2/92.

97. 노예에 대해서는 Boxer, "Macao," p. 65를, 리치의 '까만 피부의 카피르인'(cafro assai negro)과 다른 '인도 출신의 흑인 여성'(negra dell' India)에 대해서는 *FR*, 1/246을 보라. 노예 사용에 대해서는 Bettray, *Akkomodationsmethode*, pp. 148~50에 논의되어 있다.

98. 리치의 분석은 *FR*, 1/262에 나온다.

99. *FR*, 1/262. So, *Piracy*, p. 57에 당시 흑인 해적들에 대한 언급이 있다.

100. *OS*, p 287, 1605년 7월 26일 베이징에서 리치가 아콰비바에게 보낸 편지.

101. 張燮, 『東西洋考』 5/6(영인본, p. 183). 여기서 장세(張燮)는 포르투갈인(佛郎機)에 대해 언급하고 있지만, 그는 또한 마닐라에 대한 풍문에서도 자료를 취하고 있다.

102. *FR*, 1/181, 187, 189.

103. *FR*, 1/264.

104. *FR*, 1/216 n.1.

105. *FR*, 1/248 n.1, 2/7 n.3.

106. *FR*, 2/91 n.2.

107. 베이징 도착은 *FR*, 2/123을, 선물에 대한 상세한 사항은 *FR*, 2/114, 123 n.5, 124 n.1을 보라. 오르간이 빠진 것에 대해서는 *FR*, 2/90에 기술되어 있다. 沈德符, 『萬曆野獲編』, p. 784에는 리치의 선물에 대한 당시 중국인의 반응이 기록되어 있다.

108. *FR*, 2/139-40.

109. *FR*, 2/151, 153, 156.

110. 1602년의 선물과 프리즘에 대해서는 *FR*, 2/154를, 초기의 프리즘에 대해서는 *FR*, 1/346과 2/37을, 단지 8바이오코의 가치밖에 안되었다는 것에 대해서는 *FR*, 1/255, 2/142를 보라. 바이오코와 두카트의 교환비율에 대한 감탄할 만한 연구는 Delumeau, *Vie économique et sociale de Rome*; 2/660-65를 보라. 사실 1567-1573년에 바이오코와 두카트의 교환비율은 115:1이었다.

111. *OS*, p. 386.

112. *OS*, p. 246, 1599년 8월 14일자 편지.

113. *OS*, p. 338, 1608년 3월 6일자 편지.

114. Culley and McNaspy, "Music," pp. 217~26.

115. 행진에 대해서는 *FR*, 1/268을, 의식에 대해서는 2/70을, 불협화음에 대해서는 1/130을, 4부합창과 건반악기에 대해서는 1/32를 보라.

116. *FR*, 2/132. 리치는 이 악기를 *FR*, 2/29에서 그라비쳄발로(gravicembalo)라고 불렀고, 2/39에서는 마니코르디오(manicordio)라고 부르고 있다. Dehergne, *Répertoire*, no. 607 p. 193에 따르면 판토하는 1571년생이며, 1600년 3월에서 5월 사이에 난징에 있었다. 카나테오에 대해서는 Dehergne, no. 158; Pfister, no. 15를 보라. 리치는 중국어의 성조(聲調)를 분석할 때 훌륭한 음악적 재능을 지닌 카나테오의 도움을 받았다. *FR*, 2/32-33.

117. *FR*, 2/134-35.

118. Ricci, 『西琴曲意八章』, pp. 284~85; d'Elia, "Musica e canti," pp. 137~38. 현재 중국인들은 리치의 『西琴曲意八章』에 많은 관심을 보이고 있다. 陰法魯, 「利瑪竇與歐洲敎會音樂的

東傳」과 그에 대한 반론「音樂硏究」, 1982, 4/70, 105에 실린 그에 대한 반론을 보라.〔원문은 다음과 같다. 牧童忽有憂／卽厭此山／而遠望／彼山之如美／可雪憂焉／／至彼山／近彼山／近不若遠矣／／牧童牧童／易居者／寧易己乎／／汝何往而能離己乎？／憂樂由心萌／心平隨處樂／心幻隨處憂／微埃入目／人速疾之／而爾寬於串心之錐乎？／／己外尊己／固不及自得矣／奚不治本心／而永安于故山也／／古今論皆指一耳／遊外無益／居內有利矣.〕

119. 리치는 *FR*, 2/134-35에서 중국인 친구들의 논평을 기록하고 있다.

7장 세번째 그림: 소돔의 남자들

1. Verbeek and Veldman, *Hollstein's Dutch and Flemish Etchings*, vol. 16, "De Passe (Continued)," pp. 6, 7에 있는 연작 목록과 Franken, *L'oeuvre gravé*, p. 4, nos.18-21을 보라.

2. Ricci, 『利瑪竇題寶像圖』, pp. 6~8; 程大約, 『程氏墨苑』, 卷六下, pt. 2, pp. 41~43; Duyvendak, "Review," pp. 393~94.

3. Pastor, *History of the Popes*, 14/414-16; Duruy, *Carafa*, pp. 304~05를 보라. 풍자시의 예는 Duruy, *Ibid.*, p. 408(appendix 95)에 나온다. 또 O'Connell, *Counter-Reformation*, p. 83도 참조.

4. 전쟁에 대해서는 Pastor, *History of the Popes*, 14/152-67을, 사순절과 같은 상태가 계속되었다는 것에 대해서는 p. 233을 보라.

5. 유대인과 토지에 대해서는 *Ibid.*, 14/265, 272-75를, 음행에 대한 처벌에 대해서는 pp. 238~39, 266~68을 보라.

6. *Ibid.*, 14/214-26; du Bellay, *Les Regrets*, poem no. 103; Ancel, "La disgrâce," 24/238-44를 보라. 이 밖에 로렌(Lorraine)의 추기경 카라파의 동성애 죄악에 대해서는 Duruy, *Carafa*, pp. 296-97 n.4를 보라. 사형에 대한 기록은 Ancel, "La disgrâce," 26/216-17에 있다.

7. 「이사야서」 39장 7절. 또 「이사야서」 1장 6절과 9절, 3장 9절과 16절, 10장 6절, 13장 19절, 19장 14절도 참조. D. P. Walker, *Ancient Theology*, p. 8에는 바울로의 「로마서」 1장 22-27절을 근거로 일련의 죄악 가운데서 비역이 차지하는 역할에 대한 무시무시한 논의가 전개되어 있다.

8. Paci, "La Decadenza," p. 204 n.402, p. 206 n.410. Ibid., p. 145에는 15세기 마체라타인의 부도덕성을 조롱하는 민요가 실려 있다.

9. Ibid., p. 174 n.139.

10. Martin, *Roma Sancta*, pp. 49, 132, 189.

11. Delumeau, *Vie économique et sociale*, 1/404-08.

12. Martin, *Roma Sancta*, pp. 85, 185. 이냐시오의 염려에 대해서는 Tacchi Venturi, *Storia della Compagnia*, 1/390을 보라.

13. Delumeau, *Vie économique et sociale*, 1/416-27.

14. Martin, *Roma Sancta*, pp. 145~46.

15. Montaigne, *Journal de voyage*, pp. 234~35. *Ibid.*, p. 348에서 몽테뉴는 피렌체의 매춘부를 베네치아나 로마의 매춘부와 비교하고 있다.

16. Duarte Gomez, *Discursos*, pp. 130~31, 156, 186에 정교하고 풍부한 서술이 있다. 또 Boxer, *Fidalgos*, pp. 227~29를 보라.

17. Sassetti, *Lettere*, pp. 125~27.

18. Mocquet, *Voyages*, pp. 285, 307, 343, 351에는 많은 상세한 사료를 구사한 흥미로운 사례가 소개되어 있다. 그것은 원래 노예였던 중국 여성이 인도인 그리스도 교도 의사와 결혼한 사건이다.

19. 고아에 대한 상세한 기술은 Pyrard, *Voyage*, 2/102-4(단, 약간 후대의 기록이다); Costa, *Christianisation*, p. 24를 보라. 마카오의 인구 구성 수치에 대해서는 Boxer, "Macao," pp. 65~67; Ptak, "Demography of Old Macao," p. 30을 참조. *FR*, 2/433에 따르면 쑤저우(肅州)에 도착한 고이쉬 신부는 여행을 하는 중에 산 노예 소년 두 명을 데리고 있었다고 한다.

20. *FR*, 1/246. 도망 노예에 대해서는 *FR*, 1/262와 본서 5장을 보라.

21. *FR*, 1/204에 리치가 "자신보다 조금 중국어를 잘하는 인도 소년"(un putto Indiano que sapeva parlare meglio que lui un puoco la lingua cinese)에게서 도움을 받은 일이 나온다. *FR*, 1/246에 "중국인은 (흑인을) 대단히 무서워한다"(i cinese hanno grande paura)는 구절이 있다.

22. *FR*, 1/99. 리치가 쓴 '다른 그리스도인'(altri christiani)은 포르투갈인을 가리킬 것이다.

23. 노예가격에 대해서는 *FR*, 1/99 n.1에 있는 판토하의 기록과 Mocquet, *Voyages*, p. 342를 보라. 가격을 테일로 나타내면 12테일과 15테일이다. 비서로 일한 노예에 대해서는 Mocquet, *Voyages*, p. 333의 "Ioan Pay"와 Boxer, *Fidalgos*, pp. 224~25를 보라. 박서(Boxer)는 해당 부분에서 벌금 액수를 크루사도(cuzados)로 기술하고 있다.

24. *FR*, 1/98-99. Maffei, *L'Histoire*, p. 253에도 같은 비판이 나온다.

25. 곡물에 대해서는 *FR*, 1/17을, 자기에 대해서는 1/22를, 감식안에 대해서는 1/91을, 인쇄에 대해서는 1/31을 보라.

26. *FR*, 1/120; 1/39-40, 118-19.

27. *FR*, 1/56, 60. 명의 감찰제도 일반에 대해서는 찰스 허커(Charles Hucker)의 훌륭한 연구 *The Censorial System of Ming China*를 보라.

28. *FR*, 1/108-09, '상스러운 행동'(indecent behavior)은 'sconcie'의 번역이다.

29. *Ibid.*, 1/281.

30. *Ibid.*, 1/282.

31. 리치의 논평은 *Ibid.*, 1/93, 110에 나온다. 인용은 1/101에 있다.

32. *OS*, p. 70.

33. *FR*, 1/59, 79, 1/101-02.

34. *Ibid.*, 2/144.

35. *OS*, p. 372, 1608년 8월 23일 파비오 데 파비(Fabio de Fabii)에게 보낸 편지; *FR*, 1/23, 2/20, 스쿠도는 그대로 두카트로 바꿔 썼다. 금과 은의 교환비율이 1:11이었던 것에 대해서는 Delumeau, *Vie économique et sociale*, 2/665~66을 보라.

36. 건축에 대해서는 Ray Huang, *1587*, pp. 125~28, 246nn에 빼어난 서술이 있다. 만력제의 능인 정릉(定陵)에 대해서는 Ann Paludan, *The Imperial Ming Tombs*(Yale

University Press, 1981)의 tomb no. 10을 보라. 이 저작은 만력제의 능을 선대와 후대의 능묘 건축양식의 맥락 속에서 파악한 최초의 연구이다.

37. *FR*, 2/127 n.4.〔원서에는 *FR*, 2/174 n.4로 되어 있지만, '일역자'는 *FR*, 2/174에는 주4가 없으며, 이 내용은 *FR*, 2/127 n.4에 나온다고 한다. 옮긴이가 확인해 본 결과 '일역자'의 지적이 맞기 때문에 *FR*, 2/127 n.4로 고쳤다.〕

38. *Ibid.*, 2/131.

39. *Ibid.*

40. *Ibid.*, 2/541와 ch. 5 above의 결론.

41. 지도와 집을 방문한 것에 대해서는 *FR*, 2/471-72를, 시계 틀에 대해서는 2/126-28을 보라. 리치는 시계 틀에 1,300두카트나 되는 비용이 들어간 것에 놀라고 있다.

42. *Ibid.*, 1/100에서 '하층의 가난한 집안 출신자'(gente plebeia)로 쓴다. 당시 환관의 정치적 권력이 어느 정도까지 확대되고 있었는지에 대한 고찰은 Charles Hucker, *Censorial System of Ming Ching*, pp. 44, 45에 나온다.

43. 펑바오의 일은 *FR*, 2/65를 보라. 단 리치는 펑바오를 방문했을 때의 일을 빈정대는 말투로 쓰고 있다. 마탕과 관련된 충고에 대해서는 2/109를, 리치가 '유쾌하다'(garbata)고 느낀 곡예에 대해서는 2/112를 참조. 이런 곡예에 대한 더 많은 예는 Albert Chan, "Peking at the Time of the Wanli Emperor," p. 136을 보라.

44. *DMB*, p. 331과 p. 1452의 "Wang Ying-chiao"항을 보라. 또 Yuan, "Urban Riots," pp. 287~92도 참조. 집 밑에 '광맥'이 있다고 속이고 은을 갈취한 것에 대해서는 *FR*, 2/81-82를, 린칭의 폭동에 대해서는 2/107을 보라.

45. *FR*, 2/93.

46. 청 귀비(鄭貴妃)에 대해서는 *DMB*, p. 210을, 성(姓)이 선(沈)가인 전커에 대해서는 *Ibid.*, pp. 142~43을 보라. 리치의 혹평은 *FR*, 2/190에 있다. 탕셴쭈가 리치와 친교를 맺고 있었을 가능성에 대해서는 徐朔方, 「湯顯祖和利瑪竇」를 보라. 리치의 혹평으로 보아, 전커가 탕셴쭈와 리치 모두의 친구는 아니었던 것이 분명하다.

47. *OS*, p. 259. 이것은 벤투리(Tacchi Venturi)에 의하면 1605년 2월 편지이지만, 델리아(d'Elia)는 1605년 5월 12일로 정정하고 있다. 학살의 배경에 대해서는 *DMB*, p. 583을 참조하라.

48. *FR*, 2/30.

49. 불교의 바빌론에 대해서는 *Ibid.*, 1/125를, '유약한 족속'(gente effeminata)에 대해서는 1/98을 보라.

50. *Ibid.*, 1/76, 79을 보라. 술취한 것에 대해서는 1/101에 기술되어 있다.

51. Geiss, "Peking," p. 185.

52. Ibid., pp. 41, 191.

53. Geiss, "Peking," pp. 175, 177에 쉬광치의 말이 인용되어 있다. 겨울에 거지에게 짚이 쌓여 있는 창고를 제공한 것은 Chan, "Peking at the Time of the Wanli Emperor," pp. 141~42와 Geiss, "Peking," p. 172를 보라. 페레이라(Boxer, *South China*, p. 31)는 중국 남부에서 거지들이 없는 것을 보고 놀랐다. 뒷날 Martin de Rada(Ibid., p. 294)는 특히 장님들 가운데 거지가 많음을 보았다.

54. 베일과 베이징 거리를 돌아다닌 것에 대해서는 *FR*, 2/25를, 모래폭풍과 베이징 사람들의 베일에 대해서는 Chan, "Peking," p. 124; Geiss, "Peking," pp. 33, 34, 45~48을 보라.

55. *FR*, 1/98-99에는 가격이 스쿠도로 기록되어 있다. 불과 동전 세 닢에 팔린 소년에 대해서는 *FR*, 2/111 n.2를 보라.

56. *FR*, 1/98에 나오는 이 구절은 Trigault, tr. Gallagher, p. 86에서는 삭제되어 있다. 사창가에 팔린 계집아이들에 대해서는 Boxer, *South China*, pp. 150, 152에 실린 다 크루스의 기록을 보라.

57. 이 내용은 Chan, "Peking," p. 141에 요약되어 있다. 다 크루스(Boxer, *South China*, p. 122)에 따르면 중국 남부에는 매춘부 가운데 맹인 여성이 많고, 화대를 나누어 갖는 '포주'(nurse)가 그들에게 옷을 입히고 화장을 시켜 준다고 한다.

58. *FR*, 1/241. 델리아(d'Elia)는 *Ibid.*, 1/242 n.6에서 이 사건에 대한 희귀 자료를 덧붙이고 있다.

59. *Ibid.*, 2/381-82.

60. 인쇄물과 춘극에 대해서는 *Ibid.*, 2/234-35를 보라.

61. *Ibid.*, 1/33. Chan, "Peking," p. 128에 따르면 당시 이런 소년들에게 가희(歌姬)가 인기를 빼앗길 정도였다고 한다.

62. *FR*, 1/98.

63. 델리아(d'Elia)가 *FR*, 1/98 n.3에서 인용한 구절이다.

64. Boxer, *South China in the Sixteenth Century*, pp. 16, 17.

65. *Ibid.*, p. 223.

66. *Ibid.*, pp. 225~27.

67. Aquinas, ed. Bourke, pp. 220~22. 인용은 p. 222에 있다. 이 문맥에서 아퀴나스의 '본성'(natural)이라는 말에 일관성이 없다는 것은 John Boswell, *Christianity, Social Tolerance, and Homosexuality*, pp. 319~26에 지적되어 있다.

68. Daniel, *Islam and the West*, pp. 132, 144(*FR*, 1/98에 보이는 리치의 견해와 비교하라)와 appendix E를 참조. 예루살렘 왕국의 법률과 비역 악행에 대해서는 Bosewell, *Christianity, Social Tolerance, and Homosexuality*, pp. 281, 367~69를 보라.

69. Luther, *Letters of Spiritual Counsel*, tr. Tappert, p. 76.

70. Canisius, *Ane Cathechisme*, ch. 149(철자는 현대식으로 했음); Luther, *Letters*, p. 236. 다음의 루터의 작품들에서도 이런 해석이 발견된다. *Lectures on the Epistle to the Hebrews*, ch. 13, v. 2; *Lectures on Romans*, ch. 12, v. 13. Boswell, *Christianity*, pp. 97~101에는 이런 해석을 환영하는 의견이 다수파였다는 것이 논의되어 있다.

71. 마체라타에 대해서는 Paci, "La Decadenza," p. 195를 보라. 이 견해의 초기 예로서 비르티(Jacques de Vitry)의 발언이 Boswell, *Christianity*, p. 279 n.32에 실려 있다. Pyrard, *Voyage*, 1/195, 307에는 몰디브 제도의 남색에 대한 기록이 있다.

72. *Doc. Ind.*, 11/320, 1578년 10월 26일자 스피놀라가 보낸 편지에서 인용. 관례의 폐기에 대해서는 *Doc. Ind.*, 10/282를 보라.

73. Carletti, *My Voyage*, pp. 209, 212에서 인용. 프랑스 상인의 저서 Pyrard, *Voyage*, 2/112-13에도 인도인의 옷이 묘사되어 있다.

74. Baião, *Inquisição*, 1/43-45. Costa, *Christianisation*, p. 195.

75. Joseph-Marie Cros, *Saint François*, 2/12. Boxer, *Christian Century in Japan*, pp. 35, 66; Elison, *Deus Destroyed*, p. 35에도 유사한 구절이 나온다.

76. 낙태에 대해서는 Cros, *Saint François*, 2/13을, 공개적 비난에 대해서는 2/100을 보라.

77. 다음의 인용이다. Schütte, *Valignano's Mission*, p. 257.

78. 중간자적 입장에 대해서는 *Ibid.*, pp. 279, 284를, 취침규칙에 대해서는 p. 350을 보라. Elison, *Deus Destoryed*, p. 41에는 발리냐노가 자신의 도덕관에서 본 비역에 대한 견해가 기술되어 있다.

79. Schütte, *Valignano's Mission*, p. 245에서 인용.

80. Fedrici, *Voyage and Travels*, pp. 210~11.

81. Jacobs, *Treaties*(António Galvão의 작품으로 간주되고 있다), pp. 119~21. 이 밖에 다른 예는 Lach, *Asia in the Making of Europe*, vol. 1, pt. 2, pp. 553~54에 나오며, n.301에는 같은 취지의 린스호텐의 말도 기록되어 있다.

82. 謝肇淛, 『五雜組』 8/4b-5(영인본, p. 209). 세자오저의 전기는 *DMB*, pp. 546~50 'Hsieh Chao-che'항에 있다. 타오구의 말은 『淸異錄』, 卷1, p. 11에 나온다. Chan, "Chinese-Philippine Relations," p. 71을 보고 이런 구절이 있다는 것을 알았다.

83. 謝肇淛, 『五雜組』 卷8, p. 2(1795년판)를 보라. 어떤 이유에서인지 이 여장남성에 대한 구절은 1959년 베이징판에서 간행된 영인본에는 삭제되어 있다.

84. Montaigne, *Journal de Voyage*, pp. 231, 481 n.515.

85. 沈德符, 『敝帚齊餘談(譚)』, pp. 31b~32. 이 구절의 전거도 주82와 마찬가지로 Albert Chan, "Chinese-Philippines Relations," p. 71을 보고 알았다.

86. 이 '한림풍'에 대해서는 Robert van Gulik, *Erotic Colour Prints of the Ming Period*, 1/211-12, 222와 vol. 3, plates 4, 19를 보라. 여성동성애 그림도 *Ibid.*, vol. 1, plates 4, 17, p. 147에 나온다.

87. 張燮, 『東西洋考』 12/11(1962년 영인본, p. 537); Chan, "Chinese-Philippine Relations," p. 71. Spate, *Spanish Lake*, p. 159에는 '화교'(Sangleys)의 남색이 당시의 사회적 맥락 속에서 파악되고 있다.

88. *FR*, 1/204. Henri Bernard, *Aux Portes de la Chine*, p. 101에는 예수회원을 '아동들을 어루꾀는 자들'(séducteurs d'enfants)이라고 생각하는 중국인의 견해가 상세히 설명되어 있다.

89. *FR*, 1/155, 1/155 n.6; Bernard, *Aux Portes*, pp. 100~01.

90. *FR*, vol. 1, plate 9, facing p. 194에 십계명의 이 중국어본이 전재되어 있다. 여섯째 계명은 "莫行淫邪穢等事"이다.

91. 「고린토인들에게 보낸 첫째 편지」 7장 32~33절과 「디모테오에게 보낸 둘째 편지」 2장 3절을 참조. 또 Epictetus, *Discourses*, bk. 3, ch. 22, pp. 155~59를 보라.

92. 『天主實義』, pp. 608~14(인용은 pp. 612, 613에 있다); *Lettres édifiantes*, pp. 361~66.〔『천주실의』, pp. 398~405.〕

93. 『天主實義』, p. 615. 프랑스어 번역본, p. 366은 이것을 부적당한 구절로 간주하여 삭제하고 있다.〔『천주실의』, p. 406.〕

94. Ignatius, *Spiritual Exercises*, tr. Puhl, sec. 58, pt. 5; sec. 60.

95. Claudio Acquaviva, *Letters*(1583. 9. 29), p. 69; *Letters*(1586. 5. 19), p. 82; *Letters*(1594. 8. 1), p. 130.

96. Acquaviva, *Directory*, tr. Longridge, pp. 277~79; Acquaviva, *Letters*(1601. 8. 14), p. 48.

97. *FR*, 1/315, 2/490을 보라.

98. Acquaviva, *Directory*, pp. 304~05.

99. 리치의 말은 소돔 그림에 대한 해설문 첫째 단락에서 인용했다. Ricci, 『利瑪竇題寶像圖』, p. 7을 참조.

8장 네번째 이미지: 네번째 그림

1. 인용 부분은 *OS*, p. 245에 있다. 코스타의 생애에 대해서는 *OS*, p. 119 n.1에 나오는 벤투리(Tacchi Venturi)의 언급을 보라. 리치는 여기서 'Nicola Bencivenni'라고 썼지만, 그 이전 편지(*OS*, p. 122)에서는 정확하게 'Nicolò'라고 썼다.

2. Beissel, *Verehrung Marias*, pp. 424~28, 435~37. 이 성지를 찬미하는 타소(Tasso)의 시는 *Ibid.*, pp. 440~42에 나온다. 또 Ignatius, *Spiritual Exercises*, tr. Puhl, no. 103을 참조.〔『한국 가톨릭 대사전』, 제4권(한국 교회사 연구소, 1997), pp. 2152~55의 '로레토'항에, "1513~1551년에는 브라만테에 의해 성당 내부와 광장 등이 건축되었다. 또 산소비노(Andrea Sansovino)는 1518년 11월부터 1522년 6월 사이에 ……성화를 그렸으며"(p. 2153)라는 내용이 있다. "1571년에는 브라만테가 건물의 정면을 완성했다"는 본문 내용과 연대에서 차이가 난다.〕

3. Montaigne, *Journal de Voyage*, pp. 258~60.

4. Beissel, *Verehrung Marias*, p. 483에 1574년 아담 폰 아인지델른(Adam von Einsiedeln)이 방문한 기사가 나온다. 또 마체라타에서 간행된 초기 간행물들에 대해서는 *Ibid.*, p. 484 n.2를 보라. Montaigne, *Journal de Voyage*, p. 261에는 미셸 마르토(Michel Marteau)의 기적에 의해 치유된 경우가 기술되어 있다. 그것은 몽테뉴가 로레토를 방문했을 때 마르토한테서 직접 들은 이야기이다.

5. 기적과 성모 성당에 대해서는 Gentili and Adversi, "La Religione," p. 43(참고도서 목록은 n.105에 있음). 다른 20개 성당의 이름과 위치는 *Storia di Macerata*, vol. 5, plate 5 facing p. 312의 "Macerata alla fine del secolo XVI"를 보라. 마체라타의 성모 신앙의 배경에 대해서는 *Ibid.*, pp. 247~93에 있는 Mons. Elio Gallegati, "Note sulla Devozione Mariana nel Basso Medioevo"을 참조. 마체라타의 초기 종교예술의 보존상황에 대한 귀중한 자료가 마체라타 시 관광부 출판부에서 펴낸 *Pittura nel Maceratese dal Duecento al Tardo Gotico*(Macerata; Ente Provinciale per il Turismo, 1971)에 실려 있다.

6. Ignatius, *Spiritual Exercises*, tr. Puhl, no. 63.의 세 가지 대화를 참고.

7. Charles Conway, *Vita Christi*, p. 13에서 인용(약간 수정).

8. 리치의 어머니에 대한 언급은 *OS*, pp. 99, 115에 있다. 형제들에 대해서는 Adversi, "Ricci," pp. 357~58을 보라.

9. *OS*, pp. 96, 113, 122, 218, 278, 374. 단 아버지가 돌아가시지 않았다는 것을 알고 나서 쓴 1605년 5월 10일 아버지에게 보낸 통렬한 편지(*OS*, p. 268)는 예외이다.

10. *OS*, p. 97, 1592년 11월 12일 아버지에게 보낸 편지.

11. Tacchi Venturi, *Storia della Compagnia di Gesù*에서 포위전에 대해서는 2/15를, 치료에 대해서는 2/16-17을, 환영에 대해서는 2/21을 보라.

12. 이냐시오가 글을 옮겨 쓰고 누나를 찾아간 것에 대해서는 *Ibid.*, pp. 22~24를 보라. 리치가 병상에서 일어나 미사를 드린 것에 대해서는 *OS*, p. 97, 1592년 11월 12일자 아버지에게 보낸 편지를 참조. 마카오에서의 치료와 절뚝거리게 된 것에 대해서는 *FR*, 1/321-23을 보라. Michel de Montaigne, *Oeuvres Complètes*, bk. 3, ch. 11에 "Des Boyteux"라는 제목의 장애에 대한 훌륭한 에세이가 있다. 이 에세이는 Natalie Davis, *Return of Martin Guerre*에서 눈길을 끄는 한 장의 중심이 된다.

13. *Inferno*, I, lines 28-30. John Freccero, "Dante's Firm Foot," p. 250에서 인용. 분석은 Ibid., pp. 252~55에 있다. 통증이 재발한 원인에 대해서는 *FR*, 1/321, 1/323을 참조.

14. 이것은 Martin, *Roma Sancta*, pp. 29~38에 보이는 많은 성유물 가운데 일부만을 적은 것이다.

15. *Ibid.*, pp. 39, 40(철자를 현대식으로 함); p. 48.

16. 리치 자신의 성유물에 대해서는 *FR*, 2/121, 116 n.7을 보라. 다른 사람들에게 준 성유물과 루가 리의 그림에 대해서는 *FR*, 2/481-82, 1/261을 참조.

17. Villaret, "Les premières origines," pp. 28~37, 44~49.

18. Gentili and Adversi, "La Religione," p. 43.

19. Miller, "Marianischen Kongregationen," p. 253; *FR*, 2/552 n.3; Ganss, "Christian Life Communities," p. 48.

20. Martin, *Roma Sancta*, pp. 206~09에서 인용한 예이다.

21. Miller, "Marianischen Kongregationen," p. 257; Villaret, *Les Congrégations*, pp. 41~45.

22. *Doc. Ind.*, 11/368; Villaret, *Congrégations*, pp. 43, 478; Villaret, "Premières origines," p. 35. 벵골에 있던 성모회에 대해서는 Correia-Afonso, "Akbar and the Jesuits," p. 62를 보라. Boxer, *South China*, p. 53에는 성모회가 성모상 보급에 성공한 예를 열거한 다 크루스의 문장이 나온다.

23. *FR*, 1/160, 166; Margiotti, "Congregazioni," 18/256.

24. Hicks, "English College," p. 25; Mullan and Beringer, *Sodality*, doc. 5; Ganss, "Christian Life Communities," pp. 46, 47.

25. Mullan and Beringer, *Sodality*, p. 26, doc. 9, passim. 또 doc. 7, 1587년 6월 16일자 편지에서 아콰비바는 여성의 입회를 금지하는 이유를 "여성은 교화에 적합한 존재가 아니다"(por no ser esto conforme a la edificacion)라고 쓰고 있다. 이것은 랑케(Ranke)가 아콰비바를 "매우 온후하고 겸손하면서도 그 이면에 엄청난 완고함을 감추고 있었던 인물"이라고 엄한 비판을 가한 이유를 보여주는 증거이다.(*History of the Popes*, p. 198)

26. *FR*, 2/482; Margiotti, "Congregazioni," pp. 132~33.

27. 쉬광치에 대해서는 *FR*, 2/361을, 리즈짜오에 대해서는 *FR*, 2/544 nn.1, 3을 참조.

28. 초기의 풍문에 대해서는 Hicks, "English College," pp. 3, 4를, 소집단에 대해서는 Villaret, *Les Congrégations*, pp. 417~19를 참조.

29. *FR*, 1/328-30; Pfister, p. 45. 페트리스 신부가 사망한 정확한 연월(年月)(리치가 말한 1594년은 잘못된 것이다), 곧 1593년 11월에 대해서는 *FR*, 1/328 n.1을 참조. *Ibid.*, p. 328에서 리치는 페트리스가 '소년'(fanciullo)이었을 때 로마 대학에 입학했다고 한다. 따라서 페트리스는 1577년(이 해에 열다섯 살이었을 것이다) 이전에 이미 로마 대학에 입학했을 가능성이 높다.

30. Ignatius of Loyola, *Exercitia Spiritualia*, pp. 62~64, 특히 n.17을 보라. 아콰비바에 대해서는 Villaret, *Les Congrégations*, pp. 78, 79를 참조.

31. Guibert, *Jesuits*, pp. 137, 37.

32. 리치와 성모 성화에 대해서는 *FR*, 1/188, 189, 193, 그리고 plates 14, 15 facing 2/126, 128을 보라. 랑케(Ranke)가 아콰비바에 대하여 "젊은 예수회원들은 열정적으로 아콰비바에게 순종했다"(*History of the Popes*, p. 198)고 논평한 것에 주목하라.

33. Acquaviva, *Letters (19 May, 1586)*, pp. 94, 95(구두점을 약간 수정했다).

34. 모잠비크에 대해서는 Gomes, *Tragic history of the Sea, 1589~1622*, tr. Boxer, pp. 186, 271을, 악바르에 대해서는 *OS*, p. 5를, 마카오의 성당에 대해서는 *FR*, 1/153 nn.1, 5를 보라.

35. 왕판(王泮)의 요구에 대해서는 *FR*, 1/188 n.2, 1/193을 보라.

36. 謝肇淛, 『五雜組』 p. 120.

37. 혼란에 대한 리치의 기록은 *FR*, 1/194를, 성모 성화에 관련된 張庚(*Eminent Chinese*, p. 99의 "Chang Keng"항)에 대해서는 *FR*, 1/194 n.2를, 난징에 대해서는 2/85n을 보라.

38. *OS*, p. 60, 1585년 10월 20일자 편지. 이 문제를 넓은 시야에서 파악하기 위해서는 O'Mally, *Praise and Blame*, p. 140을 보라. 여기에 당시 시스티나 성당에도 수난이나 십자가형을 당하는 그림이 없었다는 것에 대한 논의가 있다.

39. 이 성화에 대해서는 *FR*, 1/232, 2/4, 2/29를, 복제에 대해서는 2/330을 보라.

40. 마탕에 대해서는 *FR*, 2/110을, 선물에 대해서는 *FR*, 2/123 n.5를, 황태후에 대해서는 *FR*, 2/125를 보라.

41. *FR*, 2/115. 나는 리치가 'fatticio'라고 쓴 것을 'fattaccio'(사악한 물건)로 바꿔 읽었다.

42. *Ibid.*, 2/116, 118.

43. 메달식 부조에 대해서는 *FR*, 1/302를, 성화에 대해서는 *FR*, 2/461, 512를, 성당의 지붕에 대해서는 1/200n을, 십자고상을 감춘 것에 대해서는 2/455를 보라. 이 무렵 십자가의 역할에 대해서는 Bettray, *Akkomodationsmethode*, p. 365~82의 훌륭한 논의를 보라.

44. 화가를 찾은 것에 대해서는 *OS*, pp. 159, 254를, 카나테오의 성모에 대해서는 *FR*, 2/247, 254를, 제대에 대해서는 *FR*, 2/330을, 개종자들이 소유한 성화에 대해서는 *FR*, 2/339를, 구마의식에 대해서는 *FR*, 2/335를 보라.

45. *Ibid.*, 2/349.

46. *Ibid.*, 2/105 n.6. 그 예수회원 화가는 엠마누엘 페레이라(Emmanuel Pereira)(*FR*, 2/9 n.7)이다. 그는 1575년 마카오에서 태어난 중국인(游文輝)이고 당시 수련수사로서 난징에 있었다.

47. *FR*, 2/333-34; Dehergne, *Répertoire*, p. 257.

48. *FR*, 1/318, 319.

49. 40두카트(원문에는 스쿠도)의 우상에 대해서는 *FR*, 2/349-50을, 집에 설치한 용광로에 대해서는 2/480을, 78세의 노인에 대해서는 2/248을 보라.

50. '전리품'에 대해서는 *FR*, 2/94를, 목조 우상이나 종이에 그린 우상에 대해서는 *OS*, p. 63과 *FR*, 2/330을, 남김없이 그림을 소각한 일에 대해서는 *FR*, 2/261을, 취루쿠이에 대해서는 *FR*, 2/342를, '3개의 나무상자'(tre cassoni)에 책을 담은 것에 대해서는 *OS*, p. 269를, 리잉스에 대해서는 *FR*, 1/69 n.2와 2/261을 보라.

51. *FR*, 2/345. Trigault, tr. Gallaghter, p. 470은 이 구절의 의미를 바꾸고, 취루쿠이의 성모께 드리는 기도를 깎아 내렸다.

52. *FR*, 2/341, 342.

53. 불교도의 활동에 대해서는 Yü Chün-fang, *Renewal of Buddhism in China*와 Geiss, "Peking," p. 40을 참조. 루가 리가 불교를 믿은 것에 대해서는 *FR*, 2/481을 보라. 회원들은 그가 그리스도 교도가 되려 하자 그를 독직혐의로 고발하려 했다.

54. 관음보살상을 불태운 것에 대해서는 *FR*, 2/243을, 관음보살상을 성모상과 혼돈한 것에 대해서는 *FR*, 2/398 n.3을 보라. 선더푸(沈德符)는 『萬曆野獲編』, p. 785에서 리치가 강력히 불교를 공격했다고 기록하고 있지만, 토론에서 리치의 공평함에 대해서는 칭찬하고 있다.

55. 사베리오에 대해서는 Cros, *Saint François*, 2/28을, 리치에 대해서는 *OS*, p. 55를 보라. *FR*, 1/314-15, 357도 참조.

56. 리치의 단식에 대해서는 *FR*, 2/535 n.1을, 돼지에 대해서는 Ricci, 『天主實義』, pp. 510, 514; *Lettres Edifiantes*, pp. 273~75를 보라. 리치의 불교 비판은 Bettray, *Akkomodationsmethode*, pp. 256~66에 요약되어 있다.

57. 通行本, 『三字經』, 제13, 14句

58. 기초적인 논의는 Ricci, 『天主實義』, pp. 492~93; *Lettres Edifiantes*, pp. 255~56에 나온다. 하층계급이 '피타고라스 학파'였다는 것에 대해서는 *OS*, p. 57, 1585년 10월 20일자 아콰비바에게 보낸 편지를, 유아살해에 대한 논의는 *FR*, 1/99를 보라. 『天主實義』의 여러 판본이나 서문들에 대해서는 方豪, 「天主實義之改竄」에 조사되어 있다. [우리말 『천주실의』에는 초판에 붙인 馮應京의 서문(pp. 435~41), 재판에 붙인 李之藻의 서문(pp. 442~48), 재판에 붙인 汪汝淳의 발문(pp. 449~52), 星湖 李瀷의 발문(pp. 453~62)의 원문과 번역문이 실려 있다.]

59. Ricci, 『天主實義』, pp. 495~507.[『천주실의』, pp. 235~52.]

60. Ricci, 『畸人十篇』, ch. 6.

61. Lancashire, "Buddhist Reaction," pp. 83~85(이름을 Yü shun-hsi[虞淳熙]라고 썼다.). 위춘시와 리춘시의 편지 원문은 Ricci, 『辯學遺牘』, pp. 637~50에 있다.(당시 불교는 탄생한 지 이미 2천 년 이상 되었지만, 불교가 중국에서 널리 확산된 것은 A.D. 5세기 이후의 일이다.)

62. *OS*, p. 360에서 인용. 리치가 이와 유사하게 언급한 짧막한 비판들을 *OS*, pp. 277, 345에서도 볼 수 있다.

63. Yü, *Renewal*, pp. 88, 89에서 인용. 이보다 앞선 편지에 대해서는 Lancashire, "Buddhist Reaction," p. 86을 보라.

64. *FR*, 2/180-81.

65. *FR*, 2/75-79. 쌴화이(三淮)의 전기는 *FR*, 2/75 n.5 참조.

66. 첫 만남에 대해서는 *FR*, 2/66-68을 보라. 리즈(李贄)는 당시 자오훙(焦竑)의 집에 머물고 있었다. 이 시를 비롯하여 리즈와 리치의 관계에 대한 선구적인 연구는 Otto Franke, "Li Tschi und Matteo Ricci"이다. 이 논문 pp. 14~17에는 리즈의 첫 시의 분석과 번역문이 실려 있다. 이 시는 李贄, 『焚書』, p. 247〔卷6「贈利西泰」〕에 나온다. 현재 리즈에 대한 새로운 연구가 잇달아 나오고 있지만, 여기서 소개할 여유는 없다. 리즈에 대한 짤막하고 훌륭한 전기는 *DMB*, pp. 807~18, "Li Chih" 항에 있다. 당시 유학 사상의 주류를 점하고 있던 여러 학파와 리즈의 관계는 W. T. de Bary ed., *Self and Society in Ming Thought* (Columbia University Press, 1970), pp. 188~225에 논의되어 있다. 경제적·정치적 영역에서 리즈가 차지하는 폭 넓은 위치에 대해서는 Cheng Pei-kai, "Reality and Imagination"을 보라.

67. 리즈가 성명 미상의 친구에게 보낸 편지가 李贄, 『續焚書』, p. 35에 있다. 여기서 인용한 구절은 *DMB*, p. 1140의 번역문이다.

68. *FR*, 2/104-5. 리즈는 극단적인 합일론자였기 때문에 리치에게 접근했는지도 모른다. "유·불·선의 3교합일을 논하는 자는 좁은 마음을 갖고는 그것을 논할 수 없다"고 말하고 있다.(Berling, *Syncretic Religion*, p. 53)

69. Hung Ming-shui, "Yüan Hung-tao," pp. 214~16은 이 지식인들의 모임을 훌륭히 소개하고 있다.

70. *FR*, 2/106.

71. *DMB*, p. 814의 영역.

72. *FR*, 2/184-86.

73. *DMB*, p. 444.

74. 리치는 『畸人十篇』, 1/9(영인본, p. 133)에 이 주장을 쓰고 있다. 동시에 똑같은 구절이 이전에 어떻게 쓰여 있는지는 『天主實義』, p. 422와 『畸人十篇』, 영인본, pp. 125~26을 비교하라.

75. 리치의 『畸人十篇』, pp. 125~26과 『天主實義』, p. 422~23을 비교하라. 후자의 글에서 '9척'이 전자에서는 '7척'으로 바뀐 점이 유일하게 다른 점이다. *Lettres*, pp. 189~90은 원문에 충실한 번역이다. 『天主實義』의 내용 가운데 이 구절이 교리의 핵심을 이룬다는 것에 대해서는 John Young, *Confucianism and Christianity*, pp. 28~39에 자세한 설명이 있다. 또 胡國楨(Peter Hu), 「簡介天主實義」, pp. 255~66의 상세한 해석을 보라. Peter Hu와 Douglas Lancashire는 『天主實義』의 영문완역본을 준비 중이다.〔지은이가 인용문 속에서 '맹자의 말'이라고 한 구절의 원문은 "君子勞心, 小人勞力"이다. 우리말 『천주실의』, p. 113에 『孟子』, 『滕文公章句』上을 참조하라는 각주가 달려 있다. 그러나 '일역자'는 리치가 쓴 한문 원문과 정확히 일치하는 문장은 『孟子』에 없다고 한다. 다만 『孟子』滕文公章句上에 이와 유사한 "或勞心, 或勞力. 勞心者, 治人. 勞力者, 治於人"(어떤 사람은 마음을 수고로이 하며, 어떤 사람은 힘을 수고로이 하는 것이니, 마음을 수고롭게 하는 자는 사람을 다스리고 힘을 수고롭게 하는 자는 사람에게 다스림을 받는다)이 있을 뿐이다. 반면 『左傳』襄公 9年에는 정확히 "君子勞心, 小人勞力"이란 말이 나온다. 따라서 문헌상으로는 '일역자'의 지적이 옳다고 할 수

있다. 또 지은이가 출간될 예정이라고 말한 『天主實義』의 영문완역본은 1985년에 출판되었다. Douglas Lancashire and Peter Hu Kuo-chen, *The True Meaning of the Lord of Heaven*(T'ien-chu shih-i), Institute of Jesuit Sources, St. Louis, 1985.〕

76. Conway, *Vita Christi*, pp. 83, 90. 르네상스 시대 신학에서 육화의 주제가 얼마나 중요하게 다루어졌는지는 O'Malley, *Praise and Blame*, pp. 140~42을 보라.

77. 수도사에 대해서는 Conway, *Vita Christi*, p. 83을 보라. 리치가 관상할 시간이 거의 없었다는 것은 그의 스승들도 인정하고 이해했다. 리치의 스승들은 어느 정도의 관상은 좋지만, 관상에 너무 많은 시간을 할애하는 것은 바쁘게 활동해야 하는 예수회원들에게 불필요하다고 생각했다. 실제로 리치의 스승들은 "관상을 행하면서 세속에 뒤섞여서 활동하는 생활은 관상에만 몰두하는 생활보다 훨씬 유익하다"(Vita mixta, tanto nobilior est et utilior)고 말했다. Iparraguirre, "Para la historia de la oración," pp. 83, 124를 보라. Ibid, p. 88을 보면, 리치가 중국에서 이따금 편지를 보냈던 파비오 데 파비(Fabio de Fabii)는 기도와 관상에 대해서 200쪽에 달하는 원고를 썼다. 또 Ibid., pp. 94, 95에는 아콰비바의 '순수한 애정과 영혼의 평화'에 대한 고찰이 소개되어 있다.

78. Ignatius, *Spiritual Exercises*, tr. Puhl, p. 52, nos. 111-14. Barthes, *Sade, Fourier, Loyola*, p. 64에는 이 구절에 대한 재치 있는 논평이 있다.

79. Ignatius, *Exercitia Spiritualia*(Madrid, 1919), annotated ed., pp. 65, 66에는 이와 유사한 구절들의 예가 나와 있다. 「위(僞)마태오 복음서」의 예수 유년기 이야기는 *New Testament Apocrypha*, ed. Wilson and Schneemelcher, 1/406-8을 보라.

80. Ignatius, *Exercitia Spiritualia*(Madrid, 1919), 〔전례문제에 대한 보충 주석〕 p. 109 n.17. Ludolfus, *Vita*, ed. Bolard, p. 39(pt. 1, ch. 9)에는 크리소스토무스의 말이 인용되어 있다. "성탄사화에서 등장하는 산파 같은 위경의 문제"에 대한 다른 비판에 대해서는 Baxandall, *Painting and Experience*, p. 43을 보라.

81. *FR*, 1/87.

82. Montaigne, *Journal de Voyage*, p. 237.

83. Martin, *Roma Sancta*, pp. 90, 91.

84. 리치는 이 사건에 대해서 *FR*, 1/305에서 기술하고 있다. 알메이다의 부재(不在)에 대해서는 *Ibid.*와 Dehergne, *Répertoire*, p. 8을 보라. 초와 램프용 기름이 대단한 선물이었다는 것에 대해서는 *FR*, 1/195, 2/482를 참조.

85. Ricci, 『記法』, p. 5(영인본, p. 17).

86. Ricci, 『利瑪竇題寶像圖』, p. 6b. 비릭스의 동판화가 세비야 벽화에 기초한 것이라는 것은 1910년 베르톨드 라우퍼(Berthold Laufer)가 "Christian Art in China" pp. 110~11에서 증명했다. 다만 난해한 문제가 몇 가지 남아 있다. 라우퍼의 논문에 실린 비릭스의 동판화가 동판화 하단에 쓰인 문자로 보아 Louis Alvin, *Catalogue raisonné de l'oeuvre des trois frères Jean, Jérome et Antoine Wierix*(Brussels, 1866), p. 98에 있는 동판화 n.546과 동일하다는 것은 분명한 것 같다. 하지만 리치의 『利瑪竇題寶像圖』에 있는 중국판 그림과 나가사키의 오라 성당(大浦天主堂)에 보존된 일본판 그림은 비릭스의 동판화(복제품은 Mauquoy-Hendrickx, *Les Estampes de Wierix*, 1/114에 있음)나 세비야 벽화(복제품은 C. R. Post, *A History of Spanish Painting*〔Harvard University Press, 1930〕, 3/298에 있음)와 부

분적으로만 일치할 뿐이다. 게다가 일본판과 중국판 사이에도 차이가 있다. 나가야마 도키히코(永山時英)는 『對外史料美術大觀』에서 일본판의 출판 기원과 그림 하단에 쓰인 문장의 내력을 분명히 하고 있고, 니시무라 데이(西村貞)도 「日本耶蘇會板銅版聖母圖に就いて」에서 중국판에 대해 상세히 논하고 있다. 그러나 그 전래과정에 대해서, 어떤 그림과 어떤 그림이 어떤 관계에 있었는지를 명확히 밝혀 준 학자는 한 사람도 없다. 게다가 문제를 더욱 어렵게 만드는 것은 Peking rare book library에 소장되어 있는 程大約, 『程氏墨苑』(이 책의 마이크로 필름은 하버드 대학과 예일 대학 도서관에서 이용할 수 있다)에는 성모자 성화가 떨어져 나갔다는 것이다. 이것은 분명히 억지로 잡아 뜯겨진 것인데, 그것은 이 책 卷六 下, p. 43의 페이지 끝이 지그재그로 되어 있는 것에서 알 수 있다. 엠마오의 그림이 파도에 빠진 베드로의 그림 반대쪽(*Ibid.*, pp. 38a, b)에 있는 것처럼, 성모자 성화가 롯과 소돔의 그림(p. 43a) 반대쪽(p. 43b)에 있었을 것이다. 卷六 下의 목록(왠지 목록에는 第十二卷으로 되어 있지만)을 보면, 성모자 성화가 거기에 있었음을 알 수 있다. 그 목록에는 처음의 석 장의 그림과 그 해설문이 짝을 이룬 뒤에 해설문이 없는 그림이 한 장만 들어가게 되어 있었기 때문이다. 이상의 사정으로 인해 나는 리치의 『利瑪竇題寶像圖』에 있는 성모자 성화에 국한해서 이야기를 진행하기로 했다.

87. 당시 해외 무역에서 세비야가 한 역할에 대한 대단히 상세한 설명이 Huguette and Pierre Chaunu, *Seville et l'Atlantique(1504~1650)*, 8 vols(Paris, 1955), 특히, vol. 3, "Le trafic de 1561 à 1595"에 있다.

9장 궁전 안에서

1. *OS*, p. 214, 1596년 10월 12일자 편지. 벤투리(Tacchi Venturi)는 『아이네이스』가 리치가 말한 구절의 전거라는 것을 밝혔고, 이것에 근거해서 인용하게 되었다. 영어번역은 Robert Fitzgerald, *The Aeneid*(Random House, 1983), p. 164를 보라.〔베르길리우스(Vergilius Maro; B.C. 70~A.D. 19)는 로마의 유명한 시인이다. 아베르누스(라틴어: Lacus Avernus, 이탈리아어: Lago d'Averno)는 나폴리 근교 화산지대에 자리 잡은 호수이다. 빽빽한 숲으로 둘러싸인 이 호수를 가리켜 베르길리우스는 하데스(지옥)로 들어가는 입구라고 표현했다. 쿠마이(Cumae)는 이탈리아 서남부 콤파니아 해안의 옛 도시이다. 우리말 번역본으로는 유영 옮김, 『아에네에스』(혜원, 1994)가 있다.〕

2. *FR*, 1/5. 이 구절은 리치가 『전교사』의 맨 앞에 둔 소개글(introduction)의 첫 문장이다.

3. *OS*, p. 26, 1581년 12월 1일자 편지: "mas ja em mansebo tenho a naturesa dos velhos que sempre louvo o tempo passado." '청년'이라는 뜻의 mansebo는 오늘날의 표준 포르투갈어라면 mancebo라고 써야 할 것이다.

참고문헌

ACQUAVIVA, CLAUDIO. *The Directory to the Spiritual Exercises* (1599), in *The Spiritual Exercises of Saint Ignatius of Loyola*. Tr. W. H. Longridge. London: A.R. Mowbray, 1950, pp. 273~351.

————. *Letters (1583. 9. 29)*, in *Renovation Reading*, pp. 47~69, Woodstock College, 1886.

————. *Letters (1586. 5. 19)*, in *Renovation Reading*, pp. 78~95, Woodstock College, 1886.

————. *Letters (1590. 1. 12)*, in *Lettres choisies des Généraux aux pères et frères de la compagnie de Jésus*, vol. 1, pp. 109~13. Lyon, 1878.

————. *Letters (1594. 8. 1)*, in *Lettres choisies des Généraux aux pères et frères de la compagnie de Jésus*, vol. 1, pp. 118~30. Lyon, 1878.

————. *Letters (1601. 8. 14)*, in *Select Letters of Our Very Reverend Fathers General to the Fathers and Brothers of the Society of Jesus*, pp. 47~49. Woodstock College, 1900.

Ad Herennium. Tr. Harry Caplan. New York: Loeb Classical Library, 1968.

ADVERSI, ALDO. "Ricci, Matteo," in Vincenzo Brocco, comp., *Dizionario Bio-Bibliografico dei Maceratesi*, pp. 357~95, vol. 2 of *Storia di Macerata*. Macerata, 1972.

AGRIPPA, CORNELIUS. *Of the Vanitie and Uncertaintie of Artes and Sciences*. Tr. James Sanford. London: Henry Wykes, 1569.

ANCEL, RENÉ. "La disgrâce et le procès des Carafa, d'après des documents inédits (1559-1567)," *Revue Bénédictine* 24 (1907): 224-53, 479-509; 25 (1908): 194-224; 26 (1909): 52-80, 189-220, 301-24.

ANGELES, F. DELOR. "The Philippine Inquisition: A Survey," *Philippine Studies* 28 (1980): 253-83.

AQUINAS, THOMAS. *The Pocket Aquinas*. Ed. and intro. Vernon J. Bourke. New York, 1960.

————, comp. *Catena Aurea: Commentary on the Four Gospels Collected out of the Works of the Fathers by S. Thomas Aquinas*. Tr. M. Pattison et al. 6 vols. Oxford: Parker, 1874.

ATWELL, WILLIAM S. "International Bullion Flows and the Chinese Economy circa 1530-1650," *Past and Present* 95 (1982): 68-90.

AUGUSTINE. *The Confessions of St. Augustine.* Tr. E.B. Pusey. London: Every man's Library, 1957.〔崔玟順 譯, 『고백록』(서울: 성바오로 출판사, 1965)〕

AZEVEDO, J. LUCIO D'. *Historia dos Christãos Novos Portugueses.* Lisbon, 1921.

BACON, FRANCIS. *Selected Writings.* Ed. Hugh G. Dick. New York: Modern Library, 1955.

BAIÃO, ANTÓNIO. *A Inquisição de Goa.* 2 vols. Lisbon, 1930, 1945.

BARTHES, ROLAND. *Sade, Fourier, Loyola.* Tr. Richard Miller. New York, 1976.

BAXANDALL, MICHAEL. *Painting and Experience in Fifteenth Century Italy.* Oxford: Clarendon Press, 1972.

BECKMANN, JOHANNES. *China im Blickfeld der mexikanischen Bettelorden im 16. Jahrhundert.* Schöneck/Beckenried, Schweiz, 1964.

BEISSEL, STEPHAN, S.J. *Geschichte der Verehrung Marias im 16. und 17. Jahrhundert.* Freiburg, 1910.

BELLAY, JOACHIM DU. *Les Regrets et autres oeuvres poëtiques, suivis de Antiquitez de Rome.* Geneva: Droz, 1966.

BERLING, JUDITH A. *The Syncretic Religion of Lin Chao-en.* New York: Columbia University Press, 1980.

BERNARD, HENRI, S.J. *Aux Portes de la Chine: Les Missionaires du Seizième Siècle, 1514-1588.* Tientsin, 1933.

————. *La Découverte de Nestoriens Mongols aux Ordos et l'histoire ancienne du Christianisme en Extrême-Orient.* Tientsin, 1935.

————. *Le Frère Bento de Goes chez les Musulmans de la Haute Asie (1603-1651).* Tientsin, 1934.

————. *Le Père Matthieu Ricci et la Société Chinoise de son temps (1552-1610).* 2 vols. Tientsin, 1937.

————. *Les Iles Philippines du Grand Archipel de la Chine: Un essai de la conquête spirituelle de l'Extrême-Orient, 1571-1641.* Tientsin, 1936.

————. *Matteo Ricci's Scientific Contribution to China.* Tr. E.C. Werner. Peiping, 1935.

BERTUCCIOLI, GIULIANO. *A Florentine in Manila.* Manila: Philippine-Italian Association, 1979.

BETTRAY, JOHANNES, S.V.D. *Die Akkommodationsmethode des P. Matteo Ricci S.I. in China.* Rome: Analecta Gregoriana, 1955.

BOCCACCIO, GIOVANNI. *The Decameron.* Tr. G.H. McWilliam. Harmondsworth: Penguin Books, 1972.

BODENSTEDT, MARY IMMACULATE. *The Vita Christi of Ludolphus the Carthusian.* Washington, D.C.: Catholic University of America Press, 1944.

BORTONE, FERNANDO, S.J. *P. Matteo Ricci S.J.: Il "Saggio d'Occidente."*

Rome: Editori Pontifici, 1965.

BOSWELL, JOHN. *Christianity, Social Tolerance and Homosexuality.* Chicago: University of Chicago Press, 1980.

BOVILL, E.W. *The Battle of Alcazar: An Account of the Defeat of Don Sebastian of Portugal at El-Ksar el-Kebir.* London: Batchworth, 1952.

BOXER, C.R. *The Christian Century in Japan, 1549-1650.* Berkeley: University of California Press, 1967.

————. *Fidalgos in the Far East, 1550-1770.* London: Oxford University Press, 1968.

————. "Macao as a Religious and Commercial Entrepôt in the Sixteenth and Seventeenth Centuries," *Acta Asiatica* 26(1974): 64-90.

————. "Moçambique Island as a Way-station for Portuguese East-Indiamen, *Mariners' Mirror* 48(1962): 3-18.

————. *Portuguese Society in the Tropics: The Municipal Councils of Goa, Macao, Bahia and Luanda, 1510-1800.* Madison: University of Wisconsin Press, 1965.

————, ed. *South China in the Sixteenth Centuty: Being the narratives of Galeote Pereira, Fr. Gaspar da Cruz O.P., Fr. Martín de Rada, O.E.S.A. (1550-1575).* London: Hakluyt Society, 1953.

————. *The Great Ship from Amacon: Annals of Macao and the Old Japan Trade, 1555-1640.* Lisbon, 1959.

BRADING, D.A., and HARRY E. CROSS. "Colonial Silver Mining: Mexico and Peru." *Hispanic American Historical Review* 52(1972): 545-79.

BRAUDEL, FERNAND. *The Wheels of Commerce (Civilization and Capitalism, 15th-18th Century,* vol. 2) Tr. Siân Reynolds. New York, 1982.〔주경철 옮김, 『물질문명과 자본주의 II—교환의 세계』 상·하(서울: 까치, 1995)〕

BROOK, TIMOTHY. "The Merchant Network in 16th Century China," *Journal of the Economic and Social History of the Orient* 24:2(1981. 5): 165-214.

BROOKS, MARY ELIZABETH. *A King for Portugal: The Madrigal Conspiracy, 1594-1595.* Madison and Milwaukee: University of Wisconsin Press, 1964.

BROWN, L. W. *The Indian Christians of St. Thomas: An Account of the Ancient Syrian Church of Malabar.* Cambridge: Cambridge University Press, 1956.

Cambridge History of Islam. Ed. P.M. Holt, Ann Lambton, Bernard Lewis. Vol. 1A, *The Central Islamic Lands;* vol. 2A, *The Indian Sub-Continent.* Cambridge: Cambridge University Press, 1977.

CANISIUS, PETER. *Ane Cathechisme, 1588.* English Recusant Literature, vol. 32. Menston, Yorkshire: Scolar Press, 1970.

CARLETTI, FRANCESCO. *My Voyage around the World: A 16th Century Florentine Merchant.* Tr. Herbert Weinstock. London: Methuen, 1963.

CARRUTHERS, DOUGLAS. "The Great Desert Caravan Route, Aleppo to Basra," *Geographical Journal* 52(1918. 7-12): 157-84, map facing p. 204.

CASTELLANI, GIUSEPPE, S.J. "La Tipografia del Collegio Romano," *Archivum Historicum Societatis Iesu* 2 (1933): 11-16.

CERVANTES, MIGUEL. *Don Quixote.* Tr. J.M. Cohen. Penguin Books, 1982.

CHAN, ALBERT, S.J. "Chinese-Philippine Relations in the Late Sixteenth Century and to 1603," *Philippine Studies* 26 (1978): 51-82.

―――. *The Glory and Fall of the Ming Dynasty.* Norman: University of Oklahoma Press, 1982.

―――. "Peking at the Time of the Wanli Emperor (1572-1619)," in *Proceedings of the International Association of Historians of Asia,* Second Biennial Conference, Taipei, Taiwan, 1962, pp. 119~47.

CHAUNU, PIERRE. *Les Philippines et le Pacifique des Ibériques (XVIe, XVIIe, XVIIIe siècles).* Paris: S.E.V.P.E.N., 1960.

CH'EN, KENNETH. "A Possible Source for Ricci's Notices on Regions near China," *T'oung Pao* 34 (1938): 179-90.

CHENG DAYUE 程大約. *Chengshi moyuan* 程氏墨苑 [The Ink Garden of Mr. Cheng]. 13+9 卷, 1609.

CHENG PEI-KAI. "Reality and Imagination: Li Chih and T'ang Hsien-tsu in Search of Authenticity." Ph.D. dissertation, Yale University, 1980.

CICERO, TULLIUS. *De Senectute.* Tr. W.A. Falconer. New York: Loeb Classical Library, 1923.

CIPOLLA, CARLO M., ed. *The Fontana Economic History of Europe: The Sixteenth and Seventeenth Centuries.* Glasgow: Collins, 1981.

CLAIR, COLIN. *Christopher Plantin.* London: Cassell, 1960.

CLAVIUS, CHRISTOPHER. *Astrolabium.* Rome: Bartholomo Grasso, 1593.

CLERCQ, CARLO DE. "Les éditions bibliques, liturgiques et canoniques de Plantin," in *Gedenkboek der Plantin-Dagen,* pp. 283~318. Antwerp, 1956.

CONWAY, CHARLES ABBOTT, JR. *The* Vita Christi *of Ludolph of Saxony and Late Medieval Devotion Centred on the Incarnation: A Descriptive Analysis.* Salzburg: Analecta Cartusiana, 1976.

COOPER, MICHAEL, S.J. "The Mechanics of the Macao-Nagasaki Silk Trade," *Monumenta Nipponica* 27 (1972): 423-33.

CORREIA-AFONSO, JOHN, S.J. *Jesuit Letters and Indian History, 1542-1773,* 2d ed. London: Oxford University Press, 1969.

―――. *Letters from the Mughal Court: The First Jesuit Mission to Akbar (1580-1583).* St. Louis: Institute of Jesuit Sources, 1981.

―――. "More about Akbar and the Jesuits," *Indica* 14:1 (1977. 3): 57-62.

COSTA, ANTHONY D'. *The Christianisation of the Goa Islands, 1510-1567.* Bombay, 1965.

COUTO, DIOGO DO. *Decada Decima da Asia.* Lisbon, 1788.

CRONIN, VINCENT. *The Wise Man from the West.* London, 1955. [이기반 옮김, 『서방에서 온 현자: 마테오 리치의 생애와 중국 전교』(분도, 1989)]

CROS, JOSEPH-MARIE, S.J. *Saint François de Xavier, sa vie et ses lettres.* 2 vols. Toulouse and Paris, 1900.

CULLEY, THOMAS, S.J., and CLEMENT MCNASPY, S.J. "Music and the Early Jesuits (1540-1565)," *Archivum Historicum Societatis Iesu* 40 (1971): 213-45.

CUSHNER, NICHOLAS P. "Merchants and Missionaries: A Theologian's View of Clerical Involvement in the Galleon Trade," *Hispanic American Historical Review* 47 (1967): 360-69.

DAINVILLE, FRANÇOIS DE, S.J. *La Géographie des humanistes.* Paris: Beauchesne, 1940.

———. *L'Education des Jésuites (XVIe-XVIIIe siècles).* Comp. Marie-Madeleine Compère. Paris: Editions de Minuit, 1978.

DANIEL, NORMAN. *Islam and the West: The Making of an Image.* Edinburgh: University of Edinburgh Press, 1960.

DAVIS, NATALIE ZEMON. *The Return of Martin Guerre.* Cambridge: Harvard University Press, 1983.

DEE, JOHN. "Mathematicall Praeface," in H. Billingsley, tr., *The Elements of Geometrie of the most aunvient Philosopher Euclide of Megara.* London: John Daye, 1570.

DEHERGNE, JOSEPH, S.J. *Répertoire des Jésuites de Chine, de 1552 à 1800.* Rome and Paris, 1973.

———, and DONALD LESLIE. *Juifs de Chine, à travers la correspondance inédite des Jésuites du dix-huitième siècle.* Rome and Paris, 1980.

D'ELIA, PASQUALE M., S.J. *Fonti Ricciane.* See *FR.*

———. "Further Notes on Matteo Ricci's *De Amicitia*," *Monumenta Serica* 15:2 (1956) 356-77.

———. *Il Mappamondo Cinese del. P. Matteo Ricci S.I. (Terza Edizione, Pechino, 1602) Conservato presso la Biblioteca Vaticana.* Rome: Vatican City, 1938.

———. "Il trattato sull' Amicizia, Primo Libro Scritto in Cinese de Matteo Ricci S.I. (1595)," *Studia Missionalia* 7 (1952): 425-515.

———. "Musica e canti Italiani a Pechino," *Revista degli Studi Orientali* 30 (1955): 131-45.

———. "Presentazione della prima traduzione Cinese di Euclide," *Monumenta Serica* 15:1 (1956): 161-202.

DELUMEAU, JEAN. *Vie économique et sociale de Rome dans la seconde moitié du XVIe siècle.* 2 vols. Paris: E. de Boccard, 1957.

Dictionary of Mnemonics. London: Eyre Methuen, 1972.

DIFFIE, BAILEY W., and GEORGE D. WINIUS. *Foundations of the Portuguese Empire, 1415-1580.* Minneapolis: University of Minnesota Press, 1977.

DMB, Dictionary of Ming Biography. Ed. L. Carrington Goodrich and Chaoying Fang. 2 vols. New York: Columbia University Press, 1976.

Doc. Ind., Documenta Indica. Ed. Joseph Wicki, S.J. *Monumenta Missionum Societatis Jesu, Missiones Orientales,* vol. 10(1575-1577), Rome, 1968; vol. 11(1577-1580), Rome, 1970; vol. 12(1580-1583), Rome, 1972.

DUFFY, JAMES. *Shipwreck and Empire, Being an Account of Portuguese Maritime Disasters in a Centuy of Decline.* Cambridge: Harvard University Press, 1955.

DUNNE, GEORGE H., S.J. *Generation of Giants: The Story of the Jesuits in China in the Last Decades of the Ming Dynasty.* London, 1962.

DURUY, GEORGE. *Le Cardinal Carlo Carafa (1519-1561): Etude sur le pontificat de Paul IV.* Paris: Hachette, 1882.

DUYVENDAK, J.J.L. "Review of Pasquale d'Elia, *Le Origini Dell' Arte Christiana Cinese (1583-1640),*" *T'oung Pao* 35(1940): 385-98.

ELISON, GEORGE. *Deus Destroyed: The Image of Christianity in Early Modern Japan.* Cambridge: Harvard University Press, 1973.

Eminent Chinese of the Ch'ing Period. Ed. Arthur W. Hummel. 2 vols. Washington, D.C., 1944.

EPICTETUS. *Encheiridion,* in *The Discourses as Reported by Arrian, the Manual and Fragments.* Ed. and tr. W.A. Oldfather. 2 vols. New York: Loeb Classical Library, 1926.

ESSEN, L. VAN DER. *Alexandre Farnèse, Prince de Parme.* Vols. 3 and 4. Brussels, 1934-1935.

ESTOILE, PIERRE DE L'. *The Paris of Henry of Navarre.* Ed. and tr. Nancy L. Roelker. Cambridge: Harvard University Press, 1958.

FANG HAO 方豪 "Li Madou *Jiaoyou lun* xinyan" 利瑪竇 『交友論』 新研 [New Study of Ricci's Work on Friendship]. In *Fang Hao liushi ziding gao,* pp. 1847～70.

――――. *Liushi ziding gao* 六十自定稿 [Collected Essays at Sixty]. 2 vols. Taipei, 1969.

――――. "Notes on Matteo Ricci's *De Amicitia,*" *Monumenta Serica* 14(1949-1955); 574-83.

――――. "Tianzhu shiyi zhi gaicuan" 天主實義之改竄 [Variant editions of the *True Doctrine of the Lord of Heaven*]. In *Fang Hao liushi ziding gao,* pp. 1593～1603.

FEDRICI, CESARE(Cesar Frederick). *Voyages and Travels (1563-1581).* In Hakluyt, *Second Volume,* pp. 339～75, and in Kerr, *General History,* vol. 7, pp. 142～211.

FITCH, RALPH. "Journey to India over-land in 1583." In Kerr, *General History,* vol. 7, pp. 470～505.

――――. *Letters.* In Kerr, *General History,* vol. 7, pp. 513～515.

FITZPATRICK, MERRILYN "Local Interests and the Anti-Pirate Administration in China's Southeast, 1555-1565," *Ch'ing-shih wen-t'i* 4:2(1979. 12): 1-50.

FLORUS, LUCIUS ANNAEUS. *Epitome of Roman History.* Tr. E.S. Forster. New York: Loeb Classical Library, 1929.

FOK KAI CHEONG. "The Macao Formula: A Study of Chinese Management of Westerners from the Mid-Sixteenth Century to the Opium War Period." Ph.D. dissertation, University of Hawaii, 1978.

FORKE, A. "Ein islamitisches Traktat aus Turkistan: Chinesisch in Arabischer Schrift," *T'oung Pao,* n.s. 8(1907): 1-76.

FR, Fonti Ricciane. Pasquale M. d'Elia, S.J., ed., *Storia dell' Introduzione del Christianesimo in Cina.* [The annotated version of Ricci's original manuscript of the *Historia.*] 3 vols. Rome, 1942-1949.

FRANKE, OTTO. "Li Tschi und Matteo Ricci." In *Abhandlungen der Preussischen Akademie der Wissenschaften,* Jahrgang 1938, Phil-Hist, no. 5. Berlin, 1939.

FRANKEN, DANIEL. *L'Oeuvre gravé des van de Passe.* Amsterdam and Paris, 1881.

FRECCERO, JOHN. "Dante's Firm Foot and the Journey without a Guide," *Harvard Theological Review* 52(1959): 245-81.

FROIS, LUIS. *Tratado dos Embaixadores Japões que forão de Japão à Roma no anno de 1582.* Ed. J.A. Abranches Pinto, Yoshitomo Okamoto, and Henri Bernard, S.J. Tokyo: Sophia University, 1942.

FURBER, HOLDEN. *Rival Empires of Trade in the Orient, 1600-1800.* Minneapolis: University of Minnesota Press, 1976.

GANSS, GEORGE E., S.J. "The Christian Life Communities as Sprung from the Sodalities of Our Lady," *Studies in the Spirituality of Jesus,* 7:2(1975. 3): 46-58.

————. *Saint Ignatius' Idea of a Jesuit University.* Milwaukee, Wis.: Marquette University Press, 1954.

GEISS, JAMES PETER. "Peking under the Ming(1368-1644)." Ph.D. dissertation, Princeton University, 1979.

GENTILI, OTELLO, and ALDO ADVERSI. "La Religione." In Aldo Adversi et al., eds., *Storia di Macerata,* vol. 5, pp. 5~107.

GILES, LIONEL. "Translations from the Chinese World Map of Father Ricci," *Geographical Journal* 52(1918. 7-12): 367-85, and 53(1919. 1-6): 19-30.

GINZBURG, CARLO. *The Cheese and the Worms: The Cosmos of a Sixteenth-Century Miller.* Tr. John and Anne Tedeschi. Baltimore: Johns Hopkins University Press, 1980.

GOMES DE BRITO, BERNADO. *The Tragic History of the Sea: 1559-1565.* Ed. and tr. C. R. Boxer. Cambridge: Hakluyt Society, 1968.

————. *The Tragic History of the Sea: 1589-1622.* Ed. and tr. C. R. Boxer. Cambridge: Hakluyt Society, 1959.

GOMEZ, DUARTE. *Discursos Sobre los comercios de las dos Indias.* Madrid,

1622.

GRATAROLI, GUGLIELMO(Medico Bergomante). *De Memoria Reparanda, Augenda, Servandaque, liber unus; De locali vel artificiosa memoria, liber alter.* Rome, 1555.

―――. *The Castel of Memorie.* Tr. William Fulwood. London: William How, 1573.

GREENBLATT, STEPHEN. *Renaissance Self-Fashioning: From More to Shakespeare.* Chicago: University of Chicago Press, 1980.

GREENE, THOMAS M. *The Light in Troy: Imitation and Discovery in Renaissance Poetry.* New Haven: Yale University Press, 1982.

GROTO, LUIGI. *Troffeo della Vittoria Sacra Ottenuta dalla Christianiss. Lega contra Turchi nell' anno MDLXXI.* Venice: Sigismondo Bordogna, 1572.

Gu BAOGU 顧保鴼 (Ignatius Ku, S.J.). "Li Madou di zhongwen zhushu" 利瑪竇的中文著述 [Matteo Ricci's Writings in Chinese]. In *Shenxue lunji* 神學論集 *(Collectanea Theologica)*, no. 56(Summer 1983): 239-54.

GUIBERT, JOSEPH DE, S.J. "Le Généralat de Claude Acquaviva(1581-1615)," *Archivum Historicum Societatis Iesu* 10(1941): 59-93.

―――. *The Jesuits. Their Spiritual Doctrine and Practice.* Tr. William J. Young, S.J. St. Louis: Institute of Jesuit Sources, 1972.

Gujin tushu jicheng 古今圖書集成, comp. Chen Menglei 陳夢雷 et al. 800 vols. Shanghai: Zhonghua shuju 中華書局, 1934.

GULIK, ROBERT H. VAN. *Erotic Colour Prints of the Ming Period.* 3 vols. Tokyo: privately printed, 1951.

GUO TINGXUN 過庭訓 comp. *Guochao jingsheng fenjun renwu kao* 國朝京省分郡人物攷 [Biographies of Ming Dynasty Worthies]. 115 卷. Taiwan, 1971 reprint.

HAKLUYT, RICHARD. *The Second Volume of the Principal Navigations, Voyages, Traffiques and Discoveries of the English Nation.* London, 1599. *The Third and Last Volume*··· London, 1600.

HANSON, CARL A. *Economy and Society in Baroque Portugal, 1668-1703.* Minneapolis: Minnesota University Press, 1981.

HARRIS, GEORGE, S.J. "The Mission of Matteo Ricci, S.J.: A Case Study of an Effort at Guided Cultural Change in the Sixteenth Century," *Monumenta Serica* 25(1966): 1-168.

HEATH, THOMAS L. *The Thirteen Books of Euclid's Elements.* 3 vols. Cambridge: Cambridge University Press, 1926.

HEAWOOD, E. "The Relationships of the Ricci Maps," *Geographical Journal* 50: 4(1917. 10): 271-76.

HERSEY, G. L. *Pythagorean Palaces: Magic and Architecture in the Italian Renaissance.* Ithaca: Cornell University Press, 1976.

HICKS, LEO, S.J. "The English College, Rome and Vocations to the Society of

Jesus, 1579. 3-1595. 7," *Archivum Historicum Societatis Iesu* 3(1934): 1-36.

HILLGARTH, J. N. *Ramon Lull and Lullism in Fourteenth-Century France.* London: Oxford University Press, 1971.

HO PENG-YOKE and ANG TIAN-SE. "Chinese Astronomical Records on Comets and 'Guest Stars,'" *Oriens Extremus* 17(1970): 63-99.

HODGSON, MARSHALL G. *The Venture of Islam*, vol. 3, *The Gunpowder Empires and Modern Times.* Chicago: University of Chicago Press, 1974.

HOSHI AYAO. "Transportation in the Ming Period," *Acta Asiatica* 38(1980): 1-30.

HU GUOZHEN 胡國楨 (Peter Hu), S.J. *Jianjie Tianzhu shiyi* 簡介天主實義 [Topical Outline of the *True Meaning of the Lord of Heaven*]. *Shenxue lunji* 神學論集(*Collectanea Theologica*), no. 56(1983. Summer): 255-66.

HUANG, RAY. *1587, a Year of No Significance. The Ming Dynasty in Decline.* New Haven: Yale University Press, 1981.[박상이 옮김, 『1587 아무일도 없었던 해』(서울: 가지않은 길, 1997)]

————. "Military Expenditures in Sixteenth Century Ming China," *Oriens Extremus* 17(1970): 39-62.

HUCKER, CHARLES O. *The Censorial System of Ming China.* Stanford: Stanford University Press, 1966.

HUNG MING-SHUI. "Yüan Hung-tao and the Late Ming Literary and Intellectual Movement." Ph.D. dissertation, University of Wisconsin at Madison, 1974.

HUNG YEH 洪業 (William Hung). "Kao Li Madou di shijie ditu" 考利瑪竇的世界地圖 [A Study of Ricci's World Map]. First published in *Yugong* 禹貢, 1936. 4. 11; reprinted in *Hung Yeh lunxue ji* 洪業論學集 [Collected Essays by William Hung], Peking, 1981, pp. 150~92.

IGNATIUS OF LOYOLA. *The Constitutions of the Society of Jesus.* Translation and Commentary by George E. Ganss, S.J. St. Louis Institute of Jesuit Sources, 1970.
[「예수회 회헌 초안」은 한국 예수회 옮김, 『이냐시오 로욜라 자서전』(이냐시오 영성연구소, 1997)에 수록되어 있음.]

————. *Exercitia Spiritualia Sancti Ignatii de Loyola et eorum directoria—ex autographis vel ex antiquioribus exemplis collecta.* Madrid, 1919.

————. *Exercitia Spiritualia: Textum Antiquissimorum nova editio lexicon textus hispani.* Monumenta Historica Societatis Iesu, vol. 100. Rome, 1969.

————. *The Spiritual Exercises.* Tr. Thomas Corbishley, S.J. London. Burns & Oates, 1963.

————. *The Spiritual Exercises.* Tr. Louis J. Puhl, S.J. Chicago: Loyola University Press, 1952.
[윤양석 옮김, 『성 이냐시오의 영신수련』(서울: 한국 천주교 중앙협의회, 1967)]

IPARRAGUIRRE, IGNACIO, S.J. "Para la Historia de la Oración en el Collegio

Romano durante la secunda mitad del siglo XVI," *Archivum Historicum Societatis Iesu* 15(1946): 77-126.

ISRAELI, RAPHAEL. *Muslims in China: A Study in Cultural Confrontation.* Copenhagen: Scandinavian Institute of Asian Studies, 1980.

IWAO SEIICHI. "Japanese Foreign Trade in the 16th and 17th Centuries," *Acta Asiatica* 30(1976): 1-18.

JACOBS, HUBERT TH. TH. M., S.J., ed. *A Treatise on the Moluccas (c. 1544).* [Attr. to António Galvão]. St. Louis, Mo., 1971.

Jiangzhou zhi 絳州志 [Gazetteer of Jiangzhou, Shanxi]. 20 卷. 1766 ed.

JIAO HONG 焦竑 *Dan yuan ji* 澹園集 [Collected Writings]. Jinling congshu 金陵叢書 ed., 1916.

Jiaxing fuzhi 嘉興府志 [Gazetteer of Jiaxing Prefecture]. 88 卷.(1879); Ch'eng-wen reprint, 1970.

KERR, ROBERT, comp. *General History and Collection of Voyages and Travels, Arranged in Systematic Order*, vol. 7. Edinburgh, 1812.

KOBATA A [TSUSHI]. "The Production and Uses of Gold and Silver in Sixteenth- and Seventeenth-Century Japan," *Economic History Review*, 2d ser. 18(1965): 245-66.

KU, JOSEPH KING-HAP. "Hsü Kuang-ch'i: Chinese Scientist and Christian(1562-1633)." Ph.D. thesis, St. John's University, New York, 1973.

LACH, DONALD. *Asia in the Making of Europe.* Vol. 1(in two books), *The Century of Discovery.* Chicago: University of Chicago Press, 1965.

LANCASHIRE, D [OUGLAS]. "Buddhist Reaction to Christianity in Late Ming China," *Journal of the Oriental Society of Australia* 6: 1, 2(1968-1969): 82-103.

LANDES, DAVID S. *Revolution in Time: Clocks and the Making of the Modern World.* Cambridge: Harvard University Press, 1983.

LAUFER, BERTHOLD. "Christian Art in China," *Mitteilungen des Seminars für Orientalische Sprachen*, 1910, pp. 100~118 plus plates.

LI ZHI 李贄. *Fenshu* 焚書, and *Xu fenshu* 續焚書. 2 vols. Peking, 1975.

LIEBMAN, SEYMOUR. "The Jews of Colonial Mexico," *Hispanic American Historical Review* 43(1963): 95-108.

LIN JINSHUI 林金水. "Li Madou zai Zhongguo di huodong yu yingxiang" 利瑪竇在中國的活動與影響 [Matteo Ricci's Activities and Influence in China]. *Lishi yanjiu* 歷史研究 1983, issue 1: 25-36.

LINSCHOTEN, JOHN HUIGHEN VON. "Report … concerning the imprisonment of Newbery and Fitch." In Kerr, *General Histoy,* vol. 7, pp. 515~20.

LUBAC, HENRI DE. *La rencontre du Bouddisme et de l'Occident.* Paris: Aubier, 1952,

LUDOLFUS OF SAXONY. *The Hours of the Passion from The Life of Christ.* Tr.

H. J. C [oleridge]. Quarterly Series, vol. 59. London: Burns & Oates, 1887.

———. *Vita Jesu Christi*. Ed A.-C. Bolard, L.-M. Rigollot, and J. Carnandet. Paris and Rome, 1865.

LULL, RAMON. *Le Livre du Gentil et des trois Sages*. Ed. and part tr. Armand Llinarès. Paris: Presses Universitaires de France, 1966.

LUTHER, MARTIN. *Letters of Spiritual Counsel*. Tr. and ed. Theodore Tappert. Library of Christian Classics, vol. 18. Philadelphia, 1955.

Lyra Graeca. Tr. J.M. Edmonds. New York: Loeb Classical Library, 1931.

MAFFEI, GIAN PIETRO. *L'Histoire des Indes Orientales et Occidentales*. Tr. M. M. D. P. Paris, 1665.

MARGIOTTI, FORTUNATO, O.F.M. "Congregazioni laiche gesuitiche della antica missione cinese," *Neue Zeitschrift für Missionwissenschaft* 18(1962): 255-74 and 19(1963): 50-65.

———. "Congregazioni Mariane della antica missione cinese." In Johann Specker and P. Walbert Bühlmann, eds., *Das Laienapostolat in den Missionen* (Supplement 10 to the *Neue Zeitschrift für Missionwissenschaft*). Schöneck-Beckenried, Switzerland, 1961.

MARTIN, GREGORY. *Roma Sancta* (1581). Ed. George Bruner Parks. Rome, 1969.

MATHEW, C.P., and M.M. THOMAS. *The Indian Churches of Saint Thomas*. Delhi, 1967.

MAUQUOY-HENDRICKX. *Les estampes des Wierix conservées au cabinet des estampes de la bibliothèque royale Albert 1ᵉʳ*. 3 vols. Brussels: Bibliothèque Royale Albert 1ᵉʳ, 1978.

METLITZKI, DOROTHEE. *The Matter of Araby in Medieval England*. New Haven: Yale University Press, 1977.

MILLER, JOSEF, S.J. "Die Marianischen Kongregationen vor der Bulle 'Omnipotentis Dei': Ein Beitrag zu ihrer Charakteristik," *Archivum Historicum Societatis Iesu* 4(1935): 252-67.

MILLINGER, JAMES. "Ch'i Chi-kuang—A Military Official as Viewed by his Contemporary Civil Officials," *Oriens Extremus* 20(1973): 103-17.

MOCQUET, JEAN. *Voyages en Afrique, Asie, Indes Orientales et Occidentales*. Paris: Jean de Heuqueville, 1617.

MONTAIGNE, MICHEL DE. *Journal de Voyage en Italie, par la Suisse et l'Allemagne en 1580 et 1581*. Ed. Charles Dédéyan. Paris: Société des belles lettres, 1946.

Monumenta Paedagogica Societatis Iesu quae primam rationem studiorum anno 1586 editam praecessere. Ed. Caecilius Gomes Rodeles et al. Madrid, 1901.

MOULE, G.E. "The Obligations of China to Europe in the Matter of Physical Science Acknowledged by Eminent Chinese," *Journal of the North-China*

Branch of the Royal Asiatic Society. n.s. 7(1871): 147-64.

MULLAN, ELDER, S.J., and FRANCIS BERINGER, S.J. *The Sodality of Our Lady Studied in the Documents.* New York, 1912.

NADAL, JERONIMO(Hieronymo Natali). *Adnotationes et Meditationes in Evangelia quae in sacrosancto missae sacrificio toto anno leguntur.* Antwerp: Martinus Nutius, 1595.

————. *Evangelicae Historiae Imagines, ex ordine Evangeliorum.* Antwerp, 1596.

NAGAYAMA, TOKIHIKO(Tokihide) 永山時英. *Taigwai shiryō bizhutsu taikwan* 對外史料美術大觀. [An Album of Historical Materials Connected with Foreign Intercourse]. Nagasaki, 1919.

NEEDHAM, JOSEPH. *Science and Civilisation in China.* Cambridge: Cambridge University Press, 1954-.

New Cambridge Modern History. Vol. 3, *The Counter-Reformation and the Price Revolution, 1559-1610.* Ed. R. B. Wernham. Cambridge: Cambridge University Press, 1971.

NEWBERY, JOHN. *Letters.* In Kerr, *General History*, vol. 7, pp. 505~13.

NISHIMURA TEI 西村貞. "Nihon yasokaihan dōban seibo zu ni tsuite" 日本耶蘇會板銅版聖母圖に就いて. [The Mother and Child(Etching) issued by the Society of Jesus of Japan]. *Bijutsu Kenkyu* 美術研究, 69(1937. 9): 371-82.

O'CONNELL, MARVIN. *The Counter Reformation, 1559-1610.* New York, 1974.

O'MALLEY, JOHN W. *Praise and Blame in Renaissance Rome: Rhetoric, Doctrine, and Reform in the Sacred Orators of the Papal Court, c. 1450-1521.* Durham, N.C.: Duke University Press, 1979.

OS. The Letters of Matteo Ricci, in *Opere Storiche.* Ed. Pietro Tacchi Venturi, S.J. Vol. 2, *Le Lettere dalla China.* Macerata, 1913.

PACHTLER, G.M., S.J. *Ratio Studiorum et Institutiones Scholasticae Societatis Jesu.* Vol. 1, *1541–1599.* Berlin, 1887.

PACI, LIBERO. "La Decadenza Religiosa e la Controriforma." In *Storia di Macerata*, vol. 5, pp. 108~246. Comune di Macerata, 1977.

————. "Le Vicende Politiche." In *Storia di Macerata*, vol. 1, pp. 27~419. Comune di Macerata, 1971.

PALMER, ROBERT E.A. "Martial." In T.J. Luce, ed., *Ancient Writers: Greece and Rome.* 2 vols. NewYork, 1982.

PANIGAROLA, FRANCESCO. *Trattato della Memoria Locale.* Approx 1572. *MS* no. 137 in Biblioteca Communale, Macerata.

PARRY, J.H. *The Age of Reconnaissance: Discovery, Exploration and Settlement, 1450 to 1650.* Berkeley: University of California Press, 1981.

PASTOR, LUDWIG, FREIHERR VON. *The History of the Popes from the Close of the Middle Ages.* Tr. Ralph Francis Kerr. Vol. 14, *Marcellus II(1555) and*

Paul IV(1555-1559); vol. 18, *Pius V(1566-1572)*. London: Kegan, Paul, 1924, 1929.

PELLIOT, PAUL. "Les Franciscains en Chine au XVIe et au XVIIe siècle," *T'oung Pao*, n.s. 34(1938): 191-222.

PFISTER, LOUIS, S.J. *Notices Biographiques et Bibliographiques sur les Jésuites de l'ancienne mission de Chine, 1552-1773. Variétés Sinologiques, 59.* 2 vols. Shanghai, 1932.

PHILLIPS, EDWARD C., S.J. "The Correspondence of Father Christopher Clavius S.I. preserved in the archives of the Pont. Gregorian University," *Archivum Historicum Societatis Iesu* 8(1939): 193-222.

PILLSBURY, BARBARA. "Muslim History in China: A 1300-year Chronology," *Journal of the Institute of Muslim Minority Affairs* 3:2(1981): 10-29.

Pinghu xianzhi 平湖縣志. [Gazetteer of Pinghu County]. 26卷. 1886; reprint of 1975.

PIRRI, PIETRO, S.J. "Sultan Yahya e il P. Acquaviva," *Archivum Historicum Societatis Iesu* 13(1944): 62-76.

PLANCIUS, PETRUS. *A Plaine and Full Description of Petrus Plancius his Universall Map.* Tr. M. Blundevile. London: John Windet, 1594.

PLANTIN, CHRISTOPHE. *Correspondance de Christophe Plantin.* Ed. J. Denucé Vols. 8 and 9. Antwerp, 1918.

PLINY. *Natural History.* Tr. H. Rackham. New York: Loeb Classical Library, 1942.

PTAK, RODERICK. "The Demography of Old Macao, 1555–1640," in *Ming Studies,* 15(1982. Fall): 27-35.

PYRARD DE LAVAL, FRANÇOIS. *The Voyage of François Pyrard of Laval to the East Indies, the Maldives, the Moluccas and Brazil(1601-1611).* Tr. Albert Gray and H. C.P. Bell. 2 vols, in 3. Hakluyt Society, 1888; reprinted New York: Burt Franklin, n. d.

QUINTILIAN. *Institutio Oratoria,* vol. 4. Tr. H. E. Butler. New York: Loeb Classical Library, 1936.

RABELAIS, FRANÇOIS. *The Histories of Gargantua and. Pantagruel.* Tr. J.M. Cohen. Penguin Books, 1970.

RAHNER, HUGO, S.J. *Ignatius the Theologian.* London: Chapman, 1968.

RANKE, LEOPOLD. *The History of the Popes, Their Church and State, in the Sixteenth and Seventeenth Centuries.* Tr. Walter Keating Kelly. New York: Colyer, 1845.

RENICK, M.S. "Akbar's First Embassy to Goa: Its Diplomatic and Religious Aspects," *Indica* 7(1970): 33-47.

RICCI, MATTEO, S.J. *Collected Letters.* See *OS.*

——— . *Ershiwu yan* 二十五言 [Twenty-five Sayings from Epictetus]. In *Tianxue chuhan,* vol. 1, pp. 331~49.

————. *Historia.* See *FR.*

————. *Jiaoyou lun* 交友論 [Treatise on Friendship]. In *Tianxue chuhan,* vol. 1, pp. 299~320.

————. *Jifa* 記法 [Treatise on Mnemonic Arts]. Revised Zhu Dinghan 朱鼎瀚, in Wu Xiangxiang ed. 吳相湘, *Tianzhujiao dongchuan wenxian* 天主敎東傳文獻 [Source Materials on Christianity in Asia]. Taipei, 1964.

————. *Jiren Shipian* 畸人十篇 (1608) [Ten Discourses by a Paradoxical Man]. In *Tianxue chuhan,* vol. 1, pp. 117~281.〔박완식 옮김,『畸人十篇: 동양인을 위한 기독교의 소개』(전주대학교 출판부, 1997)〕

————. *Li Madou ti baoxiang tu* 利瑪竇題寶像圖 [Ricci's Commentaries on the Sacred Pictures], 8+6 pp. In Tao Xiang 陶湘 ed., *Sheyuan mocui* 涉園墨萃 (1929).

————. *Tianzhu shiyi* 天主實義. [The True Meaning of the Lord of Heaven]. In *Tianxue chuhan,* vol. 1, pp. 351~635.〔송영배·임금자·장정란·정인재·조광·최소자 옮김,『천주실의』(서울: 서울대학교 출판부, 1999)〕

————. *Tianzhu shiyi,* ch. 1, "The True Meaning of the Lord of Heaven." Tr. Douglas Lancashire. *China Mission Studies*(1550-1800) *Bulletin* 4(1982): 1-11.

————. *Entretiens d'un lettré chinois et d'un docteur européen, sur la vraie idée de Dieu.*(Anon. tr. into French of *Tianzhu shiyi.*) In *Lettres édifiantes et curieuses,* vol. 25, pp. 143~385. Toulouse, 1811.

————, *Xiqin quyi bazhang* 西琴曲意八章 [Eight Songs for the Western Instruments]. In *Tianxue chuhan,* vol. 1, pp. 283~291.

————, and Xu GUANCQI. *Jihe yuanben* 幾何原本, [The Elements of Euclid]. In *Tianxue chuhan,* vol. 4, pp. 1921~2522.

————, and others. *Bianxue yidu* 辯學遺牘 [Letters on Buddhism and Christianity]. In *Tianxue chuhan,* vol. 2, pp. 637~87.

ROMBERCH, JOHANN HOST VON. *Longestorium Artificiose Memorie.* Venice: Melchior Sessa, 1533.

ROOSES, MAX. *Christophe Plantin, Imprimeur Anversois.* Antwerp, 1883.

ROOVER, RAYMOND DE. "The Business Organization of the Plantin Press in the Setting of Sixteenth Century Antwerp." In *Gedenkboek der Plantin-Dagen,* pp. 230~46. Antwerp, 1956.

ROSSABI, MORRIS. "Muslim and Central Asian Revolts." In Jonathan Spence and John E. Wills, Jr., eds., *From Ming to Ch'ing,* New Haven: Yale University Press, 1979.

ROSSI, PAOLO. *Francis Bacon, from Magic to Science.* Tr. Sacha Rabinovitch. London, 1968.

ROTH, CECIL. *The House of Nasi: Doña Gracia.* Philadelphia, 1948.

SAKAMOTO MITSURU 坂本満. "Lepanto sentōzu byōbu ni tsuite." レパント 戰鬪圖屛風について (Screen painting of the battle of Lepanto—A Study of early

Western style painting in Japan and its background in Europe). *Bijutsu kenkyu* 246(1966. 5): 30-44, plates 3-6.

SASSETTI, FILIPPO. *Lettere edite e inedite.* Ed. Ettore Marcucci. Florence, 1855.

SCHILLING, DOROTHEUS, O.F.M. "Zur Geschichte des Martyrerberichtes des P. Luis Frois, S.I.," *Archivum Historicum Societatis Iesu* 6(1937): 107-13.

SCHIMBERG, ANDRÉ. *L'Education Morale dans les collèges de la Compagnie de Jésus en France(16ᵉ, 17ᵉ, 18ᵉ siècles)* Paris, 1913.

SCHURZ, WILLIAM LYTLE. *The Manila Galleon.* New York, 1939, 1959.

SCHÜTTE, JOSEF FRANZ S.J. *Valignano's Mission Principles for Japan.* Tr. John J. Coyne, S.J. Vol. 1, *From His Appointment as Visitor until His First Departure from Japan(1573-1582),* pt. I, *The Problem(1573-1580).* St. Louis Institute of Jesuit Sources, 1980.

SCHWICKERATH, ROBERT. *Jesuit Education, Its History and Principles, Viewed in the Light of Modern Educational Problems.* St. Louis, 1903.

SENECA. *The Controversiae.* Tr. M. Winterbottom. New York: Loeb Classical Library, 1974.

Shaozhou fuzhi 韶州府志. [Gazetteer of Shaozhou Prefecture]. 40卷(1874). 1966 reprint.

SHEN DEFU 沈德符. *Bizhou zhai yatan* 敝帚齋餘談(譚) [Casual writings from the "Worn Brush" Studio]. 52 leaves, 1880.

———. *Wanli yehubian* 萬曆野獲編 [Gleanings from the Wanli Reign].(34 ch. 1619) Peking reprint, 1959.

SMALLEY, BERYL. *English Friars and Antiquity in the Early Fourteenth Century.* New York, 1960.

SMITH, VINCENT EDWARD. *St. Thomas on the Object of Geometry.* Milwaukee: Marquette University Press, 1954.

SO, KWAN-WAI. *Japanese Piracy in Ming China During the 16th Century.* Lansing Michigan State University Press, 1975.

SOAREZ, CYPRIANO. *De Arte Rhetorica.* Paris, 1573.

SORABJI, RICHARD. *Aristotle on Memory.* London: Duckworth, 1972.

SPALATIN, CHRISTOPHER, S.J. "Matteo Ricci's Use of Epictetus' Encheiridion," *Gregorianum* 56:3(1975): 551-57.

SPATE, O.H.K. *The Spanish Lake.* Vol. 1 of *The Pacific since Magellan.* London: Croom Helm, 1979.

STAHL, WILLIAM HARRIS, and RICHARD JOHNSON, With E.L. BURGE. *Martianus Capella and the Seven Liberal Arts.* 2 vols. Vol. l, *The Quadrivium of Martianus Capella;* vol. 2, *The Marriage of Philology and Mercury.* New York: Columbia University Press, 1971, 1977.

STEVENS, THOMAS. "Voyage to Goa in 1579, in the Portuguese Fleet." In Kerr, *General History,* vol. 7, pp. 462~70.

Storia di Macerata [The History of Macerata]. Eds. Aldo Adversi, Dante Cecchi, and Libero Paci. 5 vols. Comune di Macerata, 1971-1977.

TACCHI VENTURI, PIETRO S.J. *Opere Storiche*. See *OS*.

———. *Storia della compagnia di Gesù in Italia*. 3 vols. Rome, 1922-1938.

TAKASE KŌICHIRŌ. "Unauthorized Commercial Activities by Jesuit Missionaries in Japan," *Acta Asiatica* 30(1976): 19-33.

TAO GU 陶穀, *Qing yi lu* 清異錄 [Collected Observations]. 2卷. Xiyin gan congshu ed., 1840.

THIERSANT, P. DABRY DE. *Le Mahométisme en Chine et dans le Turkestan Oriental*. 2 vols. Paris, 1878.

THOMAS, KEITH. *Religion and the Decline of Magic*. New York, 1974.

THORNDIKE, LYNN. *History of Magic and Experimental Science*. Vols. 5 and 6, *The Sixteenth Century*. New York: Columbia University Press, 1941.

Tianxue chuhan 天學初函 [Early writings on Christianity in China]. Ed. Li Zhizao 李之藻. Taipei, 1965 reprint in 6 vols.

TRIGAULT, NICOLA, S.J. *China in the Sixteenth Century: The Journals of Matthew Ricci, 1583-1610*. Tr. Louis J. Gallagher, S.J. New York, 1953.

UBELHÖR, MONIKA. "Hsü Kuang-ch'i(1562-1633) und seine Einstellung zum Chris-tentum," *Oriens Extremus* 15:2(1968. 12): 191-257 and 16:1(1969. 6): 41-74.

VERBEEK, J. and ILJA M. VELDMAN, comps. *Hollstein's Dutch and Flemish Etchings, Engravings and Woodcuts, ca. 1450-1700*. Vol. 16, "De Passe(Continued)." Amsterdam: Van Gendt, 1974.

VILLARET, EMILE, S.J. *Les Congrégations Mariales*. Vol. 1, *Des origines à la suppression de la compagnie de Jésus(1540-1773)*. Paris, 1947.

———. "Les premières origines des congrégations Mariales dans la compagnie de Jésus," *Archivum Historicum Societatis Iesu* 6(1937): 25-57.

VILLOSLADA, RICCARDO G. *Storia del Collegio Romano dal suo inizio(1551) alla soppressione della Compagnia di Gesù(1773)*. Rome: Gregorian University, 1954.

VOET, LEON. *The Golden Compasses: A History and Evaluation of the Printing and Publishing Activities of the Officina Plantiniana at Antwerp*. 2 vols. Amsterdam and London, 1969.

WALKER, D.P. *The Ancient Theology: Studies in Christian. Platonism from the Fifteenth to the Eighteenth Century*. London, 1972.

———. *Spiritual and Demonic Magic, from Ficino to Campanella*. London: Warburg Institute, 1958.

———. *Studies in Musical Science in the Late Renaissance*. Leiden: Brill, 1978.

WICKI, JOSEF, S.J. "The Spanish Language in XVI-Century Portuguese India," *Indica* 14:1(1977. 3): 13-19.

WIEGER, LÉON, S.J. "Notes sur la première catéchèse écrite en chinois 1582-1584," *Archivum Historicum Societatis Iesu* 1(1932). 72-84.

WILHELM, RICHARD. *The I Ching or Book of Changes*. Tr. Cary F. Baynes. Princeton: Princeton University Press, 1967.

WINN, JAMES ANDERSON. *Unsuspected Eloquence: A History of the Relations Between Poetry and Music*. New Haven: Yale University Press, 1981.

WRIGHT, A.D. *The Counter-Reformation: Catholic Europe and the Non-Christian World*. New York, 1982.

XIE ZHAOZHE(Hsieh Chao-che) 謝肇淛 *Wu za zu* 五雜俎 16卷. 1795 ed., and Peking reprint, 1959.

XU SHUOFANG 徐朔方. "Tang Xianzu he Li Madou" 湯顯祖和利瑪竇 [Tang Xianzu and Matteo Ricci], *Wenshi* 文史 12(1981. 9): 273-81.

YANG LIEN-SHENG. "Historical Notes on the Chinese World Order." In John K. Fairbank, ed., *The Chinese World Order*. Cambridge: Harvard University Press, 1968.

YATES, FRANCES A. *The Art of Memory*. Penguin Books, 1969.

YERUSHALMI, YOSEF HAYIM. *Zakhor, Jewish History and Jewish Memory*. Seattle: University of Washington Press, 1982.

YIN FALU 陰法魯 "Li Madou yu Ouzhou jiaohui yinyue di dongchuan" 利瑪竇與歐洲敎會音樂的東傳 [Matteo Ricci and the transmission of European music to the East], *Yinyue Yanjiu* 音樂研究, no. 2, 1982, pp. 87~90, 103.

YOUNG, JOHN D. *Confucianism and Christianity, the First Encounter*. Hong Kong: Hong Kong University Press, 1983.

———. *East-West Synthesis: Matteo Ricci and Confucianism*. Hong Kong: University of Hong Kong, 1980.

YÜ CHÜN-FANG. *The Renewal of Buddhism in China: Chu-hung and the Late Ming Synthesis*. New York: Columbia University Press, 1981.

YUAN TSING. "Urban Riots and Disturbances." In Jonathan D. Spence and John E. Wills, eds., *From Ming to Ch'ing: Conquest, Region and Continuity in Seventeenth-Century China*. New Haven: Yale University Press, 1979.

ZANTA, LÉONTINE. *La renaissance du stoïcisme au XVIe siècle*. Paris, 1914.

ZHANG XIE 張燮. *Dongxiyang kao* 東西洋考 [Study of the Eastern and Westen Oceans]. 12卷. 1617-1618. Taipei, 1962 reprint.

ZHANG XUAN 張萱. *Xiyuan wenjian lu* 西園聞見錄 [Notes on Ming History]. Prefaces 1627 and 1632. 106卷. Peking, 1940.

Zhaoqing fuzhi 肇慶府志. [Gazetteer of Zhaoqing Prefecture]. 22卷. 1833; 1967 reprint.

ZHUANGZI 莊子. *The Complete Works of Chuang Tzu*. Tr. Burton Watson. NewYork: Columbia University Press, 1968.

ZOU YUANBIAO 鄒元標. "Da Xiguo Li Madou" 答西國利瑪竇 [A reply to Rice letter]. in *Yuan xue ji* 願學集, *Siku quanshu* 四庫全書 ed., 卷3, p. 39.

찾아보기

ㄴ · ㄷ

○

───── ㅊ · ㅋ ─────

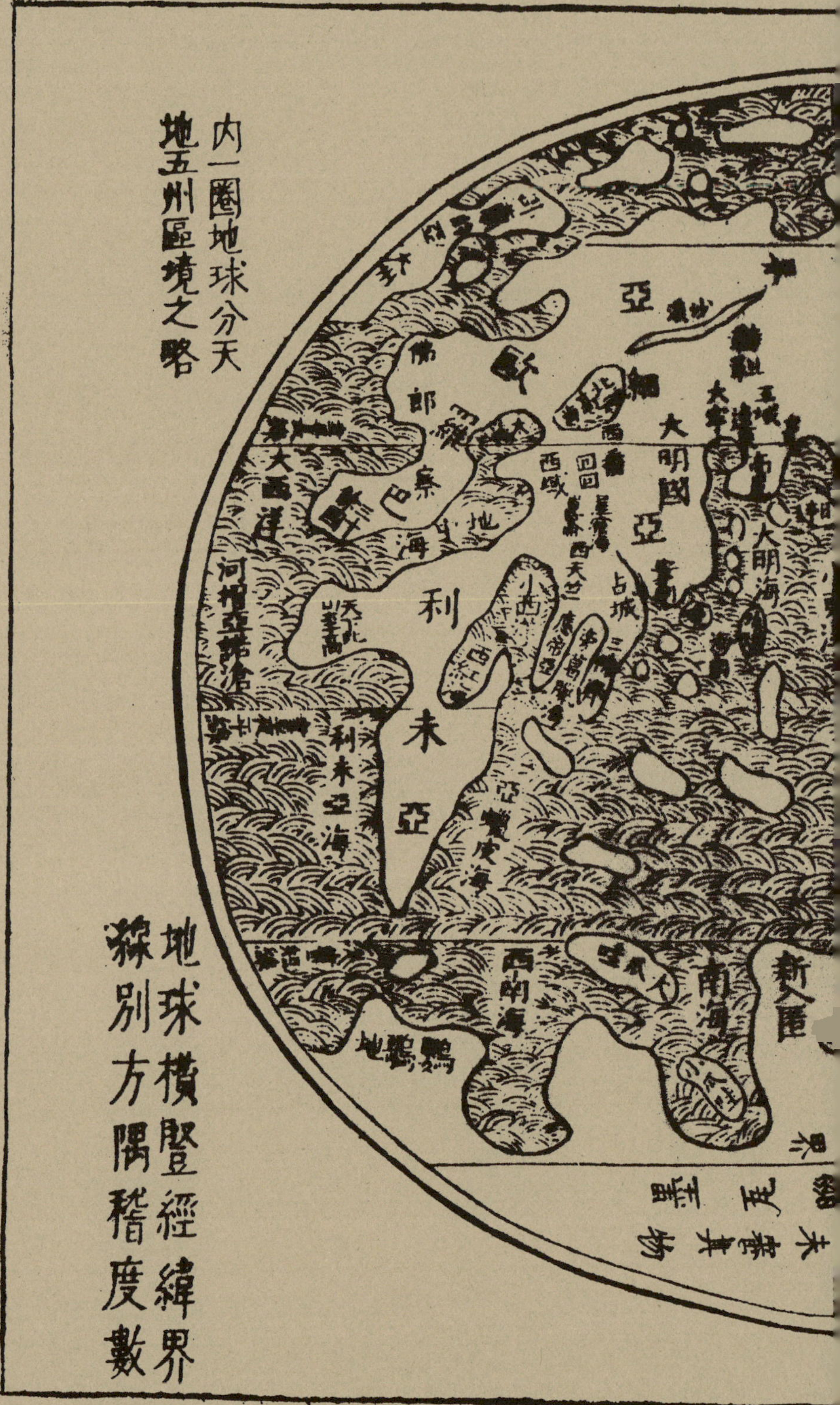

內一圈地球分天
地五州區境之略
地球橫豎經緯界
線別方隅稽度數
亞
大明國
西域
回回
占城
小西
利未亞
利未亞海
大西洋
河捫亞諾倉
地中海
佛郎
西洋
新入匿
南海
西南海

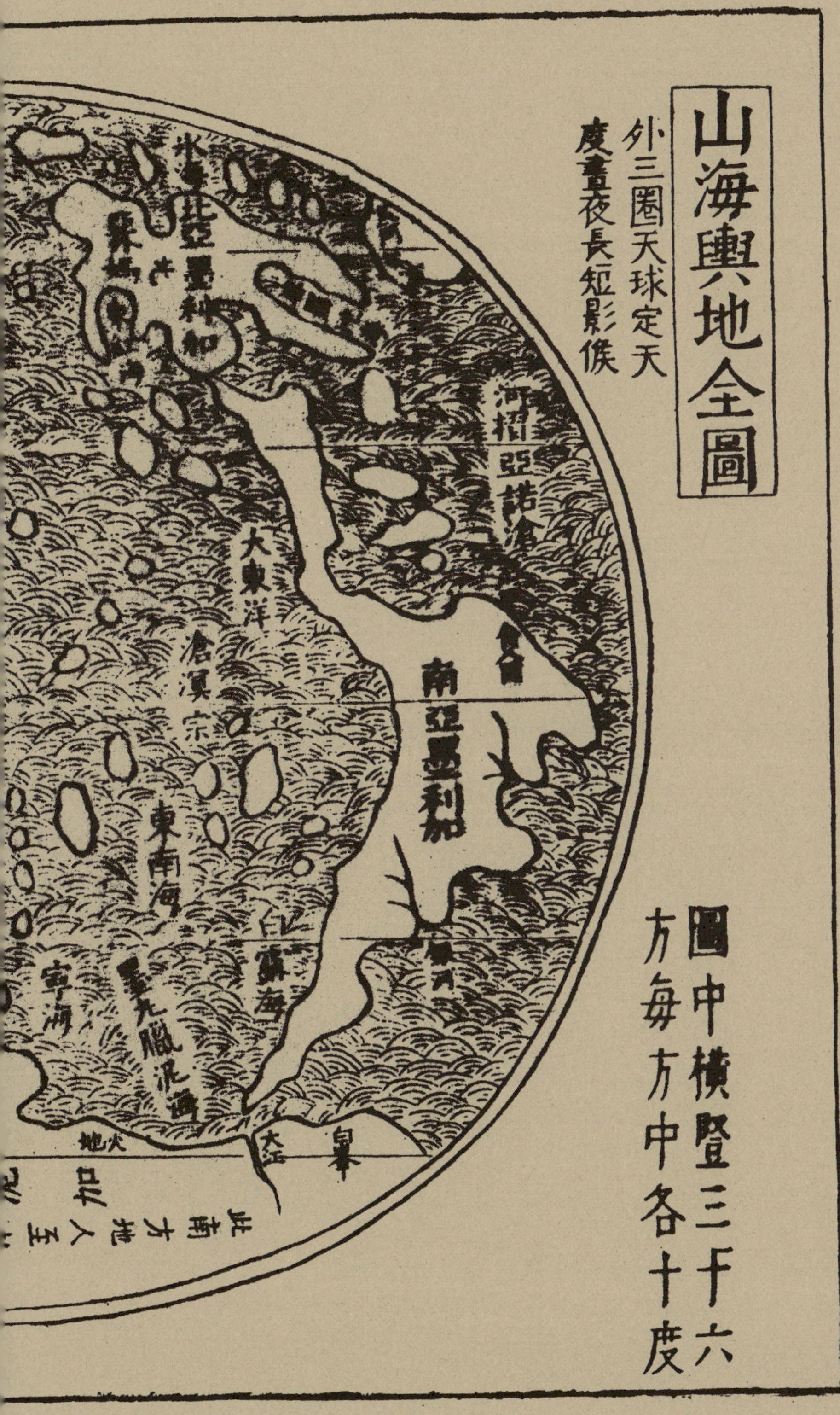

山海輿地全圖
外三圈天球定天
度晝夜長短影候
圖中橫豎三千六
方每方中各十度
河撮亞諾會
北亞墨利加
南亞墨利加
大東洋
亞墨利加
水墨利加
棄嶋
滄溪宗
東南海
滄海
寧州
地火
大江
鼻